東国古墳の終焉と横穴式石室

草野 潤平 著

雄山閣

序

本書の著者、草野潤平博士は故小林三郎明治大学文学部教授が最後に指導された博士後期課程大学院生である。小林教授が早世されたため、草野氏の博士学位請求論文の指導を引き継いだ私がこの序文を認める栄誉に浴することとなった。

草野氏は私が明治大学文学部に赴任した1999年4月に、同時に学部1年生として入学された。2年生のときにすでに、卒業論文では胴張りプラン横穴式石室を分析したいと明言していて、度胆を抜かれたことは今でも忘れられない。ただ、狭い研究テーマを早くから策定していたにもかかわらず、同僚の阿部芳郎教授（当時助教授）指導のもとで縄文土器の整理作業にも積極的に参加していて、視野を広げよう、研究方法を柔軟にしようという草野氏の意識的努力には深い感銘を受けた。

学部1年生以来長野市大室古墳群の発掘調査に継続的に参加し、また2003年・2004年には東京都府中市熊野神社古墳の発掘調査にも参加するという幸運にも恵まれ、学部時代から、本書執筆への準備は着々と進められてきたといえる。

さて、本書のテーマである関東地方の横穴式石室は、顕著な地域性でもって特徴づけられる。例えば上野と下野は隣接しており毛野と一括りされた時期もあったが、畿内型横穴式石室の影響が看取できる上野と、河原石積み半地下の横穴式石室が特徴的な下野との違いに関西人の私は驚かされた。また常陸南部では横穴式石室導入が6世紀第3四半期まで遅れ、7世紀でも在地の保守性が強い地域である。本書ではそのような関東の様々な地域の横穴式石室を同じ枠組みで分析することに敢えて挑戦し、成功を収めている。次に、各地域における7世紀横穴式石室の時間的変遷を実証的に跡付けたおかげで、地域間における横穴式石室構築プラン・技法の伝達、導入について新たな解釈を提示している。第2点については、横穴式石室の石材や埴輪の移動に基づいてすでにモデルが提示されてはいたが、ものに加えて、アイディア・技術の移動に迫った点で、評価したい。

その結果、関東における複雑な七世紀史を実証的に明らかにしている。7世紀と言えば、すでに仏教が伝来し、ヤマト王権が着々と地域支配体制を強めていた時期であるが、関東の在地の豪族同士がまだ独自に交流し合う余地があったことを明らかにしており、関東を素材とした本であるが、日本史全体に貢献している。

また「有力古墳」「首長墓」「地域首長墓」といった抽象的概念も筆者なりに定義づけたおかげで、東国古墳文化の本であるが、西日本の横穴式石室を素材に国家形成過程に迫る先行研究とも、同じ土俵、理論的枠組みのなかで議論する道を本書が広げたことも、大きな貢献であろう。特に、西日本の横穴式石室の実例にも留意しており、古墳時代考古学の東西交流を前進させたと考えたい。

以上、本書は古墳時代考古学全体へ大きく貢献しており、その序文執筆の機会を与えられた草野氏に感謝する次第である。本書は大部であるが、草野氏はまだ若く、今後のさらなる研究の前進を期待しているところである。

明治大学文学部教授
佐々木憲一

東国古墳の終焉と横穴式石室　目次

序　章　古墳消滅過程における地域社会研究の必要性

第1節　本書の目的と構成

本書は、古墳時代から律令時代への過渡的段階にあたる七世紀史の実相にアプローチすることを目的とし、国家形成を推進した政権中枢部ではなく、社会変化の時代にあって対応を迫られた地域社会、とりわけ当該期において畿内地域とは異なる多様な終末期古墳が営まれた関東地方を対象領域として設定する。

特定の人物のために異常なまでに大規模な墳墓が東北地方から南九州に至るまで数多く造営された古墳時代は、畿内を中心とする広域首長連合の政治秩序を背景に展開していったと理解されている。定型化した前方後円墳の造営を頂点とする中央と地方との関係を、「前方後円墳体制」という汎列島的な政治体制として捉え、古墳時代を初期国家段階と見なす意見〔都出 1991〕も提示されているが、3世紀半ばから6世紀に及ぶ長い期間のなかには数次にわたる変革が存在し、古墳時代を一元的・集権的な国家秩序として構想することは適当でない。近年では土生田純之を筆頭に、行き過ぎた畿内中心史観から脱却し、「地方」の主体性を評価した古墳時代観が提起されている〔土生田 2006〕。すなわち畿内地域の優位性を認めつつ、各地域の事例に目を向けると中央と地方とは必ずしも上下関係にあるものではなく、連合への参加は地域によって在地勢力の判断に委ねられ、一旦連合への参加あるいはその影響下に入った地域がその後離脱することもありえたという評価である。

このように地域独自の論理が脈々と息づく緩やかな連合体から、多くの矛盾や問題を抱えながらも天皇を中心とする律令制古代国家へ移行するためには、複数の段階を経て各地域社会の再編成が実施されたと考えられ、その時期や内容にも当然地域差が存在したことが予想される。各地域社会が時代の趨勢にどのような対応をとったのか、それぞれの地域の実情を念頭において比較検討する意義は大きいと考える。

当該期の社会・文化を物語る考古資料としては、新時代の象徴的モニュメントと言える寺院や、各地で政治の中枢として機能した官衙関連遺跡などが挙げられるが、古墳時代から律令時代に向かってどのように移行したのかという本研究課題の性質上、消滅の過程を辿る前代社会の象徴的モニュメントである古墳そのものの分析が最も有効である。古墳を構成する要素は数多くあるが、本書ではとくに、6世紀以降に築かれた関東地方の古墳の主要な遺骸埋葬施設である横穴式石室を中心に取り上げて考察を進める。

本書では、序章第2節で基本的な用語・概念を整理した後、以下の6章で上記の目的に沿って論証していく。

第１章　研究史と問題の所在
第２章　前史としての後期古墳の動向
第３章　有力古墳の地域色と動向
第４章　横穴式石室からみた関東地方の地域間関係
第５章　７世紀における地域首長墓の特質
終　章　関東地方における終末期古墳の築造と終焉

第１章では、本研究の意義を相対化するため、これまでの研究の到達点を確認し、問題の所在を浮かび上がらせた。**第１節「東国七世紀史の概観」**で本研究が対象とする時代について、文献史学の成果を中心に概観した後、**第２節「終末期古墳における横穴式石室研究の意義」**で主要な研究材料とする横穴式石室の資料的価値・特性についてまとめ、**第３節「関東地方における後期・終末期古墳研究の現状と課題」**で対象領域とする関東地方における研究の現状・課題を指摘した。本章はすべて新稿である。

第２章では、七世紀史の実相を解明していくうえでの導入として、前段階である後期古墳の動向を中心に検討した。**第１節「片袖形石室の地域的展開」**では、6世紀前半から後半の通史的な動向を探るうえで有効な片袖形石室を取り上げ、関東全体の地域的特色や地域間交流の実態について論証した。**第２節「複室構造の受容・成立過程と地域性」**では複室構造の採用をテーマとして、当該石室の中心地域である北武蔵地域と上総地域の受容相を比較し、6世紀から7世紀へ至る過渡的様相を明らかにした。本章は新稿である。

第３章では、関東地方に営まれた終末期古墳のうち、上位階層の墳墓を対象として、それぞれの地域ごとの特色を描き出した。**第１節「上野地域―いわゆる「截石切組積石室」の再検討―」**は「群馬県における截石切組積石室の再検討」『群馬考古学手帳』17（群馬土器観会　2007年）、**第４節「北武蔵地域―切石積石室の地域相―」**は「埼玉県における切石積石室の地域相」『埼玉考古』第43号（埼玉考古学会　2008年）、**第５節「南武蔵地域―複室構造胴張り石室の動態―」**は「複室構造胴張り形切石石室の動態―武蔵府中熊野神社古墳の位置付けをめぐって―」『東京考古』第24号（東京考古談話会　2006年）で発表したものだが、その後に公表・調査された関連事例を追加するなど内容を一部加除筆している。**第６節「下総地域―扁平切石積石室の成立と展開―」**は「千葉県竜角寺岩屋古墳の石室系譜」『地域と文化の考古学Ⅱ』（六一書房　2008年）をもとにし、関連事例を追加して加筆・修正している。**第７節「上総地域―狭長プラン石室の地域性―」**は「諏訪天神塚古墳石室の位置づけ」『諏訪天神塚古墳―多摩川低地の遺跡群研究―』（川崎市市民ミュージアム考古学叢書７　2011年）で取り上げた上総地域における石室の特色を中心に据え、大幅に書き改めたものである。**第２節「下野地域―切石組石室の成立と展開―」**・**第３節「常陸地域―片岩板石組石室と凝灰岩切石組石室の展開―」**は新稿である。

第４章では、７世紀における地域間交流の実態把握を中心のテーマとし、中・下位層の墳墓も含めた古墳総体の様相として、どのような地域性や地域間交流が認められるか考察する。**第１節「南関東における無袖形石室の地域間交流」**では、一般的な上位階層墳墓の特徴を有する終末期古墳が僅少な相模地域をも射程に入れ、無袖形石室という共通した石室形態を通して広く南関東一帯（北武蔵・南武蔵・相模・上総）の後期・終末期古墳に見られる地域色・地域間関係について検討した。**第２節「類似石室の構築と非隣接地域間の関係性」**では、隣接地域を飛び越えて共通する石室形態・構造のあり方を指摘し、その背景に広がる終末期古墳の特質を明らかにする。第１節は「武蔵南部における無袖式石室の様相」『東国に伝う横穴式石室―駿河東部の無袖式石室を中心に―』（静岡県考古学会2007年度シンポジウム　2008年）、「武蔵」土生田純之編『東日本の無袖横穴式石室』（雄山閣　2010年）を統合し、相模地域を加えて再構成した。第２節は新稿である。

第５章では、第３章で地域ごとに検討した有力古墳のうち、とくに傑出した内容を誇る７世紀中葉前後の地域首長墓に焦点を当てて墓制の特質を明らかにした。**第１節「畿内系墓室様式の採用と初期寺院造営」**では、埋葬施設の特徴が畿内地域の墓制に淵源を求められる上野地域の宝塔山古墳、下野地域の多功大塚山（たこうおおつかやま）古墳、下総地域の龍角寺岩屋古墳、上総地域の割見塚（わりみづか）古墳について、採用の背景に想定される初期寺院造営との関連を比較検討した。**第２節「地域首長墓における在地性の発露」**では、在地内で盛行した特色ある石室形態・構造を発展的に継承した常陸地域の宮中野大塚（きゅうちゅうのおおつか）古墳、北武蔵地域の八幡山（はちまんやま）古墳、南武蔵地域の武蔵府中熊野神社古墳について、伝統的な在地性が発揮された背景を地域ごとに検討した。本章は2005年１月に明治大学大学院に提出した修士論文『終末期古墳における石室形態論序説』の第４章第３・４節を大幅に加筆・修正したものだが、第２節の宮中野大塚古墳に関する検討については、2009年10月３日の明治大学文学部・文学研究科学術研究発表会で報告した内容にもとづいて成稿した（「茨城県鹿嶋市宮中野大塚古墳の性格―終末期古墳の築造と石室破壊行為の背景―」『2009年度文学部・文学研究科学術研究発表会論集』明治大学文学部・文学研究科　2010年）。

終章では、第５章までの検討結果を基礎として、関東地方各地の終末期古墳の特徴や動向を改めて整理し、社会変化の波を「地方」がどのように受け止めたのかという本研究の目的に可能な限り答えていく。本章は新稿である。

第2節　用語の定義

具体的な検討に入る前に、全体に関わる用語上の問題についてあらかじめ整理しておきたい。以下の用語の意味する内容については、本書中でとくに断り書きがない場合、ここでの定義に準拠する。

1. 地域名称について

畿内地域　本書で「畿内」と称する地域は、律令時代の五畿内（大和・山城・河内・和泉・摂津の5国）に相当する範囲で、おおむね現在の奈良県・大阪府を中心とする地域を指す。厳密には古墳時代に畿内という地域設定は存在しないが、古墳時代においても当該地域が一定の意味あるまとまりを示していることは、多くの考古学事象から見てとれる。とりわけ本書の対象時期が古墳時代から律令時代への過渡期であることを勘案すると、畿内という用語を使用することに大きな支障はないと考える。

なお当時の政治勢力の中枢として、他地域に一定の政治的影響を与える存在であった組織体が古墳時代以降の畿内地域に認められる点については大きな異論のないところである。ただし、この政治権力を指す用語は、「倭王権」・「ヤマト（大和）王権」・「ヤマト（大和）政権」・「大和朝廷」など多様で、その意味する内容も研究者によって少なからず異なっている〔関1990、平野1993〕。本書では、上記のように地域呼称として使用する「畿内」に、朝廷・王権よりも広汎な意味で使用される「政権」を組み合わせて、「畿内政権」と表記する。

上野・下野・常陸・北武蔵・南武蔵・相模・下総・上総地域　本書では関東地方を対象領域とするが、関東地方のなかの各小地域を指す場合、「令制国名＋地域」で表記する。具体的には、現在の群馬県域にあたる「上野（こうずけ）地域」、栃木県域にあたる「下野（しもつけ）地域」、茨城県域にあたる「常陸（ひたち）地域」、埼玉県・東京都・神奈川県東部からなる「武蔵（むさし）地域」、神奈川県西部にあたる「相模（さがみ）地域」、千葉県北部と茨城県の一部からなる「下総（しもうさ）地域」、下総地域の南部にあって現在の千葉県中央部にあたる「上総（かずさ）地域」で、とくに武蔵地域に関しては埼玉県域の「北武蔵地域」と、東京都および川崎・横浜市域の「南武蔵地域」に分けて検討する（第1図）。ただし、これらの地域は令制国の国境ありきで設定したものではなく、第2章以降で詳論するよう

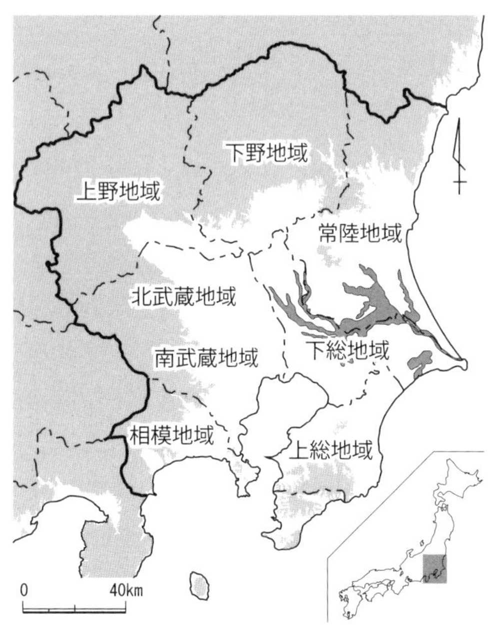

第1図　本書の対象領域と地域区分

に、古墳の分布や特色などにもとづいたものである点を強調しておきたい。例えば下野地域の場合、下野国全体が該当するわけではなく、実際の古墳の広がりとしては下野国域の南部から中央部にかけての河川流域を中心とした範囲におさまる。あくまで単純な地域名称として、該当する地域の令制国名を冠して仮称しているにすぎない。

2. エリート墓の名称について

有力古墳・首長墓・地域首長墓　古墳は当初、一定地域の集団を統率するような一握りのリーダーのみを埋葬する墳墓であったが、5世紀後半以降になると直径10m以下の小規模古墳が爆発的に急増し、その大多数は一定の範囲内に密集して築かれた群集墳と呼ばれるものである。後期古墳を特徴づける群集墳の発生については、共同体の階級分解の進行による家父長制家族の成立と結びつけて捉えた近藤義郎説〔近藤1952〕と、カバネ制という畿内政権による身分秩序の拡大を想定した西嶋定生説〔西嶋1961〕が、その後の研究に多大な影響を与えた基軸となっている。とくに、群集墳を畿内政権による新しい支配秩序の反映と捉える立場から擬制的同祖同族関係がその築造原理であるとする白石太一郎の考え〔白石1973〕など、西嶋説に依拠する見解が多く示されているが、その前提として共同体的諸関係の弛緩や有力家族の台頭といった近藤の説く社会変化を認めており、近藤・西嶋両氏の説が密接な関係をもつものとして評価されている。このように群集墳を構成する小古墳は、一般的に畿内政権によって掌握された家父長制家族墓とみなされており、本書が対象とする6～7世紀には古墳被葬者層が急速に拡大した点に十分留意しなければならない。

本書では、以上のように想定される重層的な階層構造を考慮し、一般成員（家父長クラス）の墓よりも階層的に上位と判断される古墳に対して、有力者（elite）が埋葬された古墳という意味で「有力古墳」の名称を使用する。そして有力古墳のなかでも、墳丘・石室の規模・構造や副葬品の質・量などにおいてとくに優れた内容を誇る少数の古墳を「首長墓」とし、さらに一定の地域的範囲のなかで特定時期の最上位に位置づけられるような首長墓を「地域首長墓」と限定的に呼称する。すなわち、基本となる「有力古墳」のうちには、「地域首長墓」を含む「首長墓」が含意されており、【有力古墳＞首長墓＞地域首長墓】という段階で整理する。もちろん、各地が一様な階層構造を示すとは限らず、地域・時代によっては拮抗する首長墓が複数存在し、傑出した地域首長墓を見出しがたい場合も考えられる。すべてに上述の階層モデルを当てはめる意図はなく、あくまで該当する場合での記述にとどめる。

なお「首長」という用語について、古墳時代研究を中心とする今日の日本考古学では集団統率者の意味で広く用いられているが、必ずしも厳密な概念規定のもとで使用されておらず、かつ他の学問分野を含め多様な含意があるため、近年では「首長」という語の使用に対する慎重な立場がしばしば表明されている〔大久保2004、福永2005、下垣2012〕。しかも大久保徹也によると、日本考古学の現行の「首長」概念は、近藤義郎が共同体の分析を通じて組み上げた「前中期古墳被葬者の階級的性格および、それと密接に関わる社会的職務の内容を指し示す概念」（p.311）であり、本書で対象とする後期古墳とは対比的に捉えられたものという。しかし、こうした問題点を認めながらも、

「（多数を占める一般成員の墳墓と：草野註）異なる地位・階層にある人々を包括する概念としては、『首長』のほかに広く通用する語を見出しにくいこともたしかである」と菊地芳朗が吐露しているように〔菊地 2010　p.203〕、「首長」という語が〈階層的上位にある集団統率者〉というイメージで広く研究者に浸透していることも事実である。本書では、「結論を内包した意味負荷の強い用語を選択することで生じる議論の循環を避けるため、まずは中立的な用語を選び、資料の分析をつうじてその中身を埋めてゆくべき」という下垣仁志の指摘〔下垣前掲　p.57〕も踏まえ、基本的には「有力古墳」で全体を把握するが、個々の古墳の内容・性格を吟味したうえで必要に応じて「首長墓」・「地域首長墓」と捉え直すことにする。

系譜・系統・系列　一定地域で世代を重ねて継起的に造営された首長墓の連続体は、都出比呂志の定義以来「首長墓系譜」という呼称で表現されることが多い〔都出 1988〕。この用語法をめぐっても下垣仁志が問題点を指摘している〔下垣前掲〕。すなわち、「系譜」の語義には血縁関係が含意されているが、古墳時代には血縁原理に拠らず政治的地位や族長位を継承したことが近年の文献史研究で明らかにされており、論点先取的な「系譜」の使用を批判した。そのうえで下垣は、血縁関係という意味内容を含まず、かつ一定方向に変化する資料の連続体を意味する考古学用語の「系列」を採るのが適切であるとする。

また本論で主要な分析素材とする横穴式石室についても、「系譜」という表現がしばしば使用されるが、継起的に築造された石室の連なりという連続性よりは、他地域から石室が伝播した場合の両地域間の関係性を指す用語として用いられることが多い(1)。この用語法は白石太一郎が日本における初期横穴式石室の源流を朝鮮半島・中国に求めた論考〔白石 1965〕で用いて以来、日本列島内での地域間交流にも広く使用されるようになり〔土生田 1991 ほか〕、筆者もこれまでそのように扱ってきた。しかし改めて辞書をひも解くと、「系譜」の意味は「①血縁関係や系統関係を図式的に記したもの。系図。②物や人のつながり。系統。」〔新村 2008〕とあり、②の意味が最も近いが、この場合、地域内での展開過程も含意されることになる。今日の横穴式石室研究で使用される「系譜」の意味するところについて、研究者間では一定のコンセンサスが得られていると思うが、一般にはそのイメージに直結する表現となっていない可能性はある。そこで本書では、「系譜」の用語を意識的に控え、他地域とのつながりを指す場合には「源流」・「淵源」・「祖形」などの表現を用いることにする。また他地域とのつながりを含め、継起的な変遷過程を辿る石室群については「系統」の用語であ

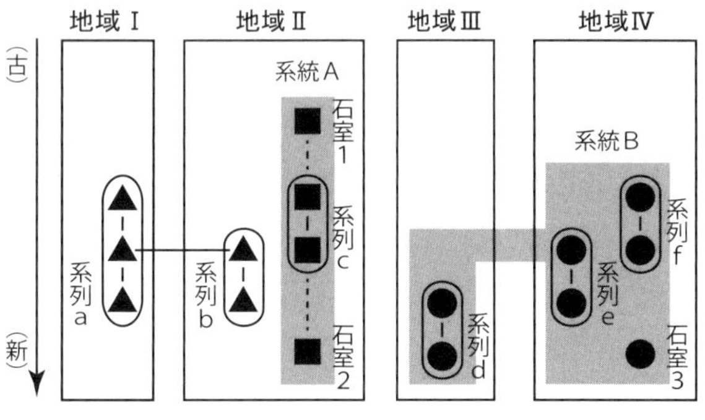

※系列ｂは、系列ａと直接的なつながりが想定される派生系列
※系列ｃの石室と同一地域内の石室１・２は共通した特徴をもつが、直接的な関係性は不明なので１つの系列にまとめられない。ただし同一系統（A）として継起的な変遷を辿ることはできる。
※系列ｄは、系統Ｂの流れを汲むと考えられるが、どの石室（系列）と直接結びつくか特定できない。

第２図　石室系統・系列の概念図

らわし、とくに個別石室間の直接的なつながりを指す場合には最小単位の連続体という意味で「系列」と表記する（第2図）。例えば、上総地域の代表的な複室構造石室である〈姫塚古墳→不動塚古墳→駄ノ塚古墳→駄ノ塚西古墳〉は「系列」、酒巻21号墳に始まる北武蔵地域の短小な前室をもつ複室構造石室群（小松1号墳、西台7号墳、氷川神社裏古墳など）は「系統」として整理し（第2章第2節参照）、従来継起的な流れで捉えられていた北武蔵地域の〈若宮八幡古墳→冑塚古墳〉は複数系列に分けて理解する考えから、これらを「系統」として把握する（第3章第4節 p.132 参照）。

3. 横穴式石室の各部名称・分類について

冒頭で述べた通り、本書では横穴式石室という遺構素材を主要な分析対象としている。横穴式石室とは、石材で構築された遺骸埋葬施設の一方の壁面が開放されて墳丘外部に通じているものの総称であり、4世紀末葉に朝鮮半島から北部九州へもたらされた後、5世紀後半以降、全国的に展開することとなる。遺骸を安置する主室（玄室）とそこへ至る通路（羨道）を基本的な構造とする横穴式石室の各部名称については、主要な部位こそおおむね共通認識が得られていると言えるが、石室内に設けられた各種付設物など、研究者の視点の違いや地域差を反映して一定していない用語も少なからず認められる(2)。

本書では基本的な部位名称を第3図に示したように表記し、ここに示していない用語を用いる場合は、その都度解説を加えることとする。また奥壁から開口部に向かって左側の側壁を「左側壁」、右側の側壁を「右側壁」とし、石室各部の左右を言う場合も同様の視点で統一する。

単室・複室構造　横穴式石室は、墓室空間構成によって単室構造と複室構造に分類することができる。複室構造の定義については論者の視点によって見解が分かれるところだが、本書では、側壁の屈曲や内側に突出する袖石によって立面的に区画された墓室空間が、羨道を除き前後2室以上ある石室について、「複室構造石室」と呼ぶ。

仕切石や敷石によって狭長な玄室や羨道を平面的に区画した石室については、上記の「複室構造石室」と同様の機能を想定できる事例も存在するが、構造的には単室のものと変わりがないので「複室構造石室」には含めない。ただし記述の便宜上、「平面的な複室構成」・「複室的な空間利用」などと表現する場合があり、これらの表現であらわされる石室は厳密な意味で「複室構造石室」でない点に留意されたい。

複室構造石室の墓室空間をあらわす用語として、開口部側が「前室」という名称でおおむね共通しているのに対して、奥側は「後室」や「奥室」など論者によって名称が様々である。本書では、単室構造石室とあわせて奥側の墓室空間を「玄室」と呼び、2室構成の場合は開口部側を「前室」、3室構成の場合は玄室と前室の間の空間を「中室」と表現する。また各室の出入り口を指す場合、玄室は「玄門」、中室は「中門」、前室は「前門」とそれぞれ表現する。なお羨道の前の門構造は「羨門」であるが、単室構造の羨道が省略された事例では最前面の門構造が玄門となり、複室構造の羨道が省略された事例では最前面の門構造が前門となる。とくに後者との区別がつかない場合は、「開口部の門構造」のように表記する。

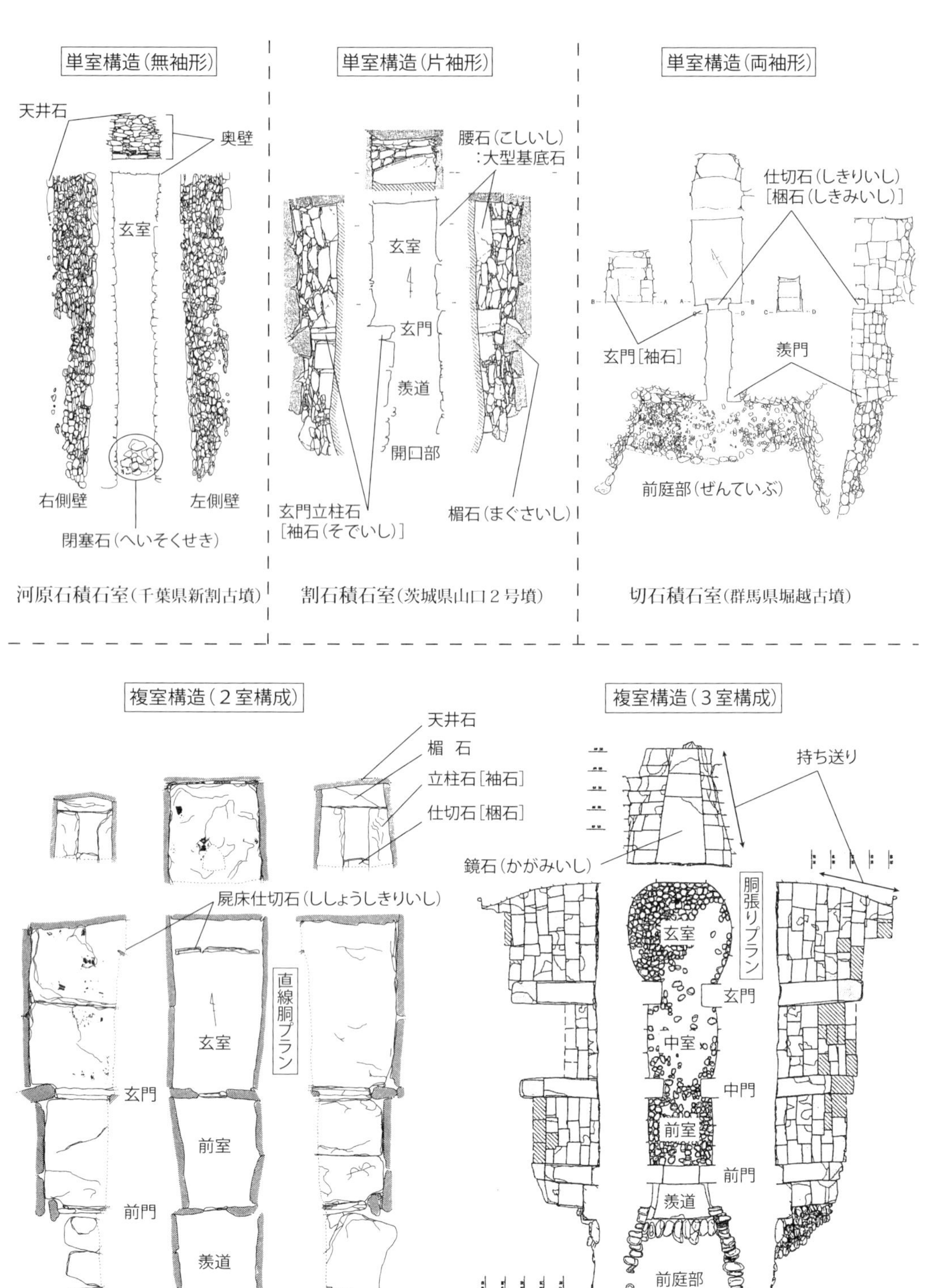

第３図　横穴式石室の分類と部位名称（縮尺不同）

両袖・片袖・無袖形　横穴式石室の平面形態は、玄室と羨道の幅の差によって生じる玄門部屈曲（袖部（そでぶ））の有無とその接続位置によって、両袖（りょうそで）・片袖（かたそで）・無袖（むそで）の３つに分類される（第３図上段）。この三者については従来、「型」や「式」の語で表現されることがほとんどであったが、平面的な特徴である袖分類のみでは多様な系統・系列の石室が一括りにされる可能性があり、共通の歴史的背景や集団関係を示唆することの多い「型」・「式」概念にそぐわないとする意見がある〔土生田 2010〕。この指摘はとくに無袖の石室を対象として示されたものだが、本論中で指摘したように、両袖・片袖の石室についても一様でない成立過程が認められるので、本書ではこれらの袖分類を「形」概念で捉え、「両袖形」・「片袖形」・「無袖形」と表記する。

なお、両袖形石室のうち、玄室・羨道の幅を大きく変えずに玄門石材を壁面から内側に突出させることで空間区分を行っているものをとくに「擬似両袖」と称し、区別することがある。本書で「両袖形」とした場合、とくに断りがなければ、この擬似両袖を含む総称として使用している。

胴張り・直線胴　石室の平面形態を規定する要素としては、上記の両袖・片袖・無袖のほか、長さと幅の比率による正方形・長方形の違い、奥幅と前幅の差による羽子板形・奥窄（おくすぼ）まり形、石室側壁が中央幅を最大とする曲線状を呈するか直線的であるかという違いなどが挙げられる。前二者のような場合は、形状をあらわす表現として一般的に理解しやすいものなので本論でもそのまま使用する。後者の場合、とくに曲線状のものを指す専門用語として「胴張り（どうば）」があるが、これについては両袖・片袖・無袖形の分類と区別する目的から「胴張り形」の表現はとらず、「胴張りプラン」や「胴張り石室」などと表記する。なお逆に側壁が直線的なものを胴張りと対比させてあらわす場合、とくに「直線胴プラン」・「直線胴石室」と表記する（第３図下段）。

4.　加工石材について

７世紀を中心とする関東地方の横穴式石室は、表面を平滑に仕上げ、切ったような面を作り出した加工石材で壁面を構築した事例が数多く存在する。花崗岩や安山岩などの硬石加工と凝灰岩や砂岩などの軟石加工では、「用具、加工法、採石法の各面において技術に質的差異があり、現在では相互に全く交流がなく、各々の技術体系を保持している。いいかえれば硬石は硬石の、軟石は軟石の技術を保持しており、軟石の技術を収得してのち硬石の技術に至るということはほぼありえない」という指摘がある〔菅谷 1985　p.682〕。実際、石棺や石室石材の表面に残されている工具痕を観察すると、硬石の場合は細かな不整形の凹凸、軟石の場合は浅い匙面状ないし横断面が浅い箱状の溝をなす仕上げ痕が残っており、前者が工具の敲打によって、後者がチョウナや平ノミなど刃付き工具を使ったケズリ加工によって、それぞれ石材表面を平滑に仕上げていることがわかる〔和田 1983〕（第４図）。関東地方の横穴式石室の場合、大部分は軟質石材にケズリ加工を施した事例だが、７世紀代に位置づけられる群馬県の一部の石室や６世紀後半の栃木県吾妻古墳玄室の奥壁・側壁・天井石など、硬質加工石材が使用された事例もわずかに散見される。このような加工石材は、石材の硬軟や加工方法の違いによらず、「切石（きりいし）」という用語が最も一般的な呼称として定着しており、本書でもこの用語を採用する。

硬質石材加工

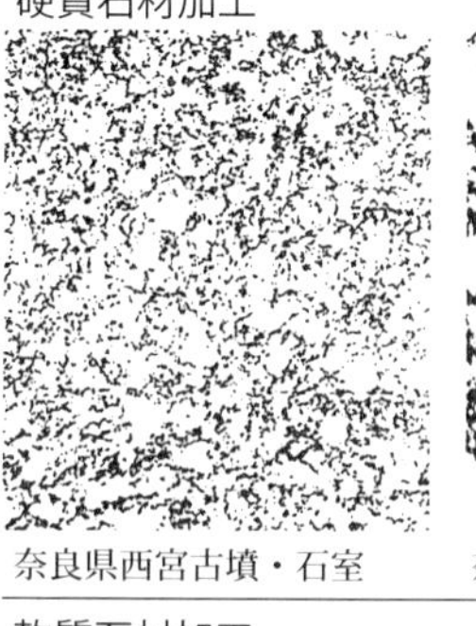
奈良県西宮古墳・石室

奈良県西宮古墳・石棺底面

奈良県岩屋山古墳の石室と石材加工痕

軟質石材加工

奈良県東乗鞍古墳1号棺　0　5cm

東京都武蔵府中熊野神社古墳の石室と石材加工痕

第4図　硬石・軟石の加工痕

畿内地域の「切石」　横穴式石室に用いられた加工石材を「切石」と表現するにあたり、関東地方における様相が畿内地域とは異なる点について述べておかなければならない。

畿内地域の切石積(きりいしづみ)石室としてよく知られているのは、白石太一郎によって提唱された「岩屋山式石室」である〔白石 1967〕。白石は畿内地域における有力古墳に採用された大型横穴式石室には、共通した型式変化を読みとることが可能で、〈天王山式→石舞台式→岩屋山式→岩屋山亜式〉という一系列の編年が組めると考えた〔白石 1982〕（第5図）(3)。白石編年のなかで、岩屋山式は切石技法が全面的に採用される段階であり、これに先立つ石舞台式で一部切石加工の導入が指摘されている。

白石は当初、石舞台式を7世紀初頭、岩屋山式を7世紀前半と考えたが〔白石 1967〕、後に石室の型式と出土須恵器の型式の対応関係を重視して、石舞台式を7世紀第2四半期、岩屋山式を7世紀第3四半期と改めた〔白石 1982〕。この白石の年代観に対して、欽明陵と考えられる奈良県橿原市五条野（見瀬）丸山古墳〔高橋 2004〕や聖徳太子墓とされる大阪府太子町叡福寺北古墳〔梅原 1940〕の位置づけに関する意見の相違などから、岩屋山式の存続期間を7世紀前半から後半に及ぶ長期間とする山本彰や、天王山式・石舞台式の年代を6世紀後半に遡らせて考える新納泉の反論がある〔山本 1993、新納 1995〕。とくに白石・新納の論争は、その後もお互いに自説を補強しながら対論を提示し合っており(4)、年代観の差が著しい。両者の見解の相違には石室型式に関する認識の違いもあるが(5)、加えて須恵器や装飾付大刀など、石室編年に暦年代を与える資料自体の年代的位置づけが、いまだ確立されていないという状況を反映している。土生田純之は、こうした状況下で石室の厳密な年代を性急に求めるべきではなく、明確な根拠を得るまで一定の年代幅のなかで解釈

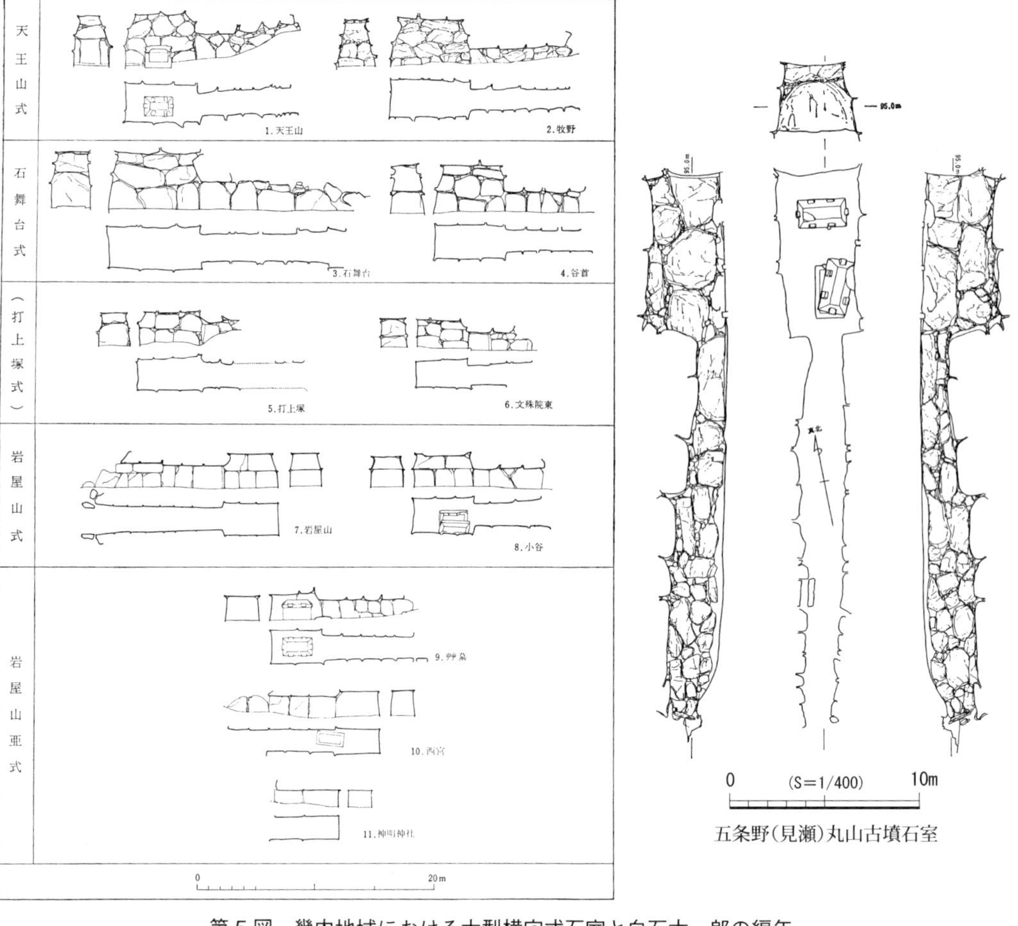

第５図　畿内地域における大型横穴式石室と白石太一郎の編年

する必要があると説き、岩屋山式を７世紀中葉前後に想定することが最も矛盾のない案としている〔土生田 2005〕。

また最近では、岸本直文が蓋然性の高い被葬者論の評価をもとに石舞台式を６世紀末葉、岩屋山式を７世紀前半と解釈しており、７世紀前半までの横穴式石室墳が寿墓（生前造墓）であると理解すれば被葬者没年とのずれは解消されると問題提起している〔岸本 2011〕。岸本説は、自身が語る通り、「新納の問題とした、この時期の横穴式石室の年代が全体的に下げすぎで、前方後円墳の終末時期の理解にかかわるという問題提起を、ある程度、是正する」ものであり、かつ「丸山古墳の石室の位置づけ、広陵町牧野(ばくや)古墳を忍坂彦人大兄皇子(おしさかのひこひとのおおえ)の成相墓(ならいのはか)とみる点について白石太一郎の見方は妥当と考える」（p.87）見解で、両者の主張を橋渡しする見通しとして注目される。解釈を裏付ける資料的根拠はいまだ十分でないが、現時点では諸条件との整合性がとれた魅力的な仮説の一つと言える。

ここで本題である畿内地域の横穴式石室における切石利用という問題に立ち返ると、如上の整理から、６世紀末葉頃に花崗岩などの表面を小叩きによって仕上げる硬質石材加工が導入され始めたという認識で大過ないだろう。高句麗に淵源が求められる大阪府河南町シシヨツカ古墳も、ちょうど同時期に構築された花崗岩切石の横口式石槨であり、当該期が畿内地域において加工石材を横穴系埋葬施設に利用した画期となっていることがわかる。この硬質石材加工技術が、崇峻元年（588）に始まる飛鳥寺造営に際して渡来した百済工人によってもたらされた可能性は極めて高く、伝来して間もなく造墓技術として援用された状況が窺える。その後、7世紀前半を中心とする岩屋山式を経て、7世紀中葉以降になると奈良県香芝市平野塚穴山古墳や高取町東明神（つかみょうじん）古墳、明日香村高松塚古墳など、凝灰岩切石を用いた横口式石槨が目立つようになる。硬石から軟石への石材転換は、石材加工・運搬作業の省力化につながり、当時の薄葬思想に対応した変化と捉えられている〔河上1985〕。

以上のように畿内地域の埋葬施設では、6世紀末葉に始まる硬質石材加工が中心的で、軟質石材加工は7世紀中葉以降に登場する。この点、軟質石材加工を中心とする関東地方の様相とは対照的である。関東最古級の切石積石室と言える6世紀前葉の群馬県富岡市御三社（おさんしゃ）古墳玄室内に、凝灰岩切石の組合式石棺が安置されている点を評価するならば、恐らく関東地方の軟質石材を用いた切石積石室は、石棺石材の加工技術が石室石材の整形・調整に応用されるなかで成立し、6世紀後半以降盛んに構築されたものと考えられる。すなわち畿内地域とは全く異なる背景のもと、関東地方の切石積石室は成立・展開したと言える。

切石・截石・削石　加工石材を指す用語には他に、「截石（きりいし）」や「削石（けずりいし）」があり、この点についても説明を加えておかなければならないだろう。

石室構築石材を加工度に応じて自然石・剥石・割石・削石・截石の5つに分類し、はじめて明確なかたちで体系的に論じたのは、尾崎喜左雄である〔尾崎1954〕。尾崎は当初、「切石」ではなく「截石」という用語を設定し、その内容について「普通四角に截った石で、面を作ったものを指すが、多角形のものもある。しかしその角は直角である。」（p.4）と定義している。「その用石に対し如何なる道具を以て如何なる方法で加工したかを問題にしたのではなく、現存石室の用石の種々の態様から区別分類して考察を加えたことを意味している」（p.1）という表現から判断して、「截石」という用語が、切ったような面を呈している石材の外面的特徴にもとづいた呼称法であって、石材加工技術と直結するものではないことを明記している点は、注目されるところであり、「切石」の概念規定をするうえで示唆的である。さらに尾崎による横穴式石室研究の集大成と言える『横穴式古墳の研究』〔尾崎1966〕では、「截石」と区別して「切石」も併用しており、「ほとんど切り出したままと考えられるもの」（p.269）を「切石」、「叩き目、水磨きと推定される精巧な工法」（p.602）によって面の各隅角を整然と直角に整えたものを「截石」としている。このように後年の尾崎は加工度の精粗に応じて「截石」と「切石」を使い分けていたわけだが、石材加工度の違いという漸移的な指標にもとづく限り、その境界が明瞭でないうえに、同一石室内において部位により石材加工度が均一でない事例もあり(6)、ある石室を「截石積み」と「切石積み」のいずれかに特定することは至難の業と言えるだろう。

次に「削石」の問題に移る。この用語は、尾崎が定義・使用して以来、6世紀中葉に榛名山二ツ岳が噴出した角閃石安山岩に粗いケズリ加工を施した石材について使用されることが多い〔右島1993〕。尾崎の論考発表後、調査で明らかとなった群馬県高崎市綿貫観音山古墳も代表例として加えられたが、綿貫観音山古墳のみを対象として取り上げたもののなかには、その石材を「截石」と表現するものもしばしば見受けられる〔群馬県教委ほか1999〕。つまり「角閃石安山岩削石積石室」とされているものの中には、「截石積石室」とされているものと比べて遜色ない加工が施されている事例が存在するということである。「角閃石安山岩削石積石室」を「截石積石室」と区別して論じる場合、①石の裏側まで加工する（6面削り）か否か、②石材が直角に近く加工されているか否か、の2点が相違点として指摘されることがある〔松本・桜場・右島1981〕。しかし、「角閃石安山岩削石積石室」の範疇に括られることの多い綿貫観音山古墳では石材をほとんど直角に近く加工しているし、多くの研究者が「截石積石室」として認めている群馬県前橋市堀越古墳石室では石材の隅角に丸みを残している。すなわち加工の程度で「削石」か「截石」かを弁別することは困難なのである。このことは「削るという加工法は、自然石、割石、截石にも付せられるのであり、自然石を削ったもの、割石を削ったものも削石に加えられ、截石すら削られているのである」〔尾崎1966　p.258〕という尾崎の記述にあるように、「削石」と「截石」の技術体系が基本的には変わらないこととも関係している。「角閃石削石積石室」というカテゴリーを設けて議論した場合でも、例えば群馬県前橋市塩原塚古墳石室などについては「削石積石室」に「截石積み」が加わった現象として理解されており〔尾崎前掲　p.267〕、両者の技術的な影響関係は密接なものとして認めざるを得ない。

こうした尾崎の定義からは離れ、角閃石安山岩以外の軟質石材を加工して壁材とする横穴式石室に「削石」という用語を用いる場合も散見されるが〔土生田ほか2008〕、使用例は管見による限り群馬県内のわずかな事例に限られ、用語としての認知度は低いと言わざるを得ない。また「削石」という名称では、敲打仕上げによって平滑化がなされる硬質加工石材の用語としては不適切で、硬軟両方の加工石材を包括する総称として用いることはできない。

以上の理由から、「截石」や「削石」の用語は用いず、石材をある程度加工した段階から丁寧に整形・調整を加えた段階までを一括して「切石」と表現する。

ただしここまでまとめてきたように、上野地域ではこれまで7世紀前半以降の加工石材使用石室を「截石切組積石室（きりいしきりくみづみ）」と称し、それ以前の「切石積石室」と区別して論じられてきた経緯がある。すべてを切石積石室と一括して扱うことで無用の混乱が生じる可能性も否定できないため、本書では上野地域に限り「截石切組積石室」の用語を適用し、上野地域で対象とする事例が既往の研究と同様であることを明示したい。

註

(1)　一定地域内で継起的に築造された石室のまとまりを「系譜」という用語で示しているものとして、猪熊兼勝や河上邦彦の論考が挙げられる〔猪熊1976、河上1979〕。

(2)　用語上の問題については、土生田純之の総論がある〔土生田1992〕。また近年では、横穴式石室の地域別資料集成やシンポジウムのなかで地域性を踏まえた用語の整理・統一が試みられている〔加部 1998、小幡・近藤 2001、石井 2007〕。

(3)　なお、この論文のなかで石舞台式と岩屋山式の中間型式として「打上塚式」を挙げているが、後年、打上塚古墳は岩屋山式に含め、中間型式名は「秋殿南式」としている〔白石 1999〕。

(4)　〔白石 1982〕および〔新納 1995〕文献が発表された後､白石が一部修正を加えつつ自説を追認したが〔白石 1999〕、近年前方後円墳の終末年代をめぐって両者の論争が再燃している〔新納 2009、白石 2010〕。

(5)　とくに五条野丸山古墳石室について、白石は天王山古墳よりも古く、新納は新しく位置づけるという違いが見られる。なお、和田晴吾・関川尚功は新納と、土生田純之・坂靖・岸本直文は白石と同意見である〔和田 1996、関川 1998、土生田 1999、坂 1999、岸本 2011〕。

(6)　例えば奥壁･側壁に「截石」、玄門に「切石」が用いられている群馬県御三社古墳は、大部分が「截石」とされているにもかかわらず、石室としては切石積石室として扱われている〔尾崎 1966　p.269 表〕。

第1章　研究史と問題の所在

第1節　東国七世紀史の概観

7世紀は、東アジア全体で大きなうねりが起こった激動の時代である。589年、およそ300年ぶりに中国を統一した隋の出現は、周辺諸国・諸民族にとって大きな脅威として受け止められた。さらに618年、隋に代わって建国した唐は、第2代皇帝太宗以降、積極的な覇権拡大政策を推進していく。また朝鮮半島では、高句麗・百済・新羅の抗争が激化し、三国はそれぞれ権力体制を再編する必要に迫られていた。

こうした中国・朝鮮半島の動向は、一衣帯水の位置にある倭国にとって無視できないものであり、加速度的に社会変化を引き起こす要因となった。ここでは主に文献史学の成果を参照しながら、当該期における東国[(1)]、とりわけ後に「坂東（ばんどう）」[(2)]と呼ばれた関東地方の歴史性を中心に概観する。

1. 6世紀後半―東国における国造制の特質―

日本列島において、5世紀後半の雄略朝を画期とする畿内主導への変化は、部民（べみん）制の成立〔狩野1984〕や屯倉（みやけ）の設置拡大〔舘野2004〕を経て、6世紀後半に決定的となる。畿内政権による地方支配制度である国造（こくぞう）制の成立についても、『日本書紀』崇峻2年（589）7月壬辰条の記事を論拠として、東日本では西日本よりやや遅れ6世紀後半に広域にわたって一斉施行されたとする篠川賢の学説が有力視されている〔篠川1996〕。国造は、単なる在地首長とは異なり、畿内政権から任命を受けて「クニ」という一定範囲の人民支配を行う地方官としての性格をもつもので、それまで以上に畿内政権の意向が地方に反映するようになったことを示唆する。

考古学からのアプローチとしては、各地に営まれた後期・終末期大型古墳の消長から国造の奥津城を捉えた白石太一郎による研究〔白石1990a・1991・1992・1996〕のほか、上野地域を対象として複数ある有力系譜のなかから唯一勢力に収斂されていく状況を国造の成立過程とみなした右島和夫や、汎列島規模の議論にまで敷衍した土生田純之の見解などが挙げられる〔右島1994、土生田2004a〕。

とくに白石は、首長墓の墳形が前方後円墳から大型方・円墳に切り替わる7世紀初頭こそ、関東地方における国造制の成立時期であると考えたが、国造制の成立または整備が後期前方後円墳の時期まで遡るかどうかは、考古学ではなく文献史学が解決する問題であるという意見もある〔内山2007〕。また土生田純之が説くように、在地首長たる初代国造が首長位を襲った時点では前代的な規範にもとづいて裁量していたため奥津城についても旧来の前方後円墳を踏襲して築造したと解釈すれば、国造の任命時期と前方後円墳終焉時期のずれを、初代国造の就任と前方後円墳を放棄した2代国造の死亡時期との差と理解することができる〔土生田2007〕。この解釈にたつ場合、国造制の施行という重大な政治改革をなしえた段階に至ってもなお、各地首長墓制の変革を強制的には実施できないという畿内政権の限界を認めることになる。またこの解釈によらずとも、前方後円墳の終焉時期が地域によって6世紀後半から7世紀前半まで幅をもつ可能性が高い点からも、畿内政権の意向が地方において絶対的なものとして速やかに受け止められていないことがわかる。

同様のことは文献史学の側からも指摘されている。すなわち、東国（正確には遠淡海（とおつおうみ）以東の東海道地域と東北地方南部、および北信地方を中心とする長野県域）では、「部名＋カバネ」の氏姓を称する「伴造（とものみやつこ）的国造」が多いことが知られているが、これは換言すれば国造に由来する氏姓を賜与された氏が認められないことを意味し、国造制が十分に機能していなかった状況、つまり畿内政権の浸透度・掌握度の低さを示すものと考えられるという〔篠川2005〕。

以上のように、7世紀初頭頃までの東国には畿内政権の進出が段階的に進められた状況こそ認められるものの、在地の自立性・独立性を多分に残すものであったことが窺えるのである。

2. 7世紀中葉—東国国司の派遣と評制への移行—

前方後円墳が一部の例外を除いて全国的に終焉を迎える7世紀初頭は推古朝にあたり、遣隋使の派遣を通じて大陸の文化・思想が積極的に吸収された。当該期には冠位十二階や十七条憲法といった新政策が打ち出されたが、政策の根底にあるのは仏教興隆思想であり、すべてのものを国家が一元的に管理するという律令体制の基本理念につながるような要素はまだ見えてこない。

こうしたなかで、強大化する唐の覇権に対応すべく、中央集権体制の樹立を目指す政治改革が求められ、642年から643年にかけて高句麗・百済で相次いで政変が勃発した。645年に中大兄皇子（なかのおおえ）と中臣鎌足らが蘇我本宗家を滅ぼした乙巳（いっし）の変は、当時の朝鮮半島の政治情勢に触発された権力交代であったと言える。

クーデター直後に成立した孝徳朝では、元号を大化に改め、中大兄皇子・阿倍内麻呂・蘇我倉山田石川麻呂を中心とする新政権を発足して政治改革に着手する。これが著名な大化改新で、その第一に「東国国司の詔」を出している。すなわち、関東地方を中心とする地域を8グループに分けて使者が派遣され、戸口調査や検田をはじめ、国造・伴造・県稲置（あがたいなぎ）といった在地における政治機構の実態把握、武器収公などが主な任務として課せられた。ここで重要なのは、戸口調査・検田が在地における旧来の支配関係を温存するかたちで進められ、また武器収公に伴う兵庫の実質的管理や領域内での裁判権も国造に委ねられた点である〔中西1986、早川1986〕。つまり国造の伝統的権力を侵害することなく、むしろ依存するかたちで実態調査が実施された。改革の推進にあたり東国へ国司が派遣された背景には、独立性の強い領域権力者としての東国国造の強さを、自らの側に取り込もうとした政権の思惑がある〔大津1992〕。

この東国国司の派遣を踏まえて、新政権は翌年正月に改新の詔を発布した。その内容は、部民制の廃止（公民制への転換）、地域行政組織・軍事・駅制の設定、戸籍・計帳・班田収授法の作成、税制規定の4項からなる革新的なもので、当該期を七世紀史の一大画期と捉える見方が示されている〔吉川 2004〕。その一方で、『日本書紀』に記載された改新の詔は、後の大宝令の知識によって潤色された表現を含み、改新の詔自体が後世の虚構であるとの批判もある〔原 1980〕。しかし、改新の詔の史料的信憑性をめぐる郡評論争が、藤原宮出土木簡など1970年代以降の新史料によって決着をみた通り、当該期に評という新しい地方行政組織が設定された点については疑いないところである。少なくとも孝徳朝が目指した改革の柱の一つに地方支配の確立があったことは認められる。

評制の成立をめぐっては、『常陸風土記』建評記事などを根拠として孝徳朝における全面立評を認め、その後の評の分割・再編を経て8世紀の令制郡の区画が確定したとする、鎌田元一の説〔鎌田 1977〕が文献史では通説化しつつある（第6図）。しかし一方で、孝徳朝の建評は一部の地域に限定されたもので段階的に整備が進められたと見る学説〔米田 1976〕もあり、意見の対立が完全に解消しているわけではない。評制施行に関わる考古学の視点としては、地方官衙関連遺跡の調査・研究が挙げられる。財政機能を有する正倉とともに評・郡衙の象徴的施設である郡庁院の成立は、東国において7世紀末葉〜8世紀初頭にピークがあり、それ以前の段階は豪族居宅と官衙が未分化の状態であった可能性が指摘されている〔山中 1994〕。近年では7〜8世紀の評・郡衙形成について〈端緒的評衙→前期評衙（初期評衙）→後期評衙〉という段階論が提唱されており〔山中 2001〕、桁行7間以上の長舎をもち居宅的建物配置[3]をとる埼玉県深谷市熊野遺跡〔鳥羽 2004〕や、掘立柱塀による区画と南門の設置に特徴づけられる栃木県宇都宮市西下谷田（にししもやた）遺跡〔板橋 2005〕などが、7世紀第3四半期に遡る「豪族居宅型」の初期評衙と目されている。以上のように制度としての評の施行が一斉であったか否かは不明と言わざるを得ないが、少なくとも実際の運営自体は地域的な事情によ

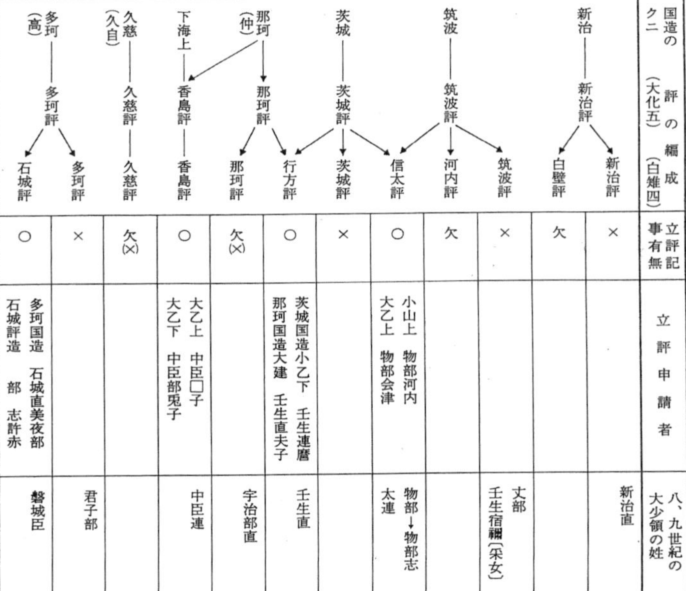

国造のクニ	評の編成（大化五）→（白雉四）	立評記事有無	立評申請者	八、九世紀の大少領の姓
新治	新治評→新治評	×		新治直
新治	新治評→白壁評	欠		
筑波	筑波評→筑波評	×		壬生宿禰（采女）丈部
筑波	筑波評→河内評	欠		
筑波・茨城	筑波評・茨城評→信太評	○	小山上 物部河内／大乙上 物部会津	物部→物部志太連
茨城	茨城評→茨城評	×		
茨城・那珂	茨城評・那珂評→行方評	○	茨城国造小乙下 壬生連麿／那珂国造大建 壬生直夫子	壬生直
那珂（仲）	那珂評→那珂評	欠（×）		宇治部直
下海上・那珂	香島評→香島評	○	大乙上 中臣□子／大乙下 中臣部兎子	中臣連
久慈（久自）	久慈評→久慈評	欠（×）		
多珂（高）	多珂評→多珂評	×		君子部
多珂（高）	多珂評→石城評	○	多珂国造 石城直美夜部／石城評造 部 志許赤	磐城臣

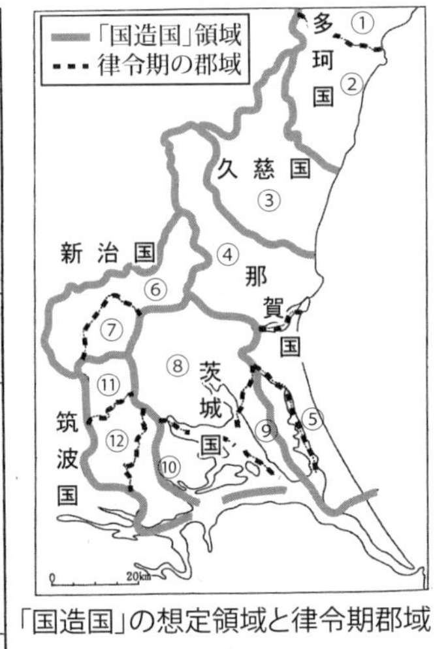

「国造国」の想定領域と律令期郡域

①石城郡　⑤香島郡　⑨行方郡
②多珂郡　⑥新治郡　⑩信太郡
③久慈郡　⑦白壁郡　⑪筑波郡
④那賀郡　⑧茨城郡　⑫河内郡

第6図　常陸地域における「国造国」と評の関係

り時間差が生じたものと判断される。

評制の内実に目を向けてみると、評造・評督といった評官人には国造を採用し、さらに８世紀の郡司にも国造の系譜をひく在地の有力豪族を任命することで、地方支配の実現が企図された。すなわち評は、大化以前の国造の支配領域を継承あるいは分割・再編することによって設置されたものと理解されている。なお、国造は評制施行をもって廃されたとみる意見もあるが、その後の研究で律令制下の国造の存在も認める方向が主流となっている。もちろん大化以前の国造と以後の国造は同一の意義をもって置かれたものではなく、また中央から国司が派遣されて国造の地位が相対的に低下していったことも確かだろうが〔篠川 1996〕、ここでは新制度の施行後も旧来の在地豪族の存在なくして地方経営を円滑に進めることができなかったところに注目しておきたい。

さらに近年における文献史学の研究では、評の属性について郡に連続する領域的な行政区画としての側面は過大に評価できず、むしろ伴造制的な旧来の編成原理を大きく転換することなしに緩やかに人間集団を編成支配する原理であったと考えられつつある〔仁藤 2001〕。評制に先立つ国造制もまた、伴造制と同様に人的支配を軸に成立した制度と位置づけられる点〔大川原 2007〕を考え合わせると、国造制から評制への転換は、旧来の国造領・国造支配を国家により制度化したにすぎない面を否定できない。その意味で律令制確立への確かな一歩ではあるが、実質的な内容に大きな変化がないと考えられる点に留意する必要がある。

3. ７世紀後半―律令国家の全国支配と東国の位置―

斉明６年（660）９月、唐・新羅連合軍の侵攻により百済が滅亡したとの報に接した政権は、百済の遺臣・鬼室福信からの救援要請を受け、661・662 年の二次にわたる遠征軍を朝鮮半島へ派遣した。その結果、倭国軍は天智２年（663）８月 28 日の白村江の戦いで大敗を喫し、皇太子の中大兄は体制の立て直しを迫られた。第一に取り組まれたのは、対馬・壱岐・筑紫への防人・烽の設置と大宰府の水城築造、および西日本各地への山城造営で、当時の政権が抱いていた唐に対する警戒感のあらわれと理解できる。加えて地方行政組織としては、孝徳朝で成立した評の上に国を設けた「国評制」という２段階の行政組織が整い、また天智９年（670）には初の全国的戸籍である庚午年籍が作成されて、中央集権的地方支配の進展が図られることとなった。

天智朝における東国の存在を考えるうえで重要な点は、西辺防備にあたる防人の出身地が遠く離れた東国であったことである。この背景には、東国が古くから畿内政権の軍事的基盤として舎人を貢上してきた経緯などが関係していると考えられており〔直木 1968〕、後に「東男は勇みたる猛き軍卒」（『万葉集』4331）と詠われたように、東国人を勇猛果敢とする観念が形成された。

天智朝の後、壬申の乱（672 年）で大友皇子に勝利した大海人皇子の動きに代表されるように、東国へ脱出してその勢力を味方につけようとすることが日本古代の反乱の特色として指摘でき〔大津 1992〕、律令体制の確立した天武朝以降も東国は軍事力の供給源として重要視された。すなわち、「化外の民」蝦夷を支配すべく進められた東北経営では、坂東諸国、とりわけ陸奥国の隣国である常陸国・下野国を中心に、人と物の過重な負担が強いられた。上記の通り古くから定評のある軍事力の高さに加え、東北地方を背後に控えるという地理的条件を兼ね備える東国が、東北経営を進めるうえで欠かせない兵力や食糧、軍事物資を補給する絶好の兵站地とみなされたのである。東北経営の橋頭堡という東国の歴史的性格は、考古学の成果からも追認することができる。7世紀後半以降、東北地方各地に畿内政権の支配拠点として城柵が設置されていったが、継続的な発掘調査を通じて得られた木簡や墨書土器、関東系土師器などの出土資料から、東国が城柵の造営・運営に関わった実態が徐々に明らかにされている〔国士舘大学考古学会編 2009〕。

＊

以上のように、関東地方をはじめとする東国は、中央集権国家の確立を目指す畿内政権にとって一貫して重要な軍事的基盤と見なされ、在地性を温存しながら段階を踏まえて体制下に取り込む方策がとられたとまとめることができる。

註

(1)　文献に見える「東国」という地域名称は、その範囲や特殊性について諸説が示されており、一様でない。近年では荒井秀規や松尾昌彦が「東国」の地域概念について整理しており、おおまかには、①伊勢鈴鹿（すずか）・美濃不破（ふわ）・越前愛発（あらち）の三関以東（壬申の乱・薬子の変）、②東海道遠江・東山道信濃以東（『万葉集』東歌・防人歌収録国）、③相模足柄峠・上野碓氷峠以東（ヤマトタケル説話・東国国司派遣の八道）の三種に分けられるという〔荒井 1994、松尾 2008〕。これらはいずれもヤマトからみた地域概念であり、時の中央がどのように東方を把握していたかを示すものと理解されている。本節では「東国」という呼称を頻繁に使用しているが、これは本節が、7世紀を中心とした時期に畿内政権が関東地方をどのように捉えていたのかという視点にもとづいているためである。

(2)「坂東」の用語は神亀元年（724）頃に征夷を契機として成立した地域概念であり、天平宝字年間（757～765）に坂東諸国から征夷のため臨時に兵士が徴発されたことに伴って坂東八国体制が確立したという見解が示されている〔川尻 1999〕。

(3)　桁方向の方位を揃えて梁方向をややずらしながら並べる「雁行型配置（がんこう）」や、L字形配置などを指す〔黒崎 1984〕。

第2節　終末期古墳における横穴式石室研究の意義

1. 終末期古墳の研究略史

多くの地域で前方後円墳が消滅する7世紀初頭頃から律令体制が成立する7世紀後半までの期間は、一般的に前半が飛鳥時代、後半が白鳳時代と呼ばれ、当該期に営まれた古墳を終末期古墳と称している。この「終末期古墳」という認識がクローズアップされるようになった契機が、1972（昭和47）年の奈良県明日香村高松塚古墳の壁画発見であることは論をまたない。この発見に先立って、今日の横口式石槨研究の基礎をなす資料集成・構造分類を行った堀田啓一の取り組み〔堀田1966〕や、畿内地域における7世紀代の大型横穴式石室を位置づけた白石太一郎の編年〔白石1967〕、群集墳の様相から7世紀初頭を古墳時代後期と終末期の境とした水野正好と森浩一の論考〔水野1970a、森1970〕など、先駆的な業績も発表されているが、大勢としては古墳の消滅と薄葬令との関係や大まかな変遷が論じられるにとどまる〔近藤1955、斎藤1955、岡田1966ほか〕。

高松塚古墳発掘によって古墳の終末への関心が高まり、翌年の『論集 終末期古墳』〔森編1973〕刊行によってその重要性が再認識された後、終末期古墳に関わる議論が盛行するのは資料の蓄積を経た1980年代である。

1981（昭和56）年、『月刊考古学ジャーナル』誌上で終末期古墳の特集が組まれ、ここで網干善教が時期区分についての問題を指摘している〔網干1981〕。網干は大化薄葬令の発布を画期と考え、横口式石槨が築かれる7世紀中葉以降を終末期と捉えた。また終末期の下限を8世紀初頭とし、それ以降の古墓・墳墓について「続終末期古墳」とする区分も提案している。その後、羨道や前室状の施設をもつ横口式石槨が造られる終末前半期（7世紀中葉～第3四半期）と、石槨のみを直接封土内に埋納する終末後半期（8世紀初頭まで）に細分する見解を提示している〔網干1984〕。

1982（昭和57）年には白石太一郎が、畿内地域における首長墓と大型群集墳の変遷をそれぞれ検討し、古墳の終末を明確にしようと試みた〔白石1982〕。結果、群集墳の消滅時期には7世紀初頭と第3四半期の2つの画期が認められるのに対し、首長墓では6世紀末葉における前方後円墳の否定と大型方・円墳の採用、7世紀中葉における大王陵の八角墳化、7世紀後半における豪族の古墳の消滅ないし衰退という3つの画期があるとして、複雑な経過を跡付けた。白石の論考が出された頃は、畿内地域のみならず各地における最終末前方後円墳の築造も一部の例外を除いて6世紀代におさまると認識され始めた時期にあたり〔古代學研究會編1984〕、前方後円墳の終焉という古墳時代における葬制の変化のなかでもとくに重大な変革をもって終末期古墳の開始とする考えが、この頃から形成されるようになる。

このほか、大化薄葬令との関係から山寄せの古墳について検討した横山浩一〔横山1983〕や、層厚の薄い盛土を突き棒で敲きしめる版築（はんちく）工法の面から考察した一瀬和夫〔一瀬1988〕のように、終末期古墳の墳丘構造を論じたもの、薄葬に即した葬法である改葬が6世紀末葉から普遍的に行われたとして土葬から火葬への過渡期的現象と捉えた河上邦彦の研究〔河上1988〕が挙げられ、発掘調査によって明らかとなった詳細な情報をもとに様々な面から終末期古墳の検討が行われた。

1990年代に入ると、白石太一郎を中心とする国立歴史民俗博物館の調査・研究として東国の終末期古墳が精力的に議論されるなど、地方における終末期古墳研究の進展が窺える〔国立歴史民俗博物館1992〕。90年代後半以降は研究雑誌による特集が数多く組まれ(1)、学界としての関心の度合いは頂点に達した観がある。近年では内部主体の動向や墳形・墳丘構造の変化、群集墳終焉の様相といった点について地域ごとに整理が進められている〔福永ほか2004、下原2006、東国古墳研究会2009、九州前方後円墳研究会2009〕が、とくに東日本についてはいまだ十分であるとは言えない。また、推古天皇が最初に埋葬された竹田皇子墓に擬せられる奈良県植山古墳（2000）や横口式石槨に関する従来の編年観を覆した大阪府シシヨツカ古墳（2002）、7世紀後半における上円下方墳の地方波及を示す東京都武蔵府中熊野神社古墳（2003）と福島県野地久保（のちくぼ）古墳（2008）、斉明天皇陵の前方に太田皇女を葬ったとする『日本書紀』の記載内容を裏付けた奈良県牽牛子塚（けんごしづか）古墳・越塚御門（こしつかごもん）古墳（2010）など、終末期古墳の重大発見も相次いでおり、現在なお終末期古墳観の見直しが迫られている。

2. 横穴式石室の資料的特性

考古学が扱う物質資料は、人間の手で持ち運ぶことの容易な「遺物」と、人間が大地に造りつけて移動させることが困難な「遺構」に分けられる。本論で主要な研究素材とする横穴式石室は、古墳時代の代表的な遺構の一つである。横穴式石室は遺構の資料的性格上、その土地で造られたことを確実視できる点が大きな特徴となっている。持ち運びのできる遺物の場合、必ずしも出土した土地で作られたオリジナルのものとは限らず、他地域で作られたものが製品として持ち込まれることや、持ち込まれた搬入品をもとにその土地で作られた模倣品であることも考えられる。しかし遺構である横穴式石室の場合、その特徴が在地のものでないとしても構築された場がそこから動くことはない。したがって、他地域の特徴をもつ横穴式石室の成立は、その石室に関する情報が他地域から伝播したことを意味している(2)。平面形態のような単純な情報であれば設計図の移動という可能性も考えられるが、石の積み方をはじめとする石室の立体的な構造や構築方法のような複雑な情報については、その構築技術を熟知した人間（集団）の移動によってはじめて伝播が成り立つ。また情報の伝播が情報源から直接もたらされ、移動してきた人々の手によって形作られれば当然類似度の高いものが出来上がるだろうが、間に中継地点を挟む間接的な伝播であったり、移動してきた人が何らかの事情で直接構築にあたらない場合、情報は本来のものから形を変え、情報源における石室との違いが生じることになる。情報変異の大きさや変異の生じた部位の性格などを考慮することで、情報の伝わり方がどのようなものであったのか、推論することが可能となる。さらに太田宏明が指摘するように、横穴式石室の構築は墳丘の築造と一体的に進められ、完成後は閉塞されて中へ入る機会が限られるため、「古墳構築場所という閉鎖的空間に立ち入り、一連の構築工程を見ることのできたもののみが構築技術を取得できる可能性がある」〔太田2011　p.17〕。すなわち横穴式石室を通じて結びつく両地域の関係性は、限定的な条件を前提に成立するものと考えられる。このように横穴式石室の特徴が他地域に源流を求められる場合、石室に関する情報の伝わり方を熟考することで、地域間の関係性や人間集団が移動する歴史的背景に踏み込むことができるのである。

また、横穴式石室が死者を死後の世界へ送り出す遺骸埋葬施設に他ならないという本来の性質・機能も、資料的特性として忘れてはならない。古墳という階級的構造物はすぐれて政治性を体現するものなので、いきおい政治的な視角からの分析を重視してしまいがちだが、一方で宗教的な埋葬行為のあらわれでもあり、その主体部である横穴式石室の検討に際しては、政治的背景のみならず文化的側面にも目を向けなければならない。むしろ横穴式石室が遺骸を埋葬し、かつ儀礼を執行する場である以上、埋葬施設を対象とした分析からは古墳のもつ機能面（埋葬・儀礼の内容や手法）が第一に浮かび上がるはずで、その背景にある当時の人々の死生観など精神面にまで迫ることも不可能ではない。逆に本来期待される埋葬・儀礼の機能が果たされていないと判断される場合、そのような石室が成立した背景として宗教的要因とは別の事由が考えられるのである。本研究は律令時代への移行期における政治史的側面に焦点を当てているため、古墳のもつ精神面を意識的に掘り下げることはしないが、上記のように石室の政治的動向を明らかにするうえでも機能面への着目は欠かすことができない。

3. 横穴式石室の伝播論―九州系石室と畿内型石室―

横穴式石室の伝播という歴史事象について、これまでどのような議論がなされてきたのか、もう少し掘り下げておきたい。

日本列島における横穴式石室の出現は、大陸文化の玄関口である九州地方と政治的中枢のおかれた畿内地域の2地域がとくに注視されてきた。戦後間もない頃は、出土遺物の年代観から畿内地域の初期横穴式石室が九州地方よりも半世紀ほど新しいと認識され、畿内地域では古い文化の強い伝統による規制が働いて採用に遅延が生じ、逸早く受容した九州を経由して伝わったものと考えられた〔小林 1950〕。

これに対し、九州の横穴式石室の特徴を北部九州と中部九州の2つに大別した樋口隆康の研究〔樋口 1955〕を受け、白石太一郎がこの九州の2系統と畿内地域の初期横穴式石室の比較検討を行った〔白石 1965〕。ここで白石は各系統の源流として、北部九州に百済漢城期の石室、中部九州に百済熊津（ゆうしん）期の石室、畿内地域に中国南朝の塼室墓（せんしつぼ）を挙げ、それまで説かれていた一元的な伝播ではなく、それぞれ別の遡源地からもたらされたとする画期的な考えを示した。これは1958（昭和33）年に調査された大阪府塔塚古墳など、九州の初期横穴式石室と年代的に大差ない石室が畿内地域にも存在するとの理解から導き出された見解であったが、白石論文の翌年以降開始される福岡県老司（ろうじ）古墳や1980年代の福岡県鋤崎（すきざき）古墳調査によって九州地方における横穴式石室の出現時期は畿内地域よりも遡ることとなり、また白石論文で扱われた畿内地域の初期横穴式石室は中部九州から伝播したものであることが判明していった。加えて壁面に厚く漆喰を塗るという特徴が日本の初期横穴式石室に見られないことを理由に高句麗の塼室墓を遡源候補から外す一方、畿内地域の石室の源流に中国南朝の塼室墓を求めるのは論理的に矛盾しているとの指摘もなされた〔水野 1970b〕。とはいえ、畿内地域の石室系統が6世紀前半以降に列島各地へ伝播して横穴式石室の主流となることなど、現在に至る認識の基礎が示されたと言える。当時の資料的制約下において日本の初期横穴式石室の起源を東アジア全体のなかで捉えようと試みる姿勢は、以後の研究に多大な影響を与えた。

その後、畿内地域の横穴式石室については、立柱石・楣石・梱石からなる玄門構造や板石閉塞などに特徴づけられる「九州型」と対比的に捉えられ〔椙山 1983〕、「畿内型」の用語が用いられるようになる〔山崎 1985、森下 1986〕。畿内と九州の違いは石室構造差にとどまらず、石室内での遺体埋葬方法を反映する棺形態においても密封性の強弱という性格の差異が認められる〔和田 1989〕。九州で石障・石屋形・屍床仕切石など密封意識の希薄な「開かれた棺」〔和田前掲〕が発達したのは、玄室が棺内空間と同じく“遺体を直接おさめる施設”として捉えられたためと考えられ〔藏冨士 2009〕、釘付木棺や家形石棺といった「閉ざされた棺」〔和田前掲〕を石室内に安置する畿内地域のあり方とは、墓室の空間認識が根本的に異なっている。このように成立過程や墓室空間としての性質を異にする〈九州／畿内〉の二大別は、列島各地に営まれた多様な横穴式石室の系統を大局的に整理するうえで現在でも有用な指標となっている。

「九州型」は、樋口隆康によって先鞭をつけられた5世紀代の「北部九州型」・「肥後型」が包括された分類概念であり〔樋口前掲〕、また6世紀の九州地方では有羨道化・複室構造化が進展して、地域的特色から「筑前型」、「筑後・北肥後型」、「西北部九州型」の諸類型が設定されるように〔藏冨士前掲〕、細部において多様な特徴をもつ横穴式石室が展開した。上述した通り「九州型」は石室形態や構築技術というよりも埋葬習俗を共有する資料群として定義づけられたものであり、近年では玄門立柱石・板石閉塞・腰石といった九州を特徴づける要素の認められる石室について「九州系」と表現する場合の方が多い〔杉井編 2009〕。

かたや「畿内型」は、石室形態・構造上の共通性が高い石室群として「型」概念で捉えることが有効であるとされ、①矩形玄室の片袖形ないし両袖形、②前壁を有する平天井構造、③立柱石の不使用、④塊石積み上げによる閉塞など、明確な属性によって構造的に定義することができる。もちろん畿内地域においても地域差をもった多様な石室の分布が指摘されており、前壁構造の違いなどから多系統の変遷で理解する立場の研究者も多い〔河上 1979、山崎 1985、富山 1994、坂 1999 ほか〕。ただし多系統論者も、地域差が解消する時期の存在、あるいは異なる系統間で共通する要素の存在を認めており、とくに森下浩行が体系的に捉えた袖部石材の型式学的変化は広域で共有される用石法として注目される〔辰巳・森下・吉村・辻川 1993〕。畿内型石室にみられる如上の多様性と共通性は、太田宏明による属性分析で石室のどの部位の変化にあらわれやすいか整理され、また大型単独墳と同一・同組成の用石法で築造された石室群の面的な分布が畿内地域にほぼ限られる点、東播磨をはじめとする畿内周辺部では用石法の組み合わせが畿内中枢部と異なる点などが指摘された〔太田 1999〕。

このように九州系石室と異なり一定の構造を共有する畿内型石室は、5世紀末葉～6世紀初頭以降の畿内中枢部において首長墓と目される大型古墳を中心に採用され、6世紀前半以降になると全国各地の有力古墳にも広範な伝播が認められることから、畿内政権の地方進出を示唆するものとして注目されてきた。畿内型石室の強力な浸透力は、いわゆる「画期としての雄略朝」〔岸 1988〕を経て継体・欽明朝に地方支配や専制的王権化が進められた動きと無関係ではなく、また須恵器の主体部内埋納という朝鮮半島由来の新しい他界観を基礎とする総合的な葬送墓制として伝播したことを背景に、全国各地へ急速な拡散・定着を促したと考えられている〔土生田 1994〕。畿内型石室の影響下に成立したと考えられる各地の石室はしばしば「畿内系石室」と表現され〔鈴木 1988、成瀬 1990、土生田 1991 ほか〕、また畿内型の特徴と九州系をはじめとする他系統石室の特徴とをあわせもつ「融合型石室」〔細川 1998〕が見られるなど、地域によって多様な石室の受容過程が窺える。

こうした畿内型石室の伝播形態については、近年太田宏明が積極的に類型化を試みている。太田は先述した属性分析の論考でも、属性変異の組成を通じて畿内中枢部の大型単独墳が保有する石室構築技術が正確に伝達されているか検討しているが、改めて袖部・羨道側壁を指標とした編年案で畿内型石室の斉一的な変遷を確認したうえで、畿内中枢部（大和盆地と南河内の一部）での大型石室の変遷や畿外地域での構築技術伝達を「連鎖型」、畿内中枢部から河内・摂津・和泉・山城の各地域へ広がる畿内型石室の伝播を「政治的一元供給型」の流通モデルで説明した〔太田 2003〕。「連鎖型」が集団相互の互恵的な交易の連鎖によって情報の内容に変化を伴いながら伝わる流通形態であるのに対して、「政治的一元供給型」は政治的人間関係を媒介として政治的中心から同一型式の情報が一元的に供給されるもので、中枢部で起こった技術革新が各地域に正確にかつ円滑に伝達される畿内型石室の状況を的確に示すものと論じている。この石室構築技術の伝達モデルは、横穴式石室の分布状況や階層的上位にある石室の存在形態を踏まえた検討〔太田 2007〕も加えられ、説得力がある。さらに近畿地方に分布する九州系石室の伝播・拡散過程について取り上げ、「直接型（単発）」・「連鎖型」・「融合」・「定着」の4類型を設定している〔太田 2009〕。ここで注目されるのは、九州系石室の広域伝播モデルに「直接型（単発）」を指摘し、畿内型石室の「政治的一元供給型」と区別している点である(3)。畿内型石室の伝播が連続的であり、中心部において新しく生み出される最新の情報が順次・正確に伝達されたのに対して、九州系石室の伝播は発信元の情報を色濃く残す石室の存在が一時期に限られるから、単発的に行われた地域間交流による伝播と捉えた（第7図）。

以上の太田による一連の取り組みとは別に、鈴木一有が東海地方東部の石室系統を整理するにあたって、「拠点的伝播」・「漸進的伝播」・「着想伝播」・「翻訳的解釈」という4つの伝播モデルを設定している〔鈴木 2003〕。「拠点的伝播」とは、上位階層の古墳に地域を遠く隔てて横穴式石室に関わる詳細な情報が移入される場合を指し、形態の認知と意味の理解が最も秩序立てて行われる畿内系石室の伝播に実態を見出した。「漸進的伝播」は地理的勾配に従い石室の諸要素が変化していく情報移入を指し、太田のいう「連鎖型」におおむね相当する。ちなみに太田は畿内系石室の伝播も「連鎖型」に含めて畿内型石室との差異を明確化しているが、「拠点的伝播」は情報移入に伴う変化の少なさや階層構成を評価する見方から「漸進的伝播」と区別して設けられたモデルと言えるだろう。なお鈴木は別稿で5世紀後半における北部九州系石室の伝播を「拠点的伝播」(4)に含めており〔鈴

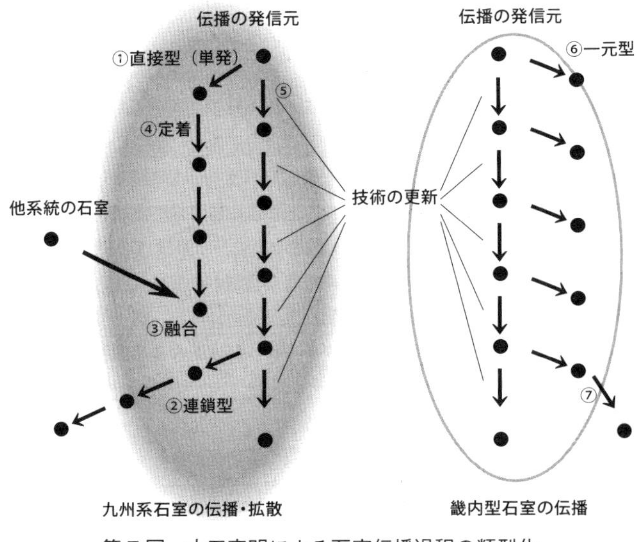

第７図　太田宏明による石室伝播過程の類型化

木 2007〕、その意味では太田のいう「直接型」に近い概念と判断される。「刺激伝播」とも表現される「着想伝播」は、着想や刺激だけが伝わり内容はその土地ごとに再構築される伝播形態で、竪穴系埋葬施設に横口を付加するアイデアのみ採り入れられている場合などが典型例として挙げられる。「着想伝播」と類似する「翻訳的解釈」は、横穴系埋葬施設に関わる情報移入をもとに地域のなかで独自に解釈された新しい埋葬施設が生み出される場合を指し、遠江中央部の横穴式土坑を例としている。さらに鈴木は、拠点的伝播でもたらされた情報が有力階層へ限定的に伝えられる「特権的展開」、立柱石の採用や玄室の胴張り化など地域のなかで階層差を越えていきわたる「開放的展開」、小地域の中だけで伝承され他地域に広がらない「閉鎖的展開」という３つの在地化モデルを指摘するなど、伝播した後の動向も視野に入れて検討を進めている。

太田や鈴木による類型化は、横穴式石室の伝播という事象から集団間の関係性を読み解くうえでの指針として大いに参考になる。関東地方における横穴式石室の伝播・受容過程についてモデル化することは容易でなく今後の課題であるが、上記の先行業績に学びながら個別事例の受容相をその都度熟考することとしたい。

4．終末期古墳における横穴式石室の重要性

序章冒頭で指摘した通り、本研究では横穴式石室を主要な研究素材とするが、古墳を構成する諸要素のうち横穴式石室を選択した理由について説明しておかなければなるまい。

まず前提として、本研究が対象とする７世紀の関東地方という時空の広がりをカバーできる資料でなければならない。古墳の構成要素には、墳丘、外表施設（葺石・周溝・埴輪）、埋葬施設、副葬品、供献遺物（土器）があるが、このうち６世紀をもって消滅する埴輪は該当せず、副葬品も盗掘や後世の改変を受けて原状をとどめていない事例がほとんどであることを考えると、主要な素材とすることはできない。また供献遺物は古墳における儀礼的行為を示すものに他ならず、地域社会の動向よりも精神面の追究に適した資料である。さらに埋葬施設には横穴式石室のほか横口式石槨や木棺・石棺などがあるが、横口式石槨は基本的に７世紀以降に限られ、かつ関東地方のなかで関連事例と呼べるものは、群馬県安楽寺古墳・虚空蔵塚古墳、栃木県多功大塚山古墳、千葉県割見塚古墳・森山塚古墳の５例にとどまる。また木棺・石棺については、常総地域では盛行するが

基本的に中小規模の古墳を中心に採用される墓制で、関東地方全体の有力古墳の動向を分析するのに不適当である。

以上のように整理していくと、第一の前提条件にかなう資料は墳丘と横穴式石室にしぼられる。ただし墳丘の場合、本節冒頭の研究略史でも取り上げた６世紀末葉頃における前方後円墳の終焉と大型方・円墳の採用という動きについては、地域を比較して検討する意義が大きいものの、八角墳や上円下方墳は該当事例が少なく、とくに地方の八角墳は畿内地域における大王墓の模倣ではなく円墳の変形ないし渡来系氏族からの影響と理解されている〔右島 2001a、渡邊 2003〕。さらに本研究課題にアプローチするうえで地域内での動向や地域間関係の形成を明らかにする作業が必須となるが、前項でまとめたように横穴式石室がこうした分析に適しているのに対して、比較的かたちの複雑な前方後円墳はともかく、方墳や円墳を資料として地域的動態を把握することは難しい。すなわち、横穴式石室を主要素材とし、墳丘･副葬品を副次的資料として扱うことが最良と判断されるのである。

ここまでは横穴式石室が研究素材としてふさわしいことを消去法的に示した。以下では終末期古墳にとって横穴式石室がいかに重要な属性であるか、古墳の変質過程から確認したい。

古墳時代後期、すなわち６世紀以降の全国的な変化として、墳丘規模が縮小し、反対に埋葬施設の構造がより大きく立派になる現象は周知の事実である。この変化に伴い、主に墳丘上で執り行われていた諸儀礼は次第に横穴式石室の前面や内部で行われるものが中心となり〔土生田 1998 ほか〕、また墳頂や墳丘周囲に立て並べられて威容を誇った埴輪列は６世紀後半～末葉に姿を消す。墳形と墳丘規模の組み合わせが中央との関係性や勢力の強弱をあらわす、ひとつのバロメーターとして機能した時代は、７世紀初頭前後の前方後円墳の終焉によって幕を閉じるのである。

かたや横穴式石室では、ちょうどこの頃を中心として巨石を好んで使用する傾向が全国的に認められ、石材の運搬・架構に多大な労力を注いでいたことが明らかである。人間一人が荷物をかついで歩き回れるのは 40～60 kgが限界で、これ以上の重量物は複数人による運搬が不可欠となる。飛鳥の巨石墳として著名な石舞台古墳の天井石は 60～70 トンと言われ、大阪府藤井寺市三ツ塚古墳周濠から出土したような重量運搬具の修羅（しゅら）を用いて牽引すると、平坦地の地曳きでは 1500 人近い動員が必要となる〔朝日新聞大阪本社社会部編 1979〕。高松塚古墳調査で確認されたような敷板（コロレール）とコロを組み合わせれば、この６分の１程度で牽引は可能となるが、敷板とコロを順繰り送っていくための要員が必要となり、また斜面を曳き上げる場合も想定しなければならないので、運搬に関わる具体的な人数を単純計算で求めることは難しい〔向井 1999〕。しかし、どのような条件の場合でも数百人規模の労働力が推算されることになり、莫大な人員を充てるだけの重要性が石室構築にはあったと言えるのである。もちろん蘇我馬子が葬られた桃原墓（ももはらのはか）と目される石舞台古墳は、当該期の古墳のなかで最高ランクに位置づけられる例外的存在で、通常の横穴式石室墳は近藤義郎が推算したように 10 数人による２～３カ月の労働で構築し得たものと考えられる〔近藤 1952〕。とはいえ、直径 10ｍ程度の小円墳の石室でも奥壁や天井石などの大型石材では 1.5 トン以上になるものが多く、その運搬には 40 人以上の協業を要することが推定される。すなわち小規模古墳を含め、一時的にせよ一墳造営集団を超える規模の集団労働がなければ個々の石室を築くことは不可能で〔森岡 1989〕、横穴式石室の構築を契機にあらゆる階層において複数集団の結束を基盤とした造墓活動が展開するようになったと考えられる。

さらに畿内地域の動向に注目すると、6世紀末葉から7世紀前半にかけて花崗岩などの硬質石材に丁寧な切石加工を施した埋葬施設が有力古墳に採用されるようになる（序章第2節4参照）。1984（昭和59）年に実施された奈良県高取町束明神（つかみょうじん）古墳の石槨復原実験で得られたデータによれば、60㎝角・厚さ30㎝の各面平らな長方体の凝灰岩切石を作るのに一人の工人が約2時間、複雑な切り込みのあるものではその倍近い時間を必要とし、さらに花崗岩の場合には軟質石材の30〜40倍の加工時間がかかっている〔河上 1984〕。石材の運搬・架構に比べれば人員数は少なくても済むが、石室構築にあたって1つ1つの石材自体にも労力を傾けている点に石室の重要性があらわれている。また、6世紀後半頃までは大型横穴式石室の特徴にそれぞれ小地域ごとの個性が認められるが、6世紀末葉以降は切石積石室の岩屋山式をピークに平面形態・石材配置法の共通性が高くなる〔河上 1979〕。なかには明日香村岩屋山古墳と桜井市ムネサカ1号墳のように、直線距離にして17㎞離れた2古墳で全く同じ設計の石室が造られたと見られるものもあり（第8図）、公葬的性格をもつもの、すなわち畿内政権が皇族や豪族の墓造りを管理し、特定の石工集団を派遣したものとする解釈がなされている〔白石 1967〕。このことは、石室構築こそが当時の造墓工程のなかで中心的な位置にあったことを如実に示している。

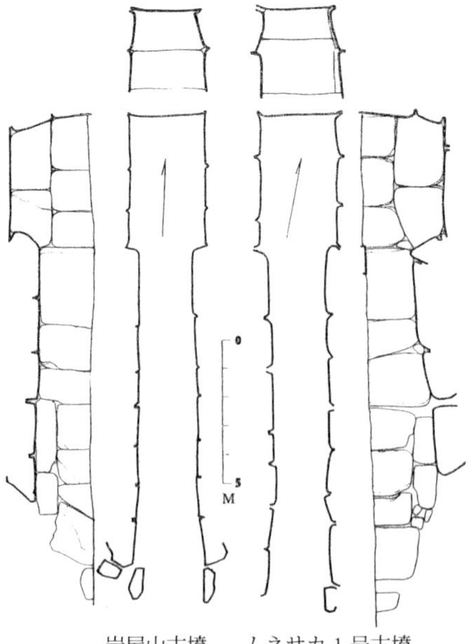

第8図　岩屋山式の同一設計石室

このように6世紀から7世紀にかけて、墳丘・周溝・葺石・埴輪などの外的要素から石室という内的要素へ造墓活動の重点が移行する点を指摘でき、7世紀代の終末期古墳築造者にとってどのような横穴式石室を採用するかは極めて重要な意味をもっていたと考えられる。

註

(1)　1995（平成7）年の『古代学研究』第132号を皮切りに、古墳から古代墳墓への移行に焦点を当てた『古代文化』第51巻第11号・第12号（1999）や、後期・終末期古墳の被葬者像をテーマとした『季刊考古学』第68号（1999）、終末期古墳の特徴や各地の様相を取り上げた『季刊考古学』第82号（2003）などがある。

(2)　本書のなかで冗長な記述を避ける目的で「石室が伝播する」といった表現を使用することがあるが、厳密にいえば「石室に関する情報が伝播する」という意味である。

(3)　太田宏明は、「連鎖型」を「互恵型」〔太田 2007〕、「政治的一元供給型」を「一元型」〔太田 2009〕とも表現しているが、最新の単著〔太田 2011〕のなかでは最初に定義した「連鎖型」・「政治的一元供給型」の用語を使用しており、本書でもこれに準拠した。

(4)　〔鈴木 2007〕文献では、「的」が省略されて「拠点伝播」・「漸進伝播」とされているが、内容に変わりはないと判断し、ここでは最初に定義された用語で表記しておく。

第3節　関東地方における後期・終末期古墳研究の現状と課題

本研究が主要対象とする7世紀代の終末期古墳は、これに先行する6世紀代の後期古墳の動向と密接に関わるもので、両者を切り離して整理することは適切でない。そこで本節では、これまで蓄積されてきた関東地方における後期・終末期古墳研究についてまとめていくが、個別古墳の位置づけや特徴的な石室の考究などについては、第2章以降において適宜紹介していくこととし、ここでは研究黎明期から今日的認識に至る大きな流れについて、とくに本研究で主要な研究素材とする横穴式石室の研究を中心に取り上げる。

1. 地域別先行研究について

関東地方における後期・終末期古墳研究では、これまで個別地域ごとの通時的な文化変遷のなかで地域性を追究するアプローチが1つの柱をなしてきた。こうした研究動向は、関東地方に営まれた後期・終末期古墳の場合、横穴式石室の形態・構造的特徴や展開過程など様々な点で地域ごとの個性が顕著であり、統一的な視点から一律にすべてを論じることが困難であることを反映していると言える。まず地域別研究の到達点について概観してみよう。

上野地域　戦後の横穴式石室研究において、従来の経験論的な研究から脱却し、石室の科学的な検討を試みたパイオニアは、上野地域をフィールドとした尾崎喜左雄をおいて他にない。尾崎は横穴式石室の編年を組むにあたって、石室構築年代と必ずしも直結しない副葬品の年代観は重視せず、石室それ自体の構造的特徴を編年基準とする徹底した姿勢が、石室構造に関する先進的な方法論の確立に結実したと言えよう。すなわち横穴式石室が建築的構造物である以上、築造にあたって綿密な設計がなされたはずであるという認識に立ち、石室プランの構成法や使用尺度の追究、石材加工法などに着目したのである。尾崎の研究内容は横穴式石室全般にわたるものであり、その関心は平面形のみならず墳丘との関係など多方面に及んでいた。様々な視点が複雑に関係しあって編年体系を形成しており、その成果は大著『横穴式古墳の研究』にまとめあげられた〔尾崎 1966〕。尾崎の蒔いた種は、終末期古墳に特徴的な玄門形態・胴張りプラン・前庭部の企画を論じた松本浩一や、石室企画と施工との関連性を尺度方眼によって追究した石川正之助らによって発展的に継承された〔松本 1963・1968・1976・1977、石川 1967・1969・1971・1973〕。しかし、とくに終末期古墳の年代観については、「辛巳歳(かのとのみのとし)」(681年)の紀年銘を有する山ノ上碑と「和銅四年」(711年)の紀年銘を有する多胡碑、および山王廃寺石造物という古墳に直接関係しない二次的資料を基準としたため、古墳が相対的に新しく位置づけられることとなった。このことは、遺物の年代観に引きずられまいと過度に意識するあまり出土遺物との対照が不十分であったためでもある。

こうした年代観を是正したのは、尾崎の薫陶を受けた右島和夫である。総社古墳群の形成過程や山ノ上古墳の位置づけをめぐって再検討を行い、畿内地域における終末期古墳との整合性を加味した編年案を提示した〔右島 1985〕。その後、新資料も含め宝塔山古墳との関連のなかで上野地域全体の截石切組積石室を年代的に位置づけた〔右島・津金澤・羽鳥1991〕。右島はこれら終末期古墳の横穴式石室研究のみならず、5世紀後半以降を中心とする上野地域の古墳の展開過程を詳細に論じている〔右島1994〕。すなわち5世紀後半に前代の太田天神山古墳（全長210m）で結集した東西諸勢力が解体し、基本的には6世紀末葉〜7世紀初頭まで複数の勢力が各々独自に累代首長墓を隣接して築くようになるが、7世紀に入ると大型方墳や家形石棺の採用、卓越した巨石巨室横穴式石室・截石切組積石室の構築など、独り総社古墳群のみが傑出した存在となることを明らかにし、上野地域の諸勢力の中から上毛野（かみつけの）国造が成立するに至る過程を克明に描き出した。東日本における国造制の一実態を考古学的手法で解き明かした好例として高く評価されている〔土生田2004a〕。

下野地域　下野地域における本格的な横穴式石室研究は、大和久震平の業績に始まる〔大和久1971・1972a〕。県内の代表的な横穴式石室を「切石積み横穴式石室」・「大形横穴式石室」・「小形横穴式石室」に大別し、小野山編年〔小野山1959〕によって位置づけられた県内出土の馬具を基準として年代比定が行われた。とくに「切石積み横穴式石室」は、一枚石を組み合わせて玄室を構成するもの、小ブロックの切石を積み上げたもの、切石と河原石を混用するものに細分し、一枚石構成のものについて組み合わせ玄門を伴う「車塚型」、刳り抜き玄門を伴う「丸塚型」を設定している。それぞれの類型の前後関係については言及していないが、分類の基本的な考え方はその後の研究でも踏襲されている。石室の編年では畿内地域における白石太一郎の研究〔白石1966〕と上野地域の尾崎喜左雄の研究〔尾崎1966〕を批判的に参照しており、また尾崎の尺度論に対して基準点の置き方を統一することが困難であるという問題点をすでに指摘している点でも注目される。なお下野地域の大型前方後円墳に特徴的に認められる「基壇」について、最初に論及したのも大和久であった〔大和久1972b〕。性格については踏み込んでいないが、緩傾斜のものから水平の広い面をもつものへ展開するといった変遷観を示している。

その後、埴輪や前方後円墳の消滅時期に関する認識が全国的に共有されるようになると、大型前方後円墳・円墳が集中する思川・田川水系の首長墓の特質と動向を論じる画期的な論考が秋元陽光・大橋泰夫によって示された〔秋元・大橋1988〕。比較的広い地域的範囲のなかに展開するこれら首長墓は、基壇を有し、前方部に凝灰岩切石造りの横穴式石室を内蔵するという「造墓の型」を共有することで強い政治的な結びつきを形成していると考えた。そしてこの独特な墳墓様式を「下野型古墳」と定義したのである。この論考の骨子をなす基壇の性格をめぐっては、すでに岩崎卓也が「思川水系中心に広がる重要な地域的様相」と指摘し、「同祖関係に由来するものだろう」と論じていた〔岩崎1984〕。秋元・大橋論文の位置づけとは異なるものだが、基壇の共有が古墳間の紐帯として機能しているという着想自体は岩崎の見解を基礎としているものと推察される。また秋元・大橋論文は、当該地域の有力古墳に特徴的な大型凝灰岩切石を用いた石室の嚆矢が6世紀後半の吾妻古墳であるとした点や、その淵源を山陰地方、とりわけ出雲の石棺式石室に求めた点も注目すべきところで、以後今日に至るまで該種石室の成立過程をめぐる議論が活発である。

常陸地域　箱形石棺が卓越し、横穴式石室の導入が遅れた常陸地域では、独特な古墳文化の様相を捉えるため調査の蓄積に重点が置かれ、個々の古墳の位置づけは別として、常陸地域全体の動向把握は周辺地域と比べて立ち遅れの感が否めない。そのなかにあって、1988（昭和63）年にあらわされた田中広明の分析は、霞ヶ浦を中心とした在地首長層の動向を、前方後円墳の立地・墳形分類や埴輪による時期区分、片岩の産出地・供給ルートに着目した石棺・石室の分類など多角的な視点から論じている点で注目される〔田中1988〕。この田中の基礎的取り組みは、考古学と文献史学を組み合わせた白石太一郎による学際的研究に大きく寄与するところとなった。白石は、常陸地域における後期・終末期大型古墳から想定される6〜7世紀の有力在地首長層の動向を、『常陸風土記』建評記事から復元される国造制から評制への変遷過程（第6図参照）と対比しながら検討した〔白石1991〕。その結果、6世紀の大型前方後円墳を含む古墳群のあり方から復元される有力在地首長層の勢力圏は、国造領域より狭い評の領域に整合性をもつことを明らかにした。とくに「茨城国」領域では、後の茨城郡を中心とする霞ヶ浦北岸に大型前方後円墳を築く勢力が14〜15箇所も存在し、これらの大型前方後円墳被葬者については、領域的支配者としての国造よりも交通上の重要性から置かれた名代（なしろ）・子代（こしろ）などの部の地方管掌者と捉える方が妥当であるとする。そしてこの点を踏まえ、東国における国造制の施行・整備が7世紀初頭に下る可能性が大きいこと、また国造国を割いて置かれる「新置の評」が国造以外の有力在地首長層の領域的支配を制度的に認めるものであったことなどを説いている。

白石の論考と同じ年、稲村繁は常陸地域の横穴式石室について南北の様相差と展開過程を論じている〔稲村1991〕。翌年の塩谷修による石棺系石室の検討〔塩谷1992〕と合わせて横穴式石室の全体像が認識されるようになり、さらに箱形石棺の編年や片岩板石組埋葬施設の階層性・分布圏の問題に言及した石橋充の論考〔石橋1995〕によって、常陸地域南部における埋葬施設の視点が広げられたと評価できる。近年に至っては日高慎が、風返稲荷山古墳の位置づけをめぐって、石棺・石室の編年と埋葬形態の変化、須恵器副葬の導入、前方後円墳の終焉と終末期古墳との関係など、関東地方全体の動向を視野に入れた検討を行っている〔日高2000a・b・c〕。

北武蔵地域　北武蔵地域の横穴式石室研究は、金井塚良一と増田逸朗によって先鞭が付けられた。比企地方（東松山市周辺）の古墳調査を精力的に行った金井塚良一は、尾崎喜左雄の方法論を参考に、比企地方における胴張り石室の編年を試みた〔金井塚1968・1972・1976〕。金井塚の編年は〈胴張りの採用→発展→退化〉という技術的過程を明らかにすると同時に、高麗尺（こまじゃく）から唐尺へという石室基準尺の変化と出土遺物の年代観とによって検証されている。適切な考古学的方法論にもとづいた当該石室の型式学的変遷観は、以後の研究においても支持されている。さらに胴張り石室の偏在性に着目し、原島礼二の文献史学的考察〔原島1961〕を援用して、複室構造胴張り石室が横渟（よこぬ）屯倉の設置に伴って難波から入植した渡来系氏族・壬生吉志（みぶきし）（吉士）氏の墳墓であると考えた。この壬生吉志氏墳墓説は、その後1970年代にわたって展開したが、1980年代には考古学・文献史学の双方から問題点が指摘され〔池上1980、森田1984〕、特定氏族の墳墓とする見解は沈静化するに至る。とは言え小林孝秀が指摘しているように、6世紀末葉〜7世紀初頭に突如として成立する当該石室の成立状況に逸早く着目し、その背景に外部からの影響を見出した点は高く評価されるべきである〔小林孝秀2008〕。

一方の増田逸朗は、北武蔵地域のなかでも上野地域と接する北西部の児玉・大里地方に着目し、横穴式石室の受容と展開過程を明らかにした〔増田 1977・1989・1995・1996〕。すなわち、出土遺物の検討を踏まえて6世紀初頭まで遡る受容当初の無袖形石室は狭長な短冊形を呈しているが、徐々に幅広になって側壁の胴張り化をきたし、ついには両袖形石室が派生するに至るという石室構造の変化を明示した。また石室導入期に一部見られるL字形石室について、墳丘中央部・東西方向の埋葬という伝統的な在地墓制との融合が認められる石室構造と評価した点や、6世紀末葉以降の上野地域南東部から北武蔵地域北西部にかけて分布する模様積(もようづみ)石室の構造的特徴と変遷観を検討したうえで、その史的意義を労働形態の省力化に求めた点など、多くの重要な見解を提示している。

上記の2地域を中心に横穴式石室の検討が進められるなか、別の視角からアプローチした研究者として田中広明が挙げられる。田中は石室使用石材の産出地と古墳との関係に着目し、石材供給関係を掌握した在地首長層の動向という観点から古墳の地域的な様相を描き出そうと試みた〔田中 1983・1987・1989〕。石材産出地が周辺地域に与えた影響を重視する姿勢がとられ、事例の追加を経た今日的視点からみると石室構造の影響関係について首肯しがたい意見も見られるが、田中の研究を通じて、小地域間の関係性や使用石材に応じた加工技術・石室構築技術の特徴について注視する機運が高まったと評価できよう。

南武蔵地域　南武蔵地域の横穴式石室をはじめて体系的に論じ、編年を組みあげたのは池上悟である。東日本各地に分布する胴張り石室の企画論的検討から金井塚良一の壬生吉士氏墳墓説を批判した池上は、南武蔵地域の横穴式石室についても平面企画の分析を行い、使用尺度の変遷にもとづいて石室の展開過程を跡付けた〔池上 1982a〕。河原石積石室を中心とする当該地域において、尺度論の適用は様々な問題を抱えているが、出土遺物の稀少な石室群を年代的に位置づける試みが実践されたこと自体は高く評価されるものである。池上はその後の論考で横穴墓も含めた包括的な編年体系を提示し、また南武蔵地域における複室構造胴張り石室が北武蔵地域から伝播したものとする見方などを示した〔池上 1992〕。

当該地域に特徴的な横穴墓を横穴式石室墳と一体的に分析する視角は、最近の松崎元樹の研究に継承されている〔松崎 2006〕。多摩川流域の横穴墓には装飾付・拵付大刀や銅鋺を副葬した事例が少なくなく、横穴式石室墳被葬者と拮抗する立場の有力者が葬られたものと推測され、横穴墓と横穴式石室という2つの墓制が階層差を反映するものでないことが明らかにされている。松崎は上に掲げたような威信財が副葬された横穴墓や古墳の分布から、当該地域の支配領域が後の郷に匹敵する程度のものであったと説く。また石室構築材や横穴墓閉塞方法の違いから、切石組構造を志向する下流域と河原石組構造を志向する中・上流域という2つの文化圏に分けて捉えられるとし、当該地域における横穴式石室墳と横穴墓が構築技術のうえでも密接な関係を有していたことを論じている。横穴墓と横穴式石室の関係性の追究が、今後の研究の1つの方向性として明確化されたと言える。

相模地域　南武蔵地域に南接する相模地域の場合、1980年代までは発掘調査を通じた事例の蓄積に費やされ、古墳の概要が紹介されることはあっても、その展開過程や地域的特質について論じられることはあまりなかった。この要因の1つとして、資料の蓄積が十分でなかったことが挙げられる。広範囲に及ぶ古墳群の発掘調査が行われたのは1974〜77（昭和49〜52）年および1986・87（昭和61・62）年に実施された秦野市桜土手古墳群ぐらいで、他はわずかな情報を残すのみの湮滅古墳や開発に伴って偶然発見された単発的な事例がほとんどであった。また豊富な武具・馬具といった威信財を出土したことで知られる伊勢原市登尾山（とおのやま）古墳（1960年発見）・埒免（らちめん）古墳（1968年発見）のうち、後者については長らく詳細不明のままで、出土遺物・石室図面が公表されたのは最近のことである〔関根1999、立花・手島1999、田尾2007〕。この資料的制約に加え、他地域に比して大型古墳が少ないことから古墳時代研究自体が低調であった嫌いも指摘されている〔西川2007〕。こうした状況が打開されるのは1990年代以降で、相模西部の酒匂（さかわ）川流域に分布する小田原市久野（くの）古墳群を中心とする横穴式石室について検討した柏木善治の取り組み〔柏木1996〕や、金目川水系に広がる秦野盆地・伊勢原台地の横穴式石室の変遷を明らかにした宍戸信悟の研究〔宍戸2001〕、相模全域の無袖形石室を対象とした植山英史の論考〔植山2010〕など、横穴式石室による動向把握を中心として後期・終末期古墳の様相が徐々に解き明かされ、一部6世紀に遡上するものもあるが基本的には7世紀代を中心に展開したと考えられている。

また1995（平成7）年から事例集成が進められた横穴墓は後期古墳の築造基数を凌ぎ〔古墳時代研究プロジェクト・チーム1995・1996〜1999・2000〜2002〕、当該地域において主要な墓制に位置づけられるものである。とくに横穴式石室墳の分布が濃厚な相模川流域の横穴墓には河原石積みの前庭部を有するものがあり、桜土手古墳群に代表される無袖形石室との構造的類似が指摘されている〔立花2007〕。南武蔵地域と同様、横穴式石室墳との有機的関係が注視されるところである。

下総・上総地域　房総半島に分布する後期・終末期古墳の事例は、戦後黎明期における各大学研究室の組織的な調査によって日の目を見たものが少なくない。日本大学による蕪木（かぶらき）・大堤・板附（いたつき）古墳群の発掘（1951〜56）、早稲田大学による芝山古墳群の発掘（1956）、東京大学による我孫子（あびこ）古墳群の発掘（1958〜67）、立正大学による家之子（いえのこ）古墳群の発掘（1967）などが挙げられる。なかでも早稲田大学の調査を牽引した中村恵次は、下総・上総地域の横穴式石室を平面形によって類型化し、その編年を明らかにしようと試みた〔中村1974a・b〕。具体的には、玄室幅指数および単室・複室の違いにもとづいて石室を4類に分け、墳丘形態と石室構築位置との相関関係を類型ごとに整理した。その結果、房総半島における終末期古墳の主要な構造である複室構造石室は、畿内政権との対応関係を投影して築かれたものであり、墳丘規模の縮小化を反映して、「平面的には石室の墳丘裾部への移動、立面的には地山開鑿による半地下への方向に拍車がかけられる」〔中村1974a　p.56〕と結論づけた。畿内地域における石室の変遷過程が房総半島においても当てはまるとする中村の見解に対し、同年、原田道雄が痛烈な批判を寄せている〔原田1974〕。原田は石室区画方法の構造的な違いにもとづいて複室構造石室を3つに分類し、中村論文中で取り上げられた複室構造石室の事例には構造的に異なるものが混在しており、資料選択・操作のうえで問題があると指摘した。さらに複室構造石室の成立について、「家族墓としての計画性」〔原田前掲　p.84〕が本来的な意図であった可能性を示唆すると同時に、構築技術面では立柱石の設置が複室化を可能にしたことを強く主張している点が特徴的である。

その後、当該地域の横穴式石室を中心とする後期・終末期古墳研究は、小沢洋・上野恵司・白井久美子らによって進められた。後二者については後で触れるとして、富津市内裏塚古墳群の分析を中心に上総・下総地域全体の古墳文化を幅広く考究した小沢洋は、長年にわたる研究実績を一書にまとめて公刊している〔小沢2008〕。そこでは、房総半島における首長系古墳の消長、土器の編年研究、横穴式石室の位置づけ、群集墳の動向、祭祀遺跡の実態など、多角的な視点から地域色を整理し、当該地域における段階的変化の過程を通史的に論究している。

2. 広域的研究の視座

以上のように個別地域ごとの検討は着実に深められ、各地域における後期・終末期古墳の特質と展開過程が明らかにされつつある。こうした研究の積み重ねによってはじめて古墳の地域性が論じられるわけだが、その一方で特定型式の石室が複数地域を横断して分布している場合など、如上の地域的枠組みに収まらない考古学的事象も確実に存在する。また石材をはじめとする古墳構築材の供給関係や、造墓形態・技術の伝播というかたちであらわれる地域間交流など、地域を超えた動向にも目を向ける必要がある。複数地域のあり方を比較検討することで個別地域の地域性も一層明確なものとなり、全体的な視野のなかで位置づけることにもつながるだろう。そこで次に、対象領域を広く取った研究の視点について確認しておきたい。なおこの広域的研究に関しては、地域間の関係性への着目という点を重視し、横穴式石室の検討に限ることなく取り上げることとする。

第一に挙げるべきは、白石太一郎による国造制論である。常陸地域の先行研究で取り上げたように、白石は『常陸風土記』建評記事にもとづく国造制から評制への移行過程を参考に、後期・終末期大型古墳の動向を解釈した〔白石1991〕。そして後の郡よりも狭い範囲に密集する大型前方後円墳の被葬者すべてが領域的支配者である国造とは考えにくいことから、国造制の成立は大型前方後円墳が終焉を迎えた後、大型方・円墳に切り替わる７世紀初頭頃と考えた。この仮説は、拠るべき文献史料を欠く他地域における後期・終末期大型古墳の被葬者像の解明にも役立つことを期待したものであり、翌年には常陸地域以外の後期大型前方後円墳を含む関東地方全体の動向に検討が及んでいる〔白石1992〕。６世紀の関東地方には墳丘長60ｍ以上の大型前方後円墳が216基を数え、大王墓をも含む畿内地域の築造数（39基）をはるかに凌駕する（第９図）。この現象は東日本のなかでも関東地方だけに認められるもので、当該期において他地域と異なる基準で前方後円墳が築造された点を確認する。その分布のあり方を詳細に見ていくと、規模に差のない大型前方後円墳が各地域に広く分布する「分散型」と、一国のうち特定の郡ないし古墳群にとくに大規模なものが偏在する「集中型」に分けられ、とくに分散型は国造国単位にまとまる場合（上総の東京湾岸地域）と律令制下の郡程度の広がりに築造される場合（常陸の大部分・下総）、さらには郡よりも狭い範囲の場合（上野・上総の武射郡など）といった多様なあり方を示すことが指摘された。集中型の下野・武蔵を除いて、大多数の後期大型前方後円墳についてはその被葬者を領域的支配者と見なしがたく、むしろ畿内政権が経済的・軍事的基盤として支配の拠点を得ようと設置した部の地方管掌者の性格を併せもつものと主張した。この仮説は、関東地方における後期大型前方後円墳の異常なまでの築造

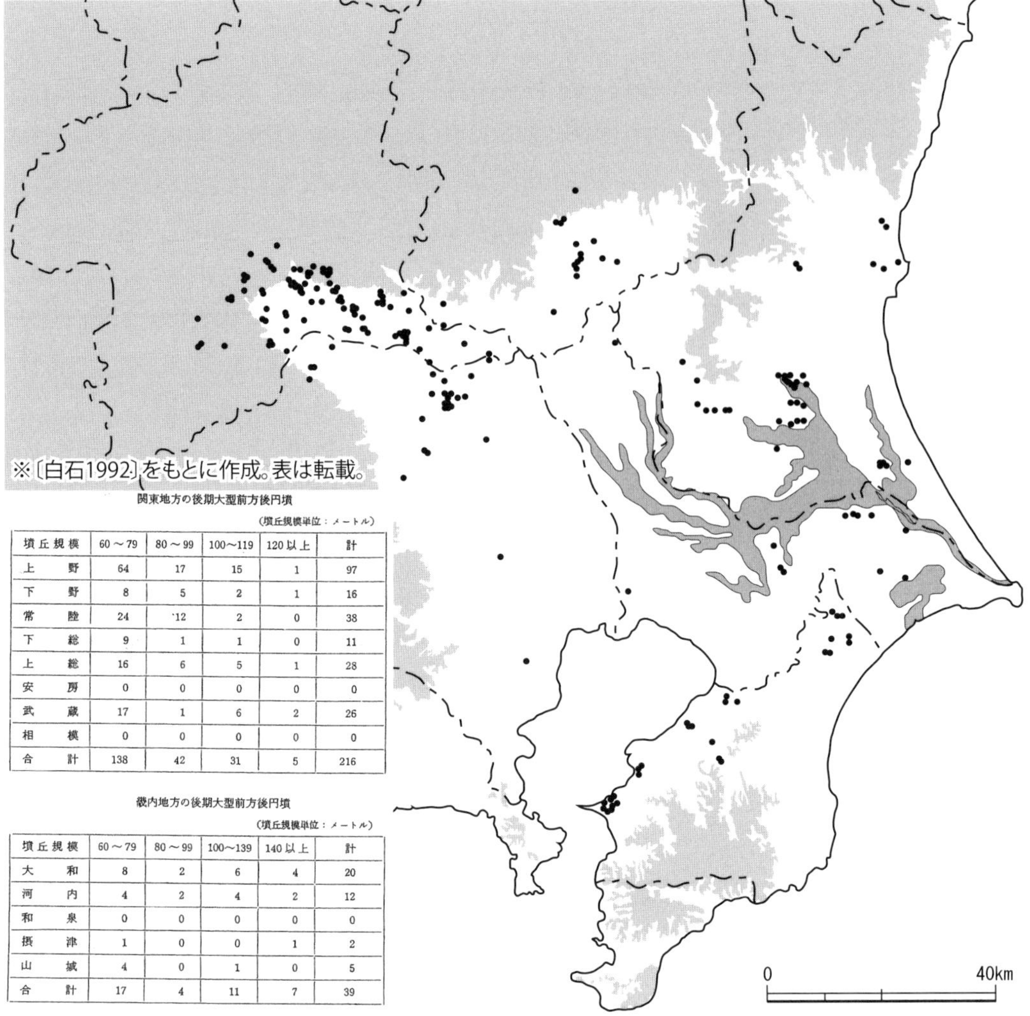

関東地方の後期大型前方後円墳

（墳丘規模単位：メートル）

墳丘規模	60～79	80～99	100～119	120以上	計
上　野	64	17	15	1	97
下　野	8	5	2	1	16
常　陸	24	12	2	0	38
下　総	9	1	1	0	11
上　総	16	6	5	1	28
安　房	0	0	0	0	0
武　蔵	17	1	6	2	26
相　模	0	0	0	0	0
合　計	138	42	31	5	216

畿内地方の後期大型前方後円墳

（墳丘規模単位：メートル）

墳丘規模	60～79	80～99	100～139	140以上	計
大　和	8	2	6	4	20
河　内	4	2	4	2	12
和　泉	0	0	0	0	0
摂　津	1	0	0	1	2
山　城	4	0	1	0	5
合　計	17	4	11	7	39

第9図　関東地方における後期大型前方後円墳（墳丘長60m以上）の分布

数について説明が可能となるだけでなく、前方後円墳消滅後の大型方・円墳出現の史的意義にも迫る魅力的な解釈ではあるが、『常陸風土記』の記載内容から導かれた地方支配組織の変遷過程を関東地方の他地域にも同様に敷衍できるかは吟味が必要で、前方後円墳の終焉時期が地域によって異なる点も勘案すると、国造制成立の時期や状況について一律に論じることは難しいと言わざるを得ない。ただし当該期における古墳変質過程の関心が高まり、盛んに議論されるようになったのは、白石の業績によるところが大きいと言える。

白石の論考が提示された『国立歴史民俗博物館研究報告』第44集には、関東地方東部（下野・常陸・下総地域）における古墳の地域性を検討した岩崎卓也の論考も併載されている〔岩崎1992〕。岩崎は、6世紀における前方後円墳の多造現象が何に由来するものなのかを探る目的で当該地域の後期前方後円墳を検討し、後円部の旧表土上に埋葬施設を設ける一般的な首長墓のあり方に対して、前方部における地下埋葬を基本とする小規模な前方後円墳あるいは帆立貝形古墳が数多く認められることを見出した。つまり問題設定としては白石と同様の視点からスタートしながらも、首長墓のあり方ではなくその下位に位置づけられる中小規模古墳の存在形態を俎上に載せたのである。常総地域では合葬・追葬の見られる箱形石棺を墳丘裾部に構築する古墳で群集墳を形成していることが多く、これを「変則的古墳」〔市毛 1963・1973、茂木 1966、杉山 1969・1974、小室 1985〕や「常総型古墳」〔安藤 1981〕などと呼んで検討が重ねられていた。岩崎は前方後円形の古墳に注目し、石棺・石室の平面的・立面的構築位置の特質を踏まえて、従来の変則的古墳を「前方後円形小墳」の名で捉え直した。そしてまだ十分な力量をもつに至らなかった６世紀の畿内政権が、東日本においては共同体的関係を梃子とする民衆支配体制の継続を志向し、民衆と一体感をもって結ばれていた在地小首長層を体制下に組み込むために創出したのが前方後円形小墳であると考えた。岩崎の研究は、６世紀以降に台頭してくる中・下位層の動向に焦点を当てた点、また既成の分類概念や地域的枠組みにとらわれることなく広域的な様相を捉えた点で高く評価され、現在なお有効な視点として継承されている。

白石・岩崎の研究は、設定された問題自体が関東地方の広い範囲を対象とする取り組みであったが、こうした研究とは別に、関東地方を中心とする複数地域について個別検討を加えたのち、それら成果をまとめ上げるかたちで地域性や地域間交流の問題、さらには関東地方における古墳文化の特質を論じた研究も見られる。関東地方の後期・終末期古墳研究で逸早くその研究姿勢を打ちたてたのは池上悟である。池上は、横穴式石室とともに横穴系埋葬施設の主翼を担う横穴墓について全国的な見地から体系的にまとめ上げた研究〔池上 2005〕で知られるが、横穴式石室を含む後期・終末期古墳の様相について先述した武蔵地域以外にも検討が及んでおり、その成果が一書にまとめられている〔池上 1991〕。池上の研究では、石室の基準長として従来指摘されていた24㎝（晋尺）・35㎝（高麗尺）・30㎝（唐大尺）の他に、25㎝（唐小尺）という単位を想定した尺度論を展開している点に特徴がある。尺度論の援用については、その石室がどのように設計・企画されたものかを検討するうえでは一定の成果を上げることが期待できるが、池上のように基準尺の違いを時期比定の根拠に使うことはよほど厳密な一致をみない限り難しいと判断する。なぜならば、たとえ加工石材で構築された精緻な石室であっても加工面に歪みのあるものが多く、基準点の置き方を統一することが困難である点に変わりはないためである。また施工誤差の許容範囲も客観的な基準があるわけではなく、実際に築造された古墳が設計図通り造られたという保証もない。このように尺度論という方法論上の問題を孕んではいるものの、各論考のなかで指摘された内容には重要な提言も多く、各地の研究に与えた影響は少なくない。

池上悟と同じ学窓の上野恵司も、関東地方の複数地域を横断して石棺・石室の成立・展開過程を中心に論じた研究者である。とくに精力的に考究されたのは下総・上総地域の後期・終末期古墳であるが、６世紀後半から７世紀前半に位置づけられる下野・常陸・上総地域の事例のなかに出雲型石室の直接的影響を受けて成立したと考えられるものが含まれる点や、関東地方に営まれた複室構造石室の溯源が北部九州・出雲・東海など複数系統に分かれる点など、個別地域を越えた石室の共通性や関東地方全体の動向といった広域的視点からも重要な指摘を行っている〔上野 1992a・b・1993a・b・1996a・b・c・2000a・b〕。ただし各地の分析に関しては、地域ごとの実情に即したものであるため石室の分類方法や着眼点が一様でなく、複数地域の検討で得られた成果がまとめ上げられる前に急逝されたことが惜しまれてならない。

上野と同様に房総半島を主要なフィールドとする白井久美子も、広く関東地方全域を見据えた研究で知られる〔白井 2002a〕。後期・終末期古墳を対象とした上野と異なり、出現期古墳から終末期古墳に至る古墳時代全体の流れを通史的に論じている。白井は古墳時代の各時期にわたって畿内地域からの影響があることを認めつつ、一貫して東国の独自性が堅持される点を積極的に評価する。とくに古墳時代を通じて関東の古墳築造が最も盛行する6世紀以降には、古墳時代中期まで十分でなかった地域間交流が活発となり、この交流の実態が畿内政権の与り知らぬ独自のものであった点を強調している。最近では弥生時代後期の系譜をひいて古墳時代出現期から連綿と中小古墳を造り続ける地域の古墳群を、先行して王権との関わりをもったという意味で「先行型群集墳」と定義し、関東地方に営まれた群集墳に特徴的に認められるとして物議を醸している〔白井 2007〕。東国の独自性を強く見る観点は、東国国造の自立性が評価される文献史学の成果と相まって一つの潮流をなすものと言えよう。

これに対して松尾昌彦は、関東地方を中心とする地域社会を舞台に展開した、畿内政権（松尾は「ヤマト王権」の用語を使用：以下同様）による東国経営の実態とその歴史的意味を明らかにしようと試みた〔松尾 2002・2008〕。ただし畿内政権の東国経営とは言え、一方的な支配・被支配の関係ではなく、中央と地方の利害が一致することが前提であるとする。古墳時代前期は銅鏃副葬古墳の検討から、有稜系鏃の分与による政治秩序の形成が説かれるが、岐阜以東において銅鏃少数副葬例が目立つなど東国の独自性が見られるものとする。古墳時代中期は信濃の分析を中心とし、5世紀中葉以降に古東山道ルートの重要性が増大して各地の小首長など新たな階層をも支配下に組み込む段階に至ったこと、また関東地方においても文化流入経路が南回りの古東海道ルートから北回りの古東山道ルートに切り替わったことなどが導き出されている。そして古墳時代後期は上総・下総地域を中心に検討され、馬具出土古墳の分布や房州石など石室使用石材・埴輪の供給関係から、6世紀中葉以降における在地主導の地域間交流が地域圏の再編を促し、この動きを取り込むかたちで東国経営が進められたと考えた。6世紀中葉は挂甲副葬古墳が関東地方の各地に拡大する時期でもあり、東北経営を見据えた畿内政権によって中央と地方を結ぶ政治的交通路が形成され、馬を用いた交通・通信手段が整備されたものとする。この政治的交通路は後の駅路に沿うように展開しており、東国を縦貫する交通路を通じて畿内政権の支配領域が拡大し、律令国家成立の基盤が形作られたと結論づけている。

白井と松尾の見解は、6世紀以降における関東地方の地域社会について異なる評価を下している。すなわち東国の独自性を大きく見る白井と畿内の存在が支配的とみる松尾という違い、換言すれば在地性の残存と畿内からの新しい波のいずれを重視するかという姿勢の差であり、律令時代の前段階にあって混在する両者双方の性格に留意して分析するところから実態の解明が期待されている〔土生田 2008〕。

近年では小林孝秀が、関東地方各地の横穴式石室を意欲的に考察し、横穴式石室の地域色や地域間交流の実態について陸続と研究成果を発表している。また畿内・九州をはじめとした列島諸地域や朝鮮半島との関係を視座に据え、関東地方における横穴式石室の動向を大局的に捉えた研究も進めており〔小林 2014〕、本研究と関連するところが少なくない。

3. 本研究での視点

以上の研究動向を踏まえると、各地において多様な古墳文化が展開する関東地方を対象領域とし、古墳時代から律令時代への過渡的段階にあたる7世紀の地域社会動向を明らかにするためには、個別地域ごとの検討と広域的視点からの検討のいずれもが必要不可欠であることが明らかである。個別地域ごとの検討については積年の先行研究に学びつつ、新資料も加味して筆者の見解を述べることにする。また広域的視点からの研究については横穴式石室以外を対象としたものが多く、さらに石室を対象とした先行研究を含めて7世紀に重点を置いた比較検討は必ずしも十分でない。地域内や地域を超えた古墳の動向が、律令時代前夜における地域編成や地域間関係の形成にいかに関係しているかという本研究課題を設定した所以はここにある。

研究課題の性格上、白井久美子・松尾昌彦の業績を通じて浮上してきた在地性の残存と畿内地域からの影響をいかに評価するかという点が検討に際してとくに重要になってくる。本研究では、以下の3点に留意しながら、地域的な違いが認められるのか検討を進めることとする。

①畿内地域からもたらされる新来要素は何か。
②新来要素の受容・展開にあたって、在地の主体的・能動的な働きかけはないか。
③畿内地域からの影響に伴って在地の枠組みのなかで改変される部分はないか。
また逆に改変されることなく温存される部分は何か。

とくに①については、どの時期に、いかなる背景から、どのような状況でもたらされているかを含めて明らかにすることで、東国経営の施策を講じた畿内政権の、各地域社会に対する視線の違いを読みとる手掛かりとしたい。

第2章　前史としての後期古墳の動向

第1節　片袖形石室の地域的展開

1. はじめに

関東地方において横穴式石室が採用されるのは、古墳時代後期前半の6世紀初頭頃(MT15型式期)に遡る。以後6世紀前半までのあいだに、上野地域中・西部、北武蔵地域北西部、下野地域中・南部、常陸地域南部といった北関東を中心として、単室構造の両袖・片袖・無袖形石室が構築され、これらは中部地方や九州地方、さらには朝鮮半島などから多元的な成立過程をもって導入されたと考えられている〔小林2009ほか〕。すなわち導入当初から単室構造のすべての形態が出揃っていたと想定されるわけだが、その後の展開過程のなかで順調に数を増やしていく両袖形石室や無袖形石室と比べると、片袖形石室の採用は一部に限られる。

本節では、終末期古墳研究の導入として、6世紀代を中心とする関東地方の地域相に迫るべく、独特な採用・展開状況を示す片袖形石室の地域的特質を掘り下げていく。

2. 片袖形石室の位置づけに関する問題点

日本列島における片袖形石室は、朝鮮半島南部の百済を源流として、大阪府高井田山古墳や奈良県椿井(つばい)宮山塚古墳など5世紀後半頃の畿内地域で構築され始める（第10図1〜3)。そして6世紀初頭の奈良県市尾墓山古墳（第10図4）以降、定型的な「畿内型石室」として有力古墳を中心に採用されるようになり、須恵器の主体部内埋納という新しい他界観を伴って全国各地に伝播・拡散する状況は畿内政権による地方進出を示すものと見なされている〔土生田1994〕(1)。こうした出現・展開状況を鑑み、各地において構築された片袖形石室のうち、構造面において在地的変容が見られるものの、成立状況や階層性などから畿内地域との何らかのつながりが想定される場合は、とくに「畿内系石室」と呼ばれることがある。関東地方に分布する片袖形石室のなかにも、地域内における導入期石室である場合や、墳丘・副葬品の内容から地域首長墓と考えられるものなど、畿内地域との強い結びつきを想定しうる事例が含まれている。

それでは、関東地方に営まれた上記のような片袖形石室についても「畿内系石室」と位置づけることが適切であろうか。ここで問題となるのは、それらの多くが6世紀後半に位置づけられる点である。埼玉(さきたま)将軍山古墳の石室を検討した岡本健一が指摘しているように、6世紀後半代の畿内地域では有力古墳の石室形態が片袖形から両袖形へ移行しており、当該期における片袖形石室

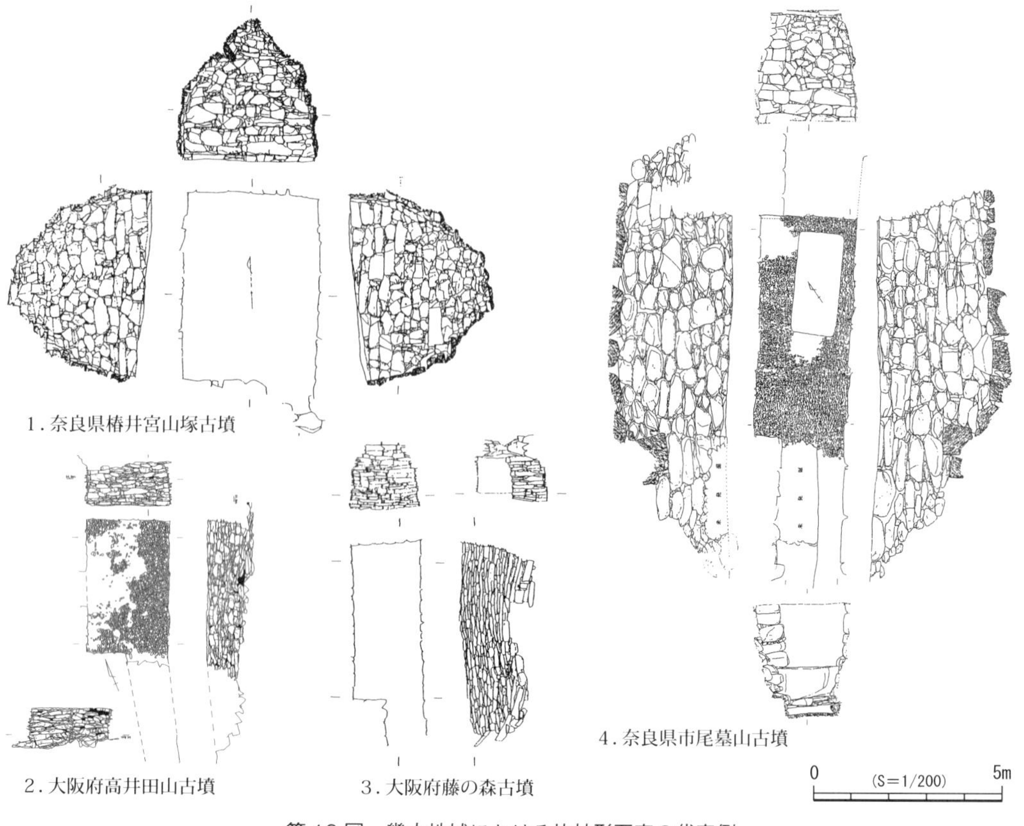

第１０図　畿内地域における片袖形石室の代表例

の採用を単純に畿内地域とのつながりで解釈することは適当でない〔岡本 1994〕。この点については、近年小林孝秀も繰り返し注意を喚起しており〔小林 2004・2008〕、「両袖式ではなく片袖式を採用した要因、関東の片袖式石室の採用状況を単一系譜として収斂できるかという問題、さらには朝鮮半島との関係性についても研究視野を広げ、多角的視点から総合的に評価を試みることが重要」であると提言している〔小林 2009　pp.186-187〕。なお小林は、6 世紀後半の関東地方に拠点的に営まれた、城山 1 号墳をはじめとする片袖形石室について、横穴式石室導入期の片袖形石室（栃木県中山古墳・埼玉県北塚原 6 号墳など）とは性格が異なる「畿内系」石室として扱い、その分布から東京湾岸を介する東海道経路で入ってきた可能性が高いと論じている〔小林 2014〕。畿内的な葬制を示す釘付木棺が当該事例に採用されている点などを踏まえての見解だが、先に指摘した畿内地域における片袖形から両袖形への移行という問題について明確な言及はない。もちろん副葬品の内容等から古墳被葬者・築造者が畿内地域と関係を有していた可能性は高いが、片袖形石室の成立自体も畿内地域との関係で理解してよいか吟味する必要がある。

以上の研究動向を踏まえ、各地域に営まれた片袖形石室が必ずしも同一の歴史的背景をもつものではないという視点から、地域ごとの特徴・展開過程を整理したい。

3. 片袖形石室の抽出と関東地方における分布

関東地方の片袖形石室をピックアップしてみると、管見にのぼるものとして58古墳59例の存在を確認した。

集成にあたっては、変形石室の一種とされるＬ字形石室を除外する立場をとる。片袖形石室の変容形態とする考えもあるが〔小林修2008〕、Ｔ字形石室を含めた変形石室が小規模古墳に多く採用されることから、「限られた墳丘空間を最大限に利用しようとした結果、選択された石室形態」と捉える見方〔小沢1996　p.120〕がむしろ実態であるように思われる。すなわちＬ字形石室のなかには、片袖形石室から派生したものもあろうが、無袖形石室の屈曲形態として成立したものも含まれる可能性が高く、本論の分析対象は純粋な片袖形に絞る方がよいと判断される。ここでは便宜的に、主軸と直交する奥幅が屈曲部より奥の主軸長を上回る石室をＬ字形石室とする。したがって、栃木県上の台古墳・明神山古墳や埼玉県諏訪山３号墳・黒田４号墳（第11図１～4）などは片袖形石室として取り上げられることもあるが、上記基準に当てはまるため対象外とする。また栃木県小野巣根４号墳と茨城県丸山４号墳（第11図5・6）は側壁の遺存状況が悪く、無袖形石室である可能性も否定できないため外しておく。埼玉県的場牛塚古墳（第11図7）は追葬時に改修された形態が左片袖

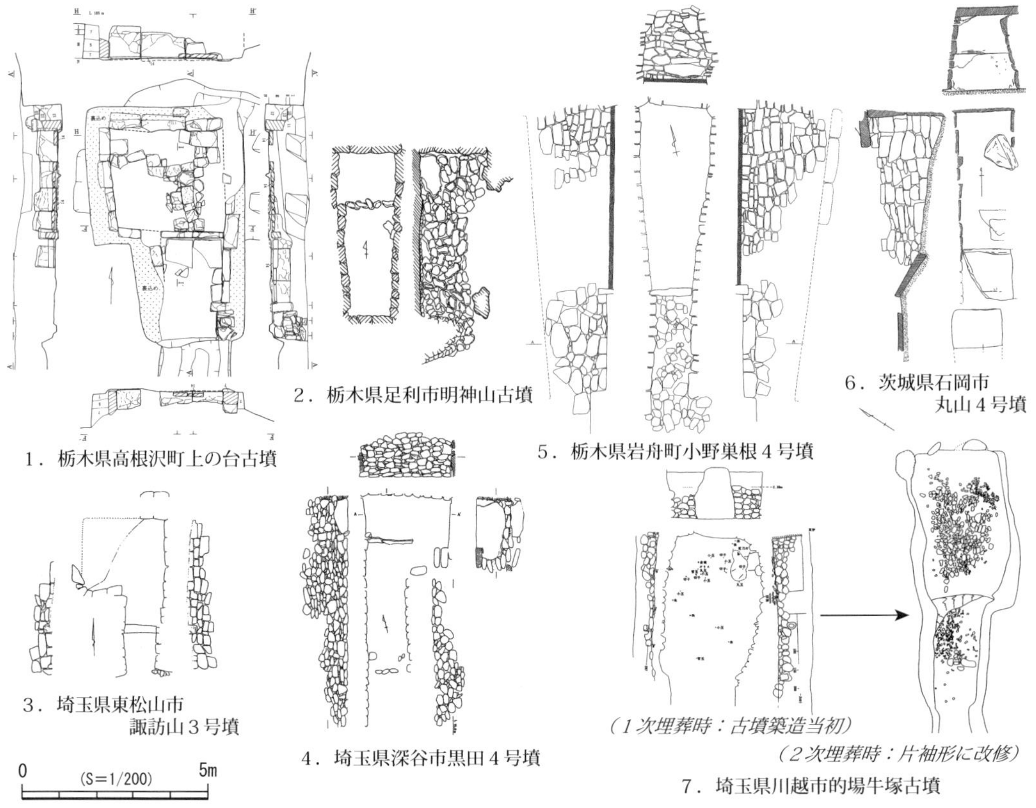

第11図　片袖形石室対象外の事例

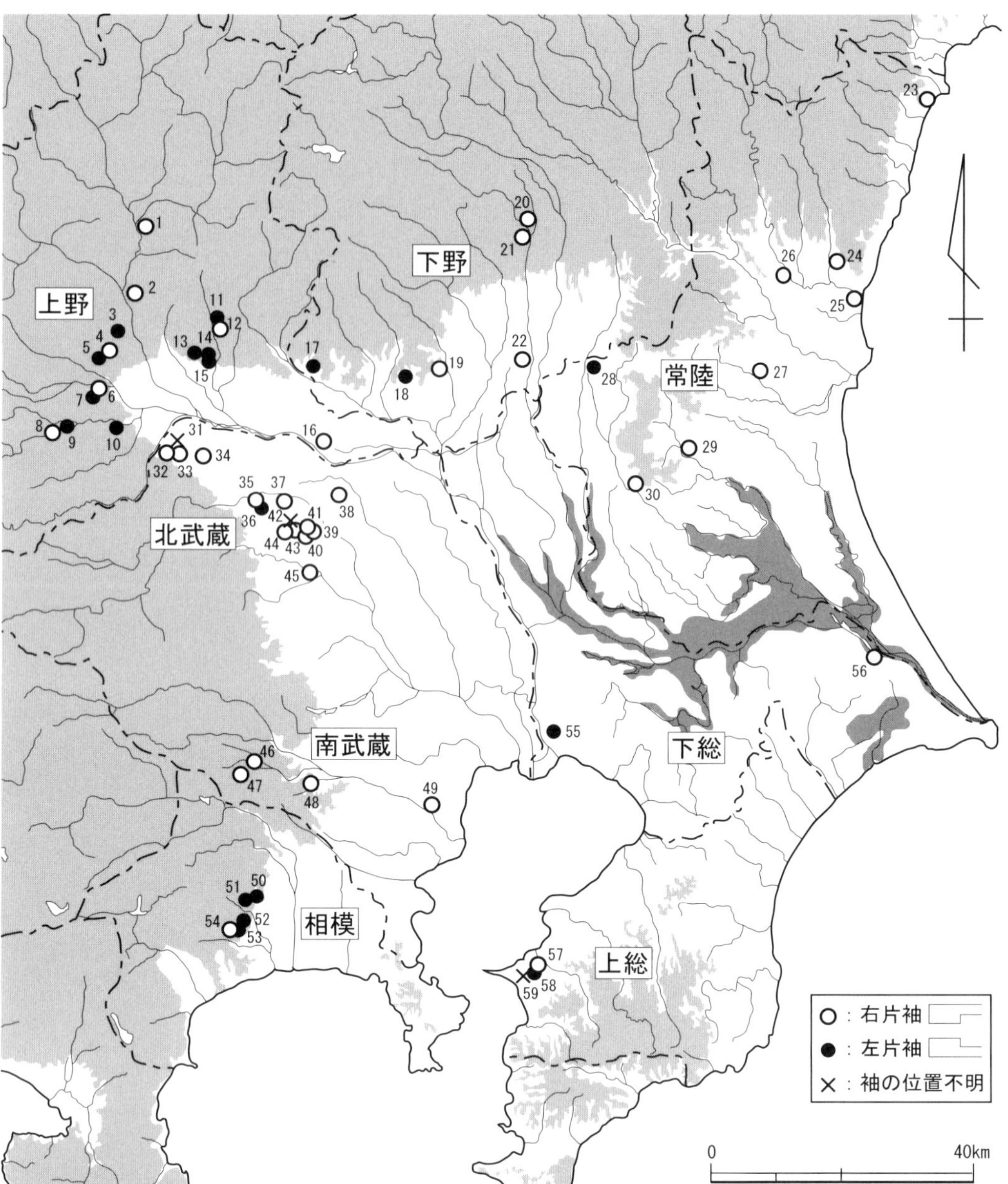

1：軍原５号墳　2：上三原田東峯古墳　3：榛東村31号墳　4：寺屋敷３号墳　5：善龍寺前D区SX2　6：御部入３号墳　7：御部入12号墳　8：桐渕５号古墳　9：富岡74号古墳　10：蛇塚古墳　11：壇塚古墳　12：鏡手塚古墳　13：今宮７号墳　14：蟹沼東７号墳　15：蟹沼東51号墳　16：古海松塚49号墳　17：立岩古墳　18：米山東古墳　19：中山古墳　20：宮下古墳　21：谷口山古墳　22：別処山古墳　23：神岡上３号墳　24：幡山旧11号墳　25：舟塚１号墳　26：十林寺古墳　27：高寺２号墳　28：小栗地内（寺山）Ｖ号墳　29：粟田石倉古墳　30：山口２号墳　31：中新里諏訪山古墳　32：北塚原５号墳　33：北塚原６号墳　34：生野山16号墳　35：野原古墳【後円部】　36：野原古墳【前方部】　37：伊勢山古墳　38：埼玉将軍山古墳　39：三千塚Ⅲ-４号墳　40：三千塚Ⅲ-16号墳　41：三千塚Ｖ-２号墳　42：三千塚Ⅶ-10号墳　43：秋葉塚古墳　44：長塚古墳　45：諏訪山12号墳　46：鹿島古墳　47：船田古墳　48：万蔵院台２号墳　49：多摩川台４号墳　50：高森・赤坂古墳　51：鎧塚１号墳　52：埒免古墳　53：尾根山２号墳　54：尾根山４号墳　55：法皇塚古墳　56：城山１号墳　57：蕨塚古墳　58：野々間古墳　59：姫塚古墳

第12図　関東地方における片袖形石室の分布

形を呈するが、当初の形態でないことに加え、改修後の壁体が土壁というイレギュラーな構造であるため、除外する。なお牛塚古墳の改修前の埋葬施設は河原石積みの両袖形石室と報告されているが、右側壁のラインが直線的であることから構築当初も左片袖形であった可能性が指摘されている〔小林孝秀2008〕。その可能性は否定できないが、小野巣根4号墳・丸山4号墳を外したように、本稿ではより蓋然性の高いものに対象を絞って検討を行う。

袖の位置について判明している事例は右片袖形37例、左片袖形20例を数え、密集度の高い上野・北武蔵地域で全体の約半数を占める（第12図）。このほか狭いエリアに分布が集中する地域として相模地域（神奈川県伊勢原市周辺）と上総地域（千葉県富津市周辺）が挙げられ、下野・常陸・下総地域では相互に一定の距離をおいて営まれている。また全体的に見て関東平野周縁部に築かれる傾向があり、香取市城山（じょうやま）1号墳や市川市法皇塚古墳、大田区多摩川台4号墳のように河川下流域に占地するものは例外的な存在と言える。

4. 各地域における片袖形石室の様相

片袖形石室の地域色をおさえるにあたり、地域ごとの検討を基礎としたいところだが、とくに下総地域についてはわずか2例にとどまる客体的採用状況で、その位置づけが困難である。そこで上野・下野・常陸・北武蔵・南武蔵・相模・上総地域の検討から着手し、下総地域を除く関東地方の地域色について把握したうえで、下総地域に存在する2古墳の位置づけを行うことにする。なお、南武蔵地域については数が少ないことから北武蔵地域とあわせて整理する。

（1）上野地域（第13図1～5）

榛名山東麓から南の鏑川流域にかけて、および赤城山南麓の粕川流域を中心に、総数16基の片袖形石室が営まれている。半数以上が左片袖であり、この点に隣接する北武蔵地域との差異を見出すことができる。最古例は6世紀中葉頃と目される前橋市鏡手塚古墳で、全長28mを測る前方後円墳の主体部として右片袖形石室を構築している。その後はこれに近接する壇塚古墳や富岡74号墳、蛇塚古墳など、直径25m以下の円墳に左片袖形石室が採用され、6世紀末葉～7世紀初頭には伊勢崎市蟹沼東51号墳など赤城山南麓の群集墳にも客体的に受容されている。また埴輪を伴わず、前庭部を付設する特徴などから7世紀前半以降に位置づけられる事例が一定数認められる。高崎市善龍寺前D区SX2などは、7世紀に至っても形骸化することなく袖部を明確に造り出す事例として注目される。

以上のように上野地域の片袖形石室は両袖形・無袖形と比べて導入時期がやや遅れ低調であり、また古墳の内容をみても片袖形石室採用古墳が有力古墳であると評価することはできない。古墳時代を通して上野地域と畿内地域との間に密接な交流があったことは疑いなく、上野地域の石室形態として少数派である片袖形石室が、畿内地域の動向とは無関係に他の地域との交流のなかで採用されたことは明らかであろう。

（2）下野地域（第13図6～10）

南西部に広がる足尾山地裾部と、中央部を南北に貫く田川流域に、計6例の存在が認められる。

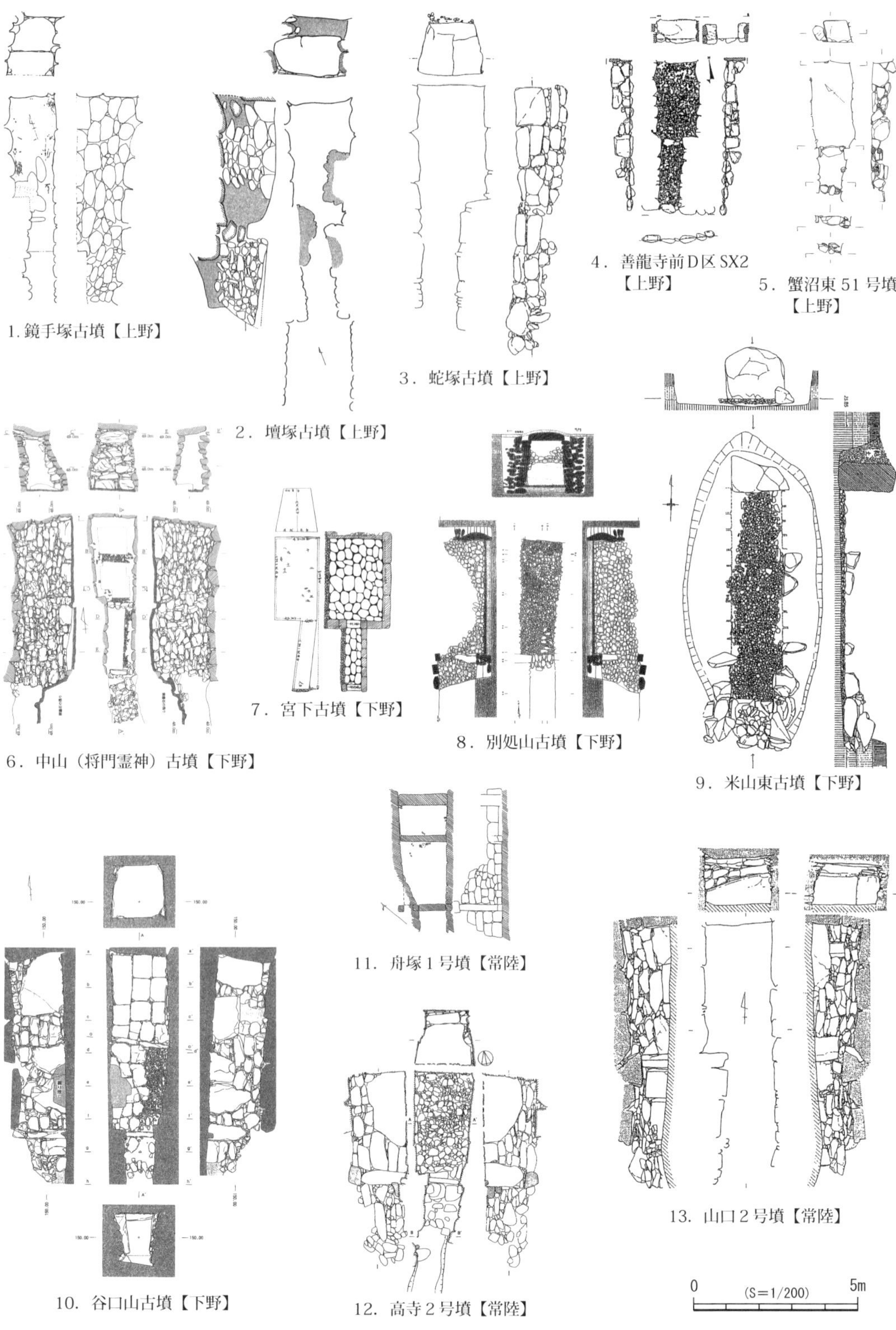

第13図　北関東の片袖形石室

上野地域との関連を暗示するかのように、西端の足利市立岩古墳・佐野市米山東古墳のみ左片袖形が採用されており、興味深い。

6世紀前半の栃木市中山（将門霊神）古墳を嚆矢とし、6世紀中葉には宇都宮市宮下古墳・下野市別処山古墳といった40m前後の前方後円墳に採用されるようになる。とくに導入期の中山古墳・宮下古墳の石室内からは土師器片の出土が伝えられており、詳細は不明ながら土器埋納という儀礼を伴うかたちで片袖形石室を受容した可能性がある。その意味で下野地域における導入期の片袖形石室については、「畿内系石室」と評価しうる可能性を秘めている。ただし石室の特徴を窺うと、旧表土を掘り込んだ墓坑内に石室構築面をもつ半地下式ないし地下式構造である点や、側壁基底に大振りの石材を配する腰石的壁面構成、袖部に立柱状石材を配する特徴などがみられ、東海地方を中心に展開する横穴式石室の諸要素が混在しているとの指摘がある〔小林2011〕。すなわち畿内地域からの直接的な伝播というよりは、東海地方など中継地点を経由した間接的な伝播であったと想定される。

その後、6世紀後半になると前代までの採用状況と打って変わり、片袖形石室の構築を停止してしまう。当該期は一枚石構成の切石組石室や地下式構造の河原石積石室といった特徴的な埋葬施設が盛んに構築されるようになる時期であり、墓室内への土器埋納が基本的に認められないという地域的特色も含め、墓制の在地性が強いことで知られている〔土生田1996〕。畿内地域に淵源のある片袖形石室が早い段階で導入されながらも定着しなかった一因として、この強い地域性が関係していると考えられる。

（3）常陸地域（第13図11～13）

相互に一定の間隔をおいて8基の片袖形石室が確認されている。西端の筑西市小栗地内（寺山）Ⅴ号墳を唯一の例外として他は右片袖形で占められ、出土須恵器からMT85型式期の築造とされる東海村舟塚1号墳が他よりやや先んじている。小林孝秀が詳細に論じている通り〔小林2004〕、他の事例も大きく時期を違えずTK43～TK209型式期に築造されたと考えられ、いずれの古墳も常陸地域の各小地域において最初期の横穴式石室に位置づけられる。

このように同時多発的に散在する出現状況でありながら、7世紀前半以降に継続しない点が特徴的であると言える。受容者と石室をもたらした淵源との関係が一代限りのものであった場合や、片袖形という石室形態自体に重要性が見出されなかったといった背景を想定することもできるが、最北端に位置する北茨城市神岡上3号墳を除き、袖部に立柱状石材を配している事例が目立つ点を考慮すると、西側に隣接する下野地域から伝播した可能性が考えられる。この伝播観が妥当であれば、常陸地域において7世紀代に片袖形石室が構築されないのも、下野地域における片袖形石室の衰退と連動した動きとして理解できよう。

（4）北武蔵地域・南武蔵地域（第14図1～9）

北武蔵地域では児玉地方と比企地方に分布の核があり、総数15基を数える。空白地帯を挟んで南武蔵地域では多摩川流域に4基が散在し、熊谷市野原古墳の前方部石室と東松山市三千塚Ⅶ-10号墳を例外として右片袖形が卓越する地域と評価できる。

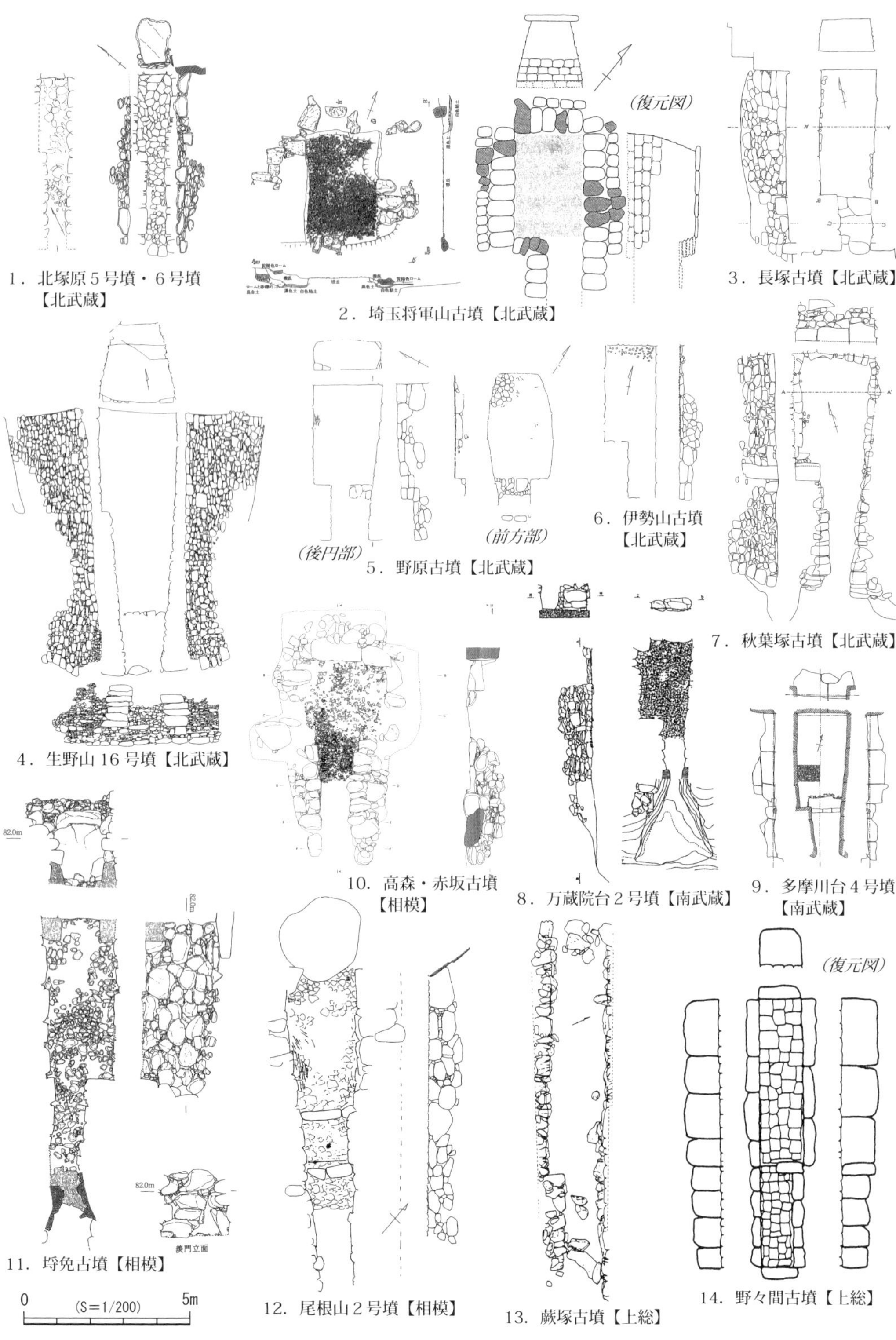

第 14 図　南関東の片袖形石室

狭長な小型石室を内蔵する神川町北塚原５号墳・６号墳は、出土遺物に恵まれなかったものの、MT15型式の須恵器を出土した７号墳（狭長な無袖形石室）との位置関係から、これに先んじて構築された最初期の片袖形石室と考えられている〔増田1977〕。７号墳との厳密な前後関係については即断しがたいと考えるが、５号墳・６号墳の石室プラン・構造的特徴は７号墳とも共通性が高く、３古墳をおおむね６世紀前半の築造と捉えることに無理はないだろう。これらは群集墳中の小円墳に過ぎないが、続く６世紀中葉になると全長58ｍの前方後円墳である美里町生野山(なまのやま)16号墳に石室幅を大きく拡大させた片袖形石室が構築されている。さらに６世紀後半には、時の地域首長墓である行田市埼玉将軍山古墳に袖幅の広い片袖形石室が採用された。この趨勢に足並みを揃えるように、野原古墳・伊勢山古墳・秋葉塚古墳・長塚古墳といった比企地方の中小規模前方後円墳に片袖形石室を採り入れる動きが起こるが、７世紀初頭頃には沈静化する。当該地域における片袖形石室の衰退は、７世紀代における有力古墳の埋葬施設として複室構造の切石積石室が盛行する動向と無関係でないだろう。

なお南武蔵地域では６世紀後半の日野市万蔵院台２号墳に採用された後、７世紀まで築造されるが、北武蔵地域と比べて客体的な受容にとどまる。

（5）相模地域（第14図10〜12）

北西部の丹沢山地から派生した丘陵・台地上に、４基の左片袖形石室と１基の右片袖形石室が存在する。とりわけ注目されるのは、秀逸な馬具や装飾付大刀などが出土したことで著名な伊勢原市埒免(らちめん)古墳の存在である。無袖形石室が圧倒的多数を占める当該地域において、両袖形石室を内蔵する登尾山(とおのやま)古墳とともに６世紀後半〜末葉の地域首長墓と目されている。埒免古墳は、出土遺物の年代観などから登尾山古墳に続く６世紀末葉〜7世紀初頭の築造と考えられ、北側に位置する高森・赤坂古墳と鎧塚１号墳もおおむね同時期に比定される。尾根山２号墳・４号墳はこれに後続する７世紀代の所産で、とくに唯一の右片袖形である４号墳は石室規模の縮小などから最新相に位置づけることが妥当であろう。

すなわち相模地域では、片袖形石室の採用時期が畿内地域の動向に比べて遅れるだけでなく、両袖形から片袖形にモデルチェンジするという逆転現象となってあらわれているのである。採用古墳自体は有力古墳と言えるが、成立過程としては上野地域と同様、畿内以外の地域との交流をもとにもたらされたものと考えられる。

（6）上総地域（第14図13・14）

東京湾に注ぎこむ小糸川河口低地に展開する富津市内裏塚古墳群中に、３例の片袖形石室が認められる。内裏塚古墳群は５世紀前半の内裏塚古墳（前方後円墳・144ｍ）の後、およそ１世紀におよぶ空白期間をおいて九条塚古墳以降、７世紀に至るまで連綿と首長墓が築造され、須恵国造の奥津城に擬定されている〔小沢1986〕。

出土遺物などから６世紀後半と考えられる前方後円墳の青木姫塚古墳[(2)]には、長さ4.5ｍ、幅2ｍの片袖形石室が内蔵されていたと伝えられる。この青木姫塚古墳石室の淵源を考えるうえで興味深い仮説が若松良一によって提唱されている。若松は、埼玉将軍山古墳の片袖形石室壁材に千葉県富津市金谷の海岸付近で採取される磯石（房州石）が使用されている事実、および前方部長を大きく発達させた埼玉将軍山古墳と内裏塚古墳群の墳丘企画の共通性を評価し、6世紀後半における埼玉古墳群と内裏塚古墳群との密接なつながりを想定している〔若松1993〕。青木姫塚古墳の調査年は1938年と古く、石室構造の詳細が不明であるため具体的な検討は難しいが、上総地域において客体的な存在である片袖形石室が6世紀後半の青木姫塚古墳に採用された背景に、北武蔵地域との関係を考えることは強ち的外れでないように思われる。

後続する6世紀末葉の蕨塚古墳、7世紀前半の野々間古墳で片袖形石室が採用されたのも、埼玉将軍山古墳を契機に形成された北武蔵地域との交流関係を示すものと評価できる。なお蕨塚古墳・野々間古墳の片袖形石室は狭長な玄室プランを呈し、埼玉将軍山古墳石室との懸隔が著しいが、これは当該地域において盛行した細長い無袖形石室の成立事情と同様、強度のある石材に乏しい環境下にあって石室幅を規定する天井石に大型石材を用いることができなかったことによると理解できる〔土生田1997〕。

(7) 小　結

ここまで概観してきた関東地方における片袖形石室の展開過程を、大きく3段階に分けて示したのが第15図である。6世紀前半に下野地域および北武蔵地域北西部で成立した片袖形石室は、6世紀後半になると下野地域を除く各地で拠点的な盛行をみせるが、7世紀には衰退して西関東で細々と命脈を保つ存在となる。このように導入・展開・衰退の状況には地域差が認められ、とくに南北に広がりをもって突然立ちあらわれる常陸地域の動向は、当該地域において横穴式石室の導入が遅れた点と相俟って、特異な様相を呈している。

5. 城山1号墳と法皇塚古墳の成立をめぐって

下総地域の香取市城山1号墳と市川市法皇塚古墳は、ほぼ同時期の6世紀後半に築造されたものと考えられ、一時期に限られるという点で関東地方のなかでは常陸地域に似た築造状況を呈している。とは言え、城山1号墳や法皇塚古墳の墳丘規模・副葬品の内容等を勘案すると、常陸地

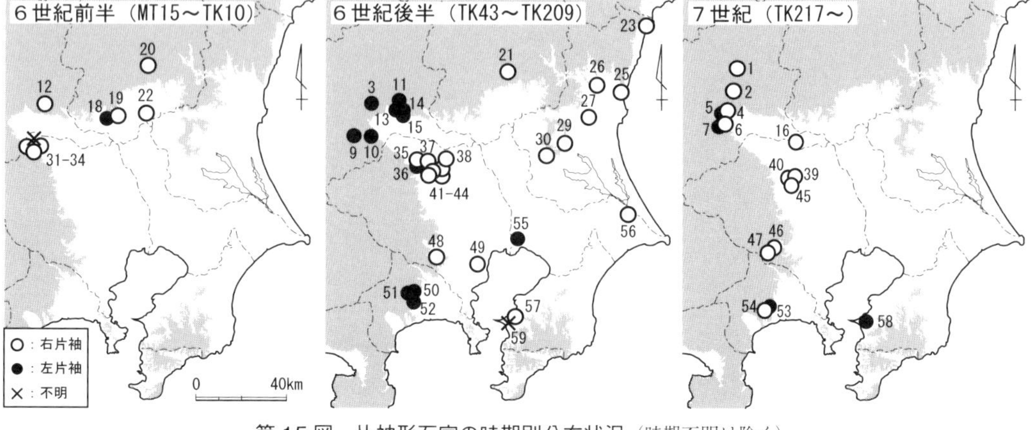

第15図　片袖形石室の時期別分布状況（時期不明は除く）

域の片袖形石室墳より階層的に上位と考えられ、また石室構造も細部にわたって異なる。したがって隣接地域ではあるが、常陸地域の片袖形石室と一括りに論じることはできない。また、常陸地域・南武蔵地域・相模地域・上総地域では城山1号墳とほぼ同時期に片袖形石室の成立を迎えており、城山1号墳・法皇塚古墳がこれらの地域と同じ脈絡で片袖形石室を受容している可能性はあるが、そのこと自体は石室の淵源を示すものになりえない。如上の地域で片袖形石室が自律的に生成されていれば話は別であるが、そのような展開を示す証左は管見による限り認められない。これら4地域をひとまず遡源候補から外したうえで、城山1号墳・法皇塚古墳石室の特徴をもとに検討を進めていく。

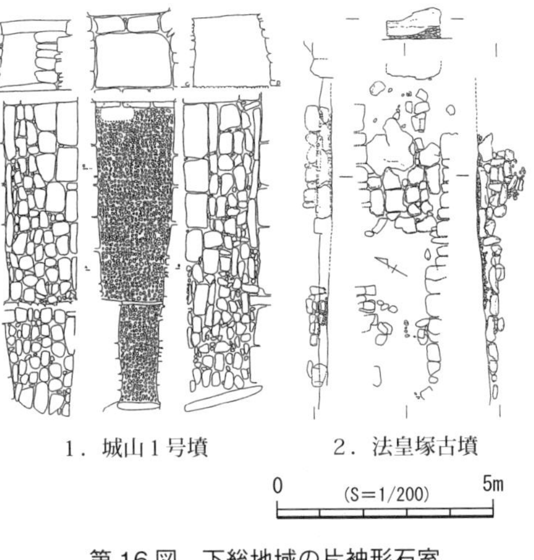

第16図　下総地域の片袖形石室

まずはじめに、石室の平面形態を手がかりとして淵源を探ってみたい。玄室プランに注目してみると、城山1号墳・法皇塚古墳は前幅より奥幅の方がわずかに幅広い羽子板形を呈しているが（第16図）、片袖形石室のなかには玄室幅が前後で大きく変わらない長方形の石室も多く認められる。ここで前後の幅の差が0.15m以上である場合を羽子板形、0.14m以下の場合を長方形として分けてみると(3)、関東地方のなかで上野地域周辺に長方形の片袖形石室が集中していることがわかる（第17図：左上）。最古例の鏡手塚古墳は、例外的に玄室が羽子板形を呈する右片袖形石室であるが、楣石をもたない玄門構造や羨道中ほどの框構造など、城山1号墳・法皇塚古墳石室の構造的特徴とは異質の要素が多く、この古墳自体を直接の祖形とすることは難しい。鏡手塚古墳を除くと、年代的に遡上する事例はほとんどなく、上野地域が淵源である可能性は低いと結論づけられる。

石室の平面プランをより細かく見ていくとどうであろうか。第17図の散布図は、関東地方における片袖形石室の石室規模を整理したものである。上段は石室長（横軸）に対する玄室長（縦軸）の値を示したもので、城山1号墳の玄室が石室全体の長さに比して長大であることが見てとれる。また法皇塚古墳も、厳密な石室長は不明であるが残存状況と石室の構築位置を見る限り、玄室長の長さが際立っていると判断される。玄室長（横軸）に対する玄室幅（縦軸）の値を示した下段の散布図を考慮に入れると、城山1号墳・法皇塚古墳が事例全体のなかで狭長な玄室プランを呈する事実が浮かび上がってくる。

これと共通性の高い平面形態を探してみると、下野地域に該当事例が集中することに気づく。6世紀前半～中葉に位置づけられる中山古墳（19）・宮下古墳（20）は石室長に対する玄室長が短く、城山1号墳との形態差が大きいが、これに後続すると考えられる立岩古墳（17）・米山東古墳（18）・谷口山（やぐちやま）古墳（21）・別処山古墳（22）は城山1号墳・法皇塚古墳の比率に近いか、より狭長な玄室を有している。とくに後二者は羽子板形プランという点でも共通し、年代的にもわずかに先行する

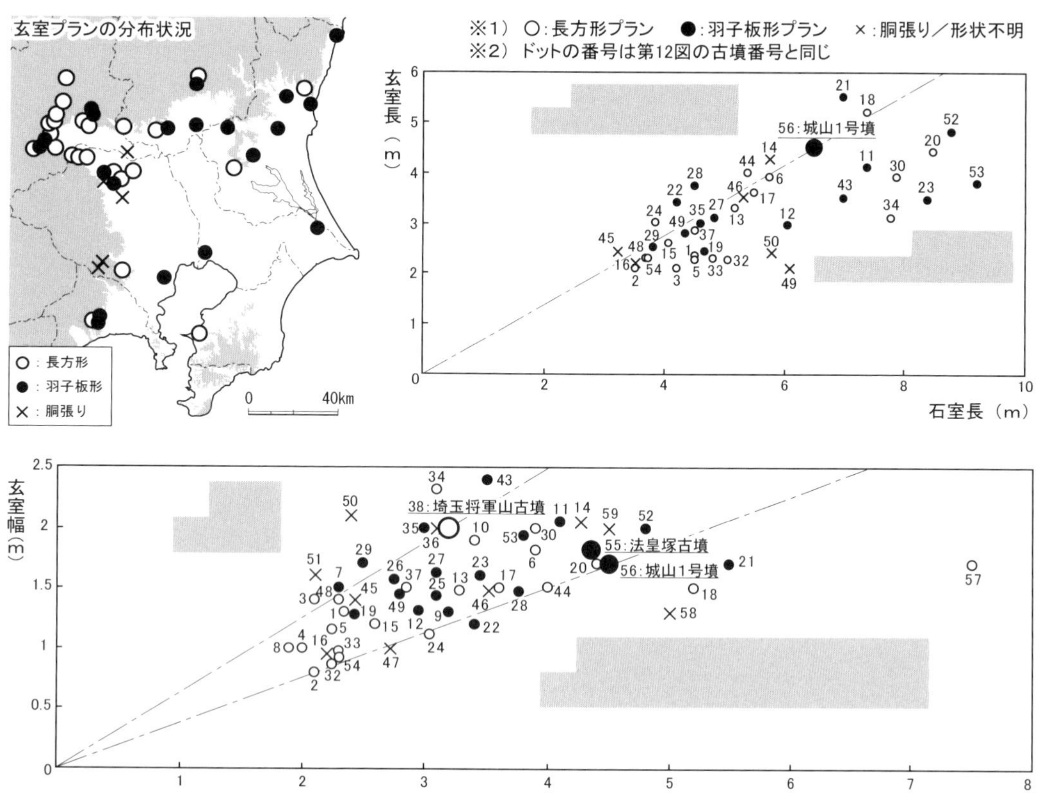

第17図　関東地方における片袖形石室の平面形態と規模

可能性が高いことから下野地域に祖形を求めることが妥当であるように思われる。

しかし、石室の構造的特徴を比較すると、両者の間には無視することのできない差異が見出される。すなわち前項で指摘した通り、下野地域の片袖形石室には東海地方の要素と見られる袖部の立柱石配置が指摘でき、中小石材を積み上げて袖部を形成する城山１号墳・法皇塚古墳と異なる。また下野地域では墓坑を掘り込む（半）地下式構造の事例が多いが、この点でも城山１号墳・法皇塚古墳にみられる土木技術と様相が異なっている。横穴式石室墳の築造に関して、石室構築に携わった集団と土木技術に携わった集団が異なる場合も存在するが、下総地域の導入期石室である城山１号墳・法皇塚古墳については、石室構築に関わる土木技術も一体的に取り入れられたと考える方が自然であろう。石室形態は類似するものの、立柱石の設置と（半）地下式という構造差から、下野地域もまた遡源候補から棄却すべきだろう。

さて、関東地方で残された候補地は北武蔵地域のみとなった。ここで注目すべき存在は、古墳の階層性の面で城山１号墳と近い様相を示す埼玉将軍山古墳である。埼玉将軍山古墳は６世紀後半でも中葉寄りに比定され、年代的に辛うじて城山１号墳の祖形となりうる。袖部を多段積みで構成する右片袖形石室であり、また墓坑を穿たず盛土上に石室を構築している点も、下野地域のような根本的な土木技術の違いを示すものではないだろう。ただし玄室形態については、幅を変えない長方形プランの復原案が示されており、玄室長に対する玄室幅が広い点も含めて、城山1号墳との平面形態差が大きい。

それでは平面形態の不一致をもって、埼玉将軍山古墳を城山1号墳の祖形候補から外すべきであろうか。この問題については、埼玉将軍山古墳に後続する片袖形石室群のあり方に解釈の糸口を見出すことができる。すなわち先述した通り、TK43～TK209型式期の比企地方では、中小規模前方後円墳の埋葬施設として片袖形石室が拠点的に採用され、埼玉将軍山古墳石室の成立を踏まえた動向として注目されるのである。第17図下段を見ると、とくに野原古墳（35・36）の玄室規模が埼玉将軍山古墳（38）と近似しているが、伊勢山古墳（37）・秋葉塚古墳（43）・長塚古墳（44）の玄室長幅比にはまとまりが見られず、長塚古墳の比率にいたっては、石室長に対する玄室長の比率（第17図上段）も含め、城山1号墳と近似するという見過ごせない事実に行き当たる。加えて奥幅と前幅の差をもとに分類した玄室プランで言うと、伊勢山古墳・長塚古墳が長方形プラン、野原古墳の後円部石室と秋葉塚古墳が羽子板形プランを呈するという違いが認められる。秋葉塚古墳の玄門に立柱石が設置されている点や野原古墳の前方部石室が胴張りプランを呈する点を勘案すると、小林孝秀が説いているように、長方形プランが羽子板形プランに先行するものと捉えることが妥当だろう〔小林孝秀 2008〕。これらの石室が埼玉将軍山古墳の成立を契機として営まれたとする想定が正鵠を得たものであれば、埼玉将軍山古墳を祖形として構築された片袖形石室には玄室プランを踏襲する志向性が強くなかったものと見るべきだろう。

結論として、筆者は下総地域における片袖形石室の淵源を北武蔵地域に求め、その祖形に埼玉将軍山古墳を設定することが現状では妥当であろうと考えている。城山1号墳・法皇塚古墳を基準に据え、6世紀後半以前という年代的制限、袖部の構造的特徴、石室構築に関わる土木技術という3つの視点から消去法的に検討していくと、候補として残るのは埼玉将軍山古墳のみであり、この場合の玄室長幅比や平面形態の違いは埼玉将軍山古墳を祖形とすることの支障にならない点を確認した。

ただし、ここまでの検討で示した成立過程は消極的な位置づけの域を出ないものである。城山1号墳・法皇塚古墳と埼玉将軍山古墳の築造年代は、差があったとしても大きな隔たりはないと考えられるので、上記のような説明だけでは、片袖形石室の淵源が他にあって城山1号墳・法皇塚古墳と埼玉将軍山古墳がほぼ同時期に同じ脈絡のなかで石室を受容した可能性も想定しなければならない。

そこで次に、下総地域における片袖形石室の祖形を埼玉将軍山古墳に求める見方について、他の側面から裏付けることができないか考察を加えておきたい。

6. 北武蔵地域と下総地域との関係性

大きく時期を違えずに築造された城山1号墳・法皇塚古墳と埼玉将軍山古墳の石室には、後続する古墳への影響という点で明確な違いが認められる。埼玉将軍山古墳の場合、隣接する中小古墳に片袖形石室が採用されるという展開を見せた。この点については繰り返し述べてきた通りである。これに対して城山1号墳・法皇塚古墳はあくまで単独の受容にとどまり、後続する古墳に同様の石室形態が引き継がれることはなかった。埼玉将軍山古墳以後に片袖形石室の継続性がみられるのは、それが他地域からの突発的・偶発的な受容によるものではなく、在地において自律的な成立過程を辿った石室形態であることを示唆しているのではなかろうか。埼玉将軍山古墳石室の起源については、石室プランの特殊性から現時点で明確にしがたいとされている〔岡本 1994〕が、筆者は児玉地方に営まれた美里町生野山（なまのやま）16 号墳（34）の玄室長幅比が埼玉将軍山古墳（38）に近い点に注目したい（第 17 図参照）。岡本健一は生野山 16 号墳の石室プランが無袖形石室から派生したものとして、埼玉将軍山古墳と別系統で捉えている〔岡本前掲〕。無袖形と有意な関係をもつこと自体は首肯されるが、6 世紀後半の北武蔵地域では無袖形から両袖形が派生する動きも見られるので、生野山 16 号墳において北塚原 6 号墳と変わらず狭いままであった袖幅が、埼玉将軍山古墳の段階になって拡大したと解釈することに無理はないと考える。埼玉将軍山古墳に後続する長塚古墳や秋葉塚古墳などにおいて玄室プランの変化がみられる点も、〈北塚原 6 号墳→生野山 16 号墳→埼玉将軍山古墳〉という変遷のなかで段階ごとに形態変化を遂げていることを考えれば当然の推移として理解できよう。生野山 16 号墳から埼玉将軍山古墳への変遷は北武蔵地域内の動態として受け止められるが、同様に生野山 16 号墳から伝播して城山 1 号墳や法皇塚古墳が成立したと考えることは難しい。なぜならば、生野山 16 号墳自体は北武蔵地域内の児玉地方という一小地域の有力古墳に過ぎず、

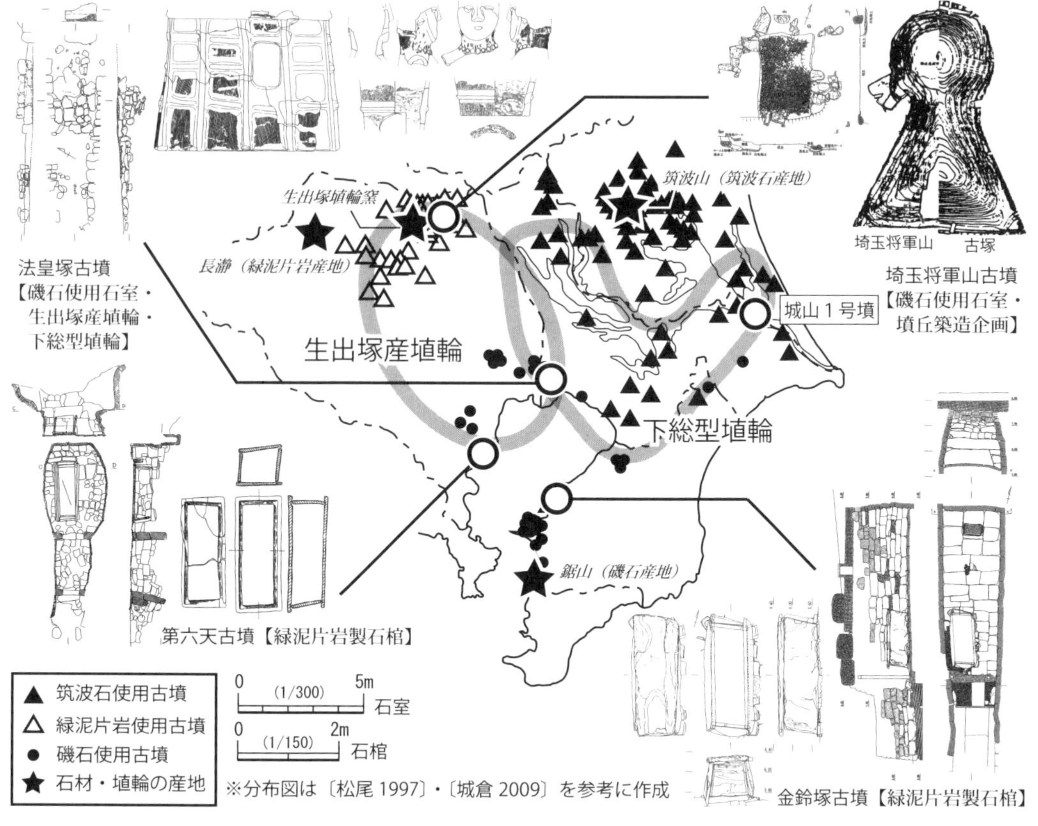

第 18 図　古墳使用石材・埴輪の広域供給

地理的に離れた下総地域とのつながりを傍証するものはないからである。

以上のように埼玉将軍山古墳石室の成立過程を示したことで、城山1号墳・法皇塚古墳の直接の祖形が埼玉将軍山古墳の祖形と同じである可能性については否定できる。この点を踏まえ、さらに埼玉将軍山古墳と城山1号墳・法皇塚古墳の結びつきを傍証する事象について述べたい。ここで手掛かりとなるのは、6世紀後半における北武蔵地域の動向として重要視される上総地域との交流関係である（第18図）。すなわち磯石（房州石）の広域供給と前方後円墳企画の共有が示唆する埼玉古墳群と内裏塚古墳群のつながりを背景として、上総地域に片袖形石室がもたらされたと解釈できる点である。磯石のほかに、秩父長瀞産の緑泥片岩や鴻巣市生出塚（おいねづか）埴輪窯製品もほぼ同時期に広域供給がなされ、江戸川下流域を中心とする東京湾沿岸と北武蔵地域との結びつきが明らかである。さらにこうした動向と軌を一にして、千葉県域におけるMT85型式期以降の馬具出土古墳や筑波石使用石棺の分布、下総型埴輪の広がりなどから、法皇塚古墳や内裏塚古墳群を包括する東京湾沿岸が城山1号墳を含む香取海（かとりのうみ）沿岸とも結びつきをもつことが指摘されている〔松尾2003〕。磯石を使用した片袖形石室を内蔵し、生出塚埴輪窯製品とともに下総型埴輪を樹立する法皇塚古墳の存在は、まさに上総・北武蔵・下総地域の物流が交錯する状況を雄弁に物語っている。城山1号墳の位置する下総地域東部では、緑泥片岩や生出塚埴輪窯製品といった北武蔵地域からの直接的な物流が見えにくいが、如上の錯綜する交流網を下地として城山1号墳に片袖形石室がもたらされた可能性は高いと考える。城山1号墳に後続する城山6号墳（第19図）の埋葬施設が胴張り・持ち送り構造の顕著な切石積石室であることは、城山古墳群と北武蔵地域とのつながりを補強する材料としてみることができ、両地域間の交流が継続性をもって展開したと推察される。

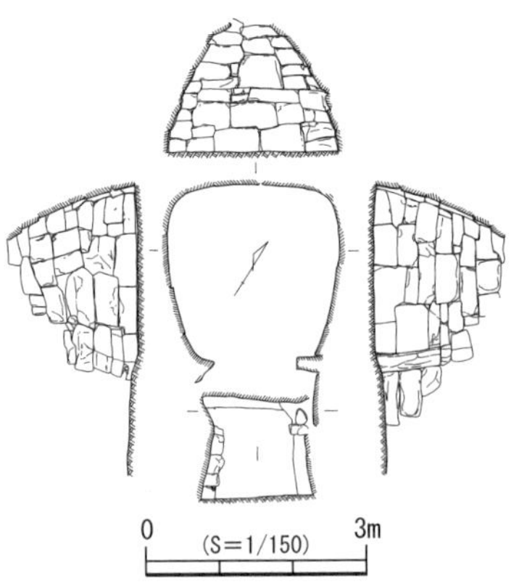

第19図　城山6号墳石室図

7. おわりに

関東地方における片袖形石室の展開について地域ごとに検討した結果は、以下のようにまとめることができる。

上野地域と相模地域では6世紀中葉～後半に非畿内系石室として採用され、少数ながらも7世紀に至るまで構築を継続する。地域内における少数派の石室系列として位置づけることができる。

下野地域では6世紀前半に畿内系石室として東海地方との関係のなかで採用された可能性があり、6世紀中葉には有力古墳に採用、続く6世紀後半には常陸地域へ拡散して拠点的に採用されたと考えられるが、下野地域では切石組石室や地下式構造の無袖形・両袖形石室、常陸地域では片岩板石組石室の盛行に伴って7世紀になると衰退してしまう。6世紀代における下野地域と常陸地域との関係性を示唆する事象として注目される。

そして北武蔵地域では無袖形石室と有意な関係をもちつつ、在地内で自律的な形態変化を遂げ、埼玉将軍山古墳石室の成立に結実した。その後、北武蔵地域内の後続する中小古墳に盛んに採用されるだけでなく、6世紀後半に顕現化する埴輪や古墳構築石材の広域供給と関連して上総・下総地域にまで片袖形石室をもたらしたが、7世紀には複室構造切石積石室にとって代わることとなる。

このように浮かび上がった３つの地域相は、7世紀に先立つ後期古墳の地域間関係を鋭敏に反映した動向として捉えられる。

註

(1)　なお、「畿内型石室」の提唱自体は、白石太一郎による先駆的研究〔白石 1965〕を基礎として、1980年代半ばに山崎信二や森下浩行によってなされているが、両氏は出現段階である5世紀中葉～後半の事例をもって「畿内型」としている点で土生田の捉え方と異なっている〔山崎 1985、森下 1986〕。

(2)　本古墳の名称は単に「姫塚古墳」とあらわされることが常だが、本書では複室構造石室の端緒として知られる横芝光町姫塚古墳と区別するため、字名を冠して「青木姫塚古墳」と表記する。

(3)　奥幅と前幅の差を計測することができる全事例の平均値は約0.14ｍであった。計測値が0.13ｍないし0.14ｍである事例は存在せず、また0.15ｍを測る事例の幅の差を図上で辛うじて視認することができたので、これを基準とした。

第2節　複室構造の受容・成立過程と地域性

1. はじめに

関東地方に営まれた後期・終末期古墳の遺骸埋葬施設には、平面形態・構造的特徴のうえでバラエティに富む横穴式石室が採用され、小地域ごとに特色ある古墳文化を形成している。とりわけ玄室と羨道の間に墓室空間を増設する複室構造石室は、武蔵・上総地域を中心とする7世紀代の関東地方において盛行した代表的墓制のひとつと言える（第20図）。

既往の研究では、武蔵地域に特徴的な胴張り複室墳を中心に検討され、北部九州にみられる事例との類似〔甘粕・久保1967〕や東海地方との関連性〔池上1980〕などが指摘されてきた。一方、上総地域で卓越する直線胴の複室構造石室については、研究初期の段階において自生的要素が強いと評価されたが〔中村1974a、原田1974〕、資料的蓄積を経た現在、関東地方の複室構造石室は上総地域も含め外的影響を受けて成立したと考える見方が一般的である。例えば関東地方の事例を網羅的に取り上げた上野恵司は、北部九州・東海・出雲といった遡源地の異なる複数の系統に分けられると説いている〔上野2000b〕。こうした伝播論は、石室の平面形態に比重を置いた分析から導かれたものが多いが、情報として比較的単純な平面形態の類似をもとに考定した仮説は確実性に乏しいと言わざるを得ない。より複雑な情報と言える構築技術の諸特徴について多くの共通点を具備していたり、導入背景が明確であれば直接的な関係性が想定できるが、関東地方の多くの複室構造石室には在地的変容が窺え、北部九州や東海地方といった遡源候補地の石室構造と比べて一部の要素のみ共通する場合がほとんどである。このため近年では、具体的な伝播経路や成立過程についての明言を控え、むしろ石室の諸特徴や一部の要素に九州的な様相が看取される事実自体をいかに評価するかが問題視されている〔小林2009〕(1)。石室の伝播によっていかなる地域的展開がもたらされたのか、すなわち本節の主題に即して言うならば、複室構造という新たな墓室スタイルを受容した地域社会の動向を掘り下げることが求められている。

そこで本節では、在地的変容が相対的に小さいと思量される関東地方出現期の6世紀代を中心とする時期に焦点を絞り、その構造的特徴や機能、地域的展開などから複室構造がもたらされた地域社会の特色について考察したい。

2. 関東地方出現期の複室構造石室

（1）北武蔵地域の諸例

行田市酒巻21号墳（第21図1）　関東地方の複室構造石室のなかで現在最も古く遡る事例は、MT85～TK43型式の須恵器が出土した酒巻21号墳である。直径約27mの円墳に全長3.70mを測る河原石積みの複室構造石室が構築されていた。

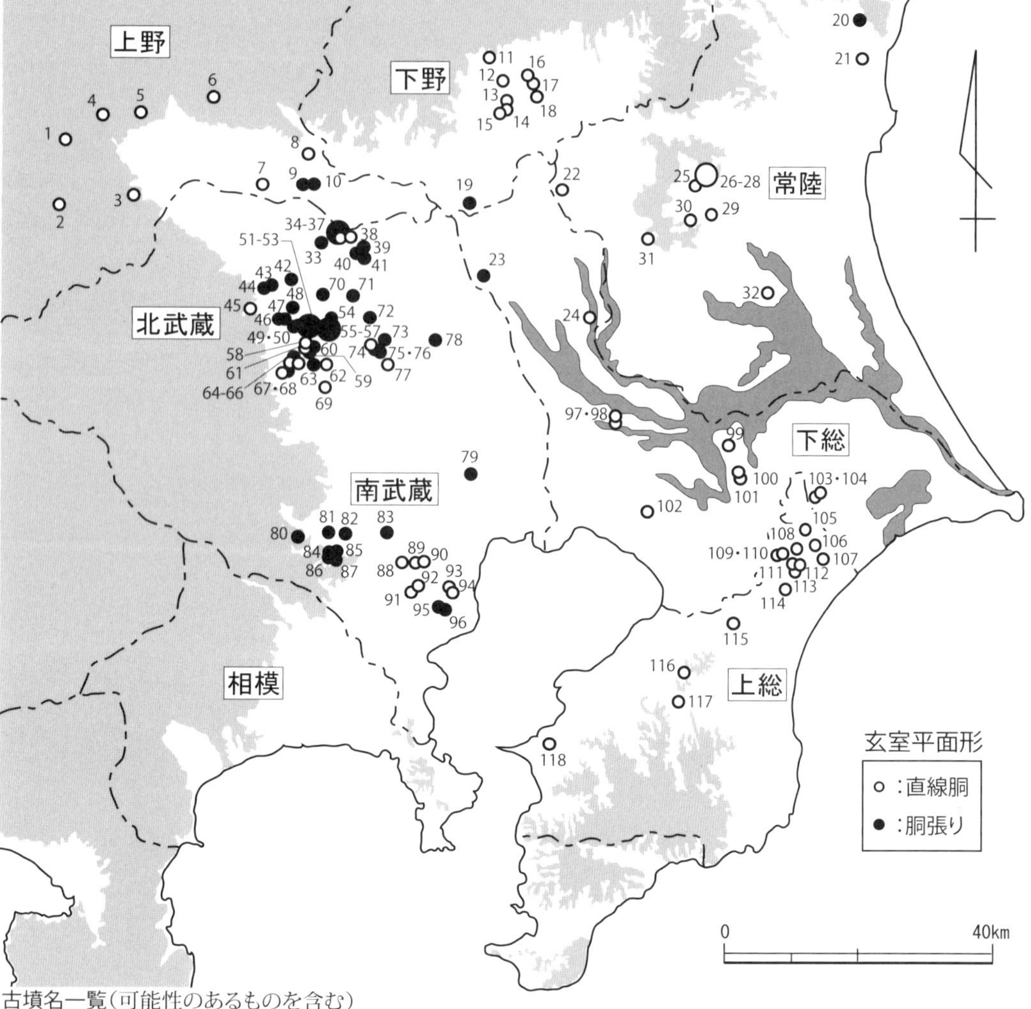

古墳名一覧（可能性のあるものを含む）
1：めおと塚古墳　2：金毘羅山古墳　3：皇子塚古墳　4：和田山天神５号墳　5：宝塔山古墳　6：山上愛宕塚古墳　7：赤堀村17号墳　8：巖穴山古墳　9：沢野村102号墳　10：割地山古墳　11：桃花原古墳　12：車塚古墳　13：吾妻古墳　14：丸塚古墳　15：国分寺愛宕塚古墳16：横塚古墳　17：下石橋愛宕塚古墳　18：御鷲山古墳　19：乙女雷電神社古墳　20：幡山12号墳　21：二本松古墳　22：船玉古墳　23：穴薬師古墳　24：高山古墳　25：瓦谷兜塚古墳　26：平沢１号墳　27：平沢３号墳　28：平沢４号墳　29：栗村東６号墳　30：岩屋乙古墳　31：中台１号墳　32：折越十日塚古墳　33：中条大塚古墳　34：酒巻１号墳　35：酒巻2号墳　36：酒巻3号墳　37：酒巻21号墳　38：小見真観寺古墳　39：小松1号墳　40：八幡山古墳　41：小針鎧塚古墳　42：野原18号墳　43：塩（西原）6号墳　44：塩（荒井）13号墳　45：穴八幡古墳　46：嵐山稲荷塚古墳　47：西原1号古墳　48：わたご塚古墳　49：冑塚古墳　50：若宮八幡古墳　51：附川1号墳　52：附川7号墳　53：附川8号墳　54：かぶと塚古墳　55：柏崎4号墳　56：柏崎5号墳　57：柏崎6号墳　58：舞台1号墳　59：根平2号墳　60：桜山8号墳　61：田木山2号墳　62：道場遺跡　63：新山９号墳　64：大河原2号墳　65：大河原8号墳　66：大河原11号墳　67：鎌倉街道1号墳　68：鎌倉街道2号墳　69：鶴ヶ丘稲荷神社古墳　70：大境南1号墳　71：宮登古墳　72：下閭１号墳　73：氷川神社裏古墳　74：西台7号墳　75：城髪山1号墳　76：城髪山2号墳　77：樋詰６号墳　78：十三塚古墳　79：赤羽台5号墳　80：北大谷古墳　81：下谷保10号墳　82：武蔵府中熊野神社古墳　83：天文台構内古墳　84：塚原4号墳　85：塚原6号墳　86：臼井塚古墳　87：百草稲荷塚古墳　88：猪方小川塚古墳　89：喜多見稲荷塚古墳　90：大蔵1号墳　91：馬絹古墳　92：法界塚古墳　93：多摩川台8号墳　94：下沼部古墳　95：第六天古墳　96：加瀬台3号墳　97：日立精機２号墳　98：我孫子第四小学校古墳　99：龍角寺浅間山古墳　100：公津原H27号墳　101：公津原H33号墳　102：村上1号墳　103：多古台No.3-5号墳　104：多古台No.3-12号墳　105：姫塚古墳　106：蕪木5号墳　107：大堤権現塚古墳　108：胡摩手台16号墳　109：新坂1号墳　110：新坂2号墳　111：駄ノ塚古墳　112：駄ノ塚西古墳　113：不動塚古墳　114：家之子24号墳　115：土気舟塚古墳　116：福増1号墳　117：牛久3号墳　118：割見塚古墳

第20図　関東地方における複室構造石室の分布

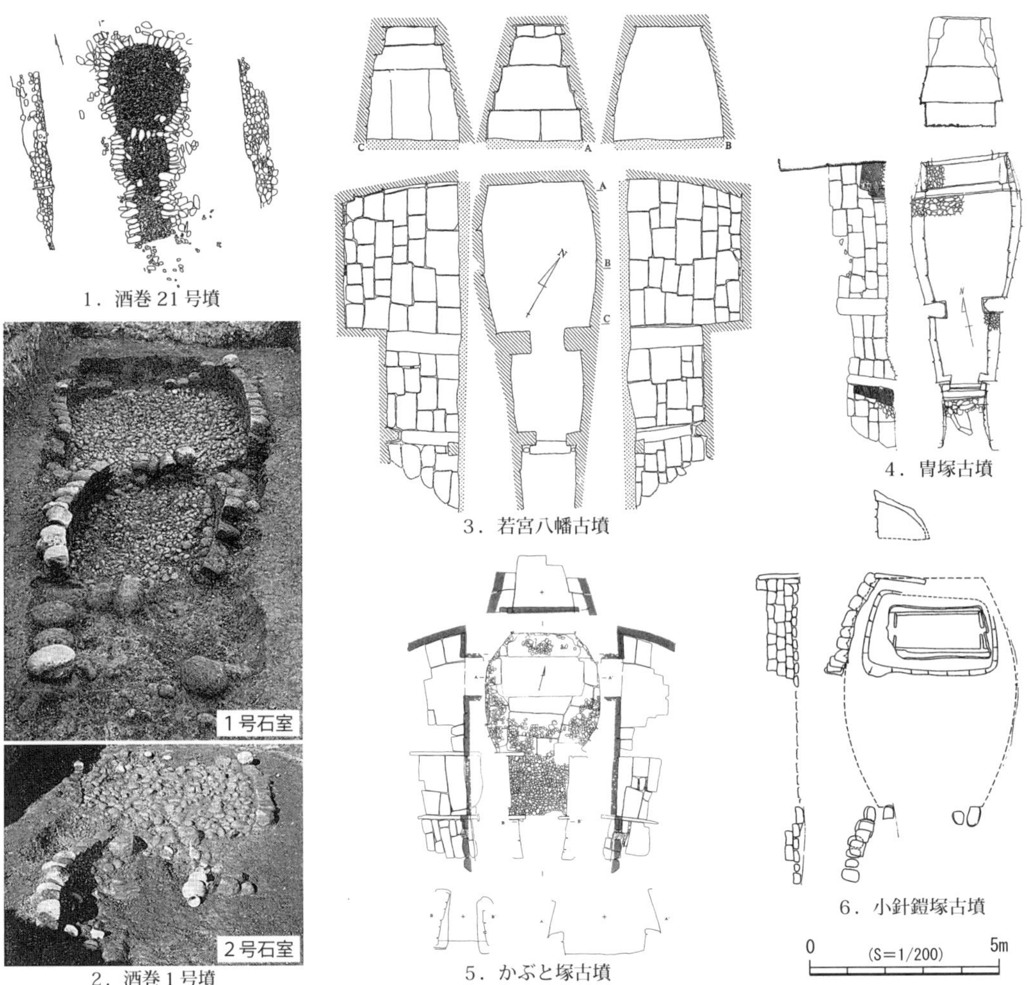

第21図　北武蔵地域における複室構造出現期の諸例

天井および壁体上部が破壊されており、遺存状態は良好でないが、玄室は奥行き2.24m、最大幅2.00mの楕円形、前室は奥行き1.18m、最大幅1.2mの胴張りプランを呈することがわかる(2)。石室からの出土遺物は玄室内で見つかった金環1点･管玉1点のみで､奥壁近く（石室外）で出土した凝灰岩製砥石1点・須恵器甕片2点を含めても、埋葬当時の副葬・供献状況の全容を示しているとは到底言えない。天井・壁体構築材の消失過程で石室内遺物の多くも失われた可能性が高い。

石室開口部前面には周溝の途切れるブリッジがあり、ここで須恵器甕4・壺1・𤭯2・高坏4・碗1を用いた墓前祭祀が行われていた。この墓前祭祀跡の外側、墳裾テラス上の周溝寄りからブリッジの周溝寄りにかけて、一列に並べられた27本の円筒埴輪と3本の朝顔形円筒埴輪が検出された。これら南側の土器群や埴輪は、北側を流れる利根川の氾濫で押し流された大量の河原石や角閃石安山岩の小礫によってパックされた結果、原位置を比較的良好にとどめるかたちで遺存したと考えられる。

行田市酒巻1号墳（第21図2）　ここで酒巻21号墳と同形態の複室構造石室を内蔵し、石室構築材や埴輪の特徴から酒巻21号墳に後続することが明らかな事例として、酒巻1号墳の存在に注目しておきたい。全長46mの前方後円墳で、後円部に角閃石安山岩の加工石材を使用した石室が2基並列して構築されていた。

1号石室から鍔・刀子・鉄鏃・須恵器片・土師器片、2号石室から大刀・刀子・鉄鏃・耳環・須恵器フラスコ瓶・平瓶が出土している。正式報告が未刊行のため石室の規模や個々の遺物出土位置などは不明であるが、『新編 埼玉県史』に掲載された写真から、2基の石室が酒巻21号墳石室と類似の胴張りプランを呈することや、2号石室の土器出土位置が前室の左側壁沿いであることなどがわかる。なお2号石室の出土須恵器は7世紀前半～中葉のものなので、追葬に伴って供えられたと考えられる。

東松山市若宮八幡古墳（第21図3）　酒巻21号墳・酒巻1号墳とは異なる系統の複室構造石室として、若宮八幡古墳・冑塚古墳・かぶと塚古墳などが挙げられる。若宮八幡古墳は直径約30mを測る二段築成の円墳で、全長8.15m・玄室長4.4m・玄室最大幅2.9m・前室長2.75m・前室最大幅1.9mの複室構造胴張り石室を内蔵する。

奥壁は酒巻21号墳石室のように円弧を描かず直線的で、三味線胴形の墓室形態を呈する。壁体は凝灰岩の切石切組積みで構築され、天井面は玄室が前室・羨道より一段高くなる構造である。また玄門は左右の立柱石を内側に突出させるのみだが、前門では立柱石だけでなく楣石と仕切石という上下の区画も加わって空間区分がより明確なものとなっている。

なお副葬品については、石室が江戸時代から開口していたこともあって明らかでないが、墳丘・周溝から埴輪片が採集されており、埴輪消滅前の6世紀後半～末葉に築造されたと考えられる。

東松山市冑塚古墳（第21図4）　冑塚古墳の墳丘は直径37mと若宮八幡古墳よりやや大きい二段築成の円墳だが、石室規模は全長7.7m・玄室長3.5m・玄室最大幅2.8m・前室長1.7m・前室最大幅1.95mと逆にやや小さい。

奥壁に平行して、凝灰岩切石を組み合わせた長方形の石囲い施設が構築されている。この石棺状の付設物は若宮八幡古墳に見られない特徴だが、両石室を比較した場合、石室平面形態や壁体石積み、門構造の特徴、羨道側壁前面が斜めに加工されて面揃えされている点など、むしろ共通点の方が際立っていると評価できよう。両者が密接な関係性をもって築造されたことは容易に推察され、崩壊していた冑塚古墳の天井面も若宮八幡古墳と同様、玄室が前室・羨道より高い段構造であったと考えられる。

遺物に関しては、若宮八幡古墳と対照的に石室内から多くの武器・馬具・須恵器などが出土しており、6世紀末葉前後の年代観を示している。埴輪は出土していないが、石室構造の共通性の高さを踏まえると、古墳の築造年代としては若宮八幡古墳とおおむね同時期と捉えてよいだろう。

吉見町かぶと塚古墳（第21図5）　残るかぶと塚古墳は、直径28mの円墳に全長5.95mの凝灰質砂岩切石切組積石室を内蔵する。玄室は奥行き3.15m・最大幅3mの正方形を基調とした胴張りプラン、前室は奥行き1.7m・幅1.6mの正方形を呈する。かぶと塚古墳の石室平面形態をみると、ここまで見てきた諸例とは様相が異なると窺い知れるが、構築技術もまた異質である。

まず目にとまるのは、玄室両側壁に据えられた大型切石の加工状況である。中小石材を積み上げ、全体として曲面を作り出すのが胴張りプラン本来の構築手法であるが、本古墳のように巨大な側壁構築材に顕著な湾曲加工(3)を施すあり方は、平面形態が構造に優先するかたちで決定づけられていることを物語っている。すなわち本石室を築造するうえでは、平面形態がより重要な意味を担っていたことが想像される。また、従来あまり注視されていなかった属性だが、玄門・前門立柱石のみならず前室側壁の基底石にも緑泥片岩の板石が使用されている点も、特徴的な構築技術として注目しておく必要がある。さらに凝灰質砂岩切石を敷設した玄室床面には、奥壁に平行して2.1×1mの長方形を呈する窪みが認められ、床石の切組状況等から、この窪みに棺状の施設が設置されていた可能性が高いと考えられる。

石室内には豊富な副葬品がおさめられ、とくに須恵器は胄塚古墳のものと同一型式を含むことから、築造時期も近接していると考えられる。

行田市小針鎧塚古墳（第21図6）　最後に、石室遺存状態の悪さや正式報告の未刊行により確定的な判断が難しい事例ではあるが、小針鎧塚古墳の石室について触れておきたい。

石室壁体は緑泥片岩の奥壁および角閃石安山岩の加工石材を積み上げた右側壁が一部遺存するのみだが、左側壁の基底石ラインが復元的に図示されており、奥行き5.5m・最大幅4.2mの胴張りプランの玄室であることが知られている。玄門部の右前方に続く側壁石積みがやや外方に広がることから、玄室前方の空間も胴張りプランを呈していたと予想され、複室構造であった可能性が高い。また奥壁に平行して3.2×2mの土坑が掘られ、そのなかに溝を刻んで組み合わせた緑泥片岩製の箱形石棺を安置するという構造的特徴も備えている。

遺物は墳丘から埴輪片、石室から挂甲小札・大刀・小刀・鉄鏃・轡・剣菱形杏葉・金銅製鈴・飾金具などが出土しており、石室構造とあわせ6世紀後半頃の年代を示していると理解される。

(2) 上総地域の諸例

横芝光町姫塚古墳（第22図1）　北武蔵地域で複室構造石室が成立して間もない頃、房総半島の東北部、九十九里浜に流入する木戸川中流域においても複室構造導入の動きが認められ、姫塚古墳石室にその萌芽形態を見出すことができる。

墳丘長58.5mを測る前方後円墳の前方部側面くびれ部寄りに構築された全長5.72mの砂岩切石切組積石室で、前後2箇所の門構造によって2つの墓室空間を形成している。複室構造とみなす見解〔杉山2003〕もあるが、前方の立柱石よりも前に側壁石積みが続かないことから、後の複室構造石室につながる原初的な形態であることを認めつつ構造的には単室として扱う

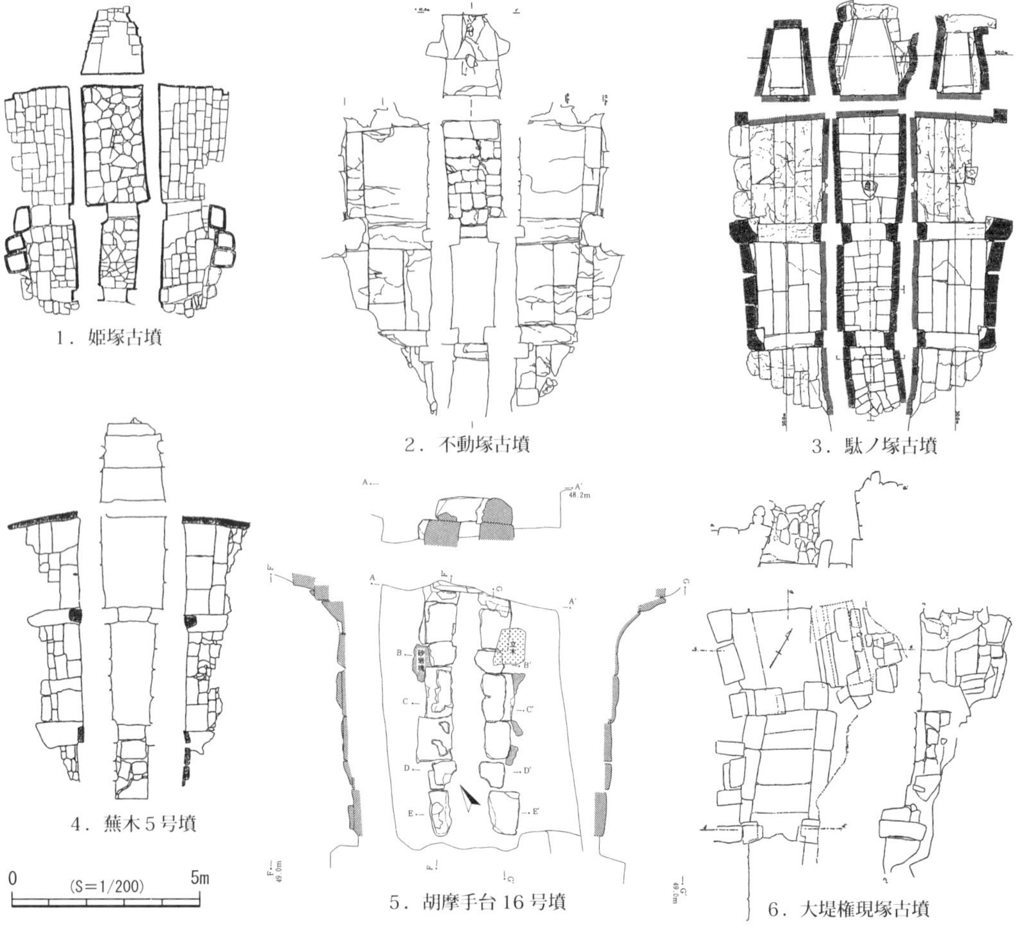

第22図　上総地域における複室構造出現期の諸例

意見が大勢を占める〔上野 1996a、小沢 1997 ほか〕。筆者も基本的には後者の意見を支持するが、後述するように姫塚古墳石室の成立に影響を与えた石室は複室構造であったと考えられる点、および姫塚古墳の流れを汲む事例との対応関係を考慮し、姫塚古墳の玄室前方に連なる墓室空間を「前室」、その前面の門構造を「前門」と鉤括弧つきで仮称しておく。

玄室は奥行き3.08m・幅1.6m、「前室」は奥行き1.83m・幅0.96mで、両空間ともおおむね2対1の長幅比を示している。石室構造としては、如上の通り複室構造の原初形態と評価できる門構造が最大の特徴と言える。左玄門は1石の立柱石、右玄門および「前門」は2石のブロック石材を積み上げて構築しており、玄門・「前門」ともに仕切石を備えている。そのほか、石室の床面全体に砂岩の板石を敷設している点や、浅い刳り込みを施した「前門」に厚さ22cmの閉塞用扉石が嵌め込まれていた点などが指摘できる。

石室から出土した豊富な副葬品や石室外で見つかった供献土器、人物埴輪の型式学的特徴などからTK43型式の古段階に位置づけられ、6世紀後半でも中葉寄りの築造と考えられる。

山武市不動塚古墳（第22図2）　姫塚古墳との類似性が早くから指摘されていた事例として、姫塚古墳の南西約8km、作田川流域に営まれた山武（さんむ）市不動塚古墳が挙げられる。墳丘長63mの前方後円墳で、姫塚古墳と同様、前方部側面のくびれ部寄りに全長7.76mの軟質砂岩切石積石室を内蔵する。

明確な羨道側壁を備える点で姫塚古墳と異なり、複室構造として完全な形態となっている。平面形態は基本的に姫塚古墳と同様であるが、玄室長2.60m・玄室幅1.50m・前室長2.21m・前室幅1.27mを測り、玄室長の縮小化・前室規模の拡大化が指摘できる。石室構造を見ると、玄門・前門ともに仕切石を備えている点や、前門立柱石に閉塞石を嵌め込むための面取り加工を施している点など、姫塚古墳と共通する要素を見いだせる一方、すべての袖石が1石の立柱石で構築されている点や玄室床石の加工状況など、姫塚古墳石室を祖形として変化している要素も見られる。また玄室両側壁の基底石に巨石を据える点は、姫塚古墳と直接つながりのない新しい要素であり、横目地を通して直方体のブロック石材を積み上げる手法は、後続する駄ノ塚古墳（第22図3）へと受け継がれていく。

盗掘時および1951（昭和26）年の調査時に鉄鏃・鉄鋌・玉類・人骨片が出土しているが、出土位置等は不明である。埴輪を伴わない最終末の前方後円墳と考えられており、かつ7世紀初頭頃の供献土器を伴う駄ノ塚古墳よりも古く遡る可能性が高いので、6世紀末葉頃の築造と捉えて大過ないだろう。

山武市蕪木5号墳・胡摩手台16号墳（第22図4・5）　不動塚古墳のように埴輪を伴わない前方後円墳は、上総北東部に比較的集中して認められる。その一例である蕪木（かぶらき）5号墳には、姫塚古墳・不動塚古墳とは異なる系列の複室構造石室が採用された。

墳丘長47mを測る前方後円墳のくびれ部に、全長6.73mの軟質砂岩切石切組積石室が構築されており、幅1.73mの奥壁から開口部に向かって徐々に幅を減じる平面形態を呈している。さらに、玄室長2.31mに対して前室長が2.64mと上回り、姫塚・不動塚との石室系列差はこの狭長な前室形態に最もよくあらわれている。

出土遺物の年代観や埴輪を伴わない点などから、おおむね6世紀末葉～7世紀初頭の築造と考えられるが、この年代的位置をより鮮明なものとするため、ここで蕪木5号墳の西方約5km、境川中流域に位置する胡摩手台（ごまでだい）16号墳を比較事例として取り上げたい。

胡摩手台16号墳も蕪木5号墳と同様に埴輪を伴わない前方後円墳（86m）で、くびれ部に軟質砂岩切石積石室が構築されている。石室の調査は削平された壁体上部の検出にとどまるが、複室構造を示すことは確実で、玄室長2.0～2.2m・前室長2.35～2.5mという奥行きの比率が注目される。すなわち、前室の奥行きが玄室長を上回る点で蕪木5号墳と共通しており、両者は同一系列の複室構造石室である可能性が高いと考えられる(4)。蕪木5号墳と胡摩手台16号墳の先後関係は、羨道側壁の使用石材に着目してみるとわかりやすい。不定形の小石材を積み上げる蕪木5号墳に対して、胡摩手台16号墳では玄室・前室と同じく直方体のブロック石材を使用しており、蕪木5号墳の方がより未整備な状況を示している。さらに胡摩手台

16号墳の場合、石室構築位置が墳丘基底面より低い点など後出的な様相が目立つ。〈蕪木5号墳→胡摩手台16号墳〉という相対的な前後関係から、前者に6世紀末葉、後者に7世紀初頭の年代をそれぞれ付与することが適当だろう。

山武市大堤権現塚古墳（第22図6）　最後に、同じく埴輪を伴わない最終末前方後円墳で、全長115mの墳丘周囲を盾形の三重周溝がめぐる大堤権現塚古墳について取り上げる。1956（昭和31）年に埋葬部を中心とする発掘調査が行われ、後円部墳頂のやや南東側に凝灰質砂岩切石積みの複室構造石室が確認された。調査が古いうえに石室自体がかなり崩壊していて詳細は不明であるが、横長方形の玄室左側壁に沿って石棺を造り付けた特異な構造的特徴を有している。玄室長2.1m、前室長3.1mを測り、玄室に対する前室の奥行きは蕪木5号墳や胡摩手台16号墳を大きく上回る。また玄室壁面には朱が塗られ、左右両側壁と奥壁に架せられた大型石材の状況から隅三角持ち送りの天井構造であったとされる。石棺内からは頭椎大刀1・圭頭大刀1・鉄刀1・金銅製刀子鞘片・刀子・鉄鏃・耳環・玉類が出土しており、埴輪を伴わない点や墳丘・周溝の規模・特徴などを勘案すると、6世紀末葉前後とみて間違いない。

3. 複室構造初現例の起源

以上みてきたように、関東地方ではMT85～TK43型式期（6世紀後半）に北武蔵地域および上総地域で複室構造受容の動きが顕現化する。個別事例の概要を通覧したところで、次に両地域の最古例である酒巻21号墳と姫塚古墳に限定して、その起源を検討することから始めたい。

関東地方において両古墳より古く遡る6世紀中葉までの横穴式石室は、無袖・片袖形を基本としている。また上野地域を中心に数例認められる両袖形石室も、平面形態・構造的特徴が酒巻21号墳・姫塚古墳と全く異なるものなので、関東地方内部の前代石室から発展的に複室構造が成立した可能性は低いと言える。すなわち現時点で把握されている事例による限り、両古墳の祖形は関東地方の外に求めざるをえない。

酒巻21号墳石室の祖形については、北部九州とした上野恵司の見解〔上野2000b〕を皮切りとして、とくに福岡県南部の筑後川流域に類似例が多く分布することが指摘されている〔小林孝秀2008〕（第23図1～3）。酒巻21号墳のように正円に近い玄室と胴張りプランの短小な前室で構成される複室構造石室は、全国的にみて筑後川流域以外に類例を見出しがたく、筆者も上記の意見に賛同したい。筑後地方の胴張り複室墳は6世紀中葉に出現すると捉えられており〔神保1999〕、成立後ほどなくして北武蔵の地に伝播したことがわかる。

かたや姫塚古墳石室の淵源について具体的に言及した論考はこれまであまりなく、三河・遠江との技術交流を想定した上野恵司の指摘〔上野1996a〕など、わずかに挙げられる程度である。上野が着目したように、羨門を内側に突出させて擬似両袖とする構造的特徴は、確かに三河の横穴式石室によく認められるものである（第23図6）。しかし、東海地方の擬似両袖形石室は、袖石を1石の立柱石とし床面に仕切石を設けない場合が多く、姫塚古墳の門構造

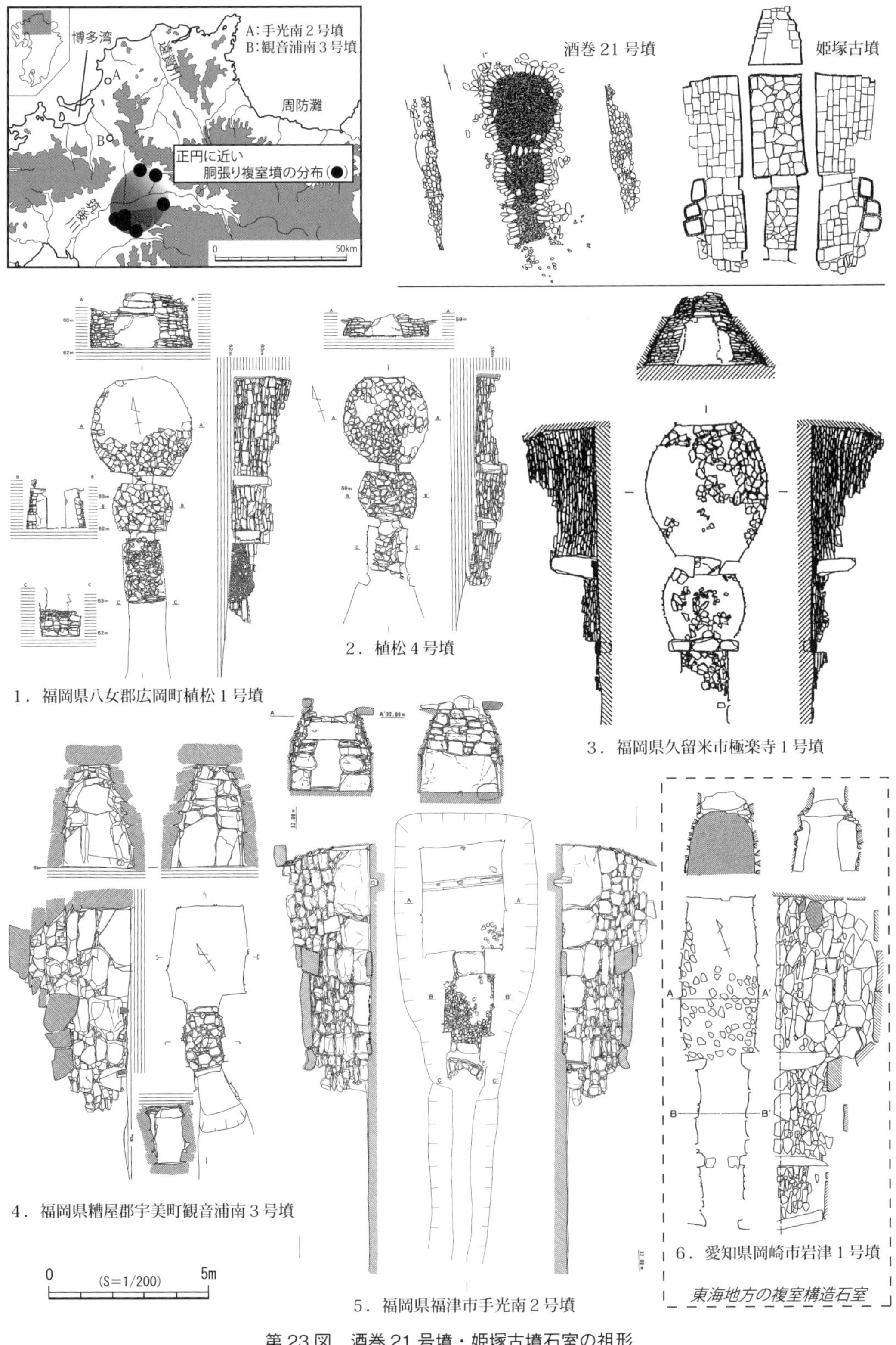

第23図　酒巻21号墳・姫塚古墳石室の祖形

とは明らかに異なる。とくに仕切石の設置については、上総地域において姫塚古墳に後続する複室構造石室のほとんどが玄門・前門ともに設置する原則を踏襲しており、姫塚古墳石室の起源を検討する際にこの仕切石への執着性を無視することはできない。こうした視点に立った時、姫塚古墳石室の淵源は東海地方よりも北部九州に求めることが妥当であろうと考える。なぜならば、石室の空間区分において大きな役割を果たす仕切石の存在は、北部九州の横穴式石室を定義づけるうえで重要な指標とされており〔重藤2001〕、とくに6世紀代の複室構造石室は悉く玄門・前門に仕切石を設置しているからである。また閉塞用扉石の存在も、姫塚古墳が北部九州起源であることを示す証左と言えよう。

この起源論が正鵠を得たものであるとすれば、内側に突出する開口部の門構造はいかに解釈できるだろうか。管見による限り、羨門を内側に突出させた単室構造の両袖形石室は九州地方に見出すことができない。そこで視点を変え、羨道がごく短い複室構造石室を渉猟してみると、少数ではあるが該当事例が浮かび上がってくる（第23図4・5）。姫塚古墳の場合も、側壁立面図を見ると開口部の門構造前面に小振りの石材が積み上げられており、これを1～2石程度の短い羨道のなごりと見ることもできる。ここでは短羨道の複室構造石室のうち、とくに姫塚古墳と同様、玄門・前門を複数石材で構成する6世紀中葉～後半の事例に絞って紹介する。

観音浦南3号墳（福岡県宇美町：円墳14m）は、玄室長2.7m、前室長1.7mを測る。墓室空間の構成としては複室構造に帰属するが、石室の造り自体は単室構造に近く、羨道入口寄りの側壁石材を内側に寄せるかたちで前室空間を形成している。玄門が羨道側壁より内側にあまり突出しない点や、玄室と前室の主軸線がずれる点なども姫塚古墳と共通点しており、注目される。玄室からは銅釧・耳環・玉類といった装身具、前室からは鉄鉾・鉄鏃・鍔金具などの鉄器や須恵器が出土している。

手光南（てびかみなみ）2号墳（福岡県福津市：円墳20m）は、玄室長3.3m、前室長1.8mの複室構造石室である。袖石は玄門4段、前門6段で構成され、羨道は側壁基底石に小石材を1、2石配置する程度のごく短いものである。羨道がこれ以上長くならないことは石室墓坑の規模から明らかである。玄室は天井石が外されて盗掘を受け遺物が皆無であったが、前室からは鉄刀・鉄鉾・鉄鏃・轡・刀子・鉄斧や完形の蛇行状鉄器が出土している。また石室両脇の盛土下および墓道の両脇約2mの位置において50個体近くの土師器・須恵器が供献されていた。

この2例はいずれも博多湾沿岸の群集墳を構成する中規模古墳であり、とくに観音浦南3号墳の石室形態に如実にあらわれているように、前段階の有力古墳に採用された複室構造が群集墳の墓制に導入された状況を示している〔佐田1997〕。また、博多湾沿岸の石室構築技術について詳細に検討した津曲大祐によれば、当該地域の群集墳では石室袖部の構築法が左右で異なるなど定型化しない事例が多いという〔津曲2004〕。左玄門を1石の立柱石、右玄門と「前門」を2石のブロック石材で構築する姫塚古墳の門構造は、まさにこの博多湾沿岸の群集墳における石室の特徴に合致するものであり、仕切石の設置等も含め、当該地域の群集墳における複室構造受容期の特色を示すものと考えられる。姫塚古墳の場合も酒巻21号墳と同様、情報発信源において成立したばかりの墓制が間髪をいれずにもたらされたことになる。

結論として、北武蔵地域と上総地域の複室構造初現例は、小地域こそ異なるものの、巨視的にみれば同じ北部九州起源である点が導き出された。5世紀末葉（TK47型式期）の熊本県玉名市伝左山(でんざやま)古墳を嚆矢として肥後地方で成立した複室構造石室は、6世紀前半（MT15～TK10型式期）に前室が拡大して定型化を果たすと北部九州の有力古墳まで浸透し〔高木1993〕、続く6世紀中葉～後半の段階には山陰・四国・東海など各地で散見されるようになる。関東地方における複室構造石室の成立も、この全国拡散の動きと時期的に符合し、一連のものと判断することができる。

4. 複室構造の地域的受容形態

北部九州を淵源として、複室構造という新来の墓室スタイルをほぼ同時期に受容した北武蔵地域と上総地域では、その後、どのような墓制の展開をみせたのだろうか。最後に、複室構造最大の特徴と言える前室の機能に着目しながら両地域の状況を比較検討したい。

ここで具体的な検討に入る前に、複室構造の本源的な前室機能に関して、先学の研究成果を確認しておこう。研究初期の段階で、当該テーマについて先鞭をつけたのは松本健郎である。前室の規模や構造的特徴、福岡県桂川(けいせん)王塚古墳および熊本県大坊古墳の遺物出土状況をもとに、前室を非埋葬空間と性格づけたうえで、玄室の遺物は埋葬遺体への副葬、土器を主体とする前室の遺物は供献的性格をもつものと指摘した〔松本1970〕。前室出土遺物が「副葬」と「供献」のいずれを示すかは議論の分かれるところだが〔吉村2000〕、前室の機能が土器を中心とする遺物配置と密接な関係にあることは、その後の調査例によって確認が重ねられてきた。

そうした事例の蓄積を経て、北部九州における横穴式石室の展開を論じた重藤輝行は、石室における土器類の配置位置が玄室袖部から羨道や前室に移行する過程を明示した〔重藤1999〕（第24図）。重藤はこの移行過程の転換点として、小田富士雄の論考〔小田1968〕以来、複室構造の先駆的形態と評されてきた桂川王塚古墳の遺物出土状況を挙げている。すなわち玄室袖部と閉塞石との間に土器類を置く桂川王塚古墳のあり方に着目し、前室という空間の成立は土器配置位置の変化と連動していると捉えた。

これら一連の研究から、前室が埋葬空間ではなく土器類を用いた葬送儀礼の場として成立した点については、広く認められていると言ってよい。この前室機能は、基本的に横穴式石室の最終段階まで継続するが、追葬が増加する6世紀後半になると、一部に前室を埋葬空間として利用する事例がみられるようになる。7世紀代に出現する「玄室前室同大タイプ」の複室構造石室も、前室の埋葬空間化を反映した石室形態と考えられ〔田村2001〕、前室が埋葬空間として機能しているか否かが複室構造石室の機能差を区分するうえで一つの重要な指標となっている。

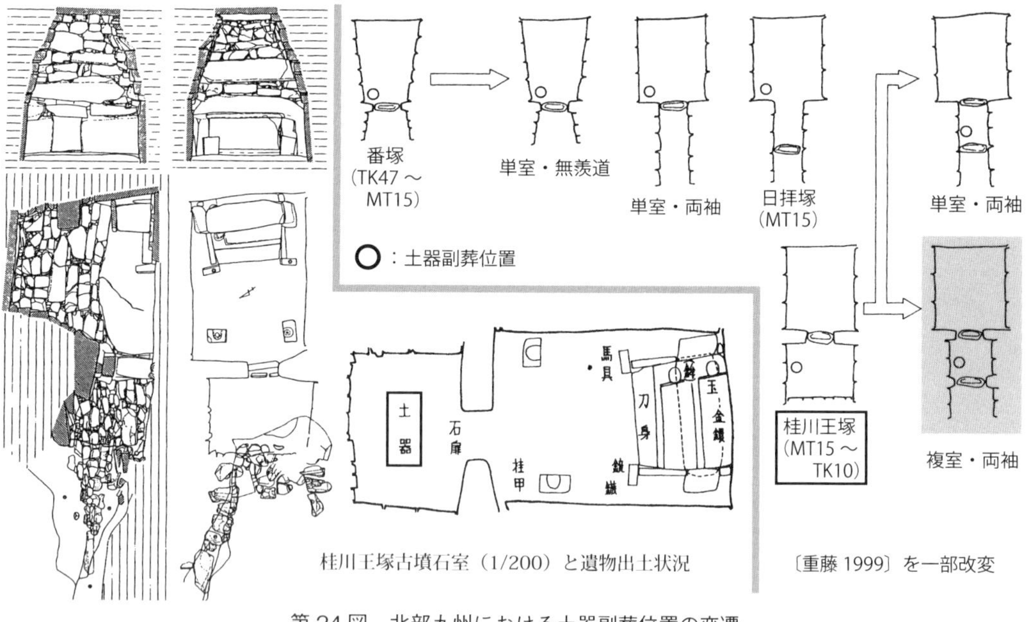

第24図　北部九州における土器副葬位置の変遷

以上の視点を踏まえ、北武蔵地域の様相から見ていくことにする。

（1）北武蔵地域における複室構造の受容形態

酒巻21号墳の石室系統　すでに概説した通り、北武蔵地域の酒巻21号墳は石室残存状況が良好でなく、遺物の組成も定かでないので、それ自体の検討のみで前室機能を想定するには限界がある。次善の策ではあるが、酒巻21号墳に後続する複室構造石室の前室の特徴や遺物出土状況から遡求的に推察していくより他にない。

6世紀末葉の酒巻1号墳は、事例紹介のなかで取り上げたように、2号石室の前室から須恵器フラスコ瓶と平瓶が出土した。遺物の年代観から追葬に伴う土器と考えられるので、初葬時（古墳築造時）における前室の空間認識を直接示すものとは言えないが、7世紀前半の段階に当該石室の前室が土器配置空間として機能した点は認めてよいだろう。

また奥行き1.8m・幅1.85mの方形玄室に奥行き0.45mの短小な前室が付設する桶川市西台7号墳は、石室形態や石積みの特徴から、近在する北本市中井1号墳の単室構造両袖形石室の流れを汲むと考えられ、酒巻21号墳の石室系統から影響を受けて複室化を遂げた事例と位置づけられる（本書第3章第4節参照）。玄室からは鉄刀3・鉄鏃10・耳環5・玉類が出土し、前室の左側壁沿いに完形の須恵器𤭯1・提瓶1・横瓶1が供えられていた（第25図1）。玄室と前室の機能差は明瞭で、まさに九州における前室のあり方と共通する遺物配置と言える。

この2例のみでは確実性に乏しいものの、両者を成立せしめた酒巻21号墳の前室もまた土器配置空間として機能した可能性は十分考えられる。酒巻21号墳で実現された複室構造石室が、埋葬施設の形態情報のみならず、そこで執行される葬送儀礼の方法も含め一体的にもた

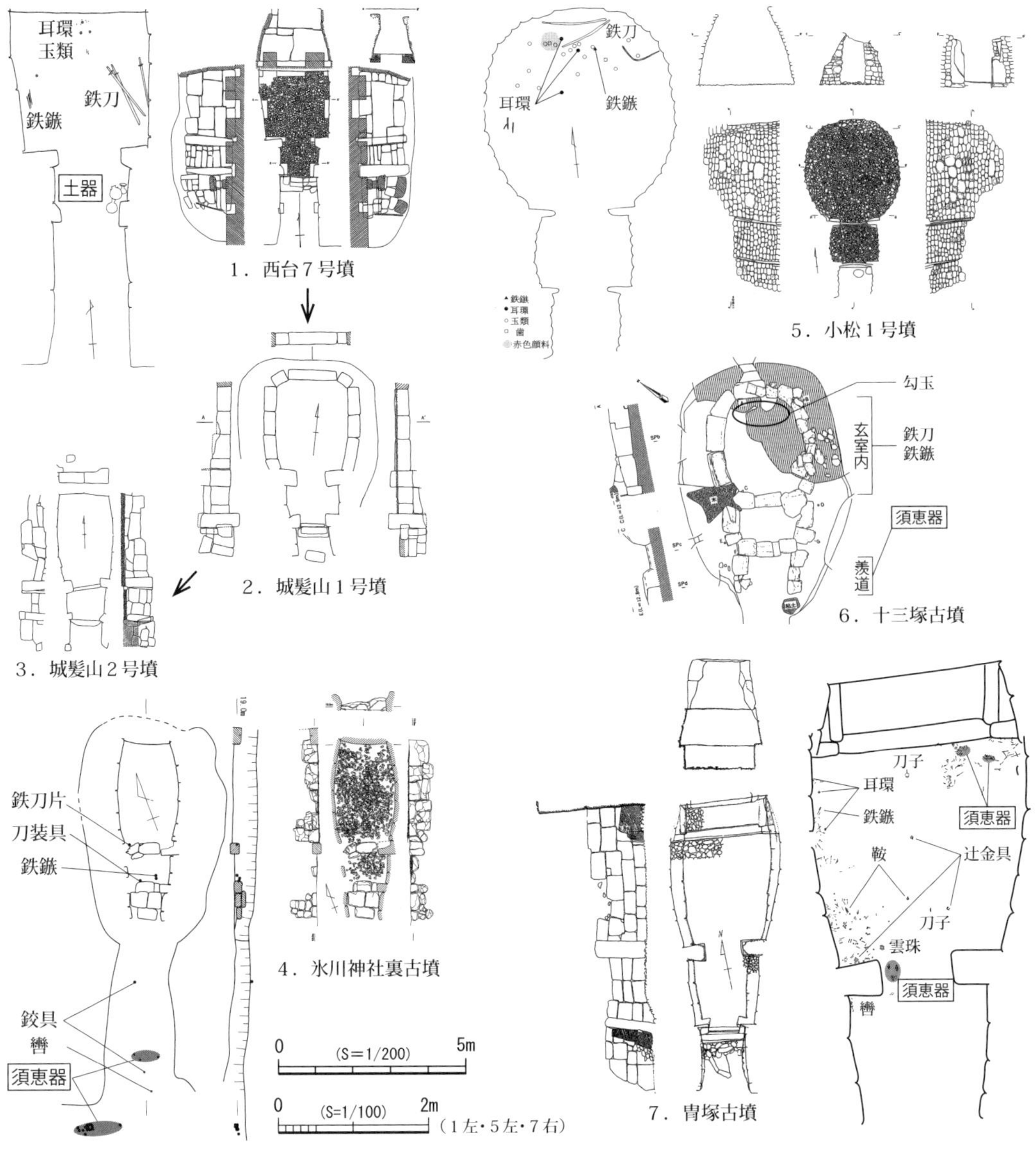

第25図　北武蔵地域の複室構造石室における遺物出土状況

らされたケースであるとすれば、その伝播は北部九州人自身の移動というかたちをとったと考えるのが自然であろう。さて、資料数の限られている現時点では、屋上屋を架す結果になりかねないが、酒巻21号墳を起点とする石室系統のその後の展開を辿ることで、短小な前室を備える複室構造石室が北武蔵地域のなかでいかなる歴史的性格をもつものであったか私見を述べたい。

酒巻古墳群の南東約5kmに位置する羽生市小松1号墳は、出土した鉄刀の型式学的特徴などから7世紀前半の複室構造石室と位置づけられている〔矢口・瀧瀬1996〕。玄室はより正円に近く整えられ、前室は奥行き0.98m・幅1.25mとさらに短小化が進んでいる。玄室から鉄刀2・鉄鏃2・耳環6・玉類および若干の骨・歯が出土している（第25図5）。石室内には土砂が堆積しており、盗掘などによる撹乱は認められなかったことから、出土遺物はある程度副葬されたままの状態を保っていたと考えられている。遺物の組成や出土位置から2度にわたる埋葬が想定される点を勘案すると、それにもかかわらず前室に遺物が1点も無い状況は、前室が副葬・供献の機能を果たしていなかったことを示唆しているように思われる。

小松1号墳と形態的によく似た複室構造石室を内蔵する蓮田市十三塚古墳でも、遺物が出土したのは玄室（鉄器・玉類）と羨道・周溝（須恵器フラスコ瓶）で、小松1号墳と同様に前室出土遺物は皆無である（第25図6）。古墳の築造年代は、須恵器の特徴から7世紀中葉以降と考えられる。

西台7号墳に後続する複室構造石室としては、桶川市城髪山（しらがやま）1号墳・2号墳および氷川神社裏古墳の3基が挙げられ、7世紀前半から中葉にかけて継起的に築造されたと考えられる（本書第3章第4節参照）。城髪山1号墳では玄室から耳環・土師器坏、城髪山2号墳では玄室から鍔・短刀・刀子・鉄鏃・耳環・玉類、氷川神社裏古墳では玄室・前室から鉄刀・鉄鏃、墓道・周溝から轡・鉸具・須恵器フラスコ瓶・長頸瓶・平瓶・台付碗がそれぞれ出土している（第25図4）。前室から土器が出土していない点で、上述した小松1号墳・十三塚古墳と共通したあり方と言える。

以上のように7世紀前半以降の事例では、酒巻1号墳2号石室や西台7号墳で見られた本源的な前室機能が失われ、土器が配置されなくなっている。ここで注目したいのは、土器配置が行われなくなった段階に至っても前室の短小さが保持されている点である。すなわち北部九州で見られる変化のように、前室が埋葬空間化したために土器類を用いた葬送儀礼の場でなくなったというわけではない。ここで、①なぜ土器配置が行われなくなったのか、②なぜ前室が短小のままなのか、という2点が疑問として浮かび上がる。この疑問点を解消する方向で検討を進めてみよう。複室構造と一体的にもたらされた新たな葬送儀礼の手法が長続きしなかった事実からは、当該タイプの複室構造石室が土器類を用いた新たな葬送儀礼の定着を企図して意識的に導入されたものでなかったと読みとれる。誤解を恐れず換言するならば、酒巻21号墳に始まる複室構造石室は、別の目的で渡海した北部九州人が葬送に際して構築した、いわば副産物として出現したものと捉えられよう。それでは北部九州人が北武蔵の地にやってきた目的とは何だったのか。その答えは、酒巻古墳群が埼玉古墳群を頂点とする北武蔵地域社会の階層秩序に組み込まれた群集墳のひとつであり、複室構造石室の存在のみならず、旗立を装着した馬形埴輪や朝鮮半島との関係を窺わせる衣装の人物埴輪〔塚田2001〕が出土したことでも知られる点に目を向けると理解しやすい。このような酒巻古墳群の様相を踏まえると、21号墳の複室構造石室を成立させた北部九州からの人の移動とは、田村悟が指摘する渡来系技術者（集団）の東方移住であった可能性が高いと考えられる〔田村2001〕。先進技術・知識をもって北武蔵の最高首長を下支えしたであろう彼らが、地域政権内で厚遇されたことは想像に難くない。そのような役割を果たした北部九州人がもたらした複室構造という最新の墓室スタイルは、そこで執行されるべき葬送儀礼の手法こそ根づかなかったものの、最大の特徴となっている短小な前室形態は変わることなく踏襲され、利根川右岸を核とする周辺諸地域に広く影響を与えることとなったのではなかろうか。

冑塚・若宮八幡の石室系統　続いて酒巻21号墳に後続する冑塚古墳・若宮八幡古墳石室の前室機能について検討する。両石室は玄室・前室ともに三味線胴形の平面プランを呈し、7世紀代になると前室規模が拡大するという変化を遂げることから、上述した酒巻21号墳に連なる複室構造石室とは切り離して考えなければならない。

冑塚古墳の石室からは豊富な遺物が出土しており、その出土位置等から前室機能にアプローチすることができる（第25図7）。遺物は玄室から出土したものがほとんどで、とくに玄門付近を中心とする右側壁沿いと奥壁寄りに設けられた長方形石囲い施設の左手前に集中する。このほか、羨道右側壁沿いで須恵器𤭯片1点、前門中央の石室閉塞部で須恵器台付坩1点、前室中央部で刀子装具2点、玄門近くの前室右側壁沿いで轡1点が出土している。また前室中央の玄門近くで破損した須恵器坏が出土しているが、報告者は本来の配置位置が玄室側であった可能性を指摘している。

以上のように冑塚古墳の遺物配置は、大半が玄室に置かれ、前室に刀子・馬具、羨道に須恵器の一部が供えられた状況と約言できる。さらに本節第1項の古墳概説で既述した門構造の特色、すなわち左右の立柱石を内側に突出させるのみの玄門に対し、前門では楣石と仕切石の区画も加わって空間区分がより明確なものとなっている点を考え合わせると、当該タイプの複室構造石室では玄室・前室を墓室内、羨道を墓室外とする空間区分は意識されているが、前室を玄室と異なる土器配置空間として機能区分する意識は認められないと結論づけられる(5)。玄室が埋葬空間であると同時に土器配置空間でもあり、前室は玄室の機能を補完する空間として増設されたようなあり方と言えよう。成立時期が6世紀末葉前後であることから、北部九州において前室の埋葬空間化を遂げた複室構造石室が伝播したものと捉えることができるが、玄門に仕切石が設置されていない点を評価すれば、東海地方起源である可能性も否定できない。現時点で当該タイプの遡源地を限定することは難しいが、酒巻21号墳に始まる複室構造石室と異なる空間認識の石室系統として成立・展開したことは間違いないだろう。

かぶと塚古墳の位置づけ　最後に、冑塚・若宮八幡古墳とほぼ同時期の築造と考えられるものの、石室の構造的特徴が異質なかぶと塚古墳はいかなる成立過程を示すものか考えておきたい。

結論から言うと、現時点の資料による限り、かぶと塚古墳は酒巻21号墳の石室系統を基本としつつ異なる石室系統の影響も受けて成立したものと理解することが妥当ではないかと考えている。かぶと塚古墳の玄門・前門立柱石に緑泥片岩の板石を据える点は若宮八幡古墳・冑塚古墳と異なる特徴であり、この祖形を先行する複室構造石室に求めるならば行き着くところは酒巻21号墳系統しか考えられない。かぶと塚古墳の玄室からは金環・ガラス小玉・圭頭大刀・大刀・鉄鏃・刀子・棒状鉄器、前室からは高坏を中心とする25個体以上の須恵器がそれぞれ出土しており、前室が土器配置空間として特化している点は明らかである。この前室の利用形態も、酒巻21号墳系統の流れを汲むと理解することで説明がつく。大型石材を含む凝灰岩切石切組積手法や床面切石の敷設などについては、他の石室系統から取り入れられた要素と言え、とくに切石切組積手法は滑川を遡上した位置に存在する西原18号墳の石室系統などが候補として考えられるのではなかろうか。

小　結　6世紀における北武蔵地域の複室構造石室は、酒巻21号墳に始まる短小な前室の石室群と冑塚古墳・若宮八幡古墳、および小針鎧塚古墳という三者に大別できる。いずれも完成された複室構造石室のかたちで伝えられ、すでに存在した単室構造石室とは別の新たな石室系統として展開する点で共通している。しかし前室のあり方に着目すると、酒巻21号墳の石室系統では前室の短小さが保持されるという形態重視の志向性が窺えるのに対し、冑塚・若宮八幡古墳の石室系統では玄室の役割を補完する場として拡大化を遂げるという機能優先の志向性が認められた。このような前室のあり方の違いを勘案すると、これら複室構造石室が受容された経緯もまた三者三様であったと捉えるべきだろう。すなわち酒巻21号墳においてはじめて複室構造石室が採用された脈絡と直接的な関係はなく、個別交流のなかで冑塚古墳・若宮八幡古墳や小針鎧塚古墳に複室構造石室が導入されたと考えられる。複数の造墓主体による多様な受容形態こそ当該地域における複室構造石室の特色であるとまとめることができる。

(2) 上総地域における複室構造の受容形態

姫塚古墳の石室系列　続いて上総地域の様相を整理してみたい。上総地域における複室構造石室の端緒が姫塚古墳であり、博多湾沿岸の群集墳における複室構造受容期の特色が認められることから、酒巻21号墳と別ルートで北部九州から伝播したと考えられる点については本節第2項で論及した通りである。この姫塚古墳の流れを汲んで6世紀末葉の不動塚古墳、7世紀初頭の駄ノ塚古墳と継起的に築造されたことは多くの論者によって説かれている。さらに駄ノ塚古墳と類似の石室形態・構造的特徴をもつ複室構造石室が、駄ノ塚古墳に隣接する駄ノ塚西古墳のみならず、東金市家之子(いえのこ)24号墳・千葉市土気(とけ)舟塚古墳・市原市牛久3号墳・福増1号墳などに採用されており、7世紀前半〜中葉の上総北西部では「駄ノ塚タイプ」とでも言うべき石室墳が拠点的に分立する状況となる（第26図1〜5）[(6)]。このような展開過程は、北武蔵地域における酒巻21号墳の石室系統の動態とよく似ているが、複室構造という新たな墓制の受け止め方について両地域で違いはなかったのだろうか。北武蔵地域の場合と同様、前室がいかなる空間として機能しているかに注目しながら検討を進めていくことにする。

姫塚古墳石室では、玄室から金銅装大刀片・刀子・鉄鏃・雲珠・轡・杏葉・飾金具・鉄釘・金環・玉類・須恵器長頸壺、「前室」から方頭大刀・大刀・刀子・雲珠・金環・玉類・須恵器坏、「前門」

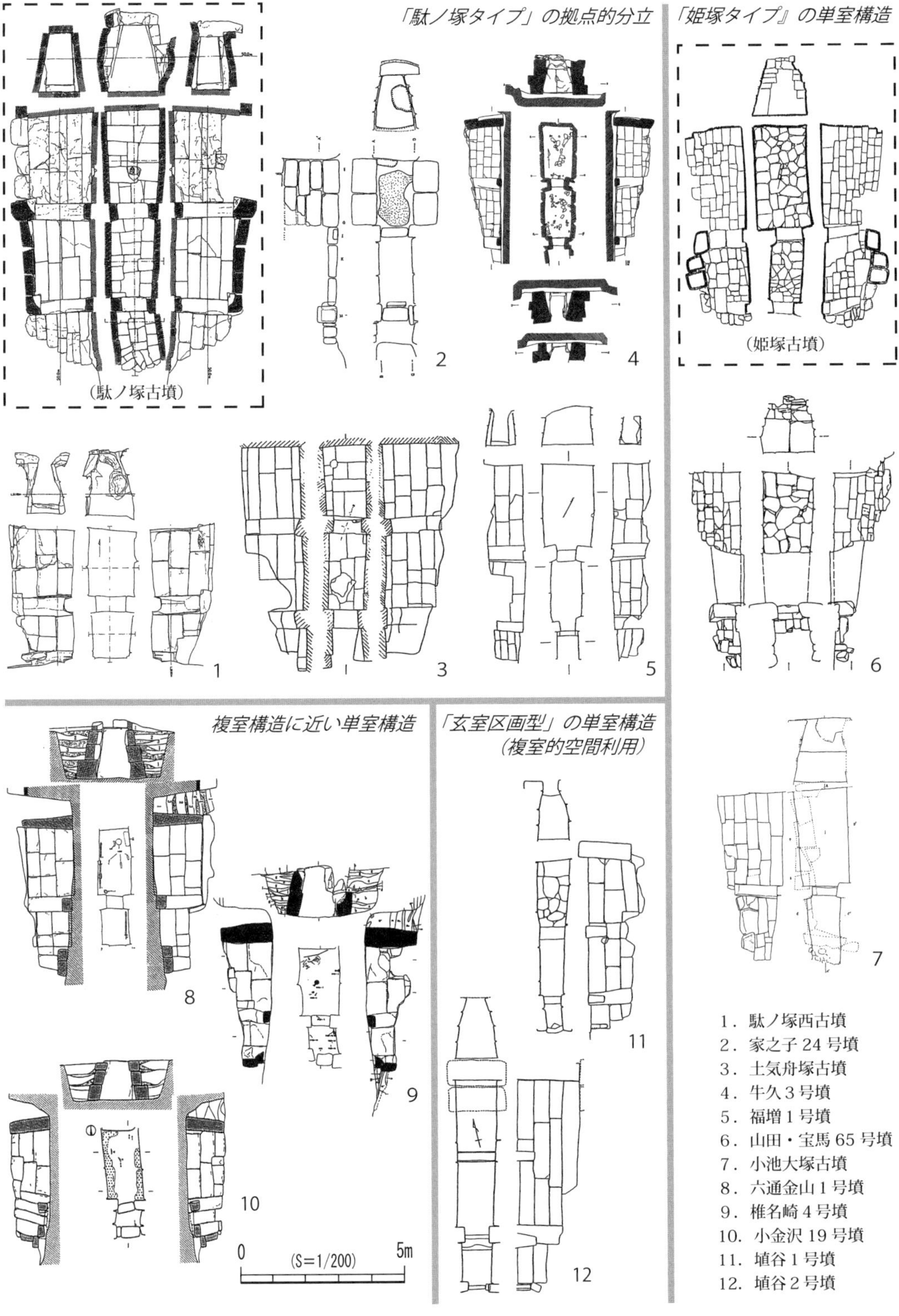

第 26 図　上総地域における複室構造石室の受容形態

の前方から圭頭大刀柄頭・刀子・鉄鏃・玉類が出土した。盗掘を受けた痕跡が見られたというから、原位置をとどめていない遺物が含まれていると見なければならないが、出土傾向から察するに玄室と「前室」とで遺物組成に大きな違いはないと判断してよいだろう。すなわち姫塚古墳の「前室」は、本源的な土器配置空間としての機能を果たしていたとは考えられず、玄室の役割を補完する第二の埋葬空間と意識されていたような様相を示している。このようなあり方は、酒巻21号墳の石室系統ではなく、むしろ冑塚・若宮八幡古墳の複室構造石室に共通性を見出すことができる。

そこで上総地域における姫塚古墳の石室系列が北武蔵地域における冑塚・若宮八幡古墳の石室系統と同様のものか確認するため、姫塚古墳と関係性の深い他の石室群を俎上に載せてみたい。第一に挙げられるのは、芝山町山田・宝馬65号墳と小池大塚古墳の存在である（第26図6・7）。両古墳は姫塚古墳と同じ木戸川左岸に位置し、玄室形態や石積みの特徴に高い共通性が窺われることから、姫塚古墳石室の影響を受けて構築されたと考えられるが、注目すべきことにどちらも玄門のみに立柱石を据えた単室構造石室なのである。さらに村田川流域の千葉市椎名崎古墳群やムコアラク古墳群などでは、羨門付きの短小羨道を有する特徴的な小型切石積石室が数多く構築されており、複室構造に近い機能をもつ単室構造石室と捉えられている〔白井1992、上野1993b〕（第26図8～10）。出土遺物から７世紀前半以降の築造と考えられ、側壁石積みの特徴などを評価すれば駄ノ塚古墳、あるいはより後続する駄ノ塚西古墳や土気舟塚古墳などの影響下に成立したものと理解される。これら石室群の存在を考慮すると、その成立の根幹にある姫塚古墳石室は、複室構造石室としてではなく羨門立柱石を備える単室構造石室として受容されたもの考えるのが自然だろう。したがってここまで「前室」と表記してきた空間は、単室構造の玄室前方に連なるという意味で羨道にあたり、玄室に至る通路のほか埋葬空間としての機能も果たしたという解釈に落ち着く。続く不動塚古墳の段階には、さらに前方に羨道が付加されるかたちで完全な複室構造石室の形態となっているので、機能の面で埋葬空間としての比重が高かったことが推察できる。

以上のように姫塚古墳石室は単室構造における羨道の埋葬空間化を示し、複室構造における前室の埋葬空間化を示す冑塚古墳・若宮八幡古墳の石室系統とは成立過程が異なるものと結論づけられる。

蕪木５号墳の石室系列　次に姫塚古墳と異なる石室系列として指摘した、狭長な前室形態を特徴とする蕪木５号墳を取り上げる。

蕪木５号墳の石室内出土遺物には、全国的に稀少な金銅製刀子鞘・金銅製巾着形容器のほか、大刀・刀子・鉄鏃・馬具・耳環・玉類・須恵器壺などがあり、そのほとんどは玄室から出土している。遺物の出土位置を見る限り、前室が土器配置空間や埋葬空間として機能したと積極的に論じることはできない。

蕪木５号墳の前室の機能について、遺物出土状況からアプローチすることが困難である以上、残る方策としては石室形態の特徴自体から複室構造の形態をなすに至った経緯を読みとるしかない。そこで改めて蕪木5号墳の石室形態を見てみると、玄室に比してアンバランスなほど狭長な前室のあり方は、むしろ単室構造石室の羨道に置き換えた方が捉えやすいのではなかろうか。すなわち単室構造両袖形石室の開口部に門構造と羨道をさらに追加したような形態と換言でき、姫塚古墳から不動塚古墳に至る変化と同様に、単室構造石室の変化形態として独特な複室構造石室が生み出されたと位置づけておきたい。

大堤権現塚古墳の位置づけ　最後に、大堤権現塚古墳の石室について検討しておきたい。当該石室は石棺を造り付けた特異な構造が他に類例を求めがたく、また詳細が不明であることもあって、具体的な位置づけを困難なものとしている。かつて上野恵司は、下野地域の切石組石室や茨城県平沢古墳群の板石組石室などとともに、出雲東部に分布する石棺式石室の直接的影響を受けて成立したものと考えた〔上野 1996c〕。しかし大堤権現塚古墳石室の場合、刳り抜き玄門などは伴わず、切石を使用している点以外には横長方形の玄室プランや石室主軸が片側に寄っているといった平面形態上の類似を辛うじて指摘できるにすぎない。したがって、大堤権現塚古墳石室の起源を出雲東部に限定するには共通点に乏しいと判断する。現時点でほかにふさわしい遡源地を挙げることも難しいが、玄室よりも長大な前室を備える点で蕪木5号墳・胡摩手台16号墳と共通する事実は注目してよいだろう。平面形態や構造上の違いから、同一の石室系列として直接結びつくものとは言えないが、蕪木5号墳・胡摩手台16号墳と同様の脈絡のなかで羨道部分が前室化したものと捉えておきたい。

小　結　6世紀の上総地域に成立した複室構造石室は、いずれも単室構造石室の流れを汲み、石室前方に羨道が付加されるかたちで複室化を遂げたものという結論に至った。

単室構造の流れを汲む点については、姫塚古墳石室の祖形候補に挙げた観音浦南3号墳石室が単室構造をベースとした造りであること、すなわち北部九州において複室構造の影響を受けた単室構造石室が、上総地域における複室構造石室の源流であるということが大きく関係していると理解できる。

羨道を追加するというかたちで複室化が果たされた背景には、当地の横穴式石室を代表する狭長な無袖形石室の成因と同様、強度のある石材が産出されないという地質環境下にあって、石室幅を規定する天井石に大型石材を用いることができないという制約を考慮すべきだろう。この点については研究初期の段階で中村恵次が指摘しており、房総半島の複室構造石室は「石室プランの拡大に対する要請が、脆弱な石材に恵まれない自然的制約と、それを羨道部の若干の拡張＝羨道の玄室化としか補足しえない技術的制約」のなかで結実した石室形態であると説いている〔中村 1974a　p.53〕。この単室構造石室の羨道部拡張説に対して、原田道雄は当地で狭長な無袖形石室が数多く存在する事実をもって、複室構造石室の直接的な成因とは言えないと反論した〔原田 1974〕。確かに姫塚古墳および蕪木5号墳の石室系列と無袖形石室とでは墓室空間を分節する立柱石の有無という構造上の大きな違いがあるが、幅の制約を奥行きで補うかたちで埋葬空間を確保している点では共通していると言える。

長大な玄室を間仕切石によって二分する山武市埴谷1号墳・2号墳（第26図11・12）など

の存在も含め、単室構造石室の奥行きを拡張する方向で埋葬空間の拡大を図るという動きが、上総地域における石室変遷の地域色として指摘できよう。

5. おわりに

ここまでの検討で明らかにしてきたように、関東地方において6世紀中葉近くに複室構造石室が伝播した北武蔵地域と上総地域では、複室構造の受容相や導入後の展開過程に大きな違いが認められた。

北武蔵地域では、複室構造石室の完成形態が複数の造墓主体による個別交流のなかで取り入れられ、機能面などにおいて多様なあり方をもって展開していく。かたや上総地域では、北部九州からもたらされた複室構造のアイディアが、埋葬空間の確保という地域内の課題を克服する一つの手段として援用され、単室構造石室の形態変化が惹起されることとなった。言うなれば、外部との旺盛な交流のなかで多様な墓制を採用・展開した北武蔵地域と、外部からの影響を受けつつ地域共通の志向性のなかで石室形態を在地的に変容させた上総地域という様相差が看取されるのである。

それぞれの地理的特性に応じた複室構造石室のあり方は、首長層を頂点とする当時の安定した地域社会の特質を色濃く反映するものである。

註

(1)　東海地方に特徴的な擬似両袖形石室を「三河型横穴式石室」として定義した岩原剛も、5世紀後葉から6世紀中葉にかけて東海地方に九州系石室の技術が複数回の波のように伝播している事実に触れ、とくに5世紀末以降は「九州から構造の一部が情報としてもたらされたか、経由地でワンクッション置いて伝播したものか、東海の中での情報交流によって成立したものだろう。(p.349)」と複数の可能性を想定している〔岩原 2008〕。三河型の複室構造石室についても「九州のそれとの形態的なヒアタスは否めないものの、(中略) 九州を含む西日本のいずれかからの情報により成立した可能性が高い (pp.351-352)」と指摘し、遡源地の特定よりも、継続的な「西からの技術の受け入れ口 (p.352)」として機能した地域的特性の評価に重点を置いている。

(2)　調査報告書では筆者が前室とした空間を羨道、その前面に続く石積みを前庭部とし、単室構造石室と捉えている。しかし、調査報告書で言うところの前庭部も含め床面全体に角閃石安山岩の小礫が敷設されていた点や石室の平面形態、石室閉塞部の位置などを考慮すると、複室構造石室と認定することが妥当であろう。なお報告書刊行直後に発表された坂本和俊の見解〔坂本 1996〕以降、酒巻21号墳は複室構造石室という評価でおおむね意見の一致をみている。

(3)　胴張り形態をかたちづくる側壁石材の表面が弓なり状のカーブを描くように仕上げられたケズリ加工について、筆者はこれまで後藤守一の表現〔後藤 1936・1956c〕にならい、「中凹み加工」という用語を使用してきた。本書では、石材形状をよりイメージしやすくするため、「湾曲加工」と表現を改める。

(4)　胡摩手台16号墳の石室規模は壁体上部の計測値であるため、燕木5号墳の計測値と単純に比較することはできない。とくに石室幅は、壁体の持ち送りにより上下で数値の差が大きくなる可能性が高いが、奥行きの数値については直立気味に据えられることの多い奥壁・立柱石を基準とするので、上下の差はさほど大きくならないと予想される。

(5)　2010・2011（平成22・23）年にかけて若宮八幡古墳の石室修復工事に伴う発掘調査が行われ、石室周囲の土木技術などについて多くの新知見が得られた。前室からは鉄製品が出土しているが土器片の出土はなく、当該タイプの複室構造石室の前室が土器配置空間として機能していないとする筆者の想定と矛盾しない。

(6)　下総地域の我孫子第四小学校古墳や公津原H 27号墳なども、駄ノ塚タイプの影響を受けて成立した可能性が高いと考えられる（第3章第6節参照）。

第3章　有力古墳の地域色と動向

第1節　上野地域―いわゆる「截石切組積石室」の再検討―

1. はじめに

「截石切組積石室（きりいしきりくみづみせきしつ）」とは、鋭利な刃物で截断したような加工石材の隅角に、L字形の切り欠きを加えながら壁体を積み上げた横穴式石室を指す。

従来の研究で「截石切組積石室」と呼ばれていた主要な事例の構造的特徴に即して言うと、このように表現せざるを得ないが、後述するようにこの説明のみでは7世紀初頭前後に構築された「切石積石室（きりいしづみ）」も含まれることになる。あえて限定条件を付けるならば、冒頭の説明に前方後円墳・埴輪消滅以降、すなわち7世紀前半以降という年代的制限を加えることで必要十分な定義となる。高度な石材加工技術・石室構築技術が駆使された当該石室は、築造数の少なさと独立的な占地形態も考慮され、7世紀代における在地有力者層の墳墓と目されている。

群馬県における当該石室の造営年代については、そのほとんどを7世紀後半のごく限られた時期とする見方が大勢を占め、関東地方における他地域の編年観と比較した場合、際立った特異性として注目される（第27図）。7世紀前半の空白期をおいた截石切組積石室の一斉築造は、総社愛宕山古墳の築造にみる上野地域支配体制の再編成が安定を迎え、各小地域の在地有力者層が宝塔山（ほうとうざん）・蛇穴山（じゃけつざん）古墳を頂点として政治的に組織し直されたことを物語ると解釈された〔右島 1992〕。

とは言え、一部の石室を7世紀前半に遡上させる見解も折に触れて提示されており〔三浦 1988、上野 1992a、白石 2003〕、多田山古墳群の調査成果〔深澤 2004〕など、近年における資料の蓄積も看過しえない。本節では、7世紀後半における集中造営を考定する右島和夫の論拠を整理したうえで、群馬県全体の截石切組積石室編年を再検討してみたい。

2. 右島和夫の研究

右島和夫による截石切組積石室の編年は、当該地域において長らく支配的であった尾崎喜左雄の年代観を見直すかたちで示された〔右島 1985〕。尾崎は、「辛巳歳（かのとのみのとし）」（681年）の紀年銘を有する山ノ上碑との関係から山ノ上古墳を7世紀後半、山王廃寺石造物との関係から宝塔山古墳を7世紀末～8世紀初頭、蛇穴山古墳を8世紀前半に位置づけ、これを截石切組積石

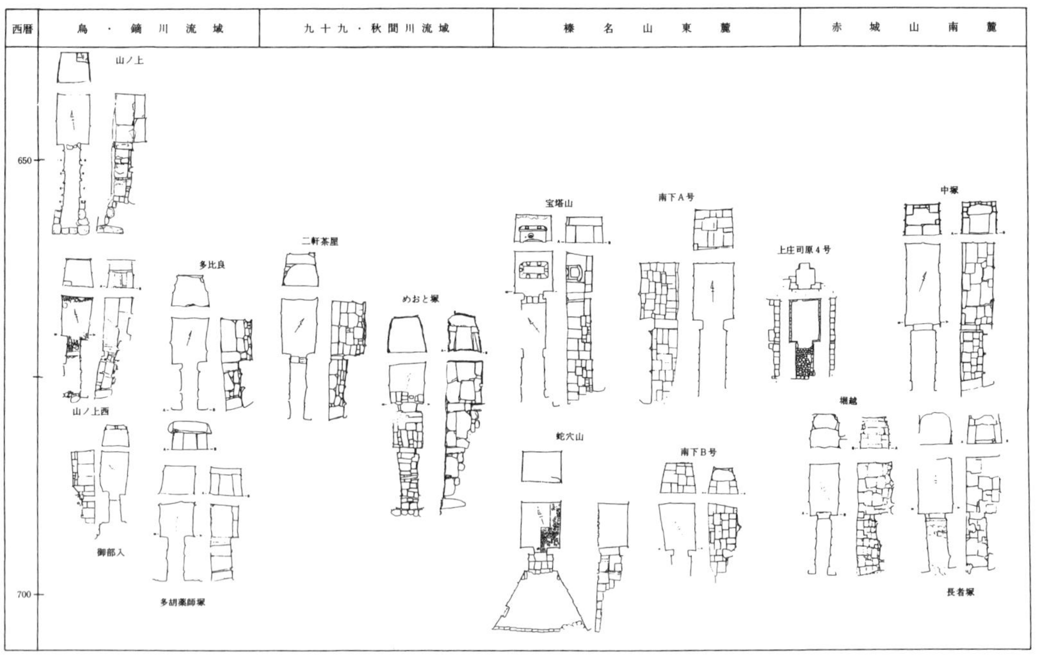

第27図　右島和夫による截石切組積石室の編年

室編年の定点とした〔尾崎 1966〕(第28図)。これに対して右島は、山ノ上古墳の石室構造が畿内地域における岩屋山式石室〔白石 1967〕の影響を強く受けたものと推定し、7世紀第3四半期まで遡ると考えた。また宝塔山古墳は、石室構築部材を一枚石で構成する単一石化への志向や漆喰の塗布などから7世紀第4四半期、羨道の消滅した蛇穴山古墳は7世紀末葉にそれぞれ引き上げられた。

その後、群馬県全体を対象とした編年観を提示するなかで、白石太一郎による岩屋山式石室の年代訂正〔白石 1982〕を踏まえて山ノ上古墳を7世紀中葉から第3四半期にかけて、宝塔山古墳を第3四半期の築造と修正している〔右島・津金澤・羽鳥 1991〕。

右島による一連の論考では、上記3古墳の年代観を基軸として、以下のような理解が示されており、これらが右島編年を支える主要な論拠と捉えられる。

①截石切組積石室の初現例と考える山ノ上古墳には、いわゆる「間知積み(けんちづみ)」[1]の工法や天井石への加工石材の使用などが窺え、6世紀末〜7世紀初頭に営まれた切石積石室との構築技術上の連続性より画期性が重視される。この新たな構築技術は、特徴的な壁体構成から岩屋山式石室の影響を受けて導入されたと考えられ、築造年代は7世紀中葉を遡り得ない。

②前方後円墳消滅以降に、これを直接継承したと考えられる首長墓は7世紀前半に比定される大型方墳の総社愛宕山古墳のみで、その埋葬施設は截石切組積石室でなく自然石使用の巨石巨室横穴式石室である。

③宝塔山古墳石室にみられる硬質石材の面仕上げや、切組積(きりくみづみ)手法を多用する複雑な石材加

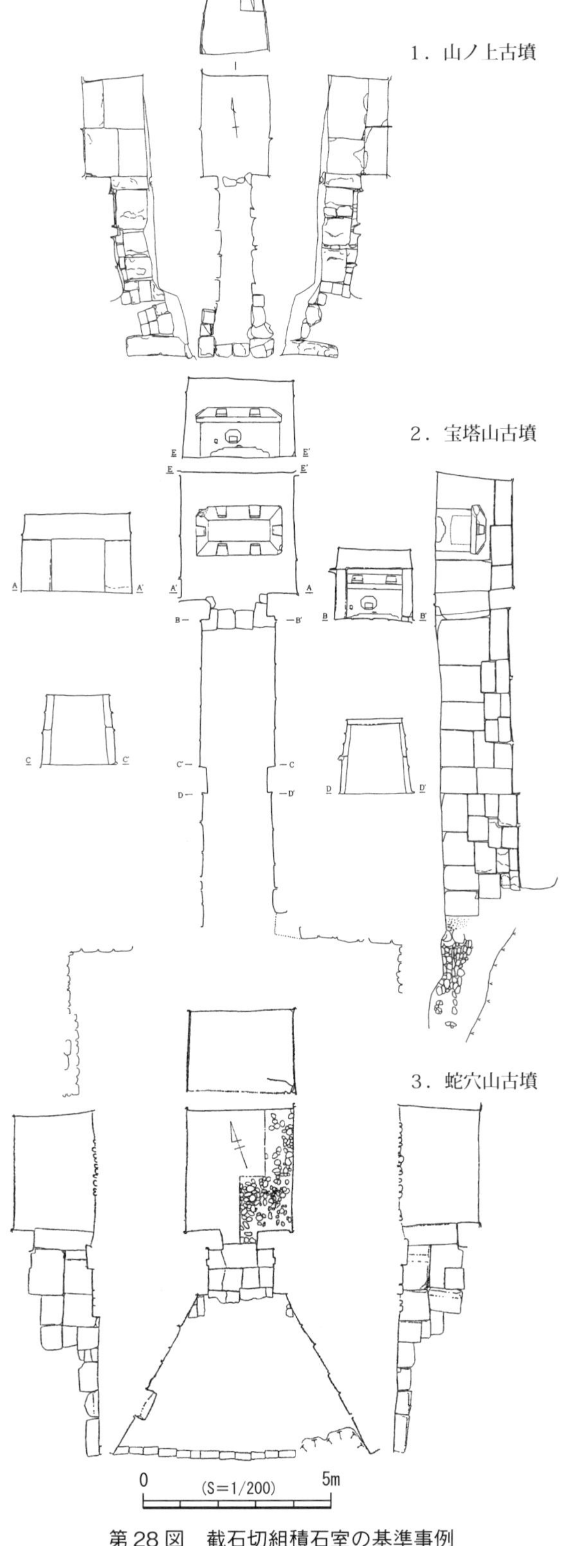

第28図　截石切組積石室の基準事例

工は、山王廃寺造営に伴い導入された新来技術であり、山ノ上古墳を除く他の截石切組積石室は宝塔山・蛇穴山古墳の影響下に成立したと考える。個々の石室にみられる多様な平面形態や構造上の細部の相違は、各小地域が保持した石室づくりの伝統を反映するもので、同時期におけるバラエティと判断する。

以下、これらの論拠について順を追って確認することから始めたい。

3. 截石切組積石室の成立基盤

(1) 山ノ上古墳石室の存在

まず①に挙げた、山ノ上古墳の位置づけについて取り上げる。この点については、岩屋山式石室を定義した白石太一郎が、近年批判的な見解を示しており、注目される〔白石 2003〕。白石は、右島が重視する山ノ上古墳の壁体構成について、厳密に遵守される岩屋山式本来の企画性が認められない点を指摘し、畿内地域からの直接的な影響を否定した。そして玄門や天井面の段差といった構造的特徴が在地の石室に萌芽形態を見出せることから、上野地域の截石切組積石室は７世紀初頭前後の在地の切石積石室を母体として成立したと評価している（第29図）。そのうえで、家形石棺の特徴などから７世紀中葉頃に位置づけられる宝塔山古墳よりも年代的に遡ることは確かであると考え、山ノ上古墳を７世紀第２四半期の築造と結論づけた。

白石は、山ノ上古墳を截石切組積石

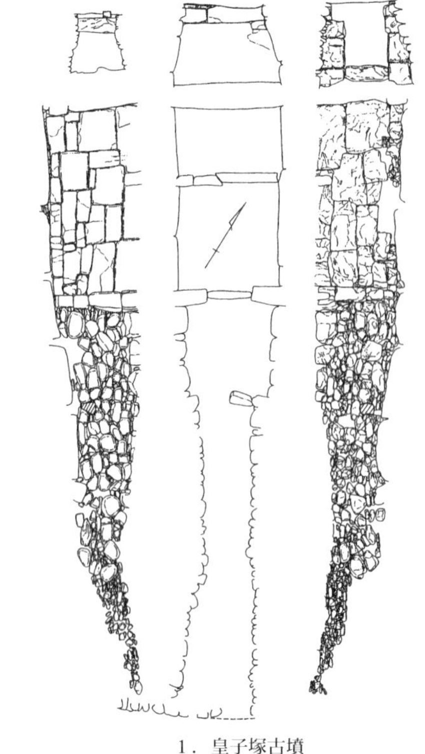

1．皇子塚古墳

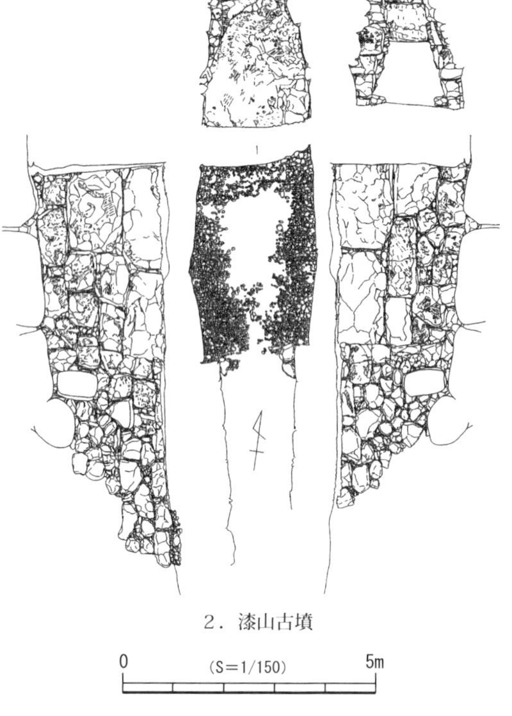

2．漆山古墳

0　(S=1/150)　5m

第29図　７世紀初頭前後の切石積石室

室の初現例とみなす既往の理解に則って、山ノ上古墳のみを７世紀前半の所産としたが、ここで白石論文と同年に出された右島の論考に着目したい。山ノ上古墳は、切組積手法が少ない点や玄門立柱石を内側に突出させない点で他の截石切組積石室と異なり、この差異が初現例の根拠とされていたが、右島はこれらの属性が淵源の違いを示すものであると説明している〔右島 2003a〕。しかしこの見解の通り、山ノ上古墳石室の諸特徴が淵源ないし石室系統の違いを反映しているとすれば、独り山ノ上古墳のみを古くする必然性はなくなり、立柱石を内側に突出させる他の截石切組積石室も７世紀前半に遡る余地が残されることになる[(2)]。

(2) 切石積石室と截石切組積石室

７世紀初頭前後の切石積石室と截石切組積石室の相違点について、右島は「石室に使用する石材のすべてを加工することと、個々の石材が丹念な面仕上げと常にその隅部を直角に仕上げていること」を挙げ、とくに「天井石も丁寧に加工したものを使用していること」を重要視している〔右島 1994　p.162〕。しかし冠石（かんむりいし）[(3)] 以外の天井石が未加工で壁石の隅角も丸みを帯びている前橋市堀越古墳や、「丹念な面仕上げ」とは到底言えない加工石材と自然石を併用して構築された安中市めおと塚古墳なども截石切組積石室とされている点を勘案すると、上述したような加工のあり方をもって切石積石室と明確に区別することは難しい。

さらに壁体の積み上げ方についても、例えば吉井町多比良（たいら）古墳の側壁石材は、壁

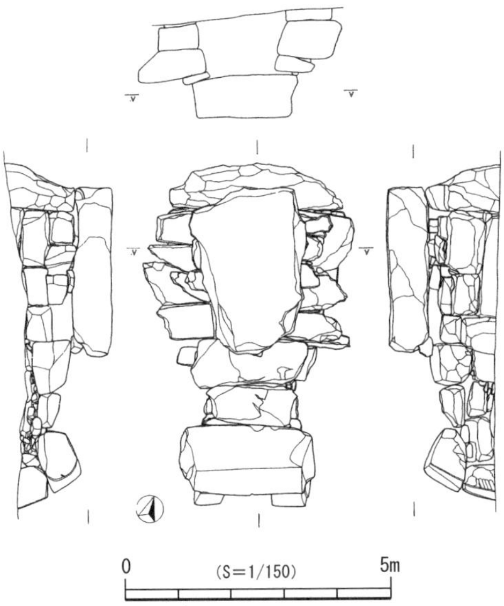

第30図　多比良古墳の壁体構造

面が内側に傾斜するように石材上面と内面が鋭角に加工されており〔右島ほか 1990〕、間知積みの工法とは異なっている（第30図）。堀越古墳などでも間知積みの採用は認められず〔松本・桜場・右島 1981〕、すべての截石切組積石室が新しい工法で築かれているわけではない点に留意する必要がある。

以上のように、7世紀初頭前後の切石積石室と截石切組積石室との間には、型式学的進展こそあれ大きな断絶は認めがたい。石材加工技術や壁体構築技術上の親縁性という観点から、前代墓制である切石積石室の技術的伝統を受けて営まれた截石切組積石室が、山ノ上古墳以外にも存在した可能性は極めて高いと言える。

(3) 7世紀前半における有力古墳の形態

続いて②の論拠について考えてみたい。ここで最終段階の前方後円墳に注目してみると、高崎市八幡観音塚（やわたかんのんづか）古墳に代表される巨石巨室横穴式石室のほかに、高崎市漆山古墳や藤岡市諏訪神社古墳など切石積石室を埋葬施設とする事例も多く存在することに気づく。そしてこの切石積石室という主体部構造は、藤岡市皇子塚古墳や平井地区1号古墳など直径20～30mの円墳にも採用されており、装飾付大刀や馬具など副葬品の質を勘案するならば、前方後円墳のみならず、これら中規模円墳も7世紀初頭前後における在地有力者層の墳墓であったと見て大過ないだろう。

宝塔山・蛇穴山古墳を除く截石切組積石室の多くも直径20～30mの円墳である点を考えれば、少なくとも墳丘を指標とする限りでは、これら截石切組積石室のなかに前方後円墳の終焉を直接継承した有力古墳があったと想定することに無理はないと考える。もちろん、この想定に立つ場合においても、7世紀前半の総社愛宕山古墳や7世紀後半の宝塔山古墳が、それぞれの時期において比類ない第一級の首長墓であったという評価自体を覆す必要はない。

4. 宝塔山古墳の歴史的位置

残る右島編年の論拠③は、多くの截石切組積石室が7世紀後半に集中する直接の要因となっている。宝塔山古墳の年代観については、右島をはじめとする多くの研究者が指摘する通り、7世紀中葉から第3四半期にかけての築造と考えて間違いないだろう。したがって宝塔山古墳の影響下で成立した古墳であれば、その構築年代は自ずから7世紀後半ということになる。しかし山ノ上古墳を除くすべての截石切組積石室が、一元的に宝塔山古墳の影響を受けて成立したと考えることは、果たして妥当であろうか。

(1) 占地形態の認識

この問題を考えるにあたって、截石切組積石室の占地形態から導かれた造営期間に関する解釈を確認しておきたい。すなわち、相互に適当な間隔をあけた小地域を単位として、単独ないし2基一対のかたちで営まれていることから、近接する2古墳が〈宝塔山古墳→蛇穴山古墳〉に対応する新旧関係で把握されるという解釈である〔右島・津金澤・羽鳥 1991〕。この指摘は白石太一郎も参照しており、烏・鏑川流域のみ〈山ノ上古墳→山ノ上西古墳→御部入（おんべいり）古墳〉と3代にわたる造営が認められることは、2世代を越えない築造を基本とする截石切組積石室のなかで山ノ上古墳の古さを示すものとしている〔白石 2003　p.92〕。しかし、例えば九十九・秋間川流域の新旧古墳として二軒茶屋古墳と万福原古墳を挙げるならば、万福原古墳の南に位置するめおと塚古墳も含めるべきで、計3基の截石切組積石室が近接して立地するケースとなる。また赤城山南麓に注目してみると、中塚古墳・山内出古墳と長者塚古墳との間には言及のない山上愛宕塚古墳が存在し、単独立地とされた中里塚古墳の近くには近年の調査によって多田山12号墳・15号墳の存在が明らかとなった。截石切組積石室の造営期間をごく短く想定することは、現況を見る限りすべての小地域に当てはまるものではないと言えよう。

(2) 宝塔山古墳石室の技術系統

次に、多くの截石切組積石室の成立母体と目される宝塔山古墳自体が、いかなる技術系統を汲むものとして理解されているのか、整理しておこう。

宝塔山古墳の技術系統としてとりわけ注目されるのは、極めて硬質な輝石安山岩を使用した奥壁・天井石・玄門および家形石棺の敲打仕上げが、近傍の山王廃寺塔心礎・根巻石と共通する点であり〔津金澤 1983〕、7世紀第3四半期における山王廃寺の造営に伴って畿内地域から派遣された石工集団が宝塔山古墳の築造にも関与したと考えられている。この硬質石材加工技術と漆喰の大量塗布という属性について、畿内地域からもたらされた新来要素とみる評価は揺るぎないと言える。

しかしその一方で、畿内地域の石室構造とは異なる要素が採り入れられている点は見過ごせない。右島は宝塔山古墳の玄門構造が7世紀中葉以前の群馬県域や畿内地域に認められないものとして、その淵源を南関東の横穴式石室や横穴墓に求めている〔右島 2003a〕。しかし、このような想定には飛躍があると言わねばならず、前項の(2)で指摘したように玄門構造の萌芽形態は7世紀初頭前後の在地の石室にすでにあらわれていると見るべきだろう。むしろ左右玄門立柱石が羨道側壁から作り出されて突出する構造（松本浩一によるC型玄門）〔松本 1963〕に着目し、この門構造が赤城山南麓の多くの截石切組積石室に認められる事実を踏まえると、この赤城山南麓が宝塔山古墳に玄門構造をもたらした淵源である可能性が想起される。

また極めて完成度の高い側壁石積みについても、切組積手法を多用するなど、畿内地域の切石積石室とは様相が異なる。構築部材がケズリ加工を基本とする比較的軟質の角閃石安山岩である点を考えれば、側壁の石材加工や石積みの手法については、外的影響というより在地における切石積石室の発展形態と理解できる。大型切石のあり方から、烏・鏑川流域の山ノ上古墳・山ノ上西古墳との関連が考えられよう。このように宝塔山古墳の位置づけからも、これを成立せしめた素地として７世紀前半における截石切組積石室の存在が想定されるのである。

(3) 宝塔山古墳との影響関係

右島は、玄門構造と切組積手法の多用という２点が、山ノ上古墳を除く截石切組積石室の数少ない共通点であると指摘したうえで、宝塔山古墳の影響下に多くの截石切組積石室が成立したと説いている。しかしこの２つの共通項は、上述したように在来墓制の技術的伝統と解釈され、宝塔山古墳との関わりのみを示す属性でないことは明らかである。宝塔山古墳という特定古墳の影響下に成立した截石切組積石室を明らかにするためには、宝塔山古墳石室に特有の属性を抽出する作業が不可欠だろう（第31図）。

宝塔山古墳石室の属性のなかでまず目にとまるのは、方形を呈する玄室の前に長方形の空間を２つ連接させた独特な石室形態である。多くの研究者が指摘するように、この特殊な石室形態の祖形は、奈良市黄金塚陵墓参考地の磚槨式石室に求めることが妥当だろう〔森 1965、池上 1985、右島 2011〕。九十九・秋間川合流点の丘陵上に営まれためおと塚古墳は、この宝塔山古墳の石室形態とよく似た複室構造石室を内蔵することで著名である。近隣には山王廃寺の創建期瓦を生産した秋間古窯跡群が展開し、類似の石室が構築されるに至った宝塔山古墳とめおと塚古墳との有機的な関係が説明されている〔右島 2003b〕。めおと塚古墳が宝塔山古墳の影響下に成立した蓋然性は高いと判断できよう。

また宝塔山古墳石室が一般的な複室構造と異なり、立柱石の設置ではなく壁石の一部をわずかに突出させることで長大な羨道を二分している点を評価するならば、同様の区画原理が窺われる高崎市庚申Ｂ号墳と桐生市山上愛宕塚（やまかみあたごづか）古墳も宝塔山古墳の影響を受けていると捉えることができる。

構築技術の面では、奥壁側縁辺および玄室天井石周縁を一段欠き取って受け部を作り出している点（奥壁嵌め込み・天井石落とし込み）が特徴的である。このうち高崎市御部入古墳に奥壁嵌め込み、吉井町多胡薬師塚古墳に天井石落とし込みの工法がそれぞれ認められる。両古墳とも側壁基底石に大型切石を据えている点でも宝塔山古墳と共通しており、構築技術上の影響関係にあるとみて間違いないだろう。

ところで、先に宝塔山古墳の技術系統を整理するなかで指摘した硬質石材加工技術も特徴的な属性として抽出可能だが、この属性のみによって宝塔山古墳からの影響と判断することは控えたい。というのも、宝塔山古墳の硬質石材加工には、刃付工具による敲打仕上げと先端の尖ったノミ状工具による敲打仕上げの２種類があり、特徴的な前者の敲打技法は管見による限り他の截石切組積石室に認めがたいのである(4)。一般的に「小叩き」と呼ばれる後者の仕上げ加工は、宝塔山古墳に特有なものではないため、これをもって宝塔山古墳の影響下

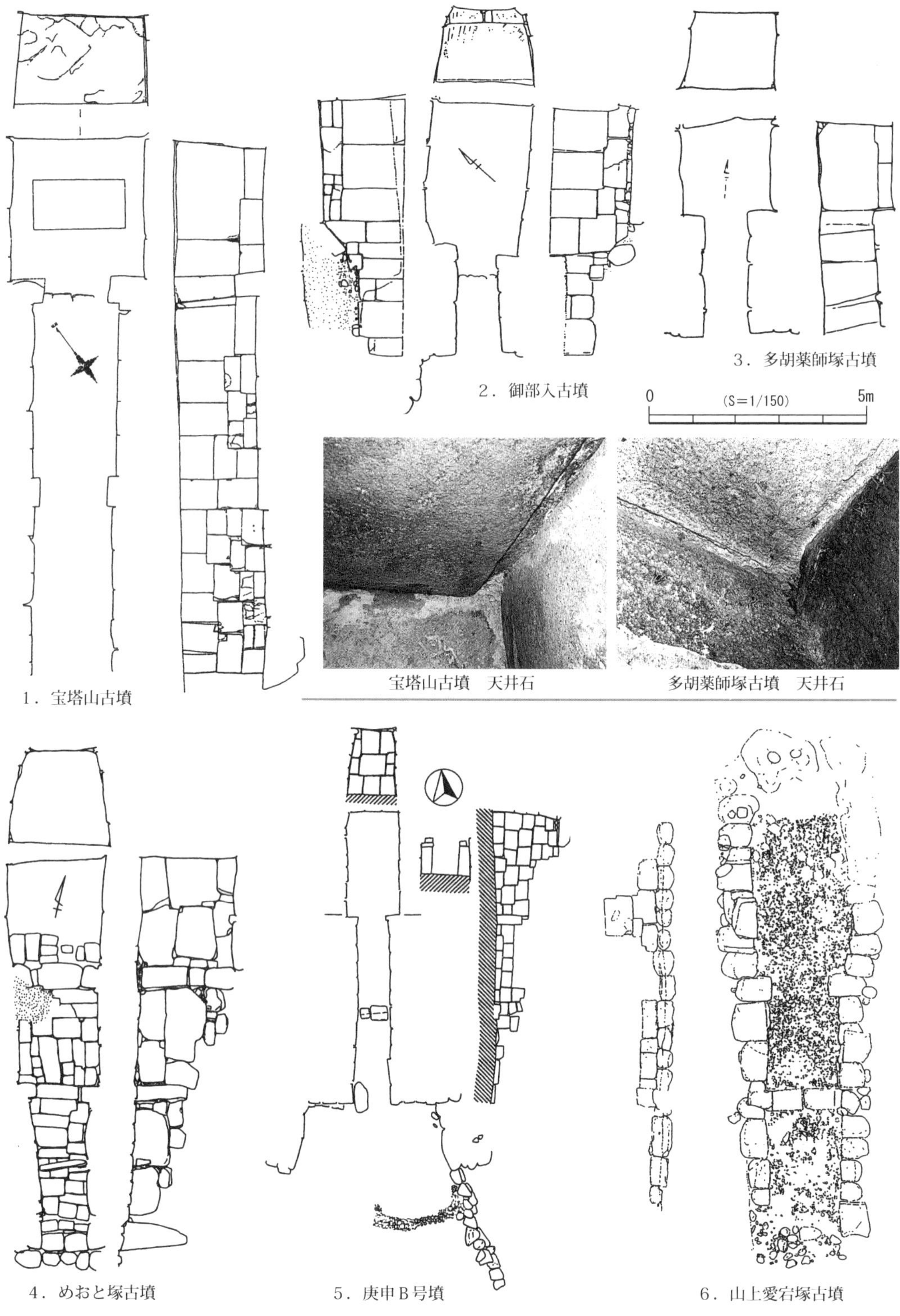

第31図　宝塔山古墳の影響下に成立した截石切組積石室

に成立したとは即断できない。

以上のように、宝塔山古墳の特徴的な属性に焦点を絞って検討してみると、宝塔山古墳の影響下に成立したと言える截石切組積石室は、めおと塚古墳・庚申B号墳・山上愛宕塚古墳・御部入古墳・多胡薬師塚古墳の5例にとどまる。これらの石室の築造年代については、従来の認識通り7世紀後半と考えられる。

なお蛇穴山古墳との共通性が高いものとして、渋川市虚空蔵塚古墳が指摘されている〔右島・津金澤・羽鳥1991、上野1992a〕。本稿でも密接な関係があるものと考え、蛇穴山古墳と同様、7世紀末葉に位置づけておく。

5. 各地の截石切組積石室編年

宝塔山・蛇穴山古墳との直接的な影響関係として捉えがたい他の截石切組積石室については、石室の諸特徴が共通する小地域のグループごとに型式学的検討を行い、相対的な前後関係を把握することが編年を確立する唯一の手掛かりとなる。

群馬県における截石切組積石室は現在のところ総数27基を数え(5)、赤城山南麓、榛名山東麓、烏・鏑川流域、九十九・秋間川流域という右島和夫による4地域区分〔右島・津金澤・羽

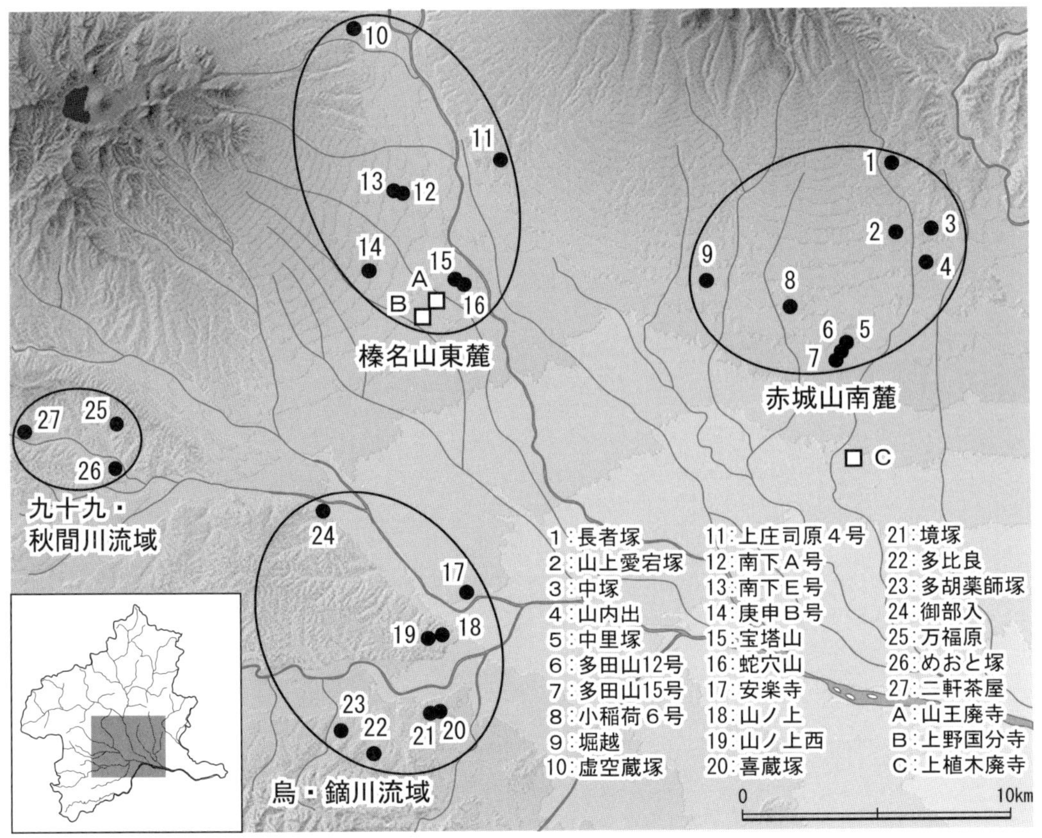

第32図　上野地域における截石切組積石室の分布

鳥1991〕で捉えることが有効である。本稿でもこの地域区分に準拠して編年を行うことにする（第32図）。

（1）赤城山南麓

宝塔山古墳との影響関係を指摘した山上愛宕塚古墳の他に、堀越古墳・中塚古墳・長者塚古墳・山内出古墳・小稲荷6号墳・中里塚古墳・多田山12号墳・多田山15号墳の計9基が営まれている。山上愛宕塚古墳以外のすべての石室が、羨道側に刳り込みを施したC型玄門を設置しており、また輝石安山岩の中小切石を多用する傾向がある。やや広範な分布域であるが、地域色の強い一群として括ることが可能である。この地域の編年を組むにあたっては、同一群集墳をなすことからとくに密接な関係が想定できる多田山古墳群の分析から着手したいと思う（第33図）。

まずは、15mほどの間隔をあけて東西に隣接する中里塚古墳・多田山12号墳に注目してみよう。中里塚古墳と多田山12号墳の石室を比較したとき、明確な差異として注視されるのは石材加工の違いである。中里塚古墳の場合、玄室奥壁・側壁がケズリ加工を施した凝灰岩切石で構築され、羨道側壁は未加工の輝石安山岩を積み上げている。一方の多田山12号墳は、奥壁・玄門・羨門といった要所に輝石安山岩切石を据え、玄室側壁には凝灰岩と輝石安山岩の切石を併用している。輝石安山岩切石はいずれも工具の敲打によって丁寧に面仕上げされており、中里塚古墳には認められない硬質石材加工技術が発揮されているのである(6)。構築技術上の関連性が高いと目される両古墳において、同種石材が用いられながらも石材加工の点で差が生じたのは、中里塚古墳築造段階に硬質石材加工技術が存在しなかったためと考えるのが妥当である。硬質石材の敲打仕上げが在来技術になく、7世紀中葉から後半にかけての初期寺院造営に伴って導入されたという既研究の解釈を踏まえると、多田山12号墳は7世紀中葉以降、未加工のままの中里塚古墳は7世紀前半という位置づけが導かれる。

次に中里塚古墳→多田山12号墳という前後関係を踏まえ、両古墳の南西200mほどの位置に谷を隔てて営まれた多田山15号墳の年代的位置を検討する。多田山15号墳石室の大部分はケズリ加工を施した凝灰岩切石で構築されているが、わずかに輝石安山岩切石が認められ、タタキ加工によって仕上げられている。したがって多田山12号墳と同様、7世紀中葉以降の所産と判断され、両古墳の先後関係が問題となってくる。そこで中里塚古墳を含め3基の石室を改めて見比べてみると、多田山12号墳の奥壁が一石の鏡石であるのに対して、中里塚古墳・多田山15号墳の奥壁では大振りの石の両脇に小型切石を積み上げている状況が見てとれる。中里塚古墳の場合、1999（平成11）年の調査時点では奥壁が全く遺存していなかったため、立面図としては示されていないが、尾崎喜左雄の大著『横穴式古墳の研究』の巻末に、奥壁と東側壁のなす隅角が写真図版で掲載されている〔尾崎1966　図版p.30〕。多田山15号墳の奥壁隅部に嵌め込まれた小型切石は、側壁から奥壁へ差し渡すようにL字形に作り出されており、中里塚古墳の1953（昭和28）年報告にある「側壁の石の一部から削り出して奥壁に及ぼしているような工法」〔深澤2004　p.346〕と全く同一である。特徴的な

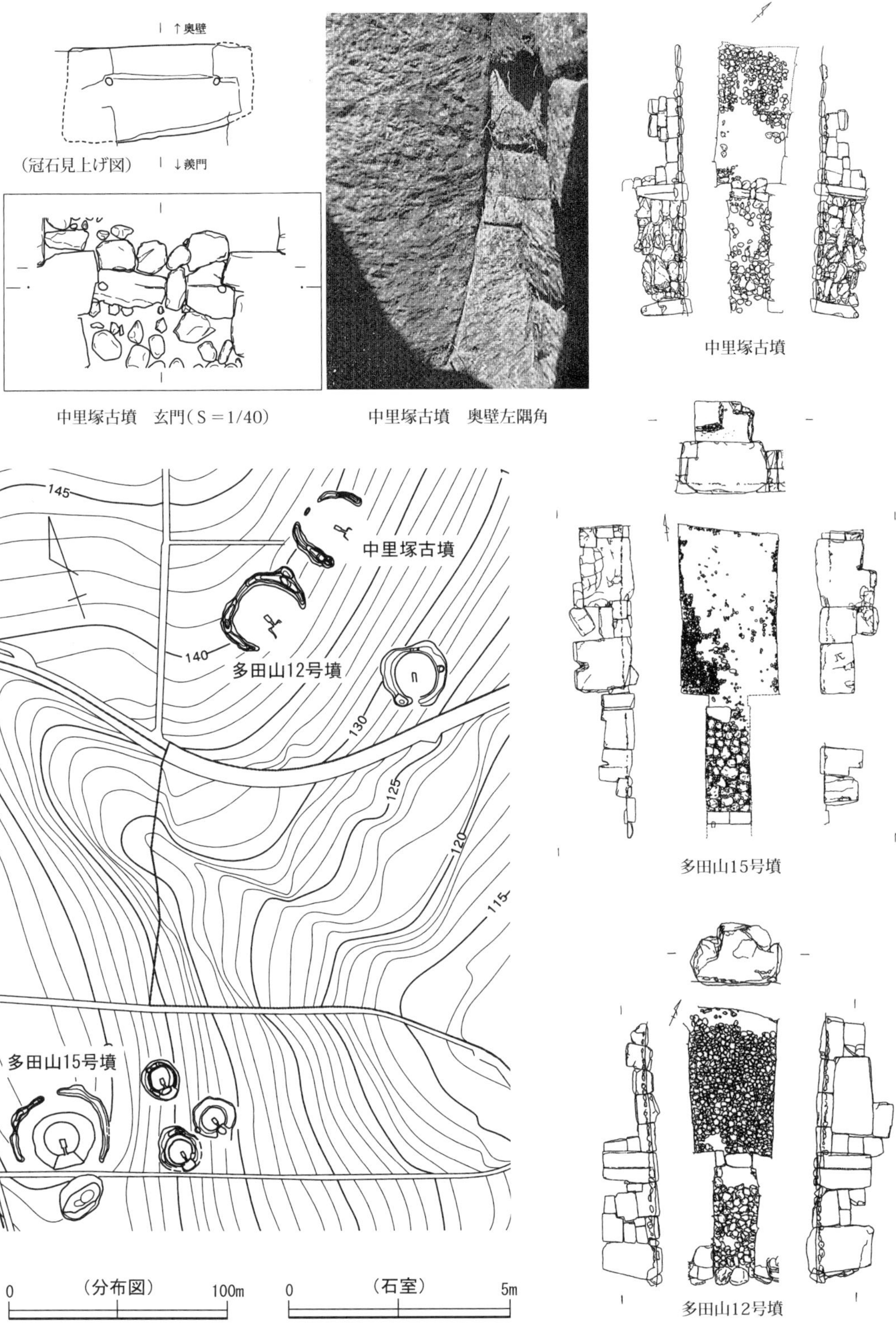

第33図　伊勢崎市多田山古墳群の截石切組積石室

工法が共通して認められる中里塚古墳と多田山15号墳は時期的に近接するものと考えられ、〈中里塚古墳→多田山15号墳→多田山12号墳〉という変遷が想定される。この変遷からは、石材の大型化・玄門刳り込みの奥行きの増大といった変化の方向性を見出すことができる。年代観としては、中里塚古墳が7世紀前半、多田山15号墳が7世紀中葉、多田山12号墳が7世紀後半と捉えられる。

なお多田山15号墳の前庭部が中里塚古墳や多田山12号墳とは異なって、仕切石・礫敷きを伴う規模の大きなものである点については、硬質石材加工という新しい技術が導入されるに際して、石室構造にも部分的に外来要素が採り入れられたためと解釈される。多田山15号墳の東方に隣接して営まれた16・17・18号墳が、伊勢崎市蟹沼東古墳群に代表される掘り込み土坑状の前庭部〔鹿田1995〕を付設している点も、多田山15号墳の技術導入と無関係ではないだろう。以上の点を勘案すると、多田山古墳群に導入された硬質石材加工は、蟹沼東古墳群や地蔵山古墳群などの群集墳が営まれた地域に所在する初期寺院・上植木廃寺からの技術導入として理解すべきだろう。このことは、多田山古墳群の截石切組積石室が宝塔山古墳の技術的影響を受けずに成立したことを物語っている。

この多田山古墳群の分析結果を踏まえて、赤城山南麓地域における残りの石室の位置づけを行いたい。堀越古墳・中塚古墳・長者塚古墳の3基は、すべての構築部材を輝石安山岩切石とする点で共通する。堀越古墳のみ西方に離れた荒砥川流域に所在するが、C型玄門の設置のみならず、羨道高が開口方向に向かって高くなる点でも長者塚古墳と共通することから3基を同一の俎上で論ずることが許されよう。比較に際してまず石材加工に注目して見ると、堀越古墳の石材が幅2㎝ほどの溝状のノミ痕を明瞭に残すのに対して、中塚古墳・長者塚古墳では溝状のノミ痕が細かな敲打仕上げによって叩き消されているという違いが認められる（第34図）。この溝状のノミ痕は粗作り段階の工具痕であり、堀越古墳では敲打仕上げが行われていない状況が窺える。古墳時代の石工技術を検討した和田晴吾によれば、先端の尖った工具の連続的な敲打によって細い溝状の工具痕としてあらわれる粗作り技法は、硬質石材に対して行われるもので、軟質石材のそれとは異なると指摘されている〔和田1983〕。しかし、例えば軟質の凝灰岩切石で構築された皇子塚古墳ではエッジの鋭い溝状のノミ痕が刻まれており〔志村1989〕、また先に検討した多田山15号墳における凝灰岩切石の粗作りでも、「加工痕B」として溝状を呈する工具痕拓本が示されている〔深澤2004〕。当該地域における軟質石材切石の粗作りにノミ状工具の使用も認められることから、堀越古墳の技術的位置は在来墓制の延長上にあると言え、敲打仕上げによって精緻に面加工された中塚古墳・長者塚古墳より先行して築かれたと考えられる。切組積手法があまり採用されていない点も、堀越古墳が相対的に古く位置づけられることを傍証するものであろう。

〈堀越古墳→中塚古墳・長者塚古墳〉という変遷観は使用石材の大型化や羨道幅の拡大からも追認でき、さらに多田山古墳群の検討から導かれた玄門刳り込みの奥行きという視点で比較してみると、より明確な位置づけが可能となる。第34図中の表を見て一目瞭然の通り、〈堀

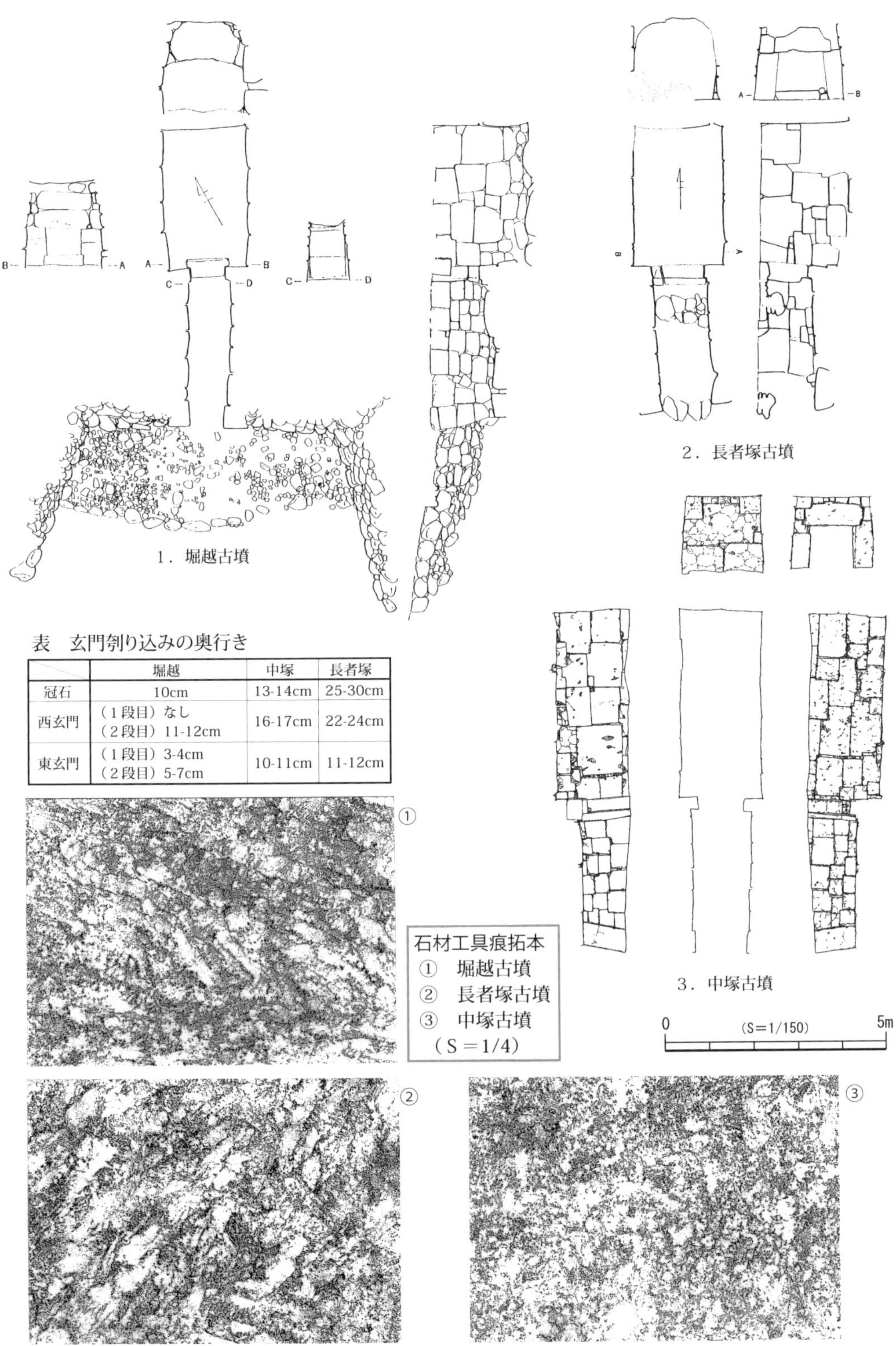

表　玄門刳り込みの奥行き

	堀越	中塚	長者塚
冠石	10cm	13-14cm	25-30cm
西玄門	（1段目）なし （2段目）11-12cm	16-17cm	22-24cm
東玄門	（1段目）3-4cm （2段目）5-7cm	10-11cm	11-12cm

第34図　赤城山南麓における輝石安山岩利用の截石切組積石室

越古墳→中塚古墳→長者塚古墳〉という順で玄門刳り込みの奥行きが増大しており、とくに長者塚古墳において著しい。まさに〈中里塚古墳→多田山15号墳→多田山12号墳〉と対応したあり方と評価できる。以上の分析を総合して、堀越古墳が７世紀前半、中塚古墳が７世紀中葉、長者塚古墳が７世紀後半に比定される。

凝灰岩切石で構築された山内出古墳は、奥壁の両脇に小型切石を嵌め込む点で中里塚古墳・多田山15号墳と共通し、密接な関係をもつものと推測される。また玄室・羨道・前庭部の規模・形状が堀越古墳と酷似しており、これらの諸特徴を総合すると、７世紀前半〜中葉の所産とすることが妥当であろう。

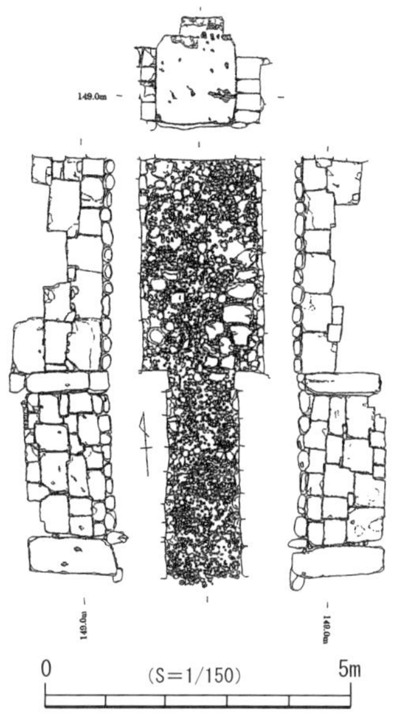

第35図　小稲荷６号墳石室図

角閃石安山岩と輝石安山岩を併用する小稲荷（ことうか）６号墳は、須恵器の特徴から７世紀第３四半期の築造とされていた〔西田1989〕。近年公表された石室実測図をみると、奥壁構造は中里塚古墳・多田山15号墳と同様であり、かつ側壁石材には小石材を嵌め込む細かい切組加工が随所に施されていて中塚古墳・長者塚古墳との共通性が窺われる〔會田2009〕（第35図）。石室の特徴を総合すると７世紀後半でも中葉寄りと判断され、従来の年代的位置づけを支持したい。

(2) 榛名山東麓

宝塔山・蛇穴山古墳が営まれた榛名山東麓には、その影響下に成立したと考えられる庚申Ｂ号墳・虚空蔵塚（こくぞうづか）古墳の他に、南下（みなみしも）Ａ号古墳・南下Ｅ号古墳・上庄司原４号古墳が存在する。後三者の截石切組積石室は、壁体に割り付け用の「朱線」が確認されており〔松本・桜場・右島1980、羽鳥1991〕、構築技術上の密接な関連が想定される（第36図）。

南下Ａ号古墳・Ｅ号古墳の先後関係を検討するに際しては、これらと同一古墳群をなすＢ号古墳の存在が注視される。Ｂ号古墳は自然石を主体とした横穴式石室であるが、玄門と奥壁の一部に切石を使用しており、Ａ号古墳・Ｅ号古墳に先行して構築された石室と考えられる。ここでＢ号古墳の石室平面形や規模、石の積み方などに着目すると、Ａ号古墳との類似性が高いことに気づく。このことから、〈Ｂ号→Ａ号→Ｅ号〉という構築順序が想定される。Ｂ号古墳は、埴輪を伴わない点や石室天井面に明確な段差を有する点などから、７世紀前半を遡るものでなく、これに後続するＡ号古墳・Ｅ号古墳の年代はともに７世紀中葉以降に比定される。両古墳の玄門構造は、立柱石に刳り込みを入れて羨道側壁最奥部を嵌め込むもの（右島によるＤ類玄門）〔右島・津金澤・羽鳥1991〕だが、左右玄門ともこの構造を採用しているＥ号古墳に対して、Ａ号古墳の東側玄門には刳り込みが見られない。蛇穴山古墳の左右玄門がＤ類玄門であることを考えると、Ｅ号古墳はこれに対応する７世紀第４四半期、先行するＡ

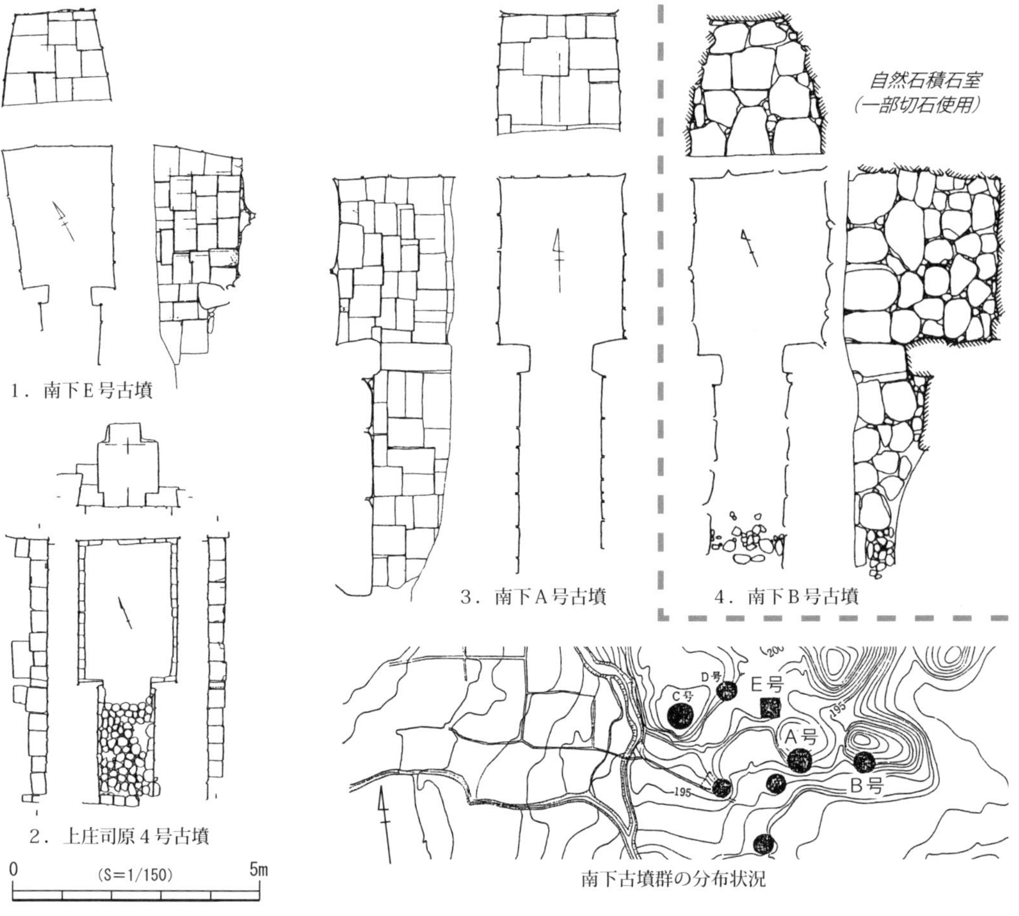

第36図　榛名山東麓の「朱線」を有する截石切組積石室

号古墳は７世紀第３四半期に位置づけられ、〈宝塔山古墳→蛇穴山古墳〉に対応するという従来の理解を追認したい。

南下Ａ号古墳・Ｅ号古墳の年代観を踏まえると、上庄司原４号古墳も同様に７世紀中葉以降であることが確実視される。さらに特徴的な属性として側壁基底石の根石にスリッパ状の沓石（くついし）を設置している点が挙げられ、石室内にはみだす部分が丸みを残す赤城山南麓の小稲荷６号墳の沓石とは異なって、平坦になるように丁寧な加工が施されている。このことから、上庄司原４号古墳の年代は小稲荷６号墳に後続する７世紀第４四半期と考えられる。上庄司原４号古墳には県内の截石切組積石室では唯一「水磨き」の技法が認められ、最新の位置づけとすることを傍証している。

(3) 鳥・鏑川流域

鳥川流域に山ノ上古墳・山ノ上西古墳・御部入古墳、鏑川南岸段丘に多比良古墳・多胡薬師塚古墳、その東側に喜蔵塚古墳・境塚古墳が存在し、山ノ上古墳の北に位置する横口式石

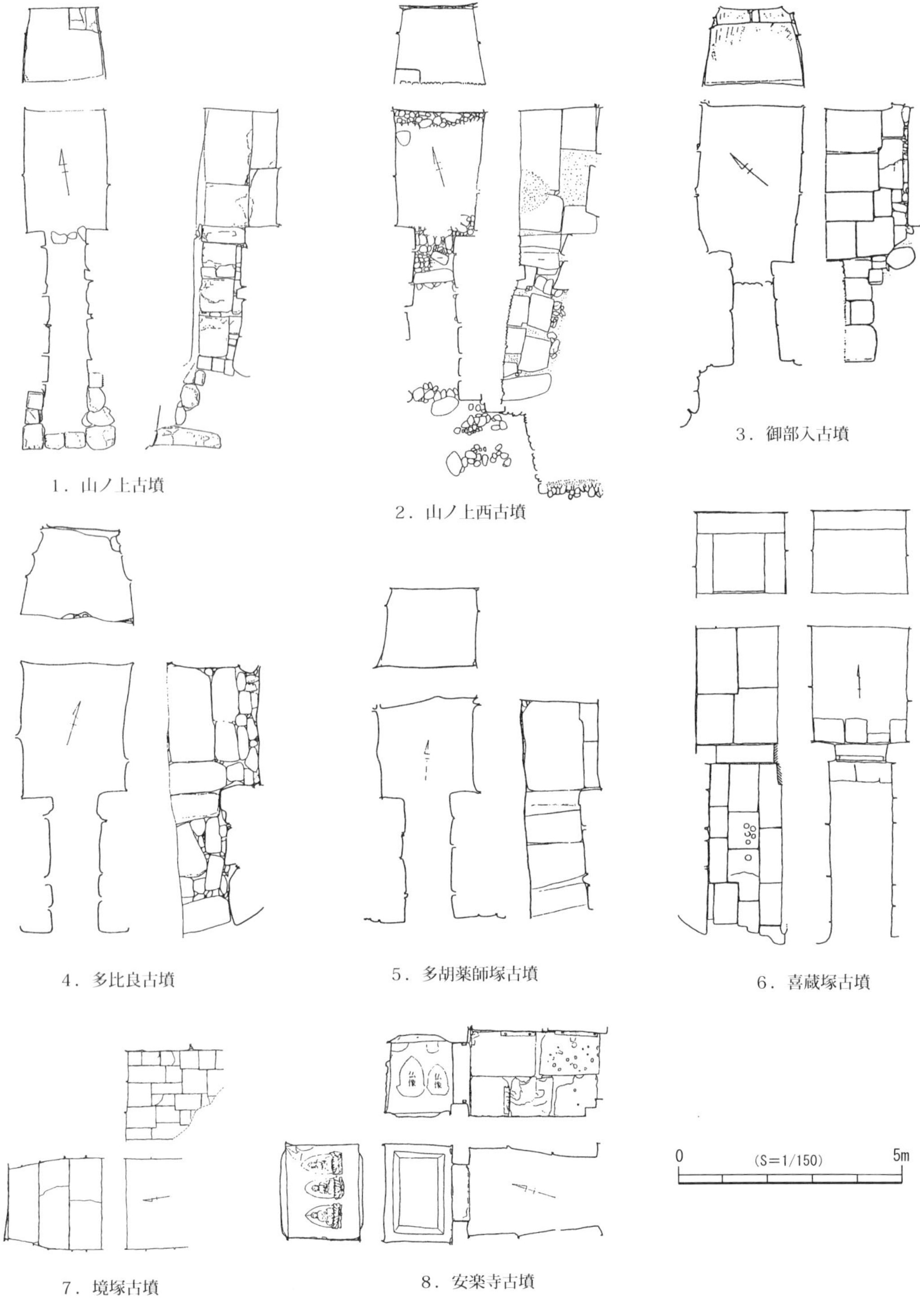

第 37 図　烏・鏑川流域の截石切組積石室

槨様の安楽寺古墳も含めれば、計8基の分布が認められる（第37図）。

烏川流域の石室群は玄門立柱石が内側に突出しない点で共通する。切組積手法の多用化などから、従来の評価通り〈山ノ上古墳→山ノ上西古墳→御部入古墳〉という構築順序で捉えられよう。宝塔山古墳の影響下に成立した御部入古墳が7世紀後半に位置づけられることから、これに先立つ山ノ上古墳は7世紀前半、山ノ上西古墳は7世紀中葉頃と理解される。

刳り込みの施されたC型玄門を設置する多比良古墳・多胡薬師塚古墳については、側壁に切組積手法が見られない点などから多比良古墳の先行性が首肯される。宝塔山古墳の技術的影響を受けた多胡薬師塚古墳が7世紀後半と捉えられるので、多比良古墳は7世紀中葉頃と考えるのが妥当だろう。

喜蔵塚古墳は壁体構成のうえで山ノ上・山ノ上西古墳の影響が看取され、より端整で丁寧な加工である点を評価すれば、これらに後出する7世紀後半と考えられる。

境塚古墳は、大半が土砂で埋没しているため詳細は不明であるが、側壁に中小切石を積み上げており、大型石材を使用する傾向が強い当該地域の截石切組積石室のなかで異質な様相を示している。右島は、石室の小型化・折り上げ手法の存在から、喜蔵塚古墳に後出するとしているが〔右島・津金澤・羽鳥1991〕、石室規模について比較しうるのは奥壁幅のみで小型化と評価できるか疑問である。折り上げ手法自体も年代差を示すか否かは定かでなく、むしろ玄室天井石が2枚以上である点などは、1枚石で構築する喜蔵塚古墳より古相を示しているとも言える。7世紀初頭前後の当該地域において多石構成の切石積石室が数多く営まれた点を考え合わせると、境塚古墳がこれら切石積石室を母体に築造された可能性も一概に否定できないと思われる。あえて具体例を挙げれば、藤岡市別所堂山古墳などに連なるものではなかろうか。現時点では7世紀前半の可能性を考えておきたい。

最後に安楽寺古墳の石室構造は、上野地域における他の截石切組積石室とは明らかに異質で、多くの研究者が指摘する通り、畿内地域における横口式石槨との関連で理解すべきである。佐野三家（みやけ）の支配領域であったことと関係して畿内地域と深いつながりをもっていた造墓主体者（施主）が、終末期古墳の内部主体として成立していた横口式石槨に関する情報を入手し、在地の工人集団を使って構築したものと考えたい。玄門の造作や羨道部を付設している点で畿内地域の工人が直接関与したとは考えにくく、とくに羨道部の石積みは山ノ上西古墳や喜蔵塚古墳などと類似しており、在地工人の手によることを示している。また石槨部の長軸が石室主軸に対して直交する点も畿内地域の横口式石槨とは異なる。右島和夫によれば、畿内地域における埋葬頭位が南北方向を志向するのに対して、群馬県では伝統的に東西方向にとる傾向があり〔右島2003a〕、在地首長たる造墓主体者（施主）の要請が反映された結果、石室構造に変化が生じて独特の墓室スタイルが成立したと考えられる。とはいえ特殊な埋葬施設であるだけに、情報の入手方法としては畿内地域において横口式石槨の構築に携わったものが何らかの理由で当該地域に派遣された可能性が高いだろう。

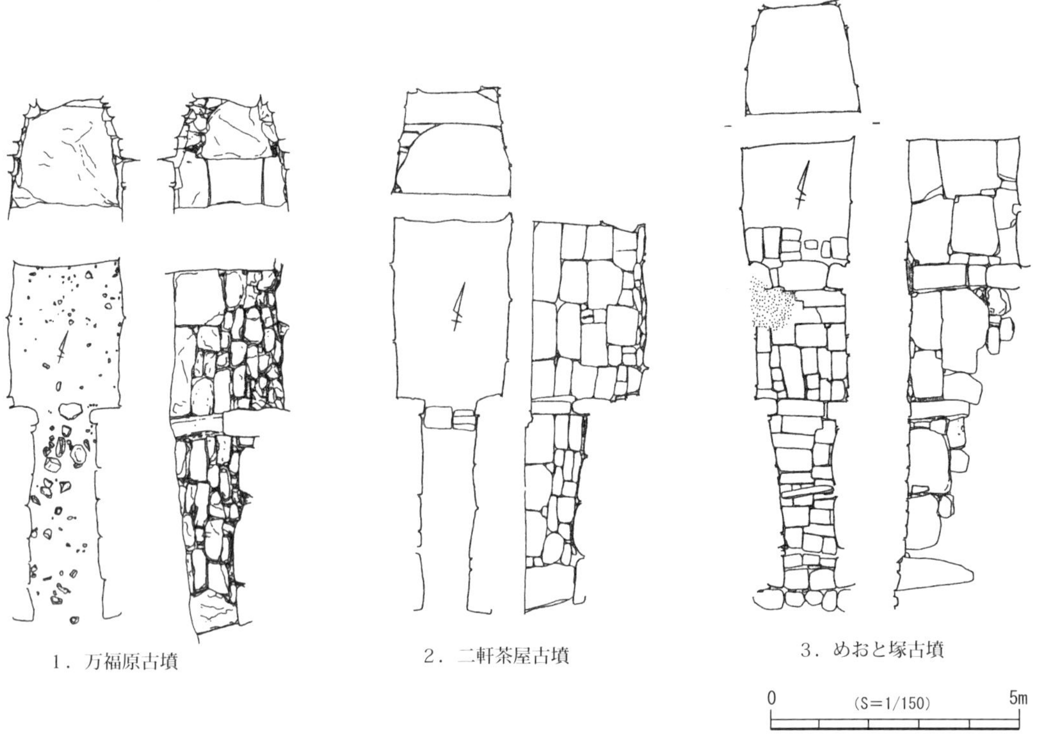

第38図　九十九・秋間川流域の截石切組積石室

(4) 九十九・秋間川流域

万福原古墳･二軒茶屋古墳･めおと塚古墳の3基が近接して営まれている。いずれの石室も、石材の凹凸の目立つ部分に限定した必要最小限の面加工を特徴とし、切組積手法が少ない点でも共通する〔右島2001b〕。3基のうち、万福原古墳･二軒茶屋古墳はとくに類似した造りとなっており、①冠石を垂下する点、②羨道高が開口方向に向かって低くなる点、③奥行きのある大振りの石を羨門としている点で共通する。二軒茶屋古墳には万福原古墳の側壁に認められない切組積手法が採用されており、石材の大きさ・形状も万福原古墳より整ったものとなっているので、〈万福原古墳→二軒茶屋古墳〉の推移が妥当であろう。めおと塚古墳にも切組積手法が採用されているので、万福原古墳より新しいことは明らかである。したがって3基の構築順序は、〈万福原古墳→二軒茶屋古墳→めおと塚古墳〉となる。めおと塚古墳の複室化は、前二者の変遷から窺うことのできない突発的な現象であり、先述した宝塔山古墳との影響関係を傍証するものである。7世紀後半のめおと塚古墳に先行する万福原古墳･二軒茶屋古墳は、7世紀第2四半期から中葉にかけて構築されたものと理解される。

6. 截石切組積石室の展開過程

上野地域内の小地域ごとに検討した截石切組積石室の編年結果を踏まえると、山ノ上古墳

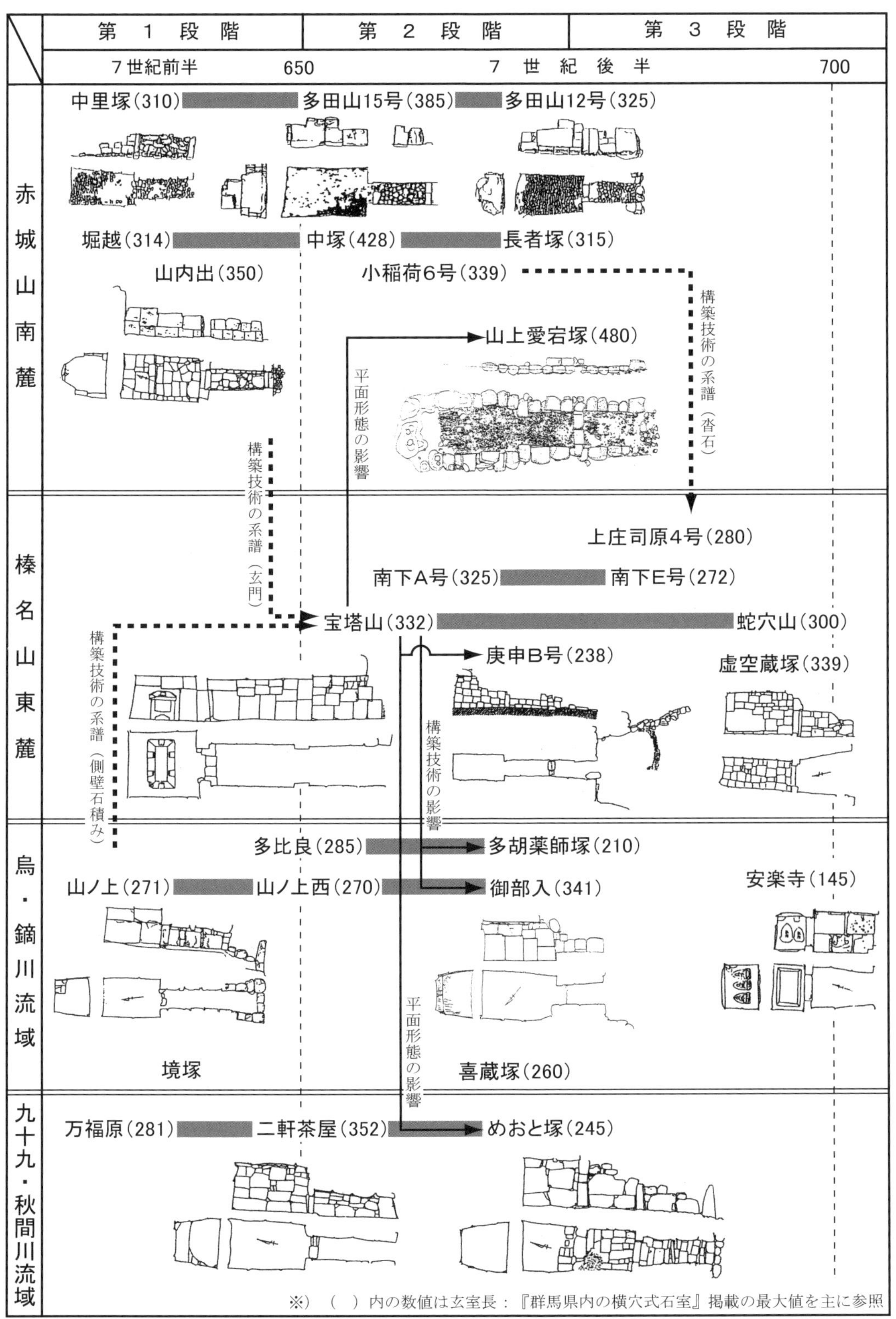

第39図　上野地域における截石切組積石室編年私案

だけでなく、中里塚古墳・堀越古墳・山内出古墳（赤城山南麓）、境塚古墳（烏・鏑川流域）、万福原古墳（九十九・秋間川流域）の計６基が７世紀前半に遡ることになる。

全体の展開過程を通観してみると、大きく３段階に分けて把握することができる（第39図）。

第１段階（７世紀第２四半期）は、前代墓制である切石積石室の技術的伝統のなかで構築されたと考えられる。石材加工はさほど丁寧なものではなく、天井石が未加工である場合も見られる。

第２段階（７世紀第３四半期）は、宝塔山古墳の築造に象徴されるように、截石切組積石室の盛期と言ってよい。第１段階からの技術的進展として石材加工の精緻化、切組積手法の複雑化・多用化が指摘でき、新来技術として硬質石材の敲打仕上げが導入された。また同一系列内の変遷では石室規模（とくに玄室長）の縮小化が認められ、同一規模もしくは拡大傾向にある７世紀前半から中葉にかけての変遷と対照的である[7]。

第３段階（７世紀第４四半期）は榛名山東麓の築造にほぼ限られ、羨道が著しく短小となるか消滅する現象が特徴的である。

7. おわりに

本節では、軟質石材のケズリ加工や切組積手法といった石材加工技術、および立柱石の設置や段差を有する天井面などの構造的特徴を、在地における石室変遷のなかで捉える立場から、上野地域の截石切組積石室編年の見直しを試みた。畿内地域からの影響という点では、７世紀中葉における硬質石材加工技術の導入を評価したが、これも宝塔山古墳からの一元的影響で広まったものではなく、東の赤城山南麓においては上植木廃寺の造営を契機とした別ルートの技術導入を想定した。この考えは、山王廃寺と上植木廃寺の軒丸瓦が異なる瓦当文様をもつことから、それぞれ別個に寺院造営が進められたと考えられることと符合する。

７世紀第３四半期において、宝塔山古墳からの影響関係が各地域に見出せることは事実であるが、宝塔山古墳の玄門や側壁石積みの特徴から、赤城山南麓と烏・鏑川流域の截石切組積石室がその成立に関わりをもっていると推測されることも重要であろう。宝塔山古墳の画期性は、前半期の石室構築技術が結集され、その後に影響を与えているという点にあらわれていると言えるだろう。

註

(1)　間知積みとは、石材を側面から見て台形状の四角錘体に加工し、背後に生じる上下壁材の隙間に小振りの支石を差し込んで、その位置によって壁材の傾きを調整する工法である。

(2)　皇子塚古墳の場合、切石を４段ほど積み上げて玄門としており、厳密には立柱石と言えない。しかし、例えば藤岡市三本木Ａ号古墳などの存在は、玄門立柱石を内側に突出させた截石切組積石室が７世紀前半に遡ることを示唆している。

(3)　冠石とは楣石の一種で、羨道よりも玄室の天井面が一段高い前壁を形成する石室の、玄門立柱石上に架け渡された石材を指す。

(4)　刃付工具による敲打仕上げとは、包丁で刻みを入れたような平行する細い線状の工具痕を残す加工法である。山王廃寺では根巻石・石製鴟尾、宝塔山古墳では石棺および壁石の一部に認められ、津金澤吉茂が「C種加工」と名付けた〔津金澤 1983〕。和田晴吾はこれを「チョウナ叩き技法」と呼び、7世紀代の畿内地域でも奈良県艸墓古墳石棺や大阪府観音塚古墳壁石など数例しか確認されていないと指摘している〔和田 1991〕。

(5)　右島和夫は、この他に小倉A号墳・五十山古墳・富士山古墳を挙げている。前二者については詳細が不明で、図面・写真等で確認することができなかった。小稲荷6号墳の南方1.5kmに位置する富士山古墳は、羨門・玄門に輝石安山岩切石を据えているが、大部分は自然石で構築されているため、本稿では対象外とした。なお富士山古墳は、端整に敲打仕上げされた羨門や前庭部出土土師器の特徴から7世紀第4四半期の築造と考えられる。羨門に精美な切石を配した自然石積石室としては、他に渋川市金井古墳などが挙げられ、7世紀末葉における埋葬施設の一形態として把握される。

(6)　多田山古墳群報告書の「加工痕C」は輝石安山岩の内面加工にのみ認められ、先端の尖ったノミ状工具による敲打仕上げと判断される。

(7)　御部入古墳のみ例外的に山ノ上西古墳よりも玄室長が拡大している。ただし御部入古墳は宝塔山古墳の技術的影響を受けた結果、山ノ上西古墳の石室構造とは懸隔が著しいものとなっており、石室規模の拡大もこのことに起因している可能性がある。

第2節　下野地域―切石組石室の成立と展開―

1. はじめに

下野地域の首長墓造営地は、5世紀末葉頃に栃木県中央部の宇都宮市周辺から南部の小山市・下野市周辺へと中枢を移す。県南部の思川・田川流域には、全長120mを超える大型前方後円墳の摩利支天塚古墳・琵琶塚古墳・吾妻古墳という3代にわたる地域首長墓を筆頭に、傑出した後期・終末期古墳が数多く営まれた。

これら6世紀以降に築造された首長墓の多くは、「基壇（きだん）」と呼ばれる低平で幅広い墳丘1段目をもち、凝灰岩切石を使用した横穴式石室を前方部に設けるという「造墓の型」を共有することから、「下野型古墳」と定義され、地域的な展開が捉えられている〔秋元·大橋 1988〕（第40図）。下野型古墳の横穴式石室は、奥壁・側壁に大型一枚石を用いる点が最大の特徴となっ

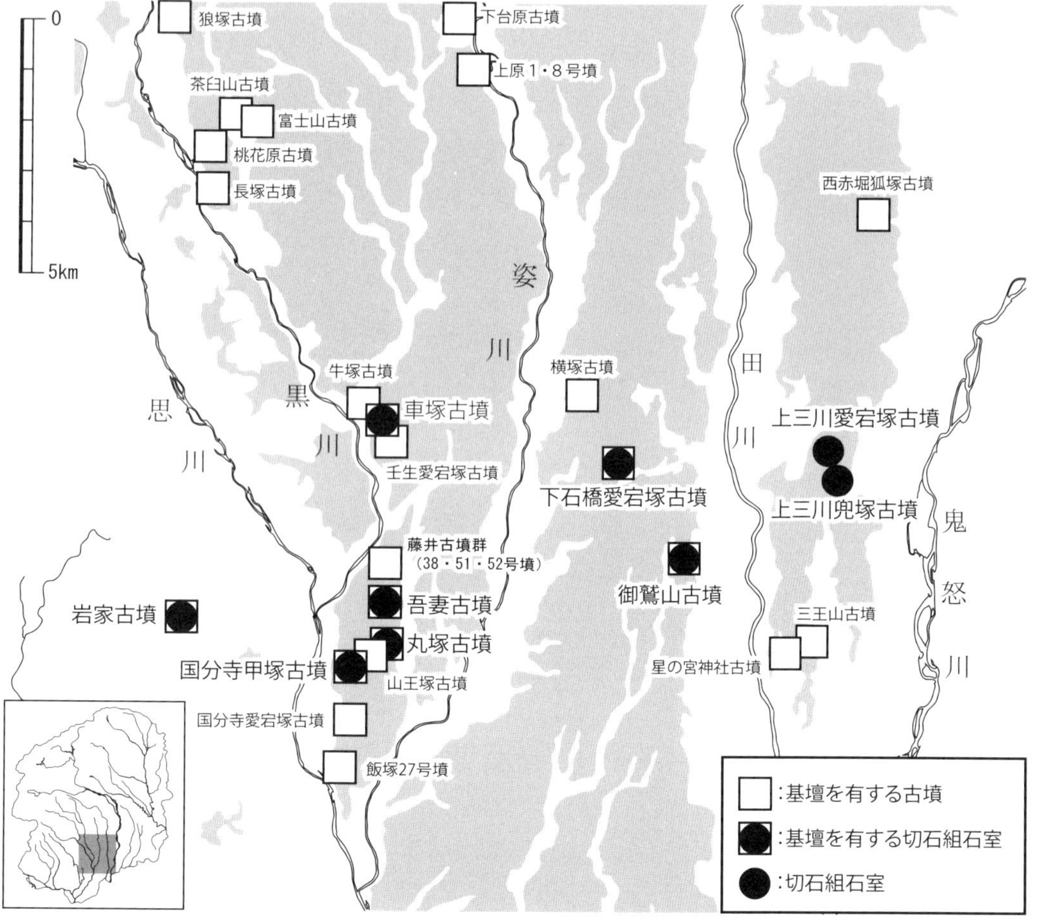

第40図　下野地域における基壇と切石組石室の分布

ており、本書ではこれらを、切石ブロックを積み上げて壁体を構築する「切石積石室」と区別して、「切石組石室（きりいしぐみ）」と呼ぶことにする。周辺地域の有力古墳埋葬施設と比べて、独自色の強い当該地域の切石組石室をめぐっては、これまでその成因について活発な議論がなされてきた。本節では、最新の調査成果を盛り込み、改めてこの問題を中心に取り上げてみたい。

2. 切石組石室の研究史と問題の所在

切石組石室を含む栃木県内の横穴式石室研究は、1960年代までの資料的蓄積を踏まえ、大和久震平によって先鞭がつけられた〔大和久 1971・1972a〕。大和久は、切石によって構築された横穴式石室を、石材の大きさ・用い方により3大別し、とくに本稿でいうところの切石組石室については、組み合わせ玄門の「車塚型」と刳り抜き玄門の「丸塚型」に細別している。この分類案は、山ノ井清人の論考でも踏襲され、使用石材の加工度の差を年代差と見なす石室の段階的変遷が示された〔山ノ井 1981〕。すなわち切石を相対的に新しく位置づける捉え方であり、切石組石室は基本的に7世紀後半の所産と考えられた。ただし、大和久論文発表直後の1972（昭和47）年5月に緊急発掘調査が実施された下石橋愛宕塚古墳については、馬具・須恵器の年代観から7世紀前半の可能性を示唆しつつ、石材の用い方を重視して年代を下降させており、一部に年代的矛盾を孕むものであった。

その後、小野山節によって下石橋愛宕塚古墳出土馬具の年代が6世紀末葉と明示されたこともあって〔小野山 1983〕、石材使用形態の差は地域差あるいは被葬者の違いを反映しているとする見解が示された〔梁木 1983、大金 1984a〕。このなかで切石組石室の年代観は、上記の認識より1世紀近く遡るものとされたが、大勢としては山ノ井の捉え方が受け入れられていたようである。このように切石組石室が7世紀後半を中心とする時期の所産と捉えられた背景には、出土遺物を伴う事例が少ない状況下で、巨石や切石を使用した横穴式石室を相対的に新しく位置づける畿内地域および上野地域の研究成果に依拠したところが大きかった。さらに、“前方部に構築された切石組石室は後に付加された埋葬施設であり、古墳築造当初の埋葬施設は後円部にあるはず”という公算から、吾妻古墳のような埴輪を有する大型前方後円墳の切石組石室も含めて7世紀の所産とする考えが根強かった〔池上 1988、上野 1992b〕。

切石組石室の年代観が見直される転機となったのは、冒頭に触れた秋元陽光・大橋泰夫の取り組みであった。すなわち当該地域に特徴的な基壇をもつ首長墓系列では、円墳に転換する直前の最終末前方後円墳に埴輪祭祀が認められない点や、前方部にのみ石室を構築する事例が多い点を、単位地域ごとに整理した首長墓の変遷から論証し、切石組石室が吾妻古墳を嚆矢として6世紀後半から構築されることを主張したのである。とくに石室の分析では、大型一枚石を使用した切石組石室（秋元・大橋論文では「切石造石室」）について、刳り抜き玄門を伴う単室構造と組み合わせ玄門を伴う複室構造の二者に分け、単室切石組石室が最初に成立し、その影響を受けて複室切石組石室・単室切石積石室が生まれたとする見解を示した。

この画期的論考の著者の一人である大橋は、後に下野地域における横穴式石室の型式学的検討を行い、切石組石室についても玄門の造りを重視した分類・変遷観を提示している〔大橋1990〕。そのなかで、①玄門刳り抜き部の小型化、②側壁の直立化、③天井石の単石化などを指摘し、とくに刳り抜き玄門に唯一刳り込みを有する吾妻古墳石室を最古に位置づけた。大橋が示した変遷観は現在おおむね支持されていると言えるが、吾妻古墳よりも上三川兜塚（かみのかわかぶとづか）古墳の刳り抜き玄門が型式学的に先行すると論じた見解〔中村享史1996〕も見られる。

また刳り抜き玄門を伴う切石組石室の淵源をめぐって、山陰地方、とりわけ出雲東部の石棺式石室を俎上に載せたのも秋元・大橋論文に始まる。前年に刊行された『石棺式石室の研究』において山陰地方の石棺式石室が体系的に整理され、当該石室の特徴が明確に定義されたことを踏まえた見解であろう。この仮説は現在でも広く認められるところだが、その一方で下野地域において独自に創出されたものとする見解〔小森1990〕(1)や、常総地方の板石使用工人集団からの技術的影響関係を想定する意見〔上野1992b〕(2)、出雲東部ではなく伯耆西部や肥後地域との関連を指摘する見解〔小林2005c、市橋2008a〕なども示されており、議論が収束したとは言えない状況である（第41図）。

ここで下野地域における切石組石室との関連が指摘される、肥後地域・出雲東部・伯耆西部の石棺式石室の研究についても、簡単ながら触れておきたい。出雲東部における石棺式石室の特殊性については、梅原末治が早くより九州の古墳に通じる点があることを指摘している〔梅原1918・1919、梅原・石倉1920a・b〕。この問題をさらに追究したのは山本清で、九州に分布する横口式家形石棺や閉塞石の陽刻を取り上げ、時期的・構造的隔たりはあるものの、出雲東部の石棺式石室の起源が九州に求められることの証左と捉えた〔山本1964〕。近年では角田徳幸が、山本の視点を継承しつつ、横口式家形石棺の横口部に由来するとされる刳り抜き玄門の石室を含めた集成を行い、関連事例の時期・分布を中心に検討している〔角田1993〕。その結果、横口式家形石棺・閉塞石陽刻・刳り抜き玄門の3要素、さらには山陰最古の石棺式石室である島根県松江市古天神（ふるてんじん）古墳の祖形が、横口式家形石棺が発達するなかで成立した熊本県宇城市宇賀岳（うがだけ）古墳に求められる点〔小田1980〕を総合して、出雲東部の石棺式石室は宇土半島基部を中心とする肥後地域の影響を受け、独自の石室として創出されたものと結論づけられている。伯耆西部における石棺式石室の成立については、出雲東部との関係が指摘される向きもあるが、石室平面プランや壁体の組み合わせ方が出雲東部ではなく肥後地域と共通している点、石棺式石室墳の鳥取県福岡岩屋古墳に隣接する石馬谷（いしうまだに）古墳で本州唯一の石馬（せきば）が認められる点などを考え合わせると、出雲東部からの拡散というよりは肥後地域から伝播したものと理解した方が自然だろう。したがって、下野地域における切石組石室の成立に外的要因を見出す場合、山陰地方における石棺式石室の源流である肥後地域からの直接的伝播を想定するか、あるいは出雲東部ないし伯耆西部を介しての2次的伝播と捉えるかのいずれかが有力視される。

話を元に戻そう。ここまで述べてきたように、下野地域における切石組石室が有力古墳の埋葬施設として確固たる位置を占めている点については疑いないが、その特殊な石室構造や

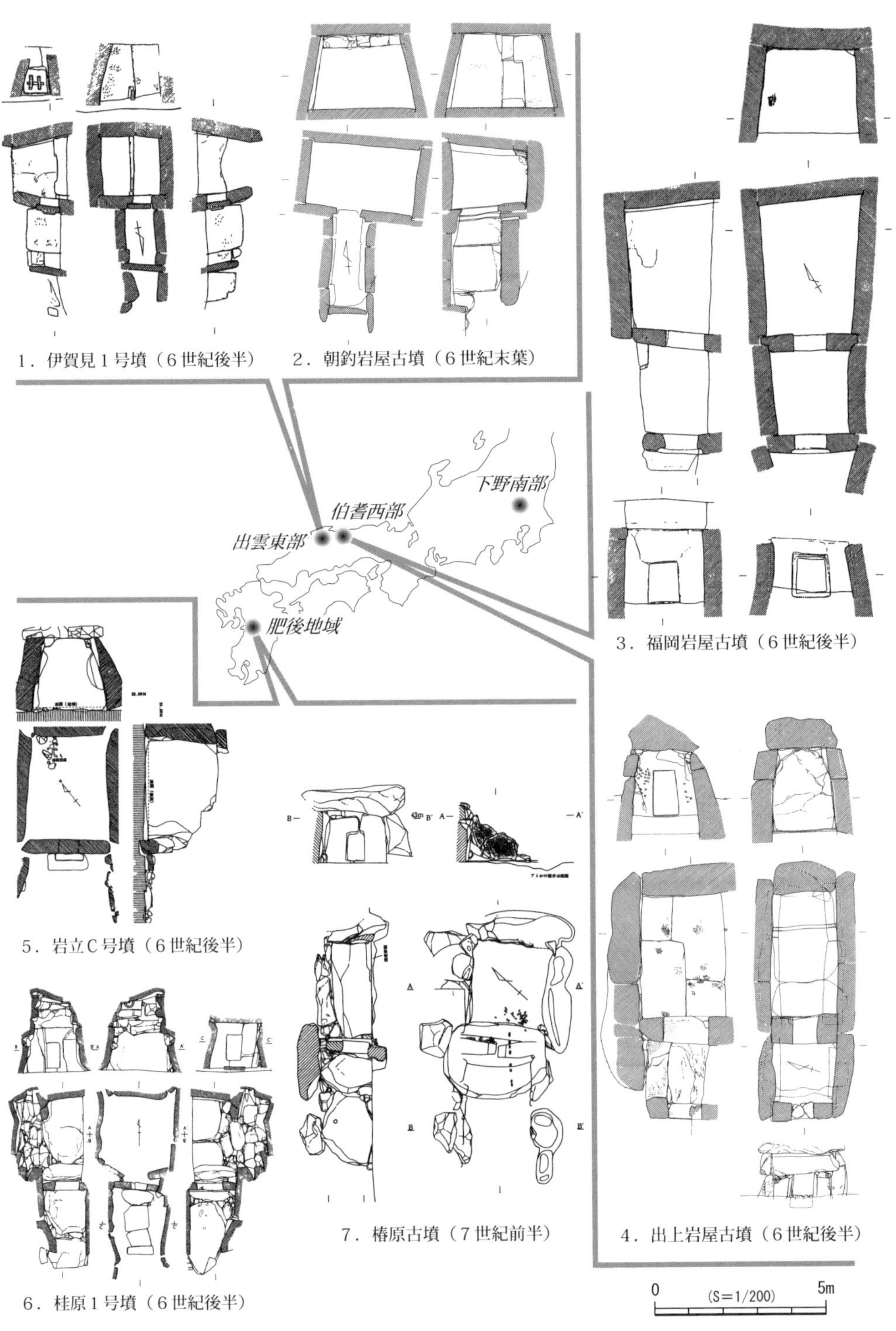

第41図　西日本の刳り抜き玄門関連事例

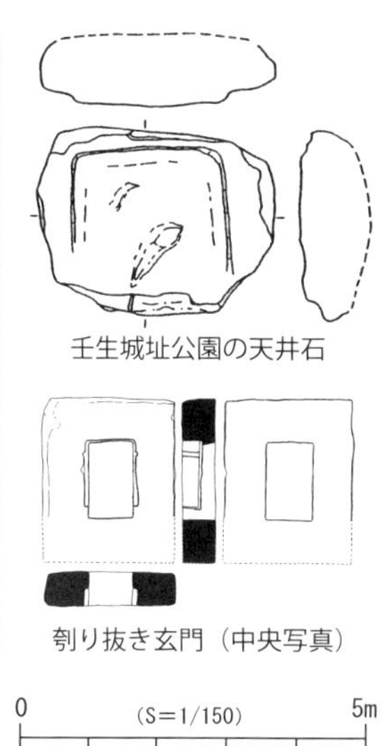

第42図　吾妻古墳石室に関する発掘調査前の判断材料

事例数の少なさから、起源・変遷については依然として様々な可能性が模索されている。とくに吾妻古墳石室は、最古例となる可能性が高い重要な存在であるにもかかわらず、長らく石室に関する情報が明治初年に記された『下野國古墳圖誌』の内容と壬生城址公園に移設された玄門・天井石のみに限られ（第42図）、当該石室に関する評価・解釈の幅を広げる要因となっていた。この隔靴掻痒とした状況は、2007～2010（平成19～22）年に実施された吾妻古墳の発掘調査によって大きな進展を見せる〔中村・齋藤2011〕。そこで当該地域の切石組石室が古段階においていかなる特徴をもって成立したか、吾妻古墳を中心に見ていく。

3. 切石組石室の古段階事例

（1）吾妻古墳（栃木市大光寺町・下都賀郡壬生町藤井：第43図1）

吾妻古墳は、墳丘全長127.85m、周堀外縁長162.12mを測る栃木県最大の前方後円墳である。墳丘第1段（基壇）は幅広く低平だが、中央から外縁にかけてロームによる盛土が上面を覆っており、基壇面も墳丘の一部と見なすことができる。出土遺物には、円筒・形象埴輪のほか、副葬品の銀板片（銀冠？）・装飾付大刀銀製責金具・銀装刀子・金銅製帯金具・挂甲小札・鉄鏃・ガラス小玉があり、年代観としてTK43型式期に位置づけられる。また墳丘盛土直下の旧表土中から、6世紀中葉に噴出された榛名山二ッ岳渋川テフラに由来すると考えられる灰白色軽石（Hr-FP）が検出された点を含めると、吾妻古墳の築造年代は6世紀中葉まで遡らず、遺物の示す年代観に落ち着くものと考えられる。従来、下野型古墳の嚆矢という評価から、他の基壇・埴輪を有する古墳よりも古く位置づけられる傾向があったが、発掘調査報告書では際だった古さは認められないと結論づけられている。

前方部前端に存在するとされた横穴式石室については、2008（平成20）年の発掘調査で詳

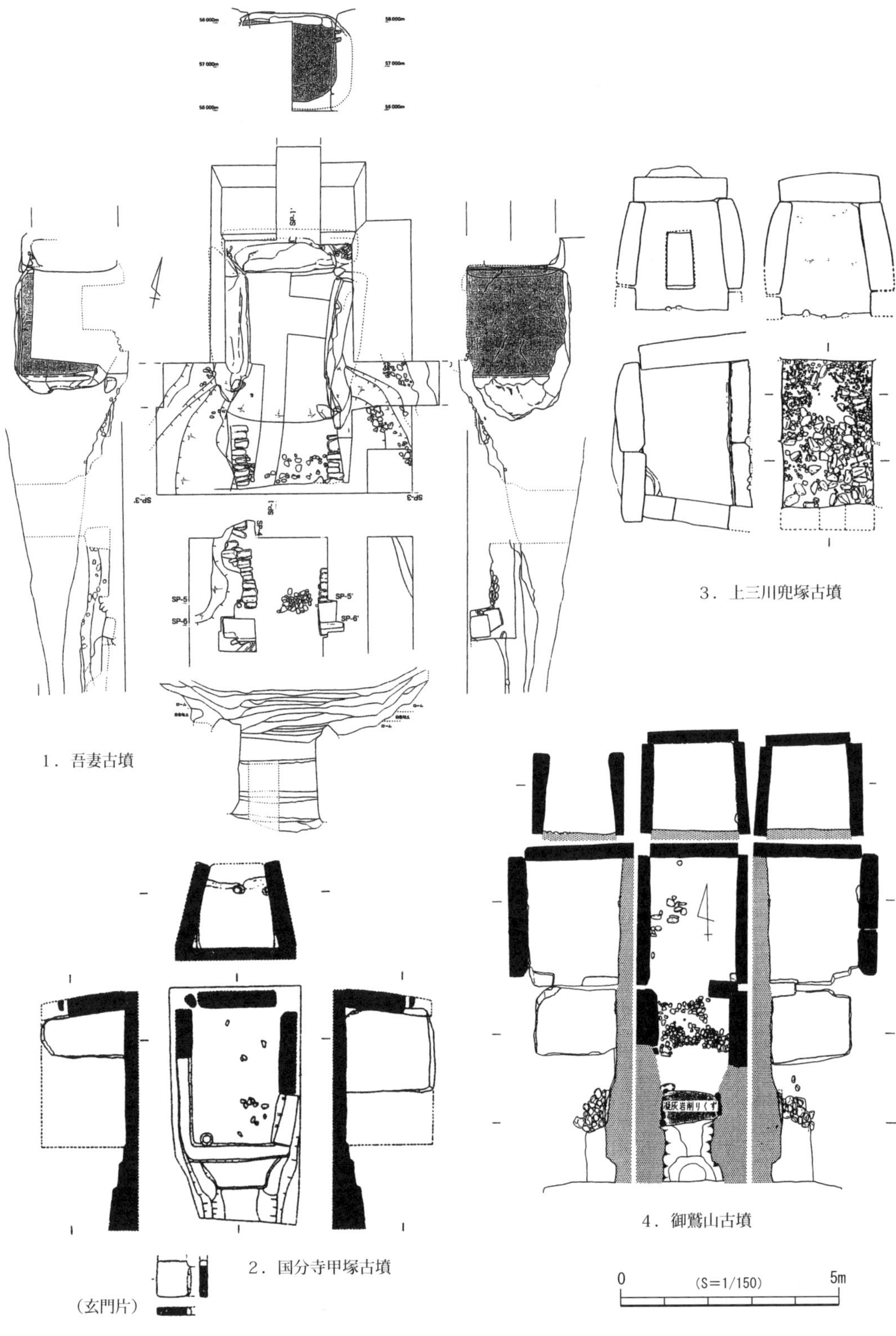

第43図　下野地域における６世紀代の切石組石室

細が明らかとなった。以下、吾妻古墳石室の特徴を3項目に分けて整理しておく。

石室と墳丘との関係　今回の発掘調査では、石室裏側に相当する墳丘盛土も部分的に掘り下げられた。盛土には白色粘土や円礫が混ぜ込まれており、墳丘築成と一体的に進められた石室の構築工程を窺うことができる。この調査所見をもって、墳丘築成後に時期をおいて前方部石室が付加されたという解釈は棄却される。後円部に対してもトレンチ調査や電気探査が行われたが、確実な主体部は発見されず、前方部石室が吾妻古墳本来の埋葬主体であるとする秋元・大橋説を裏付ける結果となった。すなわち、吾妻古墳の切石組石室の年代を、墳丘や埴輪の示す年代に即応させて位置づけることが妥当と言える。

石室構成と使用石材　これまで「吾妻岩屋」と表現されてきた石室の実態は、破砕状閃緑岩の大型一枚石で奥壁・側壁を組み立てた玄室の前面に、河原石小口積みの長大な側壁部分が続き、開口部に凝灰岩切石積みの羨門が取り付くというものであった。奥壁から羨門前端までの石室全長は8.40mを測り、玄室は奥行き2.40m・幅1.70mの長方形を呈する。

石室全体の中で大部分を占める河原石積み部分には、仕切りとなるような区画施設が認められなかったが、河原石積み側壁の南側（入口側）では北端部分より0.3mほど幅が狭くなっており、奥側と入口側を区別する意識が看取される。報告書では、藤井小学校所在の伝・吾妻古墳天井石（第42図石材と別個体）の小ささと刳り込みを、前門・羨道部分に架けるための造作と解釈し、河原石積み側壁の前半を羨道、奥半を前室とする複室構造と捉えている。

開口部に設置された凝灰岩切石積みの羨門は、東側の上段切石が斜めに面取りされており、その面が墳丘斜面に露出していたと考えられる。石室前の墳丘面では前庭部や墓道などの施設が確認されておらず、また石室内と基壇平坦面の間に大きな段差がない点を考え合わせると、基壇平坦面から立ち上がる墳丘第2段斜面に石室が直接開口するかたちと想定できる。

石材加工技術と石室構築技術　石室石材のうち、刳り抜き玄門と羨門には凝灰岩、玄室の奥壁・側壁と天井石には破砕状閃緑岩が用いられていた。凝灰岩は比較的軟質で加工が容易だが、深成岩である閃緑岩は硬質で、加工するのに労力のみならず高度な技術を要する。奥壁・側壁の加工は、石室として組み上がったときの内側の壁面を平滑に整えており、畿内地域における7世紀の有力古墳に採用された硬質石材の切石加工と比べても遜色ない面仕上げと言えるが、裏側には自然面に近い状況を残す部位もあり、その点では異なっている。

凝灰岩製の刳り抜き玄門は、高さ2.33m・幅1.84m・厚さ0.48mで、ほぼ中央に長方形の孔があけられている。高さ1.1m・幅0.67mの出入り用の刳り抜き孔に重なるように、反対側の面から高さ0.93m・幅0.76mの孔が穿たれており、ここに閉塞用の扉石が嵌め込まれたと考えられる(3)。この閉塞石用の刳り込みは刳り抜き孔全体を覆っておらず、扉石を嵌め込むと刳り抜き孔下方に17cmほどの隙間が生じることになる。玄室床面は側壁最下底面まで撹乱が及んでいたため床面構造は不明であるが、恐らくこの閉塞石用刳り込みの下端が石室床面の高さで、これより下方は地中に埋設されていたと考えられる。その場合、石室高は1.54m程度となるが、赤彩の施された奥壁平滑面が東側壁と接する位置も、奥壁上端から1.6mほどの高さなので、おおむね妥当な想定と言ってよいだろう。

硬質の閃緑岩一枚石を使用した側壁の内面前方や上端内面側、奥壁側縁には、石材どうしを組み合わせるための刳り込みが施されている。側壁内面の前方に玄門を挟み込むための刳り込みがあることは『下野國古墳圖誌』の図面に表現されているが、天井石と組み合う側壁上端にも刳り込みがある点は発掘調査ではじめて明らかとなった。現在壬生城址公園に保管されている天井石の縁辺も一段低く加工されており（第42図参照）、側壁上端内面側の刳り込みと組み合わさって天井石を印籠蓋状に落とし込む造りとなっている。なお奥壁・玄室側壁の内面には赤色塗彩が施されているが、奥壁・側壁どうしが重なり合う部分や石材下端まで赤彩されていることから、石材表面に顔料を塗彩した後で組み立てたものと考えられる。

(2) 国分寺甲塚古墳（下野市国分寺：第43図2）

国分寺甲塚（こくぶんじかぶとづか）古墳は墳丘長85m・後円部径63mの帆立貝形古墳で、基壇をもつ下野型古墳の1つである。2004（平成16）年に実施された発掘調査で、基壇平坦面にならぶ円筒・形象埴輪列と大量の土器群が確認された〔下野市教委2014〕。「基壇はかつて墳頂部で実施していた儀礼に一面で共通した性格を備えた儀礼を、墳丘裾部で行うために創出されたもの」と捉えた土生田純之の推論〔土生田1996〕を裏付けるような調査成果と言える。遺物の年代観はTK43型式期で、吾妻古墳とほぼ同時期の築造と考えられる。

切石組石室は吾妻古墳と同様、墳丘第2段目の前方部前端に位置し、凝灰岩の一枚石を組み立てた単室構造である〔秋元・大橋・水沼1989〕。石室全長4.1m・玄室長3.0m・玄室幅2.0m・玄室高1.9mを測り、吾妻古墳より一回り大きい玄室に短い羨道が接続する。羨道は全く残っていなかったので使用石材や石積みの特徴は不明だが、玄室の石材据え方は明瞭で石室前には素掘りの墓道が取り付くので、羨道の短い単室構造という想定に間違いはないだろう。

石室の構築位置は地下式で、旧表土面から約1.2m掘り込んだ墓坑内に壁材を据えている。墓道から羨道、玄室へと床面レベルは漸減しており、開口部から石室内部に至るレベルがおおむねフラットな吾妻古墳とは異なる構築手法がとられている。同様の地下式構造は御鷲山（おわしやま）古墳・桃花原（とうかはら）古墳に認められる。

石材の組み立て方は、奥壁を両側壁で挟み込むかたちである。壁体下半部の隅角には隙間が生じているが、奥壁・両側壁を内傾させ、壁体上半部の接する部分を斜めに削り落として支え合う構造となっている。

最後に玄門について触れておきたい。本古墳は当該地域において刳り抜き玄門を有する数少ない事例の一つとして扱われているが、果たしてその評価は妥当であろうか。1989（平成元）年の石室調査報告では、石室内に倒れていた凝灰岩片を根拠に「刳り抜き玄門であった可能性を考えている」〔秋元・大橋・水沼前掲　p.192〕が、刳り抜き玄門の痕跡とされたL字状の加工部分はごくわずかであり、これのみをもって刳り抜き玄門と断言してよいものか疑わしい。また、この石材片は厚さ約30㎝で、厚さ35〜38㎝を測る「側壁の石材よりもやや薄い」と報告されているが、掲載された実測図のスケール通り30分の1の縮尺だとすれば、石材片の厚さは15cmほどで側壁石材との厚みの差は相当大きいものとなる。石材片の厚さが報告通り30cmとすると、刳り抜き部脇の石材幅は1.2mとなり、玄門幅は倍の2.4mに刳り抜き部幅を加えた3m近い大きさに復元される。これでは玄室幅を大きく上回ってしまうので、石材片が刳り抜き玄門の破片だとすれば、報告された数値ではなく実測図に付されたスケールが正しいと判断すべきだろう。結論として筆者は、本古墳が確実に刳り抜き玄門を有する事例と断言できず、仮に刳り抜き玄門であったとしても側壁石材の半分以下の厚みしかない極めて薄い板石を使用している点で、他例と異なる位置づけが必要と考える。

(3) 上三川兜塚古墳（河内郡上三川町：第43図3）

上三川兜塚（かみのかわかぶとづか）古墳の墳丘は現在削平されており、石室周辺がわずかな高まりとして遺存している状況である。墳形については、明治年間の地籍図および昭和20年代の航空写真から、直径45mほどの円墳とされているが〔秋元・大橋1988〕、基壇の有無など詳細は不明である。封土が取り除かれたため、石室は石舞台古墳のように露出しているが、玄室構築材は天井石や玄門を含め動かされることなく築造当時の石積みをとどめている。遺物は墳丘から円筒・人物埴輪、石室内から小札・須恵器甕が出土しているほか、出土地点不詳ながら勾玉・土師器坏などが出土したと伝えられる〔上三川町史編さん委員会1979〕。

1988・1989（昭和63・平成元）年に石室内の清掃・実測が実施され、石室壁体が当初の認識より40cmほど下に潜り込んでいることが確認された〔秋元・大橋1989〕。奥壁・側壁・玄門・天井石すべてに凝灰岩切石を使用しており、とくに玄門は高さ1.2m・幅0.6mの孔を穿った刳り抜き玄門である。玄室規模は奥行き3.3m・幅2.1mで、国分寺甲塚古墳よりもわずかに大きい程度である。この石室が他例と比して特異なのは、左右両側壁が上下2段積みとなっている点である。すなわち、厳密にいえば本古墳は切石組石室ではなく、切石積石室に分類される。ただし、大型石材を特徴的に組み合わせている点や刳り抜き玄門を採用している点から、他の切石組石室と密接に関わると考えてよいので、本稿では例外的に検討対象に含めた。ここで改めて最大の特徴である側壁石積みに注目してみると、左右の基底石が2段目石材よりも著しく低く、基底石上面の高さが玄門刳り抜き部の下端に一致している点に気づく。高さを揃えている点を意図的な造作と評価するならば、このレベルが石室構築過程上、あるいは石室構造上何らかの意味を有している可能性が高い。筆者はこのレベルが本古墳の石室床面にあたり、玄門は刳り抜き部の下端まで地中に埋設されていたのではないかと考える。大型石材による一枚石構成を志向する当該石室のあり方を念頭に置くと、本古墳の石室側壁として見える部分も一枚石で構成するように配慮されたと考えるのが自然で、石室下に埋もれて見えなくなる部分に高さ調整のための低い石材が据えられたと解釈しておきたい。なお石室内は床面まで攪乱が及んでおり、床面構造は不詳とされている。石材設置面の高さから天井石までは2.4mを測り、上述の位置を床面レベルと認めてよければ石室高は約2mとなる。

(4) 御鷲山古墳（下野市薬師寺：第43図4）

御鷲山（おわしやま）古墳は、二段築成の前方後円墳で、墳丘全長は基壇面で83m以上と推定されている。

出土遺物は円筒埴輪・形象埴輪・須恵器甕のほか、鉄鏃・刀子・挂甲小札・馬具（轡・雲珠脚部・辻金具・飾金具・鞍・鉸具）・鐙が挙げられ、TK209型式期に位置づけられる〔南河内町史編さん委員会1992〕。恐らく埴輪を伴う前方後円墳としては最終末の事例であり、6世紀末葉頃の年代が与えられよう。

前方部側面に構築された切石組石室は、石室全長6m・玄室長2.81m・奥壁幅2.02mを測る複室構造石室である。玄室・前室の壁石・天井石は凝灰岩の一枚石、羨道は河原石小口積みで構築されており、刳り抜き玄門ではなく仕切石のない組み合わせ玄門を採用している。

石室構造でとくに注目されるのは玄門部の造作で、玄室側壁と前室側壁の接する上端・下端をそれぞれL字形に切り込み、裏側にL字形の切り込みを入れた玄門立柱石を側壁下端の切り欠き部に嵌め込んでいる。立柱石上に差し渡す楣石は失われているが、側壁上端の切り欠き部に嵌め込まれたと考えられる。

なお玄室床面は全体的に撹乱を受けており、いかなる構造であったか定かでないが、前室からは金属製品が床面上で出土していることから、調査で確認された拳大の河原石が全面に敷かれていたものと理解できる。

4. 下野地域における切石組石室の変遷

（1）4古墳の関係性

既往の研究では吾妻古墳の先行性を主張する意見が大勢を占めていたが、近年の調査で得られた埴輪や土器の年代観によれば、吾妻古墳と国分寺甲塚古墳がおおむね同時期であると捉えられる。また発掘調査が実施されていない上三川兜塚古墳についても、前二者より新しいとする積極的な理由は見当たらない。現時点での理解として、吾妻古墳・国分寺甲塚古墳・上三川兜塚古墳を6世紀後半、御鷲山古墳をこれよりやや新しい6世紀末葉頃の築造と位置づけることが妥当であろう。

前項でまとめた通り、4古墳の石室構造は、前室・羨道を河原石積みとする複室構造（吾妻古墳）、河原石積みの羨道が接続する単室構造（国分寺甲塚古墳・上三川兜塚古墳）、玄室・前室が一枚石構成の複室構造（御鷲山古墳）の3つに分けられる。そこで次に、これらの古段階事例を起点として、その後どのように変遷したと考えられるのか私見を述べたい。

（2）7世紀における切石組石室の展開

上記4古墳以外の切石組石室としては、下野市丸塚古墳・上三川愛宕塚古墳・栃木市岩家（いわや）古墳・下野市下石橋愛宕塚古墳・壬生町車塚古墳の5例を挙げることができる（第44図）。このほか壬生町桃花原（とうかはら）古墳を含める意見もあるが、発掘調査で構造が明らかなのは河原石積みの前室・羨道・前庭部のみで、玄室の奥壁・側壁は確認されていない。石室盗掘後の埋土内に多くの凝灰岩の粉石が層をなして認められたことから凝灰岩を構築材とする可能性が指摘されているが、凝灰岩を用いていたとしても確実に一枚石構成であると言いきれないので、本稿では除外しておく。なお桃花原古墳の玄室が仮に凝灰岩の一枚石構成であるとすれば、

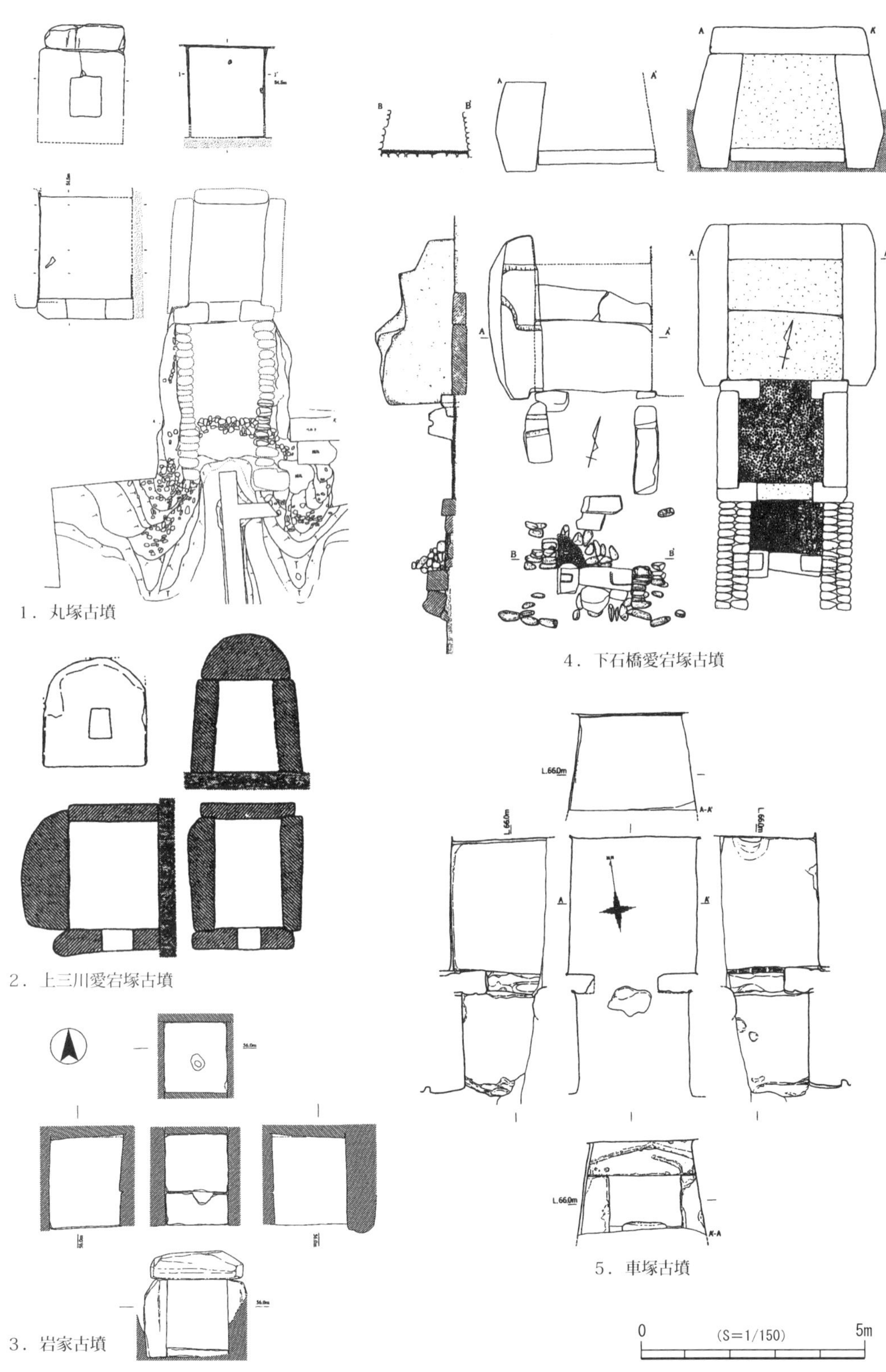

第44図　下野地域における7世紀代の切石組石室

吾妻古墳と同様の石室構成として分類されることになるが、石室構築面の位置や刳り抜き玄門の有無などを勘案すると、両古墳の関係性を直接結びつけて考えることは難しい。

冒頭で挙げた5例を石室構造にもとづいて分けると、岩家古墳は奥半が遺存しているのみで分類不能、丸塚古墳・上三川愛宕塚古墳は国分寺甲塚古墳と同様の単室構造と捉えられてきた。また下石橋愛宕塚古墳・車塚古墳は御鷲山古墳と同様の複室構造に分類され、刳り抜き玄門ではなく組み合わせ玄門を採用している点を含め、他の切石組石室とは異なる石室群として間違いないだろう。ここで従来複室構造とは考えられてこなかった前者3例について、壁体の内傾度に着目すると違ったグルーピングが浮上してくる。

壁体の傾きについては、玄門刳り抜き部の形・大きさや天井石の構成などとともに切石組石室の新旧を示す指標の一つとされ、内傾するものから直立するものへの変遷が指摘されていた〔大橋 1990〕。出雲地域の石棺式石室も壁面の直立化が指摘されており〔出雲考古学研究会 1987〕、下野地域における切石組石室の淵源として出雲地域を想定して同様の変遷過程が考えられたものと推察される。しかし、国分寺甲塚古墳･上三川兜塚古墳の壁体は内傾しているが、最近の調査で明らかとなった吾妻古墳の壁体は奥壁・側壁ともに直立していた。そして丸塚古墳・岩家古墳の壁体は確かに直立しているが、上三川愛宕塚古墳（第44図2）については子細に観察してみると側壁がわずかに内傾していると見てとることができる[(4)]。このような実態を踏まえると、壁体内傾度は新旧の指標ではなく、石室系列の違いを反映している可能性が考えられる。すなわち、内傾しているグループとして〈国分寺甲塚古墳･上三川兜塚古墳･上三川愛宕塚古墳〉、直立しているグループとして〈吾妻古墳・丸塚古墳・岩家古墳〉を設定することができる。この分類は石室の構築位置という視点からも追認しうる。前者については国分寺甲塚古墳が地下式であると知れるだけだが、後者は3例すべてが基壇上に石室を構築しており、少なくとも国分寺甲塚古墳とは一線を画することが許されよう。

この分類に従うと、内傾グループは〈国分寺甲塚・上三川兜塚→上三川愛宕塚〉の新旧関係で理解でき、さらに国分寺甲塚古墳の刳り抜き玄門が疑問視される点と古墳の立地を考え合わせると、前二者がおおむね同時期に構築された後、上三川兜塚古墳の流れを汲んで上三川愛宕塚古墳が営まれたと整理することが妥当である。上三川兜塚古墳に見られた側壁基底石の設置は次代の上三川愛宕塚古墳には引き継がれず、他例と同様に一枚石を直接据える工法がとられたのだろう。

もう一方の直立グループのなかで、岩家古墳（第44図3）は石室の全容が不明であるものの、玄室長1.95m[(5)]、奥幅1.35mと石室規模が最も小さいものとなっており、小石槨への志向性を窺うことができることから、最も新しく位置づけられる〔市橋 2008a〕。したがって、〈吾妻→丸塚→岩家〉の変遷が妥当で、丸塚古墳に7世紀前半、岩家古墳に7世紀後半の年代が与えられる。これまで国分寺甲塚古墳と同様に短羨道が接続すると想定されていた丸塚古墳については、2006（平成18）年度の調査で玄室前に長大な河原石積みが続くことが判明し（第44図1）、複室構造の可能性も指摘されている。丸塚古墳の残存石積みでは複室と断定しがたいが、吾妻古墳の複室構造は前室と羨道の区画が明瞭でなく、仮に丸塚古墳が単室構造であったとしても、吾妻古墳からの変遷が大きな構造変化を伴うものではないと言える。

最後に、組み合わせ玄門の複室構造石室である御鷲山古墳･下石橋愛宕塚古墳･車塚古墳（第44図４・５）について言及しておく。墳丘形態・石室構造の共通性の高さから下石橋愛宕塚古墳と車塚古墳が有意な関係をもって築造された点に疑いはなく、かつ先行する御鷲山古墳と下石橋愛宕塚古墳が近接している点を評価するならば、〈御鷲山→下石橋愛宕塚→車塚〉の変遷が想定される。車塚古墳の前室規模は下石橋愛宕塚古墳よりも一回り大きく、複室構造の変遷観として前室の拡大が１つの指標となることからも両者の先後関係を追認できよう。下石橋愛宕塚古墳からはTK209型式期の豊富な馬具が出土しており、御鷲山古墳に後続する７世紀初頭頃に位置づけられる。車塚古墳も下石橋愛宕塚古墳との共通性の高さから時期的に近接していると判断され、７世紀初頭～前半に比定しておきたい。

5. 成立過程にみる外来性と在地性

下野地域における切石組石室の成立過程をめぐっては、研究史のなかで指摘した通り、出雲東部・伯耆西部・肥後地域といった外部からの伝播と捉える見方が大方支持されているようだが、筆者は下野地域で創出されたと説く小森哲也の視点も評価する立場をとる。誤解を与えないように詳しく述べると、刳り抜き玄門や巨石を組み合わせる壁体構造といった要素は下野地域で創出されたとは考えずに外部からもたらされたと捉え、刳り抜き玄門を伴わない一部の切石組石室は在地の構築技術をベースに成立した可能性があるのではないかと考えている。すなわち、古段階の４古墳に当てはめれば、吾妻古墳・上三川兜塚古墳が外部からの影響を強く受けたものであるのに対して、国分寺甲塚古墳・御鷲山古墳は在地色を色濃く反映している可能性を指摘したい。

吾妻古墳･上三川兜塚古墳の刳り抜き玄門については、成立当初から完成された形態であり、在地内で突発的に創出されたと捉える明確な根拠がない。同時代の他地域に成立過程を辿れる類例が存在する以上、他地域からの伝播を想定する方が理解しやすい。では具体的な淵源はどこに求めるべきだろうか。両石室とも奥壁・玄門を両側壁で挟む組み合わせ方で、いわゆる妻入りの平面プランであることから、出雲東部が淵源である可能性は低い。そのうえで吾妻古墳の奥壁・側壁が硬質石材の切石である点を考慮すると、同じく硬質石材の安山岩切石で壁体を構築した刳り抜き玄門使用石室が伯耆西部に存在する点が注目される。すなわち鳥取県琴浦町出上（いでがみ）岩屋古墳と大山町岩屋平（な）ル古墳の２例で、とくに６世紀後半に比定される前者は、側壁を２段積みにしている点で上三川兜塚古墳との共通性も窺わせる（第41図４)。すべての構造的特徴が一致するわけではないが、吾妻古墳・上三川兜塚古墳の刳り抜き玄門や切石組構造の起源は伯耆西部に求めることが現状では妥当と結論づけたい。

一方、国分寺甲塚古墳・御鷲山古墳を在地内で創出されたと捉える最大の根拠は、両古墳が墓坑内に石室を構築する地下式構造をとる点である。前章で取り上げた片袖形石室や当該地域で「飯塚型」・「藤井型」と定義される無袖形・両袖形石室〔大橋 1990〕など、下野地域では横穴式石室導入以来、地下式構造を好んで採用しており、当該地域の横穴式石室全般に通じる特徴と言ってよい（第45図）。これらと対照的に外来性の強い石室として位置づけた吾妻古墳では地下式構造がとられておらず、両者の成立過程が異なることを追認できる。また刳り抜き玄門でない可能性が考えられる国分寺甲塚古墳については、地下式構造のみならず短小な羨道という属性もあわせて在地の石室によくみられる特徴と言える。以上の諸点を勘案し、国分寺甲塚古墳・御鷲山古墳については在来墓制の構築手法を下敷きにしつつ、一枚石の巨石を用いる点など新たな要素を取り入れて創出された石室構造であると考える。

下野地域の切石組石室について個々の属性を比較すると、石室間の差異が目につき、起源を絞り込むことが困難となる。本稿では、古段階の事例に焦点を当て在地性の強弱という視点から捉え直すことで、ある程度合理的な解釈に帰着できたと思うが、関連事例の追加および調査・研究の進展をまって今後も精査を重ねていく必要があろう。

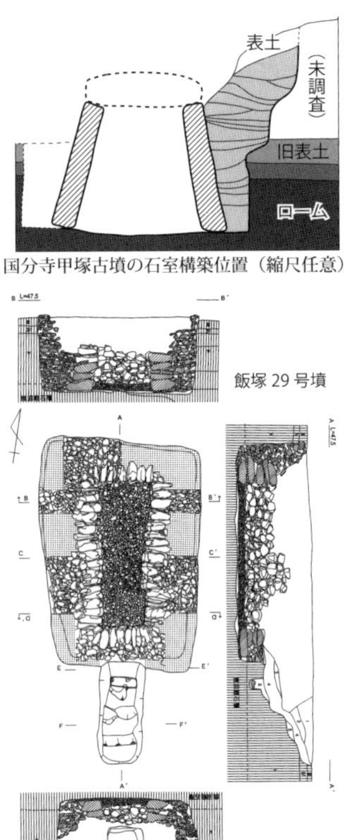

第45図　地下式・短羨道の志向性

註

(1)　小森哲也は、近年改めて関連事例の諸要素を同一の視点から比較検討しており、肥後・出雲・伯耆・下野の各地域間において、石棺式石室の設計や施工を担う個人あるいは集団の移動を伴う相互の直接交流はなかったという結論に至っている〔小森 2012〕。そのうえで、それぞれが全く無関係に成立したのではなく、各地の実情にあわせて選択的に相互の情報を取り入れたとしており、在地性を重視した受容形態を想定しているものと捉えられる。

(2)　上野恵司はその後の論考で考えを改め、下野地域における刳り抜き玄門の切石組石室が出雲の影響を受けて成立した可能性について言及している〔上野 1996c〕。

(3)　刳り抜き玄門の各部数値は『壬生町史』の報告による〔山ノ井 1987〕。

(4)　上三川愛宕塚古墳の壁体が内傾している点については、近年市橋一郎の論文でも指摘されている〔市橋 2008a〕。

(5)　岩家古墳石室の残存する天井石前面下端には、玄門石材と組み合わせるためのものと考えられる窪みが施されている。したがって単室か複室かは明らかにしがたいが、玄室の奥行きが現状以上に伸びる可能性は低い。

第３節　常陸地域―片岩板石組石室と凝灰岩切石組石室の展開―

1. はじめに

6〜7 世紀における関東地方の物流や地域間交流を考える際、列島内陸部を縦貫する古東山道ルートや太平洋沿岸を通過する古東海道ルートをはじめとする陸路に加え、海上・河川交通の重要性にも注視しなければならない。とくに石室・石棺材や埴輪といった重量物の遠隔地供給が行われた 6 世紀後半を中心とする物資流通において、水運の果たした役割は大きかったと言える〔高橋・本間 1994〕。この水運が展開した主要な領域は、上野・武蔵地域を貫流する古利根川流域圏および東京湾・香取海（かとりのうみ）という 2 つの内海からなる。

香取海とは、下野地域から鬼怒川・小貝川が流れ込む現在の霞ヶ浦・北浦・印旛沼・手賀沼・利根川下流域を含む広大な内海のことで、高浜入（たかはまいり）地域を中心とする北端（現霞ヶ浦北岸）には数多くの大型前方後円墳が集中して築造された。当該地域は東北へと抜ける要衝に位置することから、畿内政権にとっての重要な政治的基盤と位置づけられ〔白石 1991〕、また筑波山南東麓で産出される雲母片岩石材などの特徴的な分布を考え合わせて、その水運を香取海北端の前方後円墳被葬者が担ったとする見方も示された〔田中 1988、黒澤 1993〕。この広大な内海を介した在地有力者間のネットワークについては、その後、諸側面から検討が進められている〔石橋 1995、白井 2002a ほか〕。畿内政権の与り知らぬ活発な地域間交流を東国社会の独自性として評価する見解〔白井前掲〕がある一方、そうした在地の地域間交通路をも取り込んで東国経営の完遂を目指した畿内政権の進出を跡付ける見方〔松尾 2002〕も示されており、律令前夜の地域社会観がせめぎ合う重要なフィールドであると言えよう[(1)]。

常陸地域南部の香取海周辺では、上述した雲母片岩の大型一枚石を組み立てて壁面とする横穴式石室が有力古墳に採用された。本節ではこれらを「片岩板石組（へんがんいたいしぐみ）石室」、あるいは「板石組石室」と呼称し、常陸地域北部の有力古墳に採用された凝灰岩切石組石室とあわせて展開過程・地域間関係を追跡していきたい（第 46 図）。

2. 常陸地域の横穴式石室をめぐる課題

常陸地域における横穴式石室の様相・変遷は、石川功や稲村繁、阿久津久・片平雅俊らによって大要が示された〔石川 1989、稲村 1991、阿久津・片平 1992〕。このなかで稲村が提示した、割石小口積みないし乱石積みの横穴式石室から、板石と割石の併用、板石のみへと至る変遷観については、板石のみの横穴式石室の初現が板石・割石併用例よりも遡ることから、これを別系統の石室として年代的に併行するとした石橋充の捉え直し〔石橋 1995〕が支持され、その後、門構造・楣石設置位置・室構造・平面形といった諸属性の型式学的検討を踏まえた片岩板石組石室の編年が日高慎によって組まれた〔日高 2000a〕。ここで日高は、L 字形・

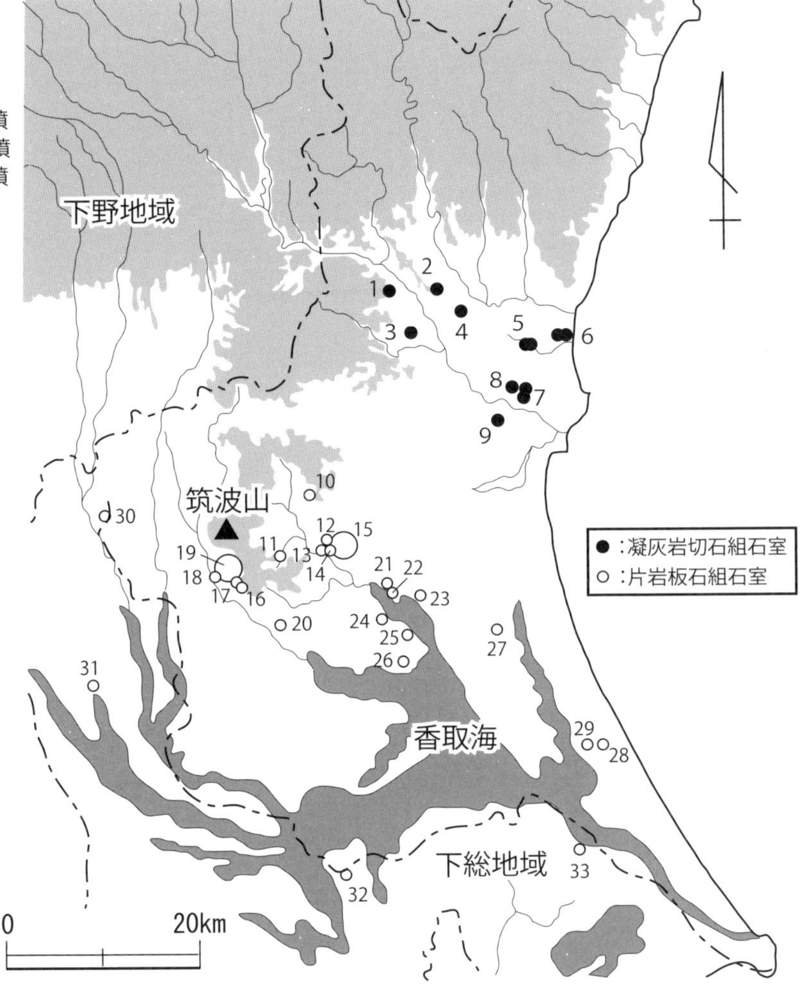

第46図　常陸地域における片岩板石組石室・凝灰岩切石組石室の分布

コの字形などの加工玄門の採用や楣石を天井石で挟み込まず天井石下に配する点、正方形の墓室プランを新相と捉え、また石室内の箱形石棺が奥壁沿いや奥壁・側壁沿いにコの字状に配置されるものから玄室中央に主軸直交で配置されるものへ変遷するとの見方を提示した（第47図）。

日高の型式編年観は理路整然としており、遺物の出土が僅少な７世紀代の古墳を位置づける取り組みとして評価できる。ただし古墳によっては、属性の組み合わせに時期的相関関係を認めがたい例も含まれ、一部で日高編年への反論が表出した〔白石2001〕。さらに小林孝秀は、横穴式石室を受容する側の地域的特性の把握や他地域との技術交流に関する検討が欠けていると指摘し、地域圏を念頭に置いた変遷観を提示する必要性を説いた〔小林2004〕。具体的には、霞ヶ浦北東部沿岸地域と筑波山（つくばさん）南東麓地域に分けて捉え、後者では加工玄門のあり方などか

第47図　日高慎による常陸南部地域の片岩利用石室の編年

ら下野地域との交流が想定されるとした。すなわち日高が新しい要素とした①L字形・コの字形の加工玄門や刳り抜き玄門、②正方形の墓室プラン、③箱形石棺の玄室中央配置は、筑波山南東麓の地域的特徴であり、かたや霞ヶ浦北東部沿岸地域は一貫して従来の箱形石棺を母体とする横穴式石室が展開した地域圏であると対比的に論じた。

常陸地域南部の横穴式石室を一括りに扱わず、地域差を考慮したうえで編年を組み立てた小林の見解は傾聴すべきであり、筆者もその捉え方に賛同するものである。ただし個々の古墳の位置づけや古墳どうしの関係については意見の異なる点もあるので、本論で改めて筆者の考えを提示したい。なお日高編年の指標とされた属性のうち、楣石設置位置の変化は地域圏を超えた共通性として認められ、時期差を示す指標として有用であると考え、本論でも時期決定の際に参照する。

一方、常陸地域北部の凝灰岩切石組石室については、常陸地域南部の霞ヶ浦周辺における石室彩色画が常陸地域北部にも伝播したと両地域間の密接な交流を想定した稲村繁の論文〔稲村1991〕以降、片岩板石組石室の卓越する常陸地域南部と対比的に取り扱われることはあっても〔石橋1997〕、それ以上議論が進展することはなかった。ところが近年、那珂川流域の城里町徳化原（とっけばら）古墳・ひたちなか市虎塚4号墳の石室構造が下野地域の切石組石室と共通することから、両地域間の関連性を示唆する見解が示され〔稲田2007・2008〕、注目される。本論でも常陸地域北部における凝灰岩切石組石室の特徴・展開過程を再確認し、常陸地域南部をはじめとする周辺諸地域との地域間関係の形成について検討を及ぼしたい。

3. 常陸地域における片岩板石組石室の地域色と成立過程

(1) 霞ヶ浦北岸の片岩板石組石室

霞ヶ浦北岸では、行方（なめかた）市大日塚古墳（第48図1）が先駆的な板石組石室として挙げられる。奥壁・側壁・天井石の4石が残存するのみで石室構造の詳細を知ることはできないが、平面形は奥壁幅の広い羽子板形を呈する〔佐々木ほか2008〕。6世紀中葉に築造された小美玉（おみたま）市玉里舟塚（たまりふなつか）古墳に後続するものと考えられ、6世紀後半を中心とする時期に位置づけられる。

大日塚古墳の後に比定されるのが、かすみがうら市太子唐櫃（たいしのかろうど）古墳（第48図2）である。玄

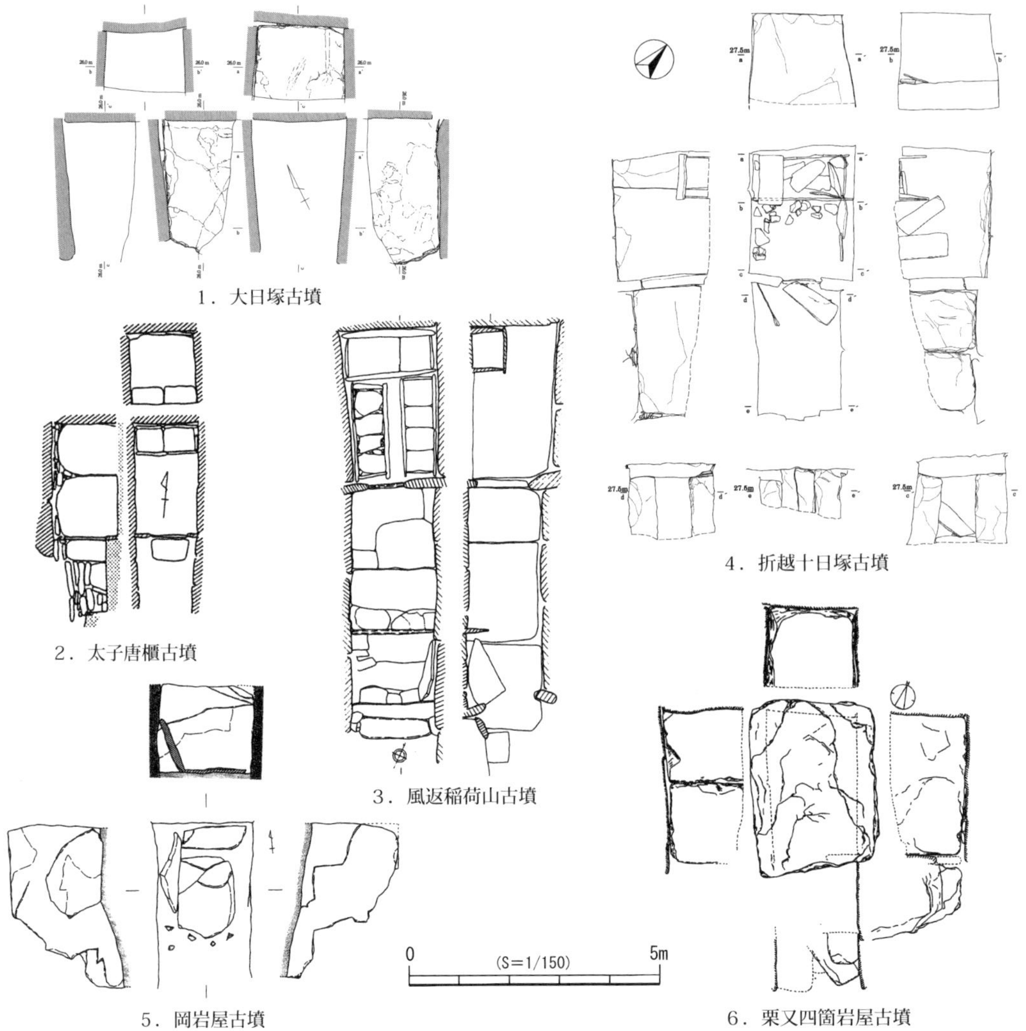

第48図　霞ヶ浦北岸の片岩板石組石室

門立柱石を側壁から突出させる単室構造両袖形石室で、大型一枚石を組み合わせた板石組の玄室に中小石材を積み上げた割石積みの羨道が接続する。奥壁沿いに箱形石棺を設置する点が最大の特徴で、石棺内に２体、石棺外の玄室左側壁近くに１体の埋葬が確認されている。太子唐櫃古墳の埋葬・副葬状況は、玉里舟塚古墳の二重構造石棺（第 49 図）に認められる棺内外に副葬品を分けるあり方から発展したものと捉えられ〔日高 2000a〕、石棺を納める板石組石室という構造自体も玉里舟塚古墳の二重構造石棺に淵源を求められる可能性が高い〔小林 2004〕。太子唐櫃古墳の墳形・埴輪の有無は不詳だが、石棺床石を２石で構成する点は近在する風返稲荷山（かざかえしいなりやま）古墳（第 48 図 3）の奥棺と同様で、両古墳の時期的近接を示すとともに、箱形石棺型式として古相に位置づけられる〔石橋 1995〕。そこで太子唐櫃古墳と風返稲荷山古墳の先後関係を確認したうえで両古墳の構築時期を明示したい。

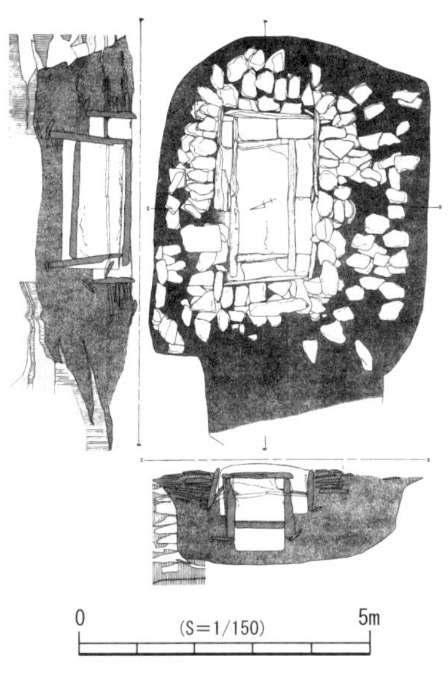

第 49 図　玉里舟塚古墳の二重構造石棺

かすみがうら市風返稲荷山古墳は埴輪を伴わない全長 78 m の前方後円墳で、後円部に全長 9.12 m の片岩板石組石室を内蔵する。太子唐櫃古墳石室との共通点として、①玄門に突出する立柱石を配する点、②長方形を呈する玄室の前方に幅を減じることなく側壁が接続する点、③奥壁沿いに箱形石棺を配する点などを挙げることができる。しかし風返稲荷山古墳石室には、①玄室より前方の側壁も玄室と同様に大型一枚石を使用している点、②玄室より前方の空間が長大化し、中ほどに間仕切石を設置して平面的に複室化を遂げている点、③玄室奥棺に加え、両側壁沿いにも箱形石棺を設置している点などの差異も指摘でき、太子唐櫃古墳石室を祖形として発展したことが明白である。出土遺物や箱形石棺などの詳細な検討をもとにした、TK209（古）型式期の築造とする報告書の年代観は妥当なものであり、太子唐櫃古墳を６世紀末葉、風返稲荷山古墳を７世紀初頭の築造と位置づけられる。

風返稲荷山古墳では平面的な複室構成にとどまるものであったが、かすみがうら市（旧･霞ヶ浦町）折越十日塚（おっこしとおかづか）古墳では前門にも立柱石が設置され、立面的に区画された複室構造の完全形態となる（第 48 図 4）。奥壁沿いに箱形石棺を配する点や玄門楣石を天井石で挟み込む点は風返稲荷山古墳から継承されており、全長 70 m の前方後円墳であることも含め、風返稲荷山古墳との時期差はさほど大きいものでないと思量される。おおむね７世紀初頭～前半の築造と捉えて大過ないだろう。

このほか小美玉市岡岩屋古墳や栗又四箇（くりまたしか）岩屋古墳が挙げられるが、石室奥半が残存するのみで詳細な位置づけが困難である（第 48 図 5・6）。栗又四箇岩屋古墳が発掘調査の結果、不整形な前方後円墳と報告されたこともあってか、岡岩屋古墳よりも古く位置づける見方が多いようだが、トレンチ調査で確認された周溝プランは極めていびつで、墳形は不明といった方が適切だろう。むしろ栗又四箇岩屋古墳の石室構築位置が半地下式であるのに対し、岡岩屋古墳は風返稲荷山古墳や折越十日塚古墳と同様、墳丘内に構築されていることから、筆者は岡岩屋古墳の方が先行するのではないかと見ている。いずれにしても折越十日塚古墳に後続する7世紀前半頃の築造と理解したい。

以上のように霞ヶ浦北岸の片岩板石組石室は、二重構造の石棺を母体として在地内で成立した可能性が高く、また①古相段階において奥壁沿いに箱形石棺を配する点、②7世紀前半に至るまで長方形の石室プランを志向する点、③門構造は突出する立柱石上に楣石を架け渡す組み合わせ玄門を基本とする点、などが特徴として挙げられる。

(2) 筑波山南東麓の片岩板石組石室

石室石材となる雲母片岩を産出する筑波山南東麓では、かすみがうら市（旧・千代田町）栗村東10号墳や栗田石倉古墳が板石組石室の萌芽形態として注目される[(2)]。栗村東10号墳は単室構造両袖形石室、栗田石倉古墳は単室構造片袖形石室で、ともに側壁の大半を板石組で構築しているが、上部を割石の小口積みとしており、稲村繁の指摘した板石・割石併用例にあたる（第50図1・2）。栗田石倉古墳では石室奥半が残存するのみだが、栗村東10号墳は比較的遺存状態が良好で、奥壁沿いと右側壁沿いに屍床仕切石を設置する点や、玄門立柱石を覆うように大型板石で閉塞している点などが特徴として挙げられる。栗村東10号墳の石室内からはMT85型式の須恵器坏身が出土しており、6世紀後半の築造と考えられる。栗田石倉古墳は、周溝出土の埴輪や墓道出土の須恵器壺から6世紀末葉に位置づけられる。

つくば市中台2号墳は、長方形を呈する石室の床面中央に間仕切石を配することで平面的な複室構成としており、当該地域における複室構造石室導入期の様相を示すものとして注目される（第50図3）。側壁は崩壊が著しく、大型一枚石を使用していることは確かだが、栗村東10号墳や栗田石倉古墳のように割石を併用する否か不明である。出土遺物には埴輪のほか、珠文を施した銅鈴などがあり、栗田石倉古墳と同時期の6世紀末葉に位置づけられる。

茨城県石岡市（旧・八郷町）に所在する瓦谷（かわらや）兜塚古墳[(3)]は、立柱石を据えることで立面的な複室化を遂げており、埴輪を伴わない点も含めて、中台2号墳に後続して営まれた可能性が高い（第50図4）。石室内から出土した副葬品には、菱形飾金具などTK209型式期に相当する馬具も含まれることから、7世紀初頭頃の築造と考えられる。石室構造の変化に見る中台2号墳との関係性は、まさに霞ヶ浦北岸における風返稲荷山古墳と折越十日塚古墳の関係に相当し、両地域間に複室構造への転換に関する影響関係があったものと推察される。瓦谷兜塚古墳の玄室中央には主軸に直交する方向で石棺状施設が設けられており、先行する石室墳に見られた屍床仕切石からの単純な発展とは捉えがたい。玄室の石棺状施設に1体、前室に2体埋葬する瓦谷兜塚古墳のあり方は、日高慎が指摘するように、風返稲荷山古墳玄室におけるコの字形の石棺配置から発展したものと理解でき〔日高2000a〕、霞ヶ浦北岸から影響を受けて筑波山南東麓でも複室構造の完成が果たされたと結論づけておきたい。ここで瓦谷兜

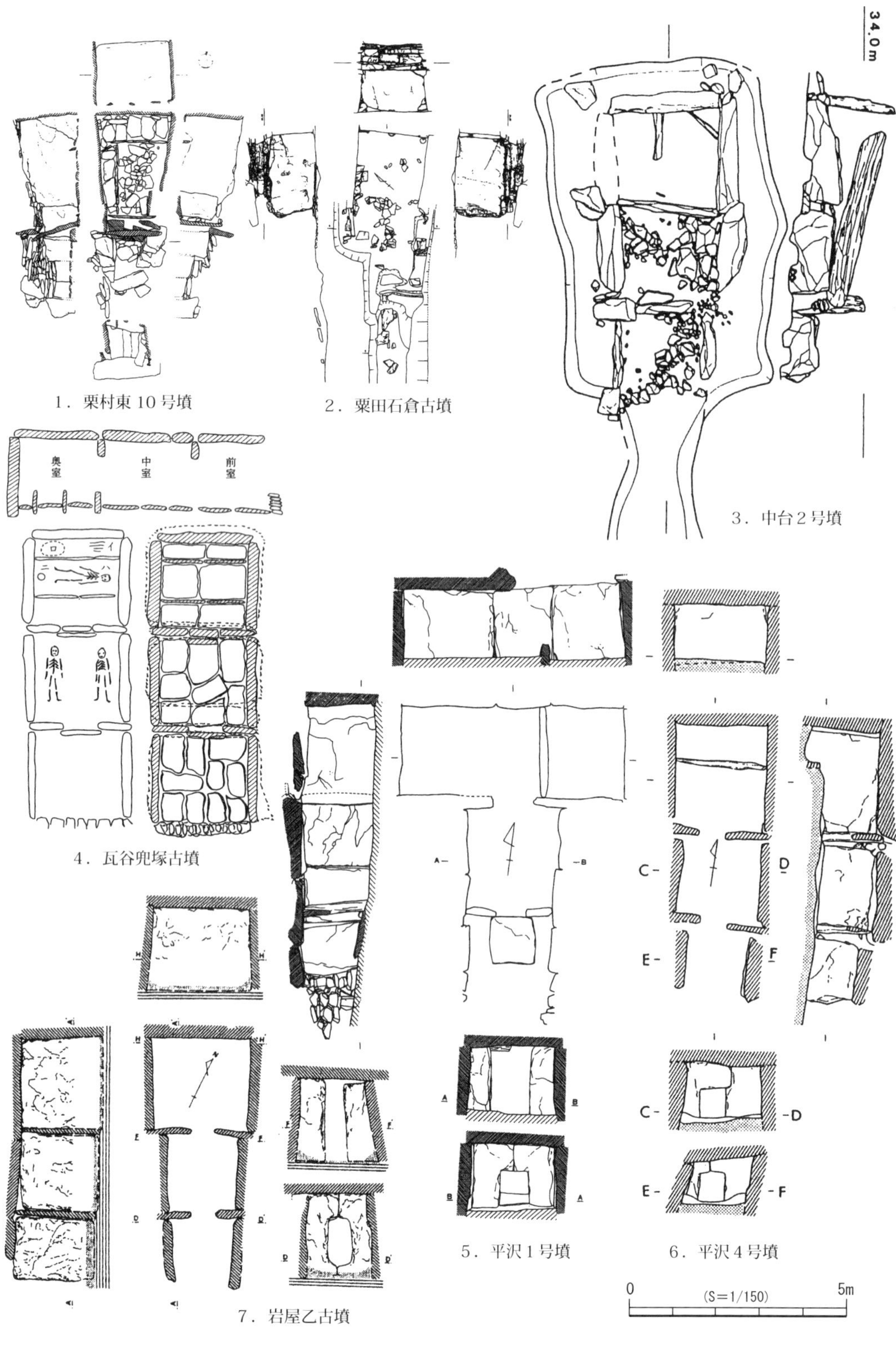

第50図　筑波山南東麓の片岩板石組石室

塚古墳の平面形態に着目すると、報告された石室図面では玄室・前室プランがともに正方形を呈しているように見てとれるが、報文中の各部計測値にもとづけば、玄室がおおむね1.3m四方の正方形であるのに対して、前室は奥行き1.97mの長方形となる(4)。風返稲荷山古墳など霞ヶ浦北岸における片岩板石組石室の特徴に長方形プランの志向性が挙げられる点を勘案すると、瓦谷兜塚古墳の長方形前室は霞ヶ浦北岸からの影響で複室化を遂げたことを傍証するものと判断される。

この後、つくば市平沢古墳群や石岡市（旧・八郷町）岩屋乙古墳において、L字形・コの字形の加工玄門が採用され、また玄室・前室ともに正方形プランを志向する地域色が発露した（第50図5～7）。瓦谷兜塚古墳に特徴的な玄室中央の石棺状施設は継承されることなく、平沢1号墳・4号墳では1石のみの屍床仕切石となっている。ただし、仕切石の床面からの高さは通常の屍床仕切石より高く、「いわば石障ともいえる施設」〔日高 2000c〕である点は、箱形石棺を母体とする瓦谷兜塚古墳の石棺状施設が形骸化したものであることを示唆している。これらは瓦谷兜塚古墳に後続する7世紀前半～中葉に比定できよう。

以上のように筑波山南東麓の片岩板石組石室は、板石・割石を併用する単室構造石室から発展したものと考えられ、石棺を母体とする霞ヶ浦北岸の板石組石室とは成立過程を異にする。この違いは、筑波山南東麓の栗村東10号墳や栗田石倉古墳の石室が半地下式構造をとるのに対して、霞ヶ浦北岸の古相の板石組石室では墳丘内に構築されている点にもあらわれている。そして栗村東10号墳や栗田石倉古墳の淵源をさらに求めるならば、板石・割石併用の実態が側壁基底に大型石材を配する腰石手法に他ならず、かつ栗村東10号墳に見られる玄門立柱石・板石閉塞・屍床仕切石といった諸特徴を勘案すると、これらが九州を中心に認められる構造であることに思い当たる。当該地域には6世紀前半～中葉の九州系石室として土浦市高崎山2号墳（第51図）の存在が指摘されており〔小林 2005a〕、筑波山南東麓の片岩板石組石室が後期前半における導入期石室から継続・発展して成立する過程を跡付けることが可能である。

また、このように常陸地域における玄門立柱石の本源が九州系石室を受容した筑波山南東麓である点を考慮すると、霞ヶ浦北岸の太子唐櫃古墳における玄門立柱石は筑波山南東麓からの影響で採用された可能性が考えられる。そもそも霞ヶ浦北岸の雲母片岩は筑波山南東麓からもたらされたものなので、石材供給に伴って石室構造に関わる情報が伝播したと想定することに論理の飛躍はない

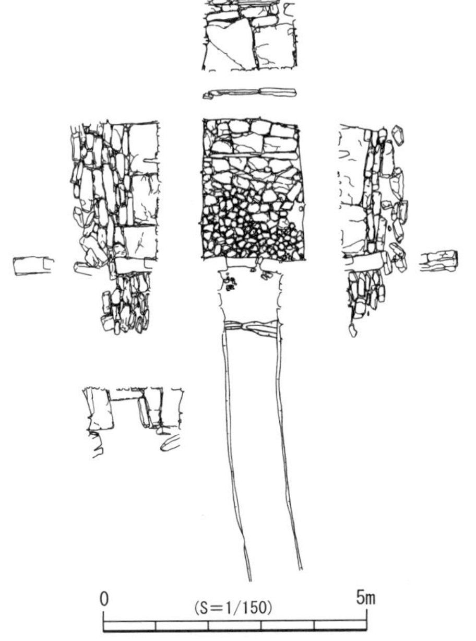

第51図　高崎山2号墳の九州系石室

だろう。すなわち、６世紀末葉頃には筑波山南東麓からの影響を受けて霞ヶ浦北岸の横穴式石室に玄門立柱石が採用され、続く７世紀初頭頃には逆に霞ヶ浦北岸からの影響を受けて筑波山南東麓でも複室構造石室が成立するという、双方向の交流関係が認められるのである。

さらに７世紀前半におけるＬ字形・コの字形の加工玄門について、小林孝秀は下野地域との関係性で捉えているが〔小林 2004・2005c〕、下野地域で採用された九州起源の加工玄門は刳り抜き玄門のみであり、Ｌ字形・コの字形の加工石材を組み合わせた門構造は認められない（本書第３章第２節参照）。一方、九州の肥後地域には、Ｌ字形の加工石材を組み合わせた宇城市桂原（かずはら）１号墳（６世紀後半）、コの字形の加工石材を組み合わせた宇城市年の神古墳・宇土市椿原（つばはら）古墳（７世紀前半）が存在する（第 41 図６・７）。下野地域の刳り抜き玄門が筑波山南東麓へ伝播して変容したと考えるよりも、肥後地域との直接的な交流関係を想定する方が合理的であろう。Ｌ字形・コの字形加工玄門の導入を肥後地域との関係で捉えてよければ、筑波山南東麓は６世紀から７世紀にかけて複数回にわたる九州からの影響関係が窺える地域ということになる。

(3) 常陸地域西部の片岩板石組石室

片岩板石組石室が集中する霞ヶ浦北岸と筑波山南東麓に対して、下野地域に隣接する常陸地域西部では筑西市船玉（ふなだま）古墳と坂東市高山古墳の２例を挙げるにとどまる（第 52 図）。

船玉古墳は一辺 35ｍの方墳に、全長 11.5ｍの複室構造石室を内蔵する。研究史のなかですでに指摘した通り、片岩板石組石室の変遷では楣石を前後の天井石で挟み込むものから天井石の下におさまるものへの変化を基本としており、前者が風返稲荷山古墳、後者が瓦谷兜塚古墳に認められることから、おおむね７世紀初頭頃に転換すると捉えられる。船玉古墳では玄門楣石を天井石で挟み込み、前門楣石を天井石下におさめるという中間的なあり方を示すことから、ちょうど転換期の７世紀初頭頃に築造されたと考えてよいだろう。石室の特徴に注目すると、平面プランは玄室が 2.75 × 5.18ｍ、前室が 2.36 × 3.20ｍでともに長方形を呈し、かつ玄門・前門とも立柱石上に楣石を架け渡す門構造であることから、霞ヶ浦北岸の片岩板石組石室と共通性が高いと判断される。霞ヶ浦北岸で立面的な複室構造が完成した折越十日塚古墳の石室を改めて見てみると、玄室左側壁・前室右側壁は１石、玄室右側壁・前室左側壁は２石からなる左右対称の壁面構成となっており、船玉古墳の壁面構成もこれと全く同一であることがわかる。船玉古墳石室は折越十日塚古墳を直接の祖形として成立した可能性が極めて高いが、奥壁沿いに設置されたのは箱形石棺ではなく筑波山南東麓に特徴的な屍床仕切石である。また小林孝秀が指摘するように、船玉古墳の玄室側壁玄門側の上部にはＬ字形の切り込みを施して楣石を嵌め込む特徴がみられ、これと同様の特徴が下野地域に所在する御鷲山古墳の切石組石室（６世紀末葉）に認められる〔小林 2004〕。この造作は下野地域で創出されたものと考えられ（第３章第２節参照）、下野地域からの技術的影響があったことを示唆している。すなわち、船玉古墳の片岩板石組石室は霞ヶ浦北岸との交流関係をベースとしながらも、一部に筑波山南東麓と下野地域からの影響も看取されるのである。

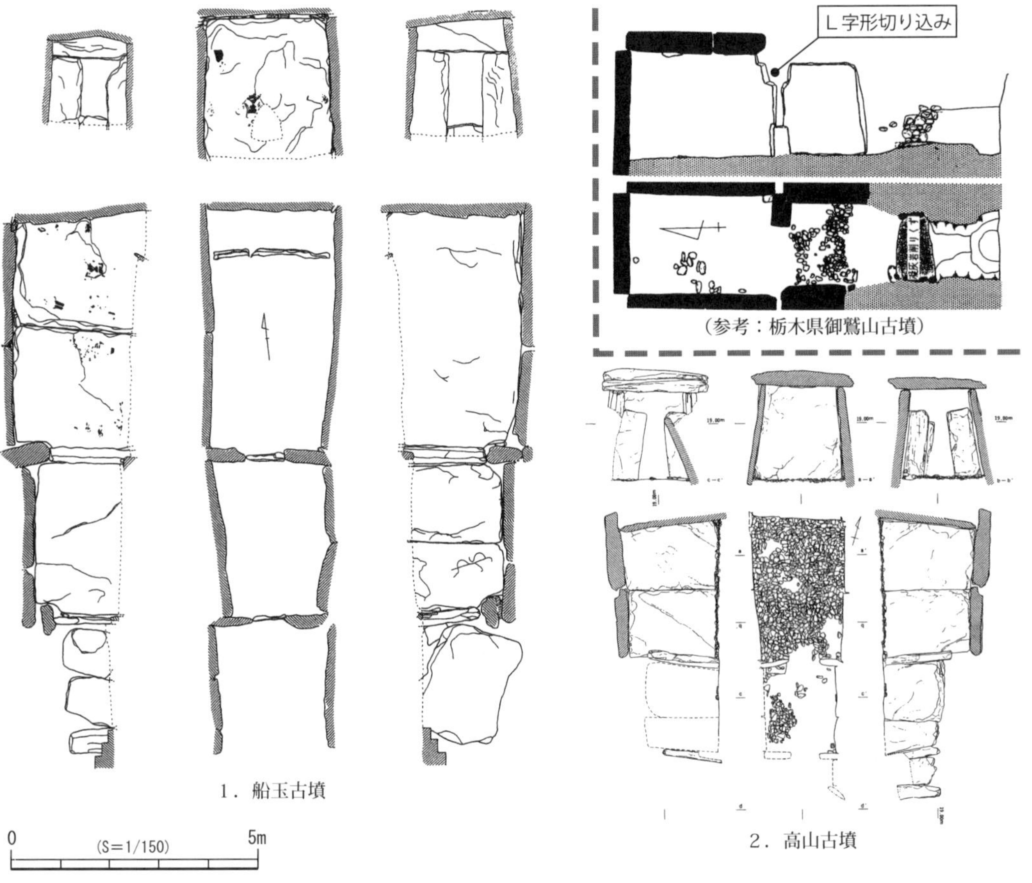

第52図　常陸地域西部の片岩板石組石室

船玉古墳から大きく南下した下総地域側に位置する高山古墳ではどうであろうか。玄室・前室は長方形プランを呈し、かつ加工玄門の採用も認められないので、やはり霞ヶ浦北岸からの影響関係をベースとしていることが想定される。高山古墳の場合、筑波山南東麓の特徴については見出しがたく、その影響が霞ヶ浦北岸以南には及んでいないようである。

4. 小見真観寺古墳と龍角寺浅間山古墳の位置づけ

常陸地域の片岩板石組石室について整理したところで、次にその関連事例と目される北武蔵地域の行田市小見真観寺（おみしんかんじ）古墳と下総地域の栄町龍角寺浅間山古墳を取り上げる（第53図1・2）。両古墳は埴輪を伴わない大型前方後円墳であり、ともに石室内から豪壮な副葬品が数多く出土したことで知られる代表的な首長墓である。玄室・前室が正方形を基調とする平面プランの複室構造石室で、玄室中央に主軸方向と直交する箱形石棺状施設を設置する点で共通する。小林孝秀は、刳り抜き玄門を有する小見真観寺古墳を下野地域と筑波山南東麓の両地域の影響下に出現したと位置づけた〔小林2004・2005c〕。また龍角寺浅間山古墳も刳り抜き

第53図　小見真観寺古墳・龍角寺浅間山古墳と常陸地域の片岩板石組石室

玄門ではないものの類似する構造と評価し、両古墳とも７世紀初頭を中心とする時期の築造としている。

筆者は両古墳に共通する最も重要な指標は玄門ではなく玄室中央の箱形石棺状施設であると考え、その差異に注目する。小見真観寺古墳では棺材は残っていないものの、床石に彫り込まれた溝跡からその存在を知ることができる。小見真観寺古墳と龍角寺浅間山古墳、および筑波山南東麓の瓦谷兜塚古墳を比較してみると、小見真観寺古墳では短辺にも板石が据え付けられたことがわかるが、後二者は主軸方向に直交する長辺石材のみ据えられて短辺石材は省略されている。これらが霞ヶ浦北岸の折越十日塚古墳の影響で成立したという考えにもとづけば、小見真観寺古墳が最も古い様相を呈していることになる。また筑波山南東麓でL字形・コの字形の加工玄門が採用されるのは瓦谷兜塚古墳に後続する7世紀前半以降であり、加えて刳り抜き玄門は1例も認められない。したがって小見真観寺古墳を筑波山南東麓の影響下に成立したという意見は首肯しがたく、下野地域もしくは霞ヶ浦北岸の影響下に出現したと捉えるべきだろう。小見真観寺古墳石室には北武蔵地域で産出される緑泥片岩が使用されており、石材供給という面でも筑波山南東麓とあえて結びつける必要性はない。この想定によれば小見真観寺古墳の築造時期は瓦谷兜塚古墳や龍角寺浅間山古墳より前、折越十日塚古墳の後に位置づけられ、船玉古墳と同時期の7世紀初頭ということになる。この年代観は、小林孝秀の見解のみならず、近年に提示された小見真観寺古墳の時期比定とおおむね一致するものである〔増田2007、太田2010〕。

龍角寺浅間山古墳と瓦谷兜塚古墳の前後関係を検討するにあたっては、石橋充による箱形石棺の型式編年〔石橋1995〕が参考になる。すなわち、龍角寺浅間山古墳ではⅡ型式（棺内法の2分の1を超えない小型の板石のみ3枚以上で構成）、瓦谷兜塚古墳ではⅠ型式（棺内法の2分の1を超える大型の板石を含む1～3枚で構成）に分類され、龍角寺浅間山古墳の方が後出的と判断されるのである。とくに龍角寺浅間山古墳では断ち割り調査で石室床面に貼り替え痕のないことが確認され、小口を石室側壁と共有する特徴から石室構築と同時に設置された公算が大きいという指摘もあり〔田中2010〕、両古墳の前後関係の妥当性を裏付ける。小見真観寺古墳の場合と異なり、雲母片岩を構築材とする龍角寺浅間山古墳石室の技術系統が石材産出地である筑波山南東麓に求められる蓋然性は高いと言え、瓦谷兜塚古墳の影響を受けて成立したと考えれば、その年代は7世紀前半に落ち着くものと結論づけられる。

5. 常陸地域における凝灰岩切石組石室の成立・展開過程

最後に常陸地域北部で卓越する凝灰岩切石組石室の成立・展開過程を辿り、その地域間関係や常陸地域南部における片岩板石組石室との関係性などについて確認しておこう。当該石室の変遷については、稲村繁によって示された大要〔稲村1991〕がおおむね受け入れられており、近年ではその一部が段階分けされている〔生田目2005〕。

最も古く遡る事例は、ひたちなか市虎塚古墳・大平（おおだいら）1号墳（第54図1・2）で、ともに埴輪を伴わない50m前後の前方後円墳である。石室は短い羨道が接続する単室構造両袖形で、玄室は切石組、羨道は中小切石を積み上げて構築している。虎塚古墳が玄室右側壁を2石、左側壁を1石で構成する左右異数であるのに対して、大平1号墳では左右同数構成で後続する事例との共通性が窺えることから、〈虎塚古墳→大平1号墳〉の前後関係が想定されている〔生田目前掲〕。ただし石室構造の根幹は共通しているので大きな時期差を考える必要はなく、おおむね7世紀初頭を中心とする時期におさまるものと考えられる。

この後、大平1号墳の特徴を受けて玄室側壁が左右同数で、羨道側壁にも大型石材を配する単室構造両袖形石室が営まれる。具体的には水戸市ニガサワ1号墳・水戸市吉田古墳・東

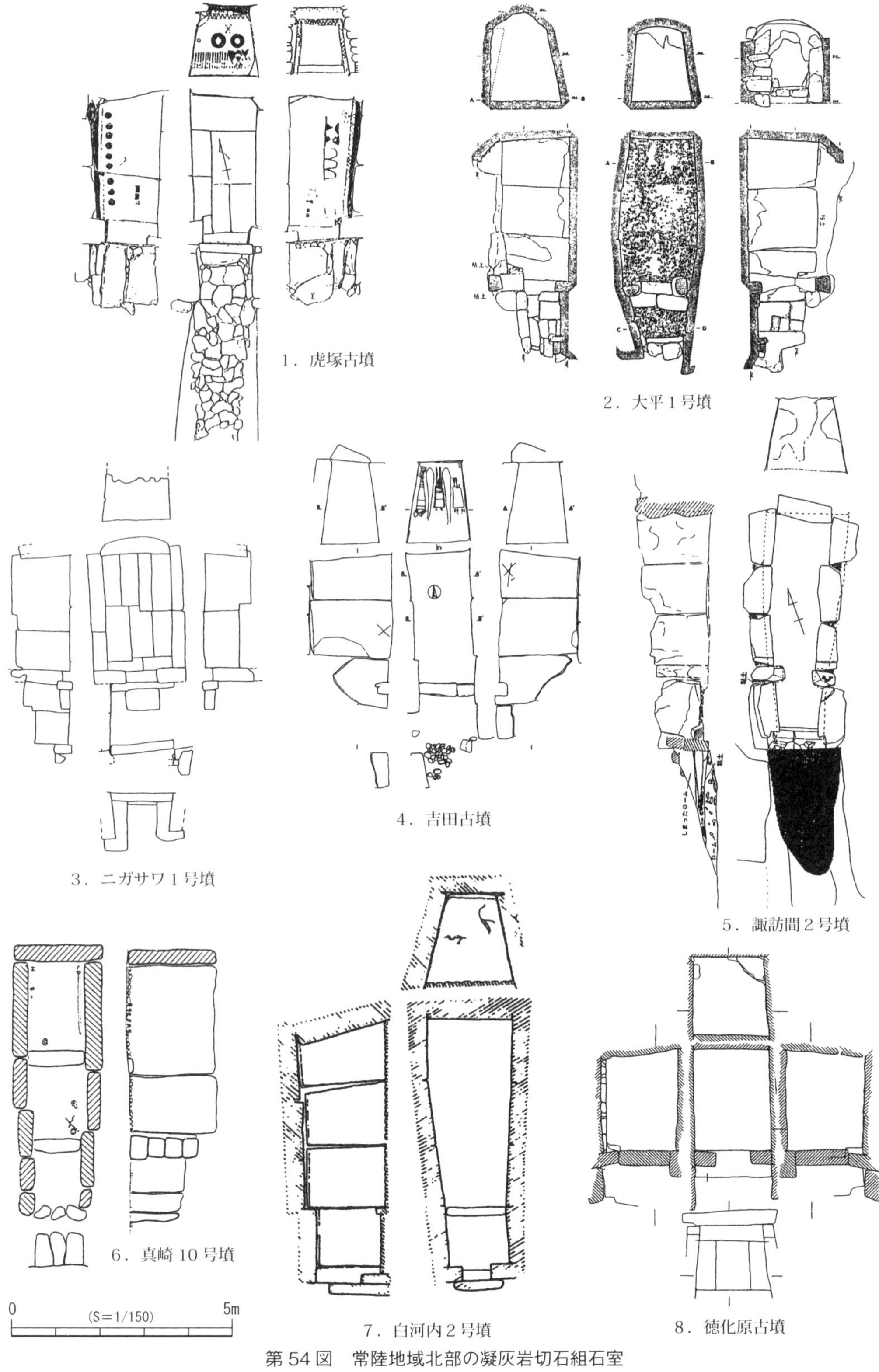

第 54 図　常陸地域北部の凝灰岩切石組石室

海村諏訪間2号墳などが挙げられ、7世紀前半の年代が与えられる（第54図3～5)。

さらに次の段階には玄門立柱石・楣石が省略されて仕切石のみとなり、羽子板形プランを呈する単室構造無袖形石室に変化する。具体的には東海村真崎10号墳・那珂町白河内2号墳などが挙げられ、7世紀中葉頃に比定される（第54図6・7)。

以上のように常陸地域の凝灰岩切石組石室は、成立当初から切石を玄室床面全体に敷設する虎塚古墳と礫敷きを施す大平1号墳という差異が認められるが、大きくは1つの流れとして変遷していく状況が窺える。その成立過程をめぐって、稲村繁が指摘した太子唐櫃古墳との関係性は石材のみならず石室構造も大きく異なるもので軽々に容認できるものでない。むしろ筆者は、6世紀末葉頃の日立市甕の原2号墳や吹上1号墳など凝灰岩切石積みの腰石を配する無袖形石室に玄門立柱石が取り入れられるかたちで成立したものと考える（第55図)。立柱石自体は先行して構築された片袖形石室にも認められるが、虎塚古墳や大平1号墳の玄門部楣石が側壁上部をL字状に切り込んで架け渡している点を評価するならば、常陸地域西部の片岩板石組石室と同様、下野地域からの影響を受けた構造である可能性がある。

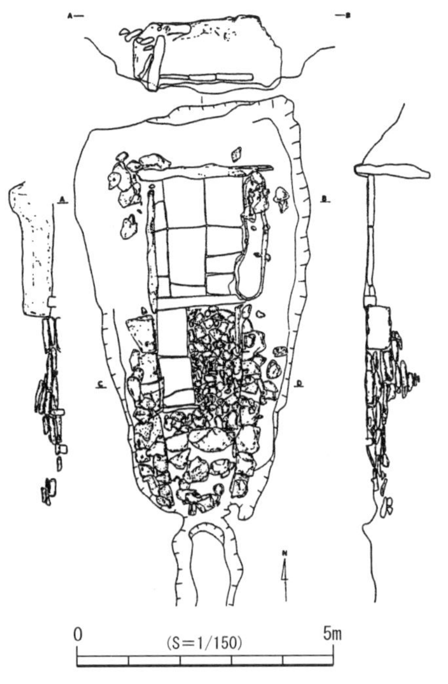

第55図　甕の原2号墳石室図

また上記のような羽子板形プランの切石組石室とは別の流れを汲むものとして、ひたちなか市虎塚4号墳や城里町徳化原（とっけばら）古墳（第54図8）など方形プランを基調とする切石組石室も営まれた。ともに奥壁・側壁・天井石・床石を大型一枚石で構成し、虎塚4号墳には刳り抜き玄門、徳化原古墳には梱石上に立柱石を乗せた組み立て玄門〔中村享史1996〕が採用されている。両古墳の玄門構造は下野地域に特徴的に認められるもので、那珂川流域をルートとして下野地域から伝播した石室形態と捉えられる。年代については、おおむね7世紀前半～中葉におさまるものと理解している。

6. おわりに

ここまでの検討で明らかにしてきた通り、常陸地域南部の霞ヶ浦北岸・筑波山南東麓と常陸地域北部の3地域は、大型石材を組み合わせて構築した石室が有力古墳の埋葬施設として採用される点で共通するものの、それぞれの成立過程は各小地域の在来墓制を発展させた全く異なるものと結論づけられる。

北部の凝灰岩切石組石室は下野地域からの影響を随時取り入れるも他地域に向けて発信す

るには至らなかったが、南部の片岩板石組石室については、霞ヶ浦北岸と筑波山南東麓という２つの地域圏が相互に影響関係をもちながら地域固有のスタイルを確立し、常陸西部や下総、北武蔵といった周辺地域に向けて自らの墓室スタイル・構築技術を広めていく動きが認められた。この他地域との交流が盛行するのは７世紀初頭を中心とした時期であり、まさに前方後円墳が消滅し、新しい時代に向かおうとする転換期に造墓活動を通じて地域間関係が深められた様子を窺い知れる。

註

(1)　白井久美子と松尾昌彦の視点の違いは、6世紀以降の関東地方に見られる在地性の残存とヤマトからの新しい波のいずれを重視するのかという姿勢の差であり、近年土生田純之が両者の立場を対比的に取り上げている〔土生田 2008〕。

(2)　栗村東 10 号墳・粟田石倉古墳が所在する旧・千代田町や、後述する瓦谷兜塚古墳・岩屋乙古墳が所在する旧・八郷町は霞ヶ浦北岸とも隣接する地域だが、石橋充の論考で取り上げられたように、当該地域は雲母片岩の石材産出地に含まれ、かつ石室構造の共通性から判断して、霞ヶ浦北岸とは異なる筑波山南東麓の石室群として扱うことが妥当である〔石橋 2001〕。

(3)　本古墳の名称は単に「兜塚古墳」とあらわされることが多いが、本書では下野地域の上三川兜塚古墳と区別するため、字名を冠して「瓦谷兜塚古墳」と表記する。

(4)　報文では前室の規模について、奥行き６尺５寸、前幅４尺６寸、奥幅４尺２寸とされているが、玄室の奥行き・幅については明記されていない〔坪井・野中 1898〕。ただし玄室内の３区画の幅は、前方が１尺７寸、中央が１尺５寸、奥側が１尺１寸と記されており、玄室長が４尺３寸強であったことがわかる。本論では玄室幅と前室奥幅が同程度であろうと見込んで、玄室がおおむね正方形プランであったと判断しておく。

第4節　北武蔵地域―切石積石室の地域相―

1. はじめに

凝灰岩や砂岩など比較的軟質の石材を削り整えて壁体とする切石積石室は、関東地方の終末期古墳に盛んに採用された埋葬施設のひとつである。とりわけ北武蔵地域は、6世紀中葉に榛名山二ツ岳が噴出した角閃石安山岩や比企・岩殿丘陵で産出される凝灰岩など、加工に適した石材に恵まれ、数多くの切石積石室が営まれた。

当該地域の切石積石室研究は、1960～70年代に精力的な活動を展開した金井塚良一の業績を基礎に、80年代以降、田中広明・大谷徹らによって発展的に進められてきた。一連の研究では、とくに密集する比企地方の複室構造胴張り石室を基軸に、7世紀代の様相が整理されたと評価できよう。

さらに1990年代後半以降になると、和田川・滑川(なめがわ)上流域の塩古墳群西原18号墳・狸塚(むじなづか)27号墳・立野古墳群や、越辺川(おっぺがわ)流域の西戸(さいど)2号墳・鎌倉街道遺跡、大宮台地北部の氷川神社裏古墳など、比企地方の周辺部において調査事例が充実し、北武蔵地域における小地域ごとの様相差がより一層明らかになってきたと言える。本節では、近年の新知見を加味したうえで小地域ごとの比較検討を試み、一様でない切石積石室の地域相に可能な限り迫りたいと考えている。

2. 地域相に関する先行研究の視点

本論に先立ち、当該石室に関する研究史を確認することから始めたい。ただし問題点を明確なものとするため、ここでは県内の切石積石室の地域相に関わる議論に焦点を絞って取り上げる。

研究黎明期にあたる1970年代は、胴張りプランという平面形態に議論の方向性が規定され、金井塚良一が標榜する壬生吉志(みぶきし)氏墳墓説の展開をみた〔金井塚1976〕。そうした研究動向のなかで、加工石材の利用という点に着目し、比企地方のみならず大宮台地北部・行田市周辺・荒川下流域といった隣接地域との関係性を検討する試みが、田中広明によって提示された〔田中1983〕。このなかで田中は、正方形を基調とする胴張り石室が比企丘陵東部から大宮台地北部にかけて分布するのに対して、長方形を基調とする胴張り石室は比企丘陵西南部に限られるという地域差を指摘している。また、大宮台地北部における複室構造石室の前室が短小である点や、行田市周辺の事例（八幡山(はちまんやま)古墳・地蔵塚古墳）がより大型で硬質の切石を使用している点など、比企地方の隣接地域についても特色をおさえている。ここで注目しておきたいのは、上記のような地域差を認めながらも玄室形態の共通性から工人集団の同一性を想定している点であり、比企地方からの影響という視点で隣接地域における切石積石室の成立を捉えている。

田中はその後の検討でも、当該地域の複室構造胴張り石室が古墳群ごとに形態差を示しており、各古墳群が独自の影響関係をもって多発的に構築されたとする前稿の理解を踏襲した〔田中1987〕。

「大宮台地の加工石材を使用した古墳は、比企地方の石室構築活動に影響をうけ、独自の石室型式をもたなかった。」〔田中前掲　p.79〕という発言から、大宮台地北部に特徴的にみられる短小な前室形態を、比企地方における複室構造石室の変化したものとして把握していることがわかる。

さらに使用石材の供給関係という観点では、山本禎が凝灰岩使用古墳の網羅的な検討を行っている〔山本1990〕。大宮台地北部において角閃石安山岩を用いた宮登古墳などが存在することから、大宮台地北部と利根川右岸の埼玉地方との間に密接な関係があったことを想定するなど、興味深い指摘が示された。ただし各地域における切石積石室の成立については、奥壁構成にもとづいて分類された石室群をみる限り、田中の見解と同様、石材産出地である比企地方が周辺地域に与えた影響を重視しているように読みとれる。

比企地方が当該石室の密集地域であり、年代的に古い事例が多く含まれる事実を踏まえれば、田中や山本らの見解は蓋然性の高い想定であったと評価すべきだろう。しかしこの捉え方は、利根川右岸に営まれた酒巻21号墳の調査報告と、これを年代的に位置づけた坂本和俊による検討〔坂本1996〕を転機として、見直す余地が生じることとなった。

すなわち、関東地方全域の複室構造石室を対象とした上野恵司の論考のなかで、大宮台地北部に営まれた短小な前室を備える複室構造石室（上野によるアＣ類）の最古例に6世紀中葉～後半の酒巻21号墳があてられ、これらの石室が比企地方の複室構造石室とは別系統のものと解釈されたのである〔上野2000b〕。山本禎の指摘として先述した利根川右岸から大宮台地北部への角閃石安山岩の供給関係を想起してみると、上野の解釈は一層妥当性を帯びてくる。

以上のような研究状況を鑑み、改めて切石積石室という切り口から小地域ごとの様相を捉え直し、中心地域である比企地方の存在を相対化させる必要があるだろうと考える。各地域に営まれた古墳の内容自体については、塩野博の体系化によって明らかにされている〔塩野2004〕。本節では、各地域における切石積石室の展開過程にいかなる差異が認められるかという点に照準を定めて検討を進めることにする。

3. 対象事例の設定と分布状況の確認

切石積石室の地域相を把握するにあたって、最新の事例を含む北武蔵全域の分布状況を認識しておくことが、第一に肝要となる。該当事例を渉猟するにあたり、行田市小見真観寺（おみしんかんじ）古墳や小川町穴八幡古墳のような、巨大な緑泥片岩の板石を組み合わせて構築した事例については、「截石切組積（きりいしきりくみづみ）古墳」〔田中1983〕、あるいは「加工石材使用石室」〔田中1987〕として取り上げる見方もあるが、石材を「積む」という行為が認められないので本節では対象外とする。なお小見真観寺古墳の位置づけについては、本書第3章第3節のなかで触れているので参照されたい。

古墳の分布状況からは、荒川より西側の比企・岩殿丘陵周辺がやはり切石積石室の多造地域であると認められ、この他に北の利根川右岸、東の元荒川流域、荒川左岸の大宮台地北部、および南の荒川下流域にも分布のまとまりを見出すことができる（第56図）。とくに、和田川・滑川（なめがわ）上流域、市野川・都幾川（ときがわ）流域、越辺川（おっぺがわ）左岸域、荒川・市野川合流点付近に密集地帯が形成されており、分布

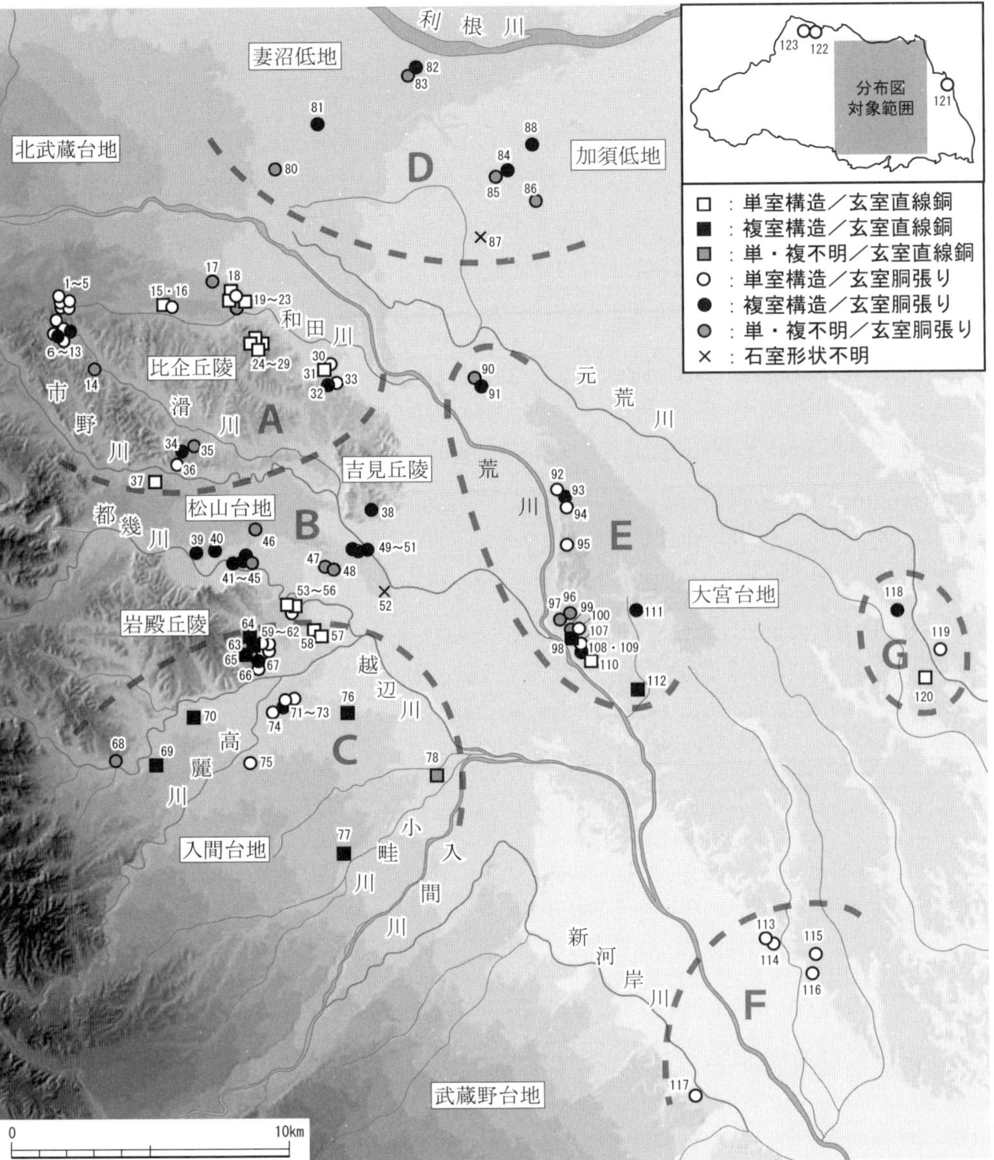

１～５：立野古墳群／６～11：塩古墳群／12～13：古里古墳群／14：天神山１号／15・16：野原／17：万吉下原６号／18：伊勢山／19：楊井／20：瀬戸山１号／21：瀬戸山２号／22：薬師寺１号／23：薬師寺３号／24～29：三千塚古墳群／30：阿諏訪野１号／31：阿諏訪野２号／32：大境南１号／33：大境南２号／34：わたご塚／35：岩屋塚／36：羽尾／37：屋田５号／38：かぶと塚／39：冑塚／40：若宮八幡／41～45：附川古墳群／46：青鳥12号／47：久保原／48：上川入／49～51：柏崎古墳群／52：古凍14号墳／53～56：諏訪山古墳群／57～58：下寺前１号・２号／59～62：桜山古墳群／63～64：舞台１号・２号／65：根平２号／66：田木山１号／67：田木山２号／68：西戸２号／69：鎌倉街道２号／70：大河原２号／71～73：新山古墳群／74：片柳５号／75：土屋神社／76：道場／77：鶴ヶ丘稲荷神社／78：東洋大学工学部敷地内１号／80：肥塚／81：中条大塚／82：酒巻１号／83：酒巻５号／84：八幡山／85：地蔵塚／86：小針鎧塚／87：戸場口山／88：小松１号／90：箕田７号／91：宮登／92：氷川神社／93：下閭１号／94：浅間塚／95：中井１号／96：八重塚１号／97：諏訪山南１号／98：西台７号／99：西台９号／100：西台11号／107：原山23号／108：城髪山１号／109：城髪山２号／110：川田谷ひさご塚／111：氷川神社裏／112：樋詰６号／113・114：植水１号・４号／115：山王山／116：台耕地稲荷塚／117：八塚／118：十三塚／119：椿山５号／120：ささら３号／121：目沼３号／122：御手長山／123：浅間山

第 56 図　北武蔵地域における切石積石室の分布

域の中核をなしている。

このような密集地帯を中心とする分布状況や地形区分、石室の構造的特徴などから、以下のような７つの分布域が浮かび上がってくる（数字は第56図の古墳番号）。

Ａ：比企丘陵縁辺の和田川・滑川流域（1～37）

Ｂ：松山台地を挟む市野川・都幾川下流域（38～56）

Ｃ：岩殿丘陵以南の越辺川・小畦川流域（57～79）

Ｄ：妻沼・加須低地の広がる利根川右岸（80～88）

Ｅ：大宮台地北部の荒川中流域左岸（89～112）

Ｆ：大宮台地南部の荒川下流域（113～117）

Ｇ：大宮台地東部の元荒川流域（118～120）

Ａ～Ｃについては、分布域が相互に近接し、分布のまとまりのみでは明確な線引きに躊躇を覚える。しかし石室構造の特徴に注目すると、Ａは単室構造石室、Ｂは複室構造胴張り石室、Ｃは単室構造胴張り石室と複室構造直線胴石室をそれぞれ主体とする分布域として地域差を認めることができよう。なお羽尾古墳・屋田（やた）５号墳（36・37）は市野川流域に位置するが、Ｂとは明らかに立地が異なる比企丘陵縁辺の古墳とみなして、Ａの分布域に含めておく。また、かぶと塚古墳（38）は吉見丘陵南端、諏訪山古墳群（53～56）は高坂台地北縁にそれぞれ位置するが、前者は市野川、後者は都幾川流域にあたることから松山台地南縁の石室群と同じＢの分布域として扱う。

さて、本節での検討の進め方について再度確認しておきたい。如上のように北武蔵地域の切石積石室には小地域ごとのバラエティが窺え、各分布域のなかで石室構造の異なるものが客体的に存在するという状況が認められる。したがって全体共通の分類項目を設定して細別分類ごとに編年を組むよりは、個別分布域ごとに変遷過程を辿り、必要に応じて他の分布域との関係性を考慮する方が適切であろう。つまり各分布域のなかで切石積石室の築造開始期を見定め、分布域内の事例でその後の展開が追えるのかが一つの鍵となってくる。

4. 切石積石室の展開過程

（1）松山台地周辺（Ｂ：38～56）

本分布域は、既往の研究で最も注視されていた地域にあたり、様々な視角から石室の型式学的検討が試みられている。

それら先行研究の論点を整理してみると、埴輪を伴う若宮八幡古墳（第57図1）、あるいはTK209型式併行の豊富な須恵器が出土した冑塚古墳（第57図2）・かぶと塚古墳（第57図3）を複室構造胴張り石室の古段階に位置づけ、その他の事例との構造的差異に変化の方向性を見出すという共通したアプローチが窺える。例えば田中広明は、奥壁側面の切組加工や天井面の段構造を古段階石室の特徴として抽出し、時代が下る石室群との構造差を明示した〔田中1987〕。とくに玄室の高さという着眼点は、大谷徹によって奥壁構築部材のあり方という観点に結実し、大型石材を横積みにすることで玄室の幅と高さを確保していた古段階から、石室規模の縮小に伴い２石２段積み、

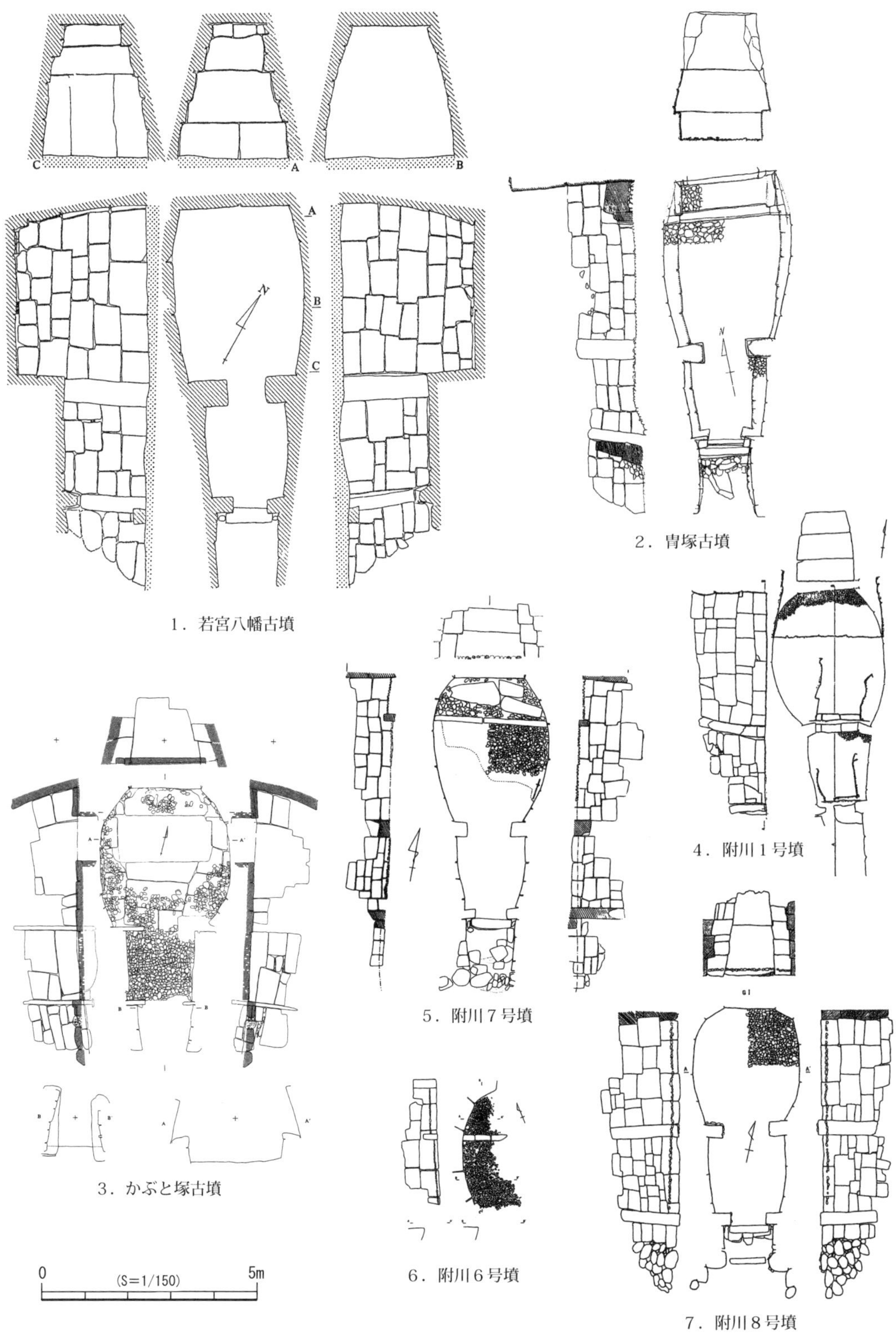

第 57 図　松山台地周辺の複室構造胴張り石室

ないし台形の鏡石を据える段階へ移行する変遷観が示された〔田中・大谷 1989〕。さらに上野恵司によって、奥壁が直線的なものから完全に丸くなるものへ推移するという視点が加えられると同時に、玄室に対する前室の規模が相対的に拡大する傾向も指摘された〔上野 2000b〕。

以上のような構造変化について異論はなく、当該石室の編年を組む際に有効な指標として認められる。年代観についても、おおむね研究者間で共通理解が得られており、変更の必要性は感じない。よって、本分布域における石室の変遷観については先行研究に倣うとして、ここでは石室系列の捉え方について、考えるところを二、三述べることにする。

一つ目に、若宮八幡古墳と冑塚古墳の前後関係について取り上げておきたい。両古墳は石室構造のうえで極めて高い共通性を示しているが、埴輪の有無を根拠に若宮八幡古墳の先行性を指摘する見方がある〔上野 2000b ほか〕。構造的に類似する附川（つきかわ）古墳群の石室群（第 57 図 4～7）を含め、棺座状施設の有無などを考慮に入れて、〈6 世紀後葉の若宮八幡古墳→ 6 世紀末葉の冑塚古墳→ 7 世紀初頭の附川 7 号墳→ 7 世紀前半の附川 1 号墳→ 7 世紀中葉の附川 8 号墳〉と短いスパンで変遷を想定するのもひとつの考えではある。しかし、附川古墳群には遺存状態が不良ながらも、石室全長 5 m 以上の 5 号墳や棺座状施設を有する 6 号墳が存在し、これらすべてを一系列の変遷で捉えることには無理がある。むしろ、例えば石棺・棺座状施設の有無や玄室最大幅位置の違いを基準に、〈冑塚古墳→附川 7 号墳（→附川 6 号墳？）〉と〈若宮八幡古墳→附川 1 号墳→附川 8 号墳〉といった複数系列に分けて理解する方が適切であろう。このように、相互に密接な関係をもつ若宮八幡古墳と冑塚古墳の石室を同一系統と認めつつ、異なる石室系列として展開したと考えることが許されるならば、両古墳の細かな時期差をことさら意識する必要はないと考える。冑塚古墳の発掘調査が内部主体に限られており、確実に埴輪を伴わないと立証されているわけではない点を考慮すると、一概に若宮八幡古墳が先行するとも断言できないのではなかろうか。ここでは、複数系列の併存として理解し、若宮八幡古墳・冑塚古墳を 6 世紀末葉前後、附川 1 号墳・7 号墳を 7 世紀前半、附川 8 号墳を 7 世紀中葉前後、と捉えておく。

次に、柏崎古墳群の石室系列に注目したい。①奥壁・側壁が小振りの切石で構築されている点、②空間区分が不明瞭な複室構造である点などに特徴づけられ、胴張り石室導入以前の片袖形・無袖形石室を祖形とする見解が出されている〔田中・大谷 1989〕。筆者も同意見で、より限定的に言えば本分布域の南端に位置する諏訪山 4 号墳（第 58 図 1）の石積み手法に共通性を見出すことができる。諏訪山 4 号墳は埴輪を伴うことから 6 世紀後半の築造と考えられ、埴輪を伴わない柏崎 4 号墳・5 号墳・6 号墳（第 58 図 2～4）の祖形として年代的に矛盾しない。3 基のうち、柏崎 4 号墳から TK209 型式併行の金属器模倣碗が出土しており、埴輪消滅直後の 7 世紀初頭頃に 4 号墳が築造されたと考えられる。奥壁の胴張り化という指標に従えば、〈4 号墳→ 6 号墳→ 5 号墳〉の構築順序が想定でき、複室構造の空間区分がより不明瞭になっていく過程として捉えられる(1)。ここで問題となるのは、壁体の石積み手法が諏訪山 4 号墳を祖形としながらも、矩形プランの単室構造（無袖形）から胴張りプランの複室構造に変化を遂げている点である。正方形を基調とする胴張りプランと、玄門・前門に緑泥片岩の板石を用いている点を評価するならば、柏崎 4 号墳の成立にはかぶ

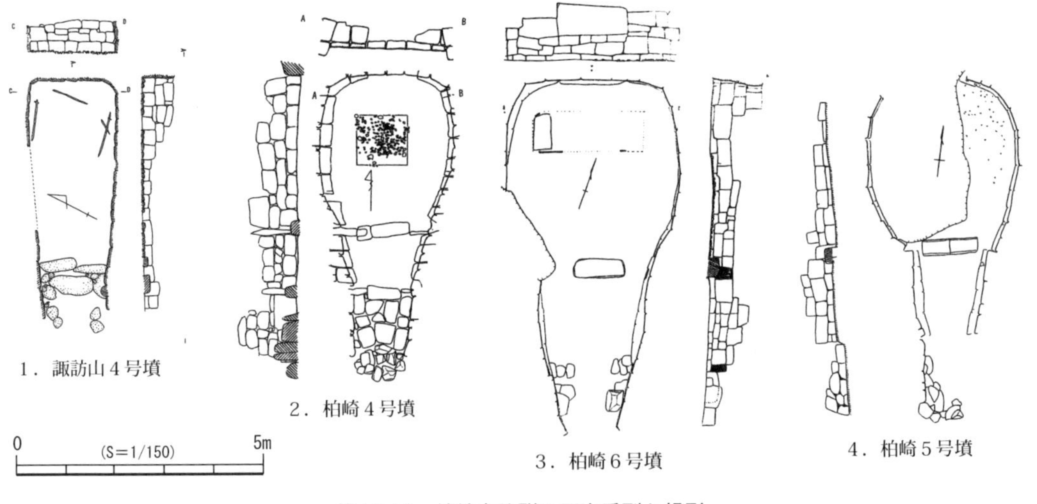

第58図　柏崎古墳群の石室系列と祖形

と塚古墳（第57図3）からの影響を考えることが妥当であろう。なお、柏崎4号墳・5号墳・6号墳の石室規模には大きな差が認められず、相対的に新しく位置づけられる柏崎5号墳の構築年代を含め、縮小化が指摘される7世紀中葉以前におさまるものと考えられる。

(2) 比企丘陵周辺（A：1～37）

松山台地周辺（B）の北側に広がる本分布域は、7つの分布域のなかで最も多くの切石積石室が営まれた地域であり、おおむね1～13・15～33・34～37の3つのブロックに分けることができる。以下、ブロックごとに切石積石室の展開過程を辿ることにする。

最密集地帯である和田川・滑川上流域の立野・塩・古里（ふるさと）古墳群では、唯一埴輪を伴う塩古墳群西原18号墳（第59図1）が最古段階の6世紀末葉に位置づけられる。顕著な胴張りを有する玄室に羨道が接続する単室構造で、ほぼ同時期に築造された複室構造の若宮八幡古墳とは別系統であることが明らかである。この西原18号墳ととくに類似する石室構造・平面形態の事例として、古里古墳群北田2号墳（第59図2）の存在が目にとまる。西原18号墳では、両側壁の奥壁寄りに巨石を一つずつ据え、これに極めて明瞭な湾曲加工を施すことによって胴張り形態を作出している。一方の北田2号墳では、右側壁に西原18号墳と同様の加工を施した巨石を据えているが、左側壁は中小切石で構築されている。また奥壁と接する箇所に小石材を介在させることで胴張り形態のコーナー部分を造り出しており、西原18号墳にはない新しい側壁構築技法として注目される。塩古墳群狸塚（むじなづか）27号墳（第59図3）も西原18号墳や北田2号墳と同様、単室構造であり、北田2号墳にみられた奥壁コーナー部分における小型石材の積み上げも認められる。北田2号墳との前後関係は定かでないが、鉄鏃・須恵器・土師器などの年代観から7世紀前半の築造と見て間違いない。塩古墳群西原6号墳・荒井13号墳（第59図4・5）は、前後2箇所に立柱石を設置する複室構造の切石積石室で、長方形を基調とした前室形態から、松山台地周辺（B）の影響を受けて成立したものと推察される。遺存状態の比較的良好な西原6号墳の羨道部石積みに目を向けると、前室寄りにブロッ

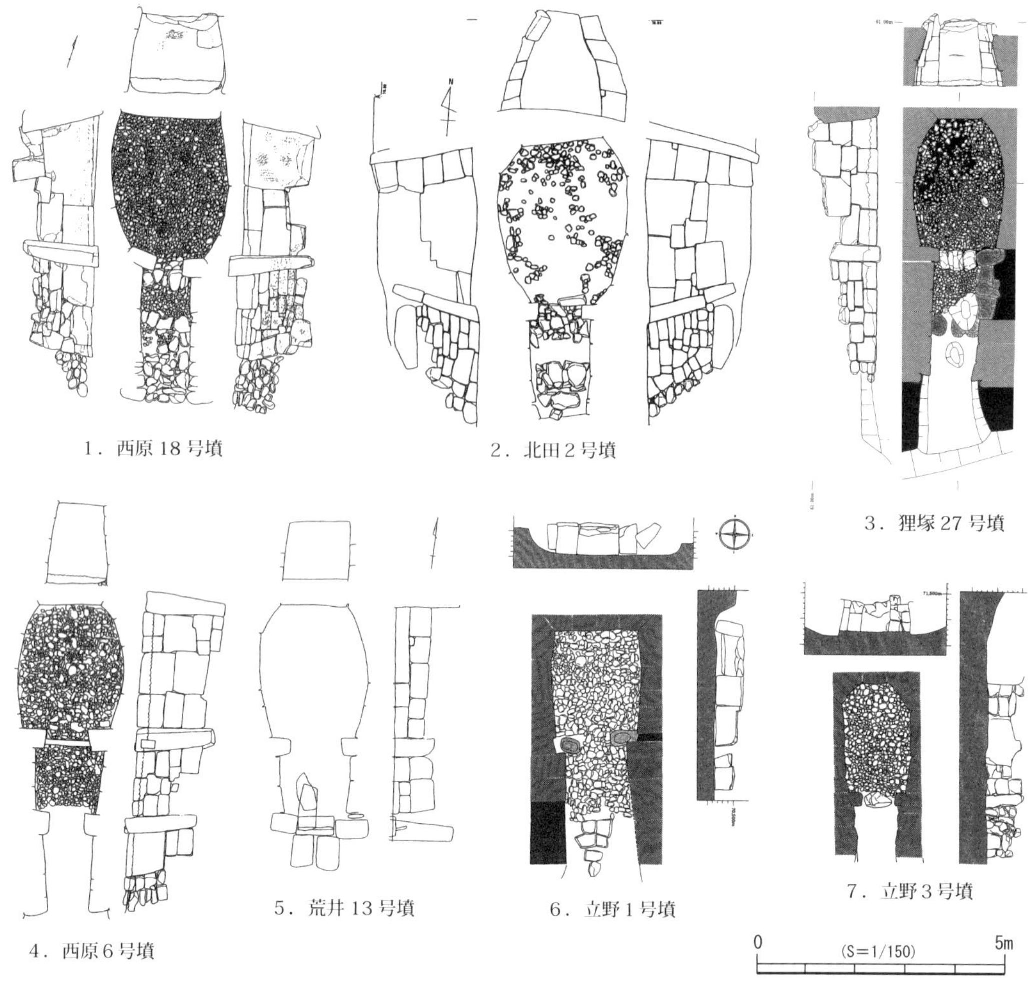

1．西原18号墳
2．北田2号墳
3．狸塚27号墳
4．西原6号墳
5．荒井13号墳
6．立野1号墳
7．立野3号墳
0　(S=1/150)　5m

第59図　和田川・滑川上流域の切石積石室

ク状の切石を据え、その前方に小石材を積み上げるというやや簡略化された造作となっている。同様の石積みは松山台地周辺の附川8号墳（第57図7）に認められ、西原6号墳・荒井13号墳の年代もこれと同時期の7世紀中葉頃と考えられる。

塩・古里古墳群の北側に近接する立野古墳群では5基の切石積石室が確認され、遺物相や石室規模から考えて、1号墳・3号墳（第59図6・7）を7世紀前半、12号墳を7世紀後半、14号墳・17号墳を7世紀末葉とする報告書の年代観が妥当であろう。1号墳の石室形態や3号墳以降に窺われる奥壁の胴張り化から、これらの石室が塩・古里古墳群とは異なる石室系列として変遷を遂げたと考えられる。同一墓域内に河原石積石室が共存している点を勘案すると、奥壁部分を中心とする形態変化は河原石積石室との関連が想定される。

比企丘陵北縁の和田川中・下流域に分布する切石積石室では、埴輪を伴う事例として、野原古墳（第60図1・2）、伊勢山古墳（第60図3）、万吉下原（まげちしもはら）6号墳、三千塚第8支群3号墳・4号墳の5例が挙

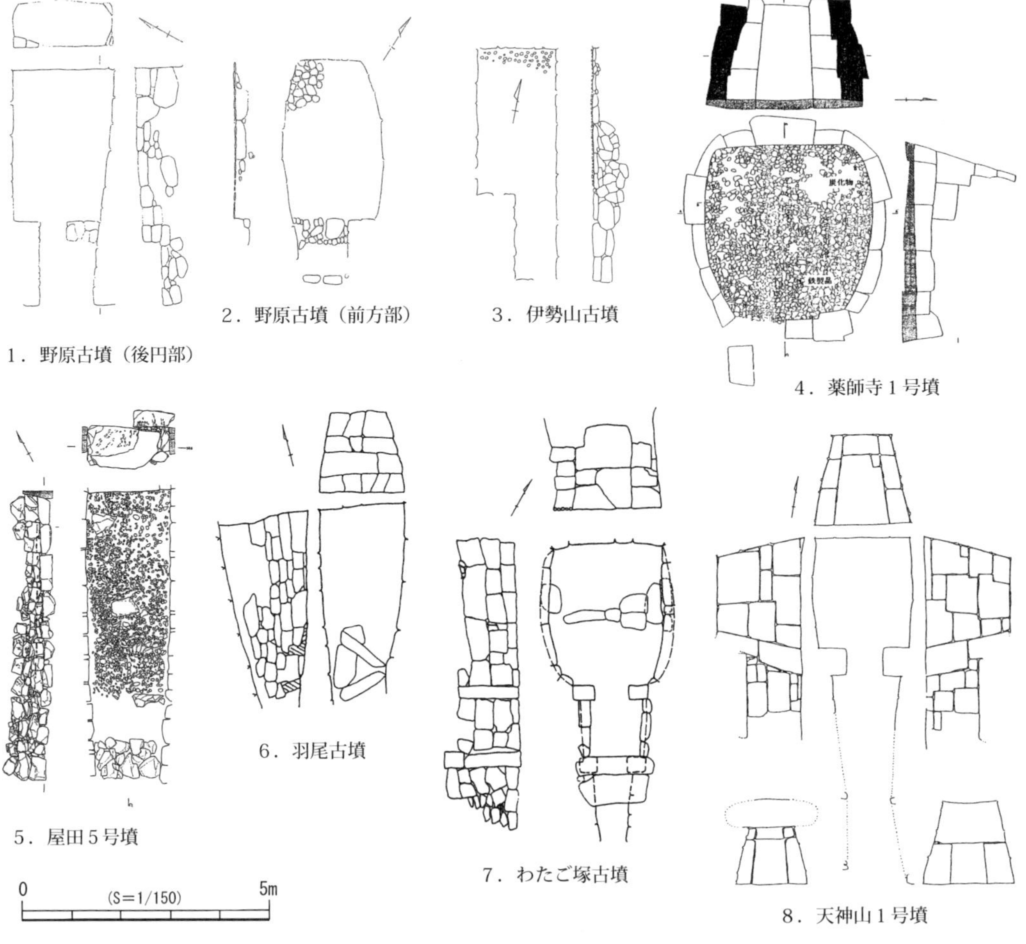

第60図　和田川中・下流域と滑川・市野川中流域の切石積石室

げられ、6世紀後半～末葉の年代が与えられる。前三者が片袖形、後二者が無袖形であり、両袖形で強く胴の張る滑川上流域の石室群とは異なる石室系統として認識される。野原古墳前方部石室や万吉下原６号墳の存在から、比企丘陵北縁においても６世紀のうちに胴張り石室が採用されていたことがわかる。また埴輪こそ出土しなかったものの、前方後円墳という墳形から７世紀初頭前後の年代が想定される大境南１号墳・２号墳には、詳細不明ながら複室構造・単室構造の胴張り石室が採用されており、瀬戸山２号墳や薬師寺１号墳（第60図4）との関連が注目される。既往の研究では胴張りの顕著な薬師寺１号墳を比較的新しく位置づける傾向にあったように思うが、ここでは薬師寺１号墳が大境南１号墳・２号墳の石室系統であると捉え、７世紀前半の築造と理解したい。その場合、楊井（やぎい）古墳や瀬戸山１号墳など、隣接する両袖形直線胴石室が薬師寺１号墳に後続して営まれたとも考えにくいので、同じく７世紀前半代に別系統として併存したと考える。阿諏訪野古墳群において胴張り石室（１号墳）と直線胴石室（２号墳）がともに検出されている状況も、同様の現象として捉えられよう。なお、大境南１号墳の複室構造石室については図面が公表されておらず、石室規模も一部しか明らかにされていないので断言はできないが、石室の写真などからは短小な前室形態が窺える。現時点では憶測に過ぎないが、松山台地周辺（B）の複室構造石室ではなく、後述する利根川右岸（D）の影響を受けた可能性が想定される。

南の滑川・市野川中流域には、無袖形石室を内蔵する屋田5号墳・羽尾古墳（第60図5・6）が営まれている。埴輪を伴う前者が6世紀後半、後者が7世紀前半代の築造と考えられよう。羽尾古墳と同時期の7世紀前半に位置づけられるのが、松山台地周辺（B）の影響を受けて成立したと考えられる複室構造のわたご塚古墳（第60図7）である。また7世紀中葉頃に比定される岩屋塚古墳は、玄室部のみの遺存であり石室内の状況が不分明であるため、わたご塚古墳の石室系列であるか否か、判断が難しい。単室構造と判断して別系統とみなす意見〔田中・大谷1989〕に従えば、滑川・市野川中流域では特定の石室系統・系列が定着せず、新しいタイプの石室の導入ないし成立が繰り返されたと評価できるのかもしれない。そのように考えると、これら石室群の分布からやや外れた位置に存在する天神山1号墳（第60図8）の位置づけも同様に解釈できよう。天神山1号墳の年代観については、若宮八幡古墳との比較から7世紀初頭とされているが〔高柳1986〕、石材加工にチョウナ叩き技法が認められるとの指摘もあり〔大谷1993〕、同技法が群馬県宝塔山古墳や奈良県艸墓古墳などわずかな事例で確認されるにとどまることから〔和田1991〕、これらの古墳と同時期の7世紀中葉頃まで下がる可能性も視野に入れておくべきだろう。

（3）岩殿丘陵以南（C：57～79）

本分布域には、明確に6世紀代に位置づけられる事例が存在しない。基本的には単室構造の胴張り石室と複室構造の直線胴石室に大別して捉えることができ、前者が河原石積石室とともに群集墳形態を示すのに対して、後者は相互に一定の距離をおきながら営まれる傾向にある。このことから、前者に比して後者の方が階層的に上位の墓制であったと考えられる。

本分布域の地域相にあって異彩を放つのは、田木山（たぎやま）2号墳（第61図1）の存在である。北側の松山台地周辺（B）に営まれた複室構造胴張り石室との共通性が高く、附川古墳群との比較から7世紀前半でも中葉寄りに位置づけることが妥当であろう。尾根を違えて南に立地する田木山1号墳（第61図2）は、複室構造として扱われることもあるが、本稿では羨道部を間仕切石で区画した単室構造の石室と捉えたい。このような石室構造は、単室構造胴張り石室が主体を占める地域相のなかで、田木山2号墳のような事例がいかに客体的な存在であったかを示す好例と言えよう。なお本分布域最西端に位置する西戸（さいど）2号墳（第61図3）も、1891（明治24）年の発掘後に建てられた石碑の内容から複室構造とみる見解が示されている〔佐藤ほか1998〕。しかし碑文の曖昧な表現では、玄室と羨道の区分を指している可能性も否めず、遺存していた玄室の特徴のみをもって若宮八幡古墳との比較から7世紀初頭に位置づける見方にはただちに首肯しがたい。仮に複室構造であったとしても、礫床の広がりや右玄門前方の基底石の位置をみると幅広く規模の拡大した前室形態が想定でき、切組積手法の認められない点を含め、7世紀中葉頃に位置づけるのが妥当ではないかと考える。

単室構造の事例では、岩殿丘陵東縁の桜山古墳群と南の越辺川流域に営まれた新山（にいやま）・片柳古墳群が挙げられる。総数13基の古墳が確認された桜山古墳群は、隣接する古墳にも使用石材の差が

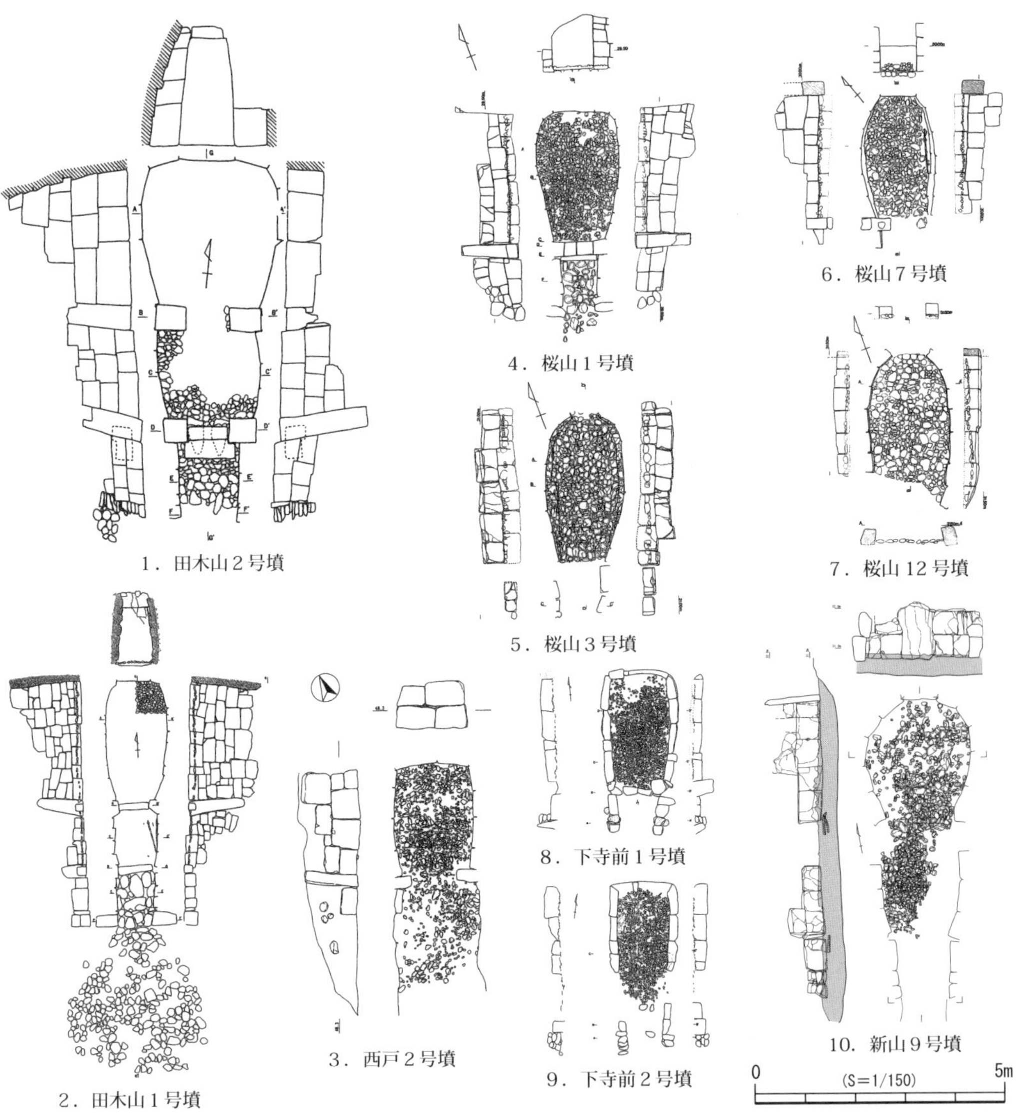

第61図　越辺川流域の切石積石室

認められ、複数の石室系統が混在する古墳群として注意が喚起されている〔山本1990〕。4基の切石積石室に着目すると、桜山1号墳・3号墳は玄室最大幅が奥壁寄りに位置し、桜山7号墳・12号墳では玄室中央に最大幅をもつ小判形を呈するという違いが認められる（第61図4～7）。また石材加工について、桜山7号墳のみ断面V字形の粗雑な工具痕が観察されており、仕上げ加工が省略された結果と判断される。桜山7号墳と12号墳は、奥壁と接する側壁構築材に切り込みを加えて密着させるという1号墳・3号墳にない構築技法を共有しており、〈桜山1号墳・3号墳→7号墳・12号墳〉という大きく2段階に分けて把握することができる。桜山1号墳から出土したフラスコ瓶の年代観を参照すると、前者が7世紀中葉、後者が7世紀後半の築造と考えられる。なお桜山古墳群の東には、羨道の著しく退化した下寺前1号墳・2号墳（第61図8・9）が存在し、石室構造から7世紀末葉の築造と考えられる。玄室形態は基本的に直線胴であるが、奥壁寄りの側壁基底石がわずかに弧状を呈しており、桜山7・12号墳に後続する流れとして想定することも可能である。いずれにしても本分布域における単室構造切石積石室の最終形態であることは確かと言える。新山・片柳古墳群については内容の明らかな事例は多くないが、正円に近い胴張りプランの玄室をもつものの存在が知られていた。とくに新山9号墳は、過去にとられた実測図から屈曲する羨道が付設する特徴的な単室構造の胴張り石室と捉えられていたが、2012（平成24）年の調査で正円の玄室に胴張りプランの前室が取り付く複室構造石室であることが判明した（第61図10）。田木山2号墳と同様、松山台地周辺（B）の影響を受けて7世紀前半に構築されたものと考えられる。新山・片柳古墳群のその他の石室も複室構造石室であるのか、あるいは過去の実測図が示す通りの単室構造で新山9号墳の複室構造石室から単室構造石室へ変化する流れがあるのかは今後の調査で明らかにされるだろう。

本分布域において特徴的に認められる複室構造直線胴石室(2)は、北武蔵地域に数多く営まれた胴張り石室と対照的な様相であることから、かつては「特殊」・「特異」との評価が下された〔田中1987、山本1990〕。しかし、近年鎌倉街道2号墳や道場（どうじょう）遺跡など類似例が確認され、地域を代表する石室形態として認識すべき段階にあると思われる。石室の構造的特徴としては、①控えのあまりない板状の凝灰岩切石を積み上げて玄室・前室の側壁を構築し、羨道側壁を河原石積みとする点、②緑泥片岩を間仕切石や立柱石に利用する点、などが挙げられる。当該タイプの石室のなかで、舞台1号墳・舞台2号墳・根平（ねだいら）2号墳・鶴ヶ丘稲荷神社古墳の4基は、玄室プランが羽子板形を呈

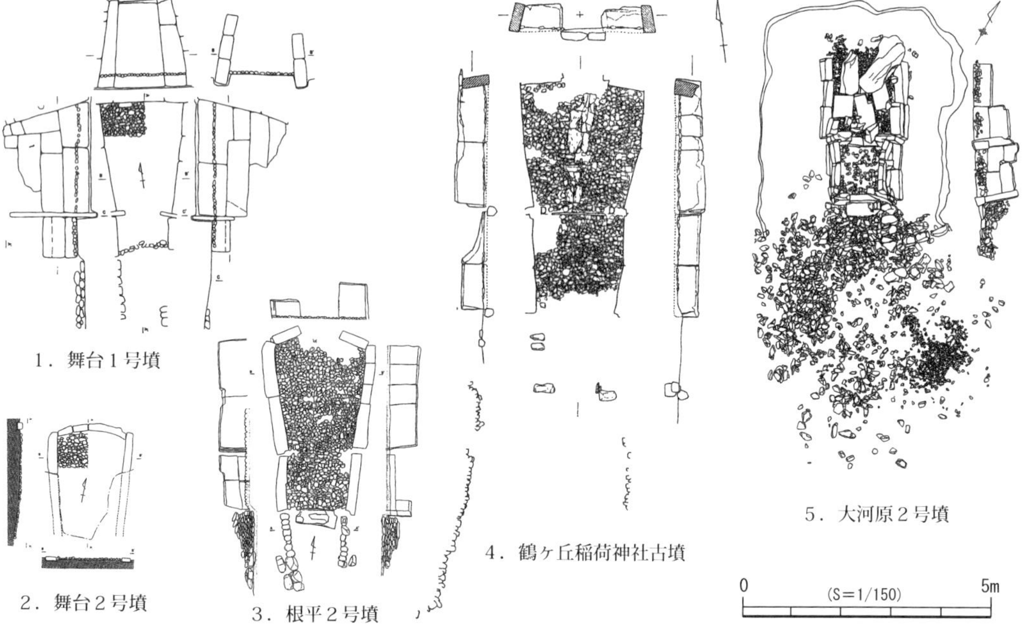

第62図　入間台地の複室構造直線胴石室

する点でも共通する（第62図1～4)。とくに近接する前三者の石室構造を比較してみると、舞台１号墳の石材据え形が舞台２号墳・根平２号墳と比べて深く、奥壁が直線的であることに気づく。これに対して石材据え形の浅い舞台２号墳では、奥壁が明確な弧状を呈し、石室幅が他の２例より小さい点で最も後出的な構造と捉えられる。残る根平２号墳は、舞台２号墳と同様に石材据え形が浅いが、石室規模は大きく、奥壁のあり方も舞台１号墳・２号墳の中間的な様相を示している。すなわち３基の相対的な前後関係として〈舞台１号墳→根平２号墳→舞台２号墳〉の順序が想定されるのである。また門構造の造作に注目すると、舞台１号墳では緑泥片岩の玄門を玄室・前室の側壁で挟み込んでいるだけだが、根平２号墳では玄門・前門と接触する側壁の縁辺に切り込みが加えられており、石材加工の発展過程としても上記の前後関係を跡付けることができる。そして根平２号墳と同様の門構造加工が分布域南端の鶴ヶ丘稲荷神社古墳（第62図4）にも認められる。鶴ヶ丘稲荷神社古墳は、石室下に古代寺院建築に見られる掘り込み地業が施された一辺53ｍの大型方墳で、７世紀中葉頃の築造と考えられる〔小久保2000〕。同様の門構造を備える根平２号墳もおおむね同時期、石室構造から相対的に先行すると考えられる舞台１号墳は７世紀前半、後出的な舞台２号墳は７世紀後半にそれぞれ位置づけることが妥当であろう。越辺川流域の大河原２号墳（第62図5）の場合、玄室幅が一定の矩形プランで、玄門・前門に緑泥片岩ではなく凝灰岩の切石を据えるなど、上記の石室群とやや様相が異なる。したがって年代的に関連づけることは困難であるが、玄門・前門に切り込みを入れて側壁と組み合わせている点などを評価し、暫定的ながら７世紀中葉前後の築造と考えておきたい。各文献に付された写真を見る限り、鎌倉街道２号墳や道場遺跡の事例は大河原２号墳との共通性が高いように思われ、今後詳細が明らかになれば石室の変遷観や相互関係をより明確にすることができよう。

（4）利根川右岸（D：80～88）

本分布域の切石積石室はわずか９例にとどまり、荒川以西の石室分布に比して数の少なさが際立つ結果となった。この事態は、本分布域の地形が、関東造盆地運動による沈降運動と利根川・荒川両河川の氾濫の結果として形成された埋没台地であることが大きく関係している〔堀口1981〕。水田下の未発見古墳や湮滅古墳の存在を考慮するならば、往時の当該石室数は決して少なくなかったと予想される。

角閃石安山岩の利用という点で共通する本分布域の事例を、石室構造および形態的特徴から大別すると、おおむね二系統の流れが見出せる。

一つは６世紀中葉～後半の酒巻21号墳（第63図1）に連なる石室系統で、短小な前室形態に特徴づけられる複室構造の酒巻１号墳・小松１号墳（第63図3）が挙げられる。また単室か複室か判断できない酒巻５号墳（第63図2）・肥塚古墳も、奥壁が丸みをもつ構造や壁体石積みに上記事例との共通性が窺える。また酒巻５号墳の右玄門基底部には、緑泥片岩の板石を嵌め込んでいたと考えられる溝状のホゾ穴を施した沓石（くついし）が据えられており、これと同様のものが酒巻１号墳・小松１号墳でも認められるので、これらを同一技術体系の石室と判断して差し支えないだろう。

もう一つは、挂甲小札の年代観から６世紀中葉～後半に比定される小針鎧塚古墳（第63図4）の

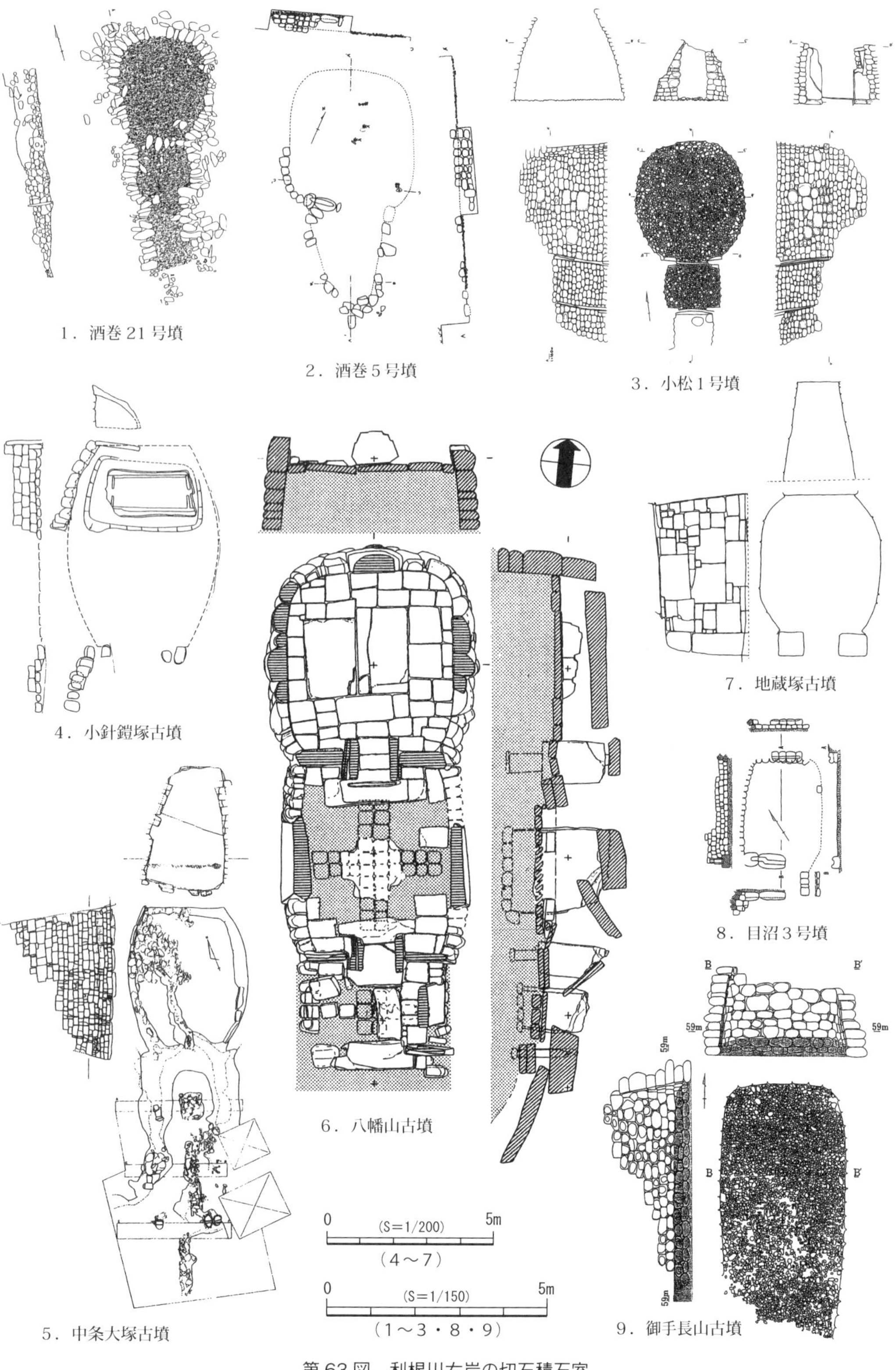

第63図　利根川右岸の切石積石室

石室系統である。小針鎧塚古墳自体は、遺存状態が極めて悪く、石室の構造的特徴について多くを知ることはできない。しかし、5.5mを測る玄室長規模は、3m程度にとどまる酒巻21号墳系統の石室群と懸隔があり、玄室長のみで言えば東国最大規模の八幡山(はちまんやま)古墳（第63図6）をも凌駕するものである。玄室形態も奥壁が丸みを帯びる酒巻21号墳系統と異なり、直線的である。こうした特徴を踏まえると、中条大塚(ちゅうじょうおおつか)古墳（第63図5）の構造・形態がこれに最も近いと言える。さて筆者は、北武蔵地域の切石積石室を検討した初出文献（「埼玉県における切石積石室の地域相」『埼玉考古』第43号、2008）において、石室規模や前室形態の共通性や基礎構造の相同性などから、八幡山古墳を小針鎧塚古墳の石室系統に連なるものと考えたが、その際に共通点として指摘した「奥壁と側壁の接合部において側壁に切り込みを加えて挟み込む特徴」は小針鎧塚古墳と中条大塚古墳に見られる属性であって、これらの点をもとにした八幡山古墳の位置づけは筆者の記憶違いにもとづく誤った解釈である。むしろ使用石材は小針鎧塚古墳や中条大塚古墳と比べて遥かに大型で、積み上げ手法もが異なっており、三室構造に変化する点を含め、八幡山古墳の段階で多様な構築工法が取り込まれていることから、八幡山古墳は複数の石室系統の要素が融合した特殊な成立事情をもつものと考えを改めたい。詳細については、本書第5章第2節3で論じることにする。八幡山古墳・地蔵塚古墳（第63図7）の年代観については、前者を7世紀前半、後者を7世紀中葉～後半とする大方の理解と同意見であり、これらに先行する小針鎧塚古墳と中条大塚古墳の関係については、旧稿の解釈が妥当と判断して中条大塚古墳の年代を小針鎧塚古墳に後続する7世紀初頭～前半としておく。

利根川右岸の分布域と関連して、飛び地的に営まれた3基の切石積石室についても触れておきたい（第56図右上参照）。一つは、分布図対象範囲の東方、千葉・埼玉県境の江戸川右岸に築かれた目沼3号墳（第63図8）である。石室は角閃石安山岩を主体としており、奥壁2段目石材・右沓石・仕切石の各上面に板石を嵌め込む溝が彫りこまれている点は、酒巻21号墳系統の石室群に通じる属性として注目される。地理的には遠く離れているものの、両地域間の関わりを示唆するものと考える。残る2基は、逆に利根川を上流に溯った本庄市御手長山(おてながやま)古墳（第63図9）と、旭・小島古墳群に属する上里町浅間山古墳である。ともに角閃石安山岩を用いた緩い胴張りを呈する石室で、前者の石室前方は破壊されて残存しないが、恐らく後者と同様に単室構造両袖形石室であろうと考えられる。石室の特徴から、伊勢崎市など群馬県東部の事例との関連が強いとみる指摘〔長谷川1978〕を支持したい。

（5）荒川中流域左岸（E：89～112）

大宮台地北部に広がる本分布域の場合、単室構造胴張り石室を主体としながらも、異なる構造・形態の石室も少なからず併存する状況が窺える。このような石室群のなかで、中井1号墳（第64図2）に代表される両袖形の単室構造胴張り石室が一つの源をなしている点は疑いないであろう。中井1号墳は埴輪の様相から6世紀後半の築造とみて大過なく、詳細不明の箕田(みだ)7号墳も同様の石室墳として位置づけられよう。遺存状態が良好でないため厳密な比較検討は難しいが、馬室古墳群を構成する浅間塚古墳（第64図3）や氷川神社古墳（第64図4）など、比較的緩やかな胴張りプランを呈する単室構造石室は、中井1号墳や箕田7号墳の流れを汲んで7世紀代に構築された切石積石

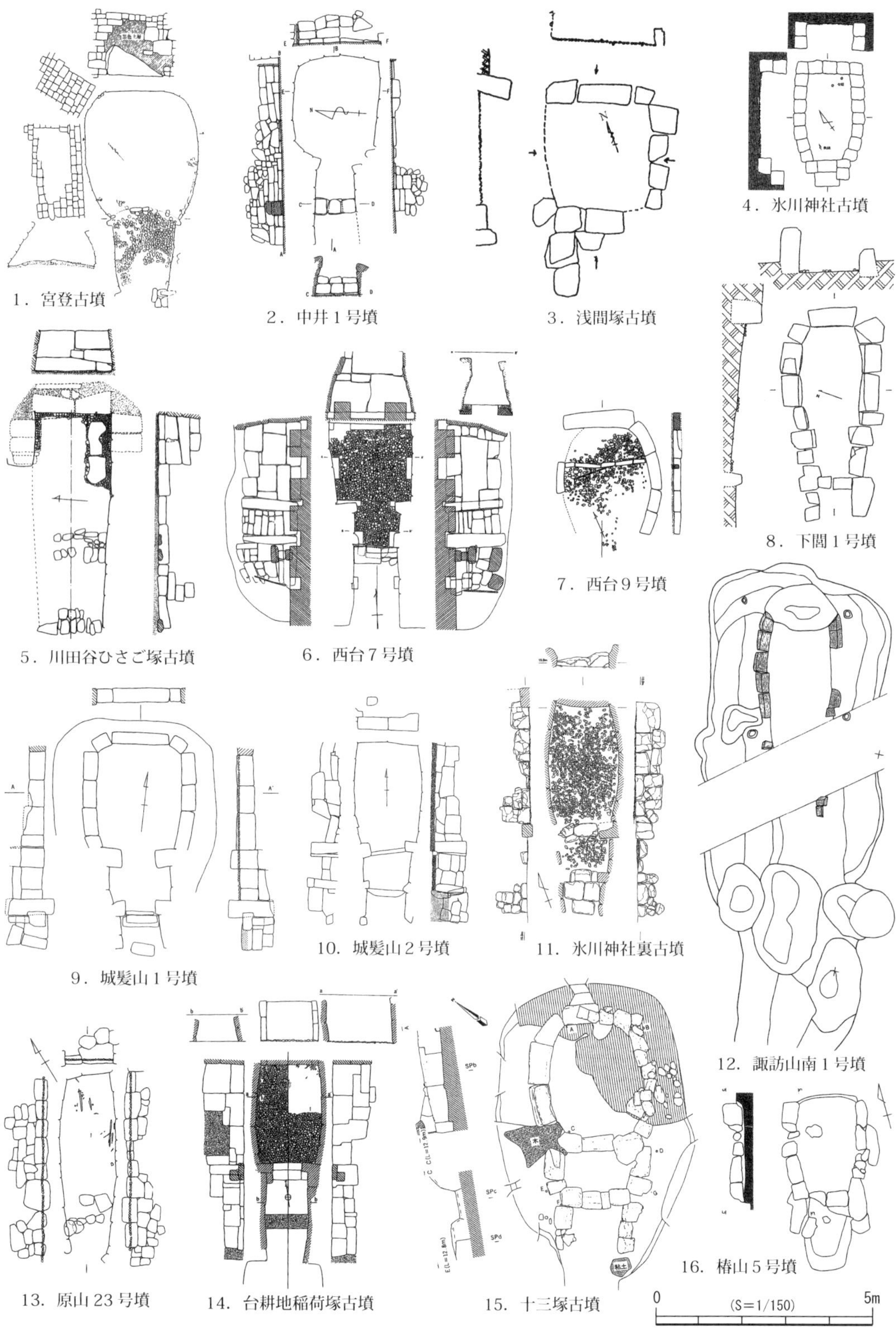

第64図　荒川中流域左岸・荒川下流域・元荒川流域の切石積石室

室と評価して良いだろう。

中井１号墳・箕田７号墳と同様に、埴輪を伴う切石積石室墳として、本分布域南端に位置する川田谷（かわたや）ひさご塚古墳（第64図5）が挙げられる。後円部に構築された無袖形石室は、側壁に扁平な凝灰岩切石を積み上げている点が特徴的で、切組積手法はあまり見られない。副葬品として納められた馬具の年代観などから６世紀後葉の築造と考えられる。

この川田谷ひさご塚古墳と同一古墳群に含まれる西台７号墳（第64図6）は、方形プランの玄室に短小な前室を付設する複室構造石室である。川田谷ひさご塚古墳石室と比較すると、平面形態の違いのみならず、奥壁や玄室側壁にブロック状の大型石材を使用している点や切組積手法の多用など、石室構造の面でも多くの差異が認められる。ただし石室の平面形態や構造的特徴を子細に見ると、前室幅と羨道幅がほぼ同一で、羨道の途中に突出する立柱石を配したような形態であることから、純粋な複室構造石室を直接の祖形としているというよりは、単室構造両袖形石室から派生したものと想定される。前門の位置で凝灰岩切石を数段積み上げて閉塞施設としている特徴や、羨道側壁に扁平な切石を使用している点を考慮に入れると、上述した中井１号墳の石室構造に高い共通性を見出すことができる。前室形態が短小である特徴から判断して、中井１号墳を直接の祖形とし、利根川右岸（D）からの影響で複室化を果たしたと考えられる。墳丘部のトレンチ調査では、北東側の周溝から円筒埴輪の小片が出土しており、中井１号墳に後続する６世紀末葉～7世紀初頭に位置づけられる。

川田谷ひさご塚古墳と西台７号墳の間に挟まれた城髪山（しらがやま）１号墳・２号墳（第64図9・10）も、短小な前室を備える複室構造石室であるが、側壁の石積みや玄室平面形に違いが認められる。城髪山１号墳の玄室プランは基本的に直線的で、西台７号墳との差はさほど大きいものではない。ただし奥壁隅角に小石材を設置することで丸みをもたせ、玄門側の側壁石材もわずかに曲面を作り出している。ここで改めて西台７号墳の左側壁に着目してみると、奥壁側に小石材を積み上げる構造的特徴が看取され、城髪山１号墳の奥壁隅角石材に通じる属性と考えられる。城髪山２号墳ではこの奥壁隅角の小石材が認められず、壁面全体が緩やかな弧状を呈して明確な胴張りプランとなっている。西台７号墳に後続する城髪山１号墳・２号墳は７世紀前半以降の築造と考えられ、城髪山１号墳・２号墳の石室規模に明確な縮小化が認めがたいので、２号墳の築造年代の下限を７世紀中葉におくことが許されよう。

以上のように荒川中流域左岸では、６世紀後半の中井１号墳から７世紀中葉の城髪山２号墳に至る石室の変遷をスムーズに辿ることができる。この石室系列の重要性は、利根川右岸からの影響を受けているとは言え、複室構造胴張り石室の一形態が荒川中流域左岸という小地域内で独自の変遷過程を経て形成された点にある。川田谷古墳群の東方にやや離れて立地する氷川神社裏古墳（第64図11）や、北方の馬室古墳群を構成する下閭（しもさと）１号墳（第64図8）の埋葬施設にも、城髪山２号墳と共通性の高い複室構造胴張り石室が採用されており、本分布域において完成された石室形態として広く受容されたものと評価できる(3)。

なお、氷川神社裏古墳の南方に位置する桶川市楽中（らくちゅう）遺跡内の樋詰（ひのつめ）６号墳が2012（平成24）年に調査され、直径18mの円墳に複室構造石室を内蔵していることが判明した。奥壁石材の用い方などに城髪山1号墳との共通性が見られるが、①前室が矩形を呈していて特徴的な短小形態ではない点、②玄門・前門には側壁と同様のブロック状石材を積み上げていたようで、立柱石ではない点など、異なる構造的特徴が多い。詳細は正式報告を待ちたいが、現時点では西台7号墳に始まる系列とは別の流れを汲むものと位置づけておきたい。

また川田谷ひさご塚古墳の後続事例としては、胴張りプランの無袖形石室を内蔵する原山23号墳（第64図13）が挙げられる。また、西台9号墳（第64図7）には屍床仕切石を備えた胴張り石室が採用されており、遺存状態からは単室か複室かの判断ができないものの、附川6号墳（第57図6）との共通性が指摘できる〔山本1990〕。すなわち松山台地周辺（B）とのつながりを示す事例となるが、本分布域に類例が認められないことからすると、分布域間の関係性は稀薄と言わないまでも強固なものではなかったようである。

(6) 荒川下流域と元荒川流域（F・G：113～120）

荒川下流域（F）では5基、元荒川流域（G）は3基を数えるのみで、現状では分布域内の展開過程を辿ることが困難である。出土遺物や墳形などから判断して、6世紀代に遡る事例は皆無で、両分布域ともに7世紀前半以降の築造と考えられる。

荒川下流域では、台耕地稲荷塚古墳（第64図14）や植水1号墳・4号墳など単室構造の胴張り石室という点で共通しており、上述した他の分布域との明確な影響関係は見出しにくい。むしろ南東方向に所在する東京都北区赤羽台古墳群などの石室群と関連する可能性が考えられるが、石室相互の有意な関係を見出すには、いま少し資料の蓄積を期待したい。

元荒川流域の3例は、複室構造胴張り石室の十三塚古墳（第64図15）、単室構造胴張り石室の椿山5号墳（第64図16）、単室構造直線胴石室のささら3号墳と石室形態にまとまりがなく、特定の石室系統が定着した様子が窺われない点で、分布域（A）南端の滑川・市野川中流域と似た状況であると言える。十三塚古墳については、短小な前室形態に加えて正円に近い玄室形態であることから、西方の荒川中流域左岸（E）というよりも利根川右岸（D）の影響と判断されるが、残り2基の成因については未だ定見をもつに至っていない。

5. 展開過程にみる地域相の評価

最後に、ここまで個別分布域ごとに検討してきた切石積石室の展開過程を通覧し、各分布域にどのような地域差が認められるのか、あるいは全体を通底するような共時的な動向が窺えるのか、若干の考察を加えながら議論の収束に向かいたい。

北武蔵地域の切石積石室は、岩殿丘陵以南（C）・荒川下流域（F）・元荒川流域（G）を除く4つの分布域で6世紀後半から末葉にかけて成立し、基本的には分布域ごとの特色をもって古墳が営まれていく過程を辿ることができた。出現期の事例のうち、単室構造石室は前代に構築された河原石積・割石積石室の流れを汲み、構築材を切石にかえて営まれたものと考えられる。ここで、比企丘陵北部の和田川・滑川上流域に営まれた塩・古里古墳群の構造変化を思い返してみたい。大型切石に顕著な湾曲加工を施す西原 18 号墳の特徴は、北田 2 号墳の段階で中小切石を多用して胴張り形態を作り出す手法へと変化を遂げた（第 59 図 1・2）。これは大型石材の利用が胴張り形態を創出するうえで合理的でなかったことに起因するものと考えられる〔草野 2003〕。松山台地周辺のかぶと塚古墳（第 57 図 3）が、柏崎古墳群の成立に関与するものの、石室系列として展開するには至らず、7 世紀中葉まで築造の続いた若宮八幡古墳・青塚古墳の石室系統（第 57 図 1・2、4〜7）と対照的なあり方を示すのも、同様の背景が想定される。また逆に言えば、西原 18 号墳やかぶと塚古墳の成立は、構造力学的合理性よりも胴張り形態の造作が優先された結果と評価することができ、当該石室の成立背景を検討するうえで重要である。

次に、複室構造胴張り石室が成立した松山台地周辺（B）と利根川右岸（D）を比較してみたい。河原石積みの酒巻 21 号墳（第 63 図 1）にはじまる利根川右岸の複室構造石室は、6 世紀中葉近くまで遡るという年代的な古さと石室構造・形態における類似性の高さから、北部九州起源とみる見解が多く〔上野 2000b、田村 2001、小林孝秀 2008〕、おおむね意見の一致をみているが、松山台地周辺の複室構造石室は北部九州起源説〔田村 2001〕のほかに東海起源〔池上 1980〕との考えも示されている。松山台地周辺と利根川右岸の複室構造石室が成立過程を異にする点は明白だが、とくに松山台地周辺の石室の淵源を現時点において限定的に捉えることは控えたい。むしろ小林孝秀が指摘するように、「在地における突発性や型式的な飛躍が窺える点」〔小林 2009〕が重要で、複室構造・胴張りプラン・玄室部のみ高くする天井面の段構造・精緻な切石切組積手法といった、それまでの在地に認めがたい新来諸要素が同時に組み合わさって現出した歴史的経緯を掘り下げていくべきだろう。とは言え、この点について快刀乱麻の論を展開する用意はない。6 世紀後葉より遡上する事例で、上に掲げた新来要素すべてを満たすものが見当たらない以上、松山台地周辺の複室構造石室は利根川右岸のような単系的なものではなく、複数の石室系統が錯綜し、融合するなかで生み出された可能性を指摘するにとどめたい。

両分布域の成立状況の違いは、その後の展開過程にも反映されている。松山台地周辺の複室構造石室は、比企丘陵周辺（A）のわたご塚古墳（第 60 図 7）や岩殿丘陵以南（C）の田木山 2 号墳・新山 9 号墳（第 61 図 1・10）、荒川中流域左岸（E）の西台 9 号墳（第 64 図 7）など、7 世紀前半になって周囲の分布域へ波及しているが、いずれもそれぞれの分布域に根を下ろさない客体的な存在で、単発的な受容にとどまる。かたや利根川右岸の動向は対照的で、その後の地域的展開を促した荒川中流域左岸（E）との密接な関係を中心に、影響が及んでいた可能性のある比企丘陵周辺（A）の大境南 1 号墳や、形態的類似性の高い元荒川流域（G）の十三塚古墳（第 64 図 15）など、単発的に受容されたものも広範に認められる。さらに複室構造に限定せず、石室形態や特徴的な玄門構造の共通性という観点で見渡せば、埼玉県東端の目沼 3 号墳（第 63 図 8）の他に、上野地域東部や下野地域南端（現・小山市周辺）などにも関連する事例が認められる。

このように周辺諸地域と広く関わりを示す利根川右岸の動向は、当地域が无邪志（むさし）国造の奥津城に擬せられる埼玉古墳群や大型円墳の八幡山古墳（第 63 図 6）を擁するという事実とも無関係でないだろう。松山台地周辺の複室構造石室が、北武蔵地域内の周辺諸地域に浸透していかなかったのも、利根川右岸が内包するような歴史的性格を有していなかったことが一因として考えられる。ただし興味深いことに、7世紀前半以降に南武蔵で成立する複室構造胴張り石室の遡源は、利根川右岸ではなく松山台地周辺に求められるのである（本書第3章第5節参照）。松山台地周辺の歴史性が、7世紀後半の武蔵国府成立前夜における集団関係を読み解くうえで、一つの重要な鍵となる点に留意しておきたい。

さらに7世紀中葉前後の展開過程では、分布域間の動向よりも各分布域内での動態が注目される。この時期から切石積石室の構築が盛行する岩殿丘陵以南（C）では、根平2号墳や鶴ヶ丘稲荷神社古墳、あるいは大河原2号墳や鎌倉街道2号墳といった特徴的な複室構造直線胴石室が拠点的に営まれた。また荒川中流域左岸（E）では、利根川右岸の影響を受けて複室構造が採用されたあと、独自の変遷過程を経て7世紀中葉頃に城髪山2号墳の成立をむかえ、これと類似する石室形態がやはり一定の間隔をあけて複数築かれている。このように共通した墓室スタイル・石室構築技術が一定の地域的まとまりのなかで拠点的に展開する動態は、当該時期に至って地域区分が再編成されていく過程のなかで起こった一事象と捉えることができよう。

註

(1)　柏崎6号墳の場合、左側壁の玄門・前門の位置に立石を嵌め込む抉りが施されており、その直下に緑泥片岩の破片が確認されている。遺存はしていなかったが、4号墳と同様の門構造を備えていたことがわかる。

(2)　当該石室については、石室前方の河原石積み部分を前庭側壁と判断し単室構造とみなす意見もある。天井部を欠くため断定はできないが、鶴ヶ丘稲荷神社古墳や大河原2号墳の石材配置をみると、河原石部分は直線的に伸びた後でハの字状に広がり、羨道と前庭に分けることができる。根平2号墳の門構造なども加味して、本稿ではこれらを複室構造として扱う。

(3)　川田谷古墳群の北側に隣接する諏訪山南1号墳（第64図12）も、遺存状態の悪さから複室構造であった確証はないが、石室全体のフォルムが城髪山2号墳と類似している点を評価すれば、同様の性格を付与しうる。

第5節　南武蔵地域―複室構造胴張り石室の動態―

1. はじめに

2003（平成15）年12月、全国的に稀有な墳形である上円下方墳の新事例が発掘調査によって確認された。一躍第一級の終末期古墳として耳目を集めた武蔵府中熊野神社古墳（以下「熊野神社古墳」）は、上円下方墳という特殊な墳形もさることながら、後の寺院造営技術に通じる版築状盛土と掘り込み地業[1]の確認、国内に類例のない七曜文銀象嵌鞘尻金具の出土などにより、国府成立前夜の南武蔵地域の情況を語るうえで欠かすことのできない存在として大きく寄与するところとなった。さらに玄室平面プランが五角形状の特異な切石積石室を内蔵すると考えられてきた三鷹市天文台構内古墳についても、2006・2007（平成18・19）年の発掘調査で石室・墳丘形態が熊野神社古墳と共通性が高いことが判明し、南武蔵地域の七世紀史をめぐる議論はいよいよ盛んなものとなっている。

本節では、7世紀代の南武蔵地域に営まれた有力古墳の埋葬施設として、熊野神社古墳に代表されるような複室構造胴張りプランの切石積石室に焦点を当て、その成因や動態を掘り下げていくことにする。

2. 問題の所在

熊野神社古墳の埋葬施設は、ケズリ加工を施した凝灰質砂岩の切石を、要所要所にL字形の切り欠きを加えながら積み上げた特徴的な横穴式石室である。6世紀後半以降の関東地方では、このような軟質石材の切石を壁体構築材とする切石積石室が数多く営まれた。熊野神社古墳が所在する南武蔵地域も例外ではなく、管見に及ぶ限り多摩川・鶴見川流域を中心に総数40基の切石積石室墳が存在する（第65図）。

熊野神社古墳のように、玄室平面形が正円に近い胴張りプランをなす切石積石室の存在は、研究史上比較的早い段階に報告され[2]、朝鮮半島の塼室墓（せんしつぼ）や北部九州地方の胴張り石室との関係を示唆する見解が示された〔後藤1956a、三木1956〕。とくに後藤守一は、稲荷塚古墳・臼井塚古墳・北大谷（きたおおや）古墳の3例を取り上げて、西日本の胴張り石室とは「アイディアを異にし、円形たらしむべく努めたもの」と、その特異性を評価している〔後藤1956c〕。その後、当該石室に関する研究は、類例の乏しい南武蔵地域から北武蔵地域へ比重を移すこととなる。具体的には、三味線胴形を呈する複室構造切石積石室が密集する埼玉県東松山市周辺を対象に、当該石室の被葬者を渡来系氏族・壬生吉志（みぶきし）氏とする仮説が提唱された〔金井塚1968〕。この仮説は、原島礼二の見解〔原島1961〕を援用するかたちで1970年代にわたり展開されたが、考古学・文献史学の双方から問題点が指摘され〔池上1980、森田1989〕、複室構造胴張り石室を特定氏族の墳墓とみる見解は沈静化するに至る。1980～90年代にかけては、地域ごとに編

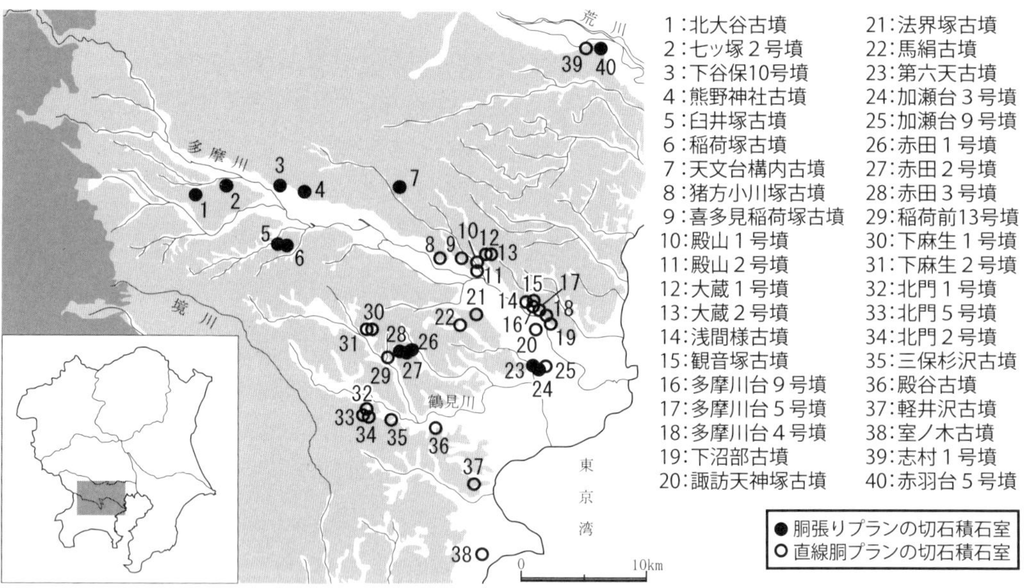

第65図　南武蔵地域における切石積石室の分布

年の体系化が進められ、多摩川流域の横穴式石室編年では池上悟の業績が挙げられる〔池上1982a〕。池上はその後、複数の研究成果を綜合するかたちで南武蔵地域における終末期古墳の様相をまとめているが、横穴式石室の編年については1982（昭和57）年に示されたものと大きく変わらない〔池上1992〕。

池上編年では、石室に使用された尺度の抽出と企画の変遷に重きが置かれている。ただし、尾崎喜左雄の業績〔尾崎1966〕を基礎とする尺度論については、土生田純之の指摘にあるように、偽長の問題、尺の代用（正式の尺以外の基準長）の可能性、基準点の置き方、施工誤差の問題といった諸点を考慮しなければならない〔土生田1991〕。また、仮に特定の石室に使用された尺度を抽出しえたとしても、四半世紀に満たない短期間を周期として、一律に基準尺度が変化したとは考えがたく、使用尺度やそれをもとにした企画によって古墳の築造年代を決定することには無理があると言わざるをえない。

近年では尺度論に対して慎重な姿勢を示す研究者が多く、南武蔵地域の複室構造石室を検討した大森信宏は、北武蔵地域との関係性から石室構築に関わる技術伝播の様相について論じている〔大森1999〕。かかる先行研究を踏まえ、本節では当該地域の複室構造胴張り石室を系列的に整理し、その淵源を追究するなかで古墳の築造年代を定めることにする。多摩川流域を中心とする南武蔵地域の政治的動態については、現段階において不確定要素の多い墳丘形態よりも、横穴式石室の関係性から組み立て直す必要があるとの指摘が提示されている〔新井2004〕。本節の分析を通じて、特徴的な複室構造胴張り石室がいかなる地域的状況のなかで構築されたものであるか、明らかにしていきたい。

3. 南武蔵地域における胴張りプラン切石積石室の諸例

熊野神社古墳のような胴張りの顕著な石室墳が、胴張りの全く見られない直線胴プランの石室墳から突然成立するとは考えられない。間接的な影響関係の有無を問わなければ、さしあたり胴張り石室に限定して考察することに問題はないと考える。玄室平面形が明確な胴張りプランを呈する切石積石室は南武蔵地域に13例存在し、多摩川中・上流域の右岸に多摩市稲荷塚古墳・臼井塚古墳・日野市七ッ塚2号墳・八王子市北大谷古墳、左岸に国立市下谷保10号墳・府中市熊野神社古墳・三鷹市天文台構内古墳、下流域右岸に川崎市第六天古墳・加瀬台3号墳、荒川下流域右岸に北区赤羽台5号墳、鶴見川水系の早淵川上流域右岸に横浜市赤田1～3号墳がそれぞれ営まれている。以下、これらの石室墳について簡単に紹介する。

稲荷塚古墳（多摩市百草：第66図1）　墳丘規模は周溝内側で約34mを測り、幅6mでめぐる墳丘一段目の内側に、径22mの墳丘二段目が盛土によって構築されている。周溝部分は角が意図的に深く掘り下げられた八角形を呈するが、墳丘二段目の形状は不明である。埋葬施設は複室構造石室で、玄室床面からベンガラ・白色土（胡粉ないし漆喰）が検出されている。遺物としては、墳丘北東側の周溝覆土中から出土した土師器長胴甕の口縁部片を挙げるにとどまる。

臼井塚古墳（多摩市和田後原：第66図2）　稲荷塚古墳の西方約50mに位置する古墳で、墳形・墳丘規模は不明である。稲荷塚古墳と同様、半地下式に構築されたと考えられる複室構造石室として報告されている。遺物は玄門付近で出土した刀子片のみである。

北大谷古墳（八王子市大谷町：第66図3）　径39mの円墳で、三室構成の複室構造石室を有する。玄門の位置に仕切石の抜き取り痕と考えられる落ち込みが確認されている。1899（明治32）年・1933（昭和8）年・1993（平成5）年の3次にわたって調査が行われたが、遺物は1993年の調査で前庭部から出土した土師器坏の口縁部片のみである。

下谷保10号墳（国立市谷保）　東西約7.6mを測る不整楕円形の墳丘に、玄室長2.15m・幅1.35mの小規模石室を構築している。玄門立柱石・仕切石は残存するが、石室前方が削平されており、複室構造か否か判断しがたい。周溝より須恵器坏蓋・平瓶が出土している。

熊野神社古墳（府中市西府町：第66図4）　1段目方丘が一辺約32mを測る3段築成の上円下方墳で、三室構成の複室構造石室を有する。版築状盛土や石室床面下の掘り込み地業、奥壁付近で検出された小ピットなど、特徴的な構築技術が発掘調査によって明らかとなった。遺物では鉄地銀象嵌鞘尻金具1・刀子4・鉄釘361・小玉6が出土している。

天文台構内古墳（三鷹市大沢：第66図5）　1段目方丘が南北約30m・東西約25mを測る2段築成の上円下方墳で、三室構成の複室構造石室を有する。墳丘・石室形態のほか、石室床面下に掘り込み地業を施す点も熊野神社古墳と共通しており、両者が密接な関係をもって構築されたことがわかる。左玄門と側壁のなす隅角において、静岡県湖西古窯産の須恵器フラスコ瓶1点と土師器坏2点が出土している。

七ッ塚2号墳（日野市新町：第67図1）　砂岩切石で構築された無袖形石室で、狭長な羨

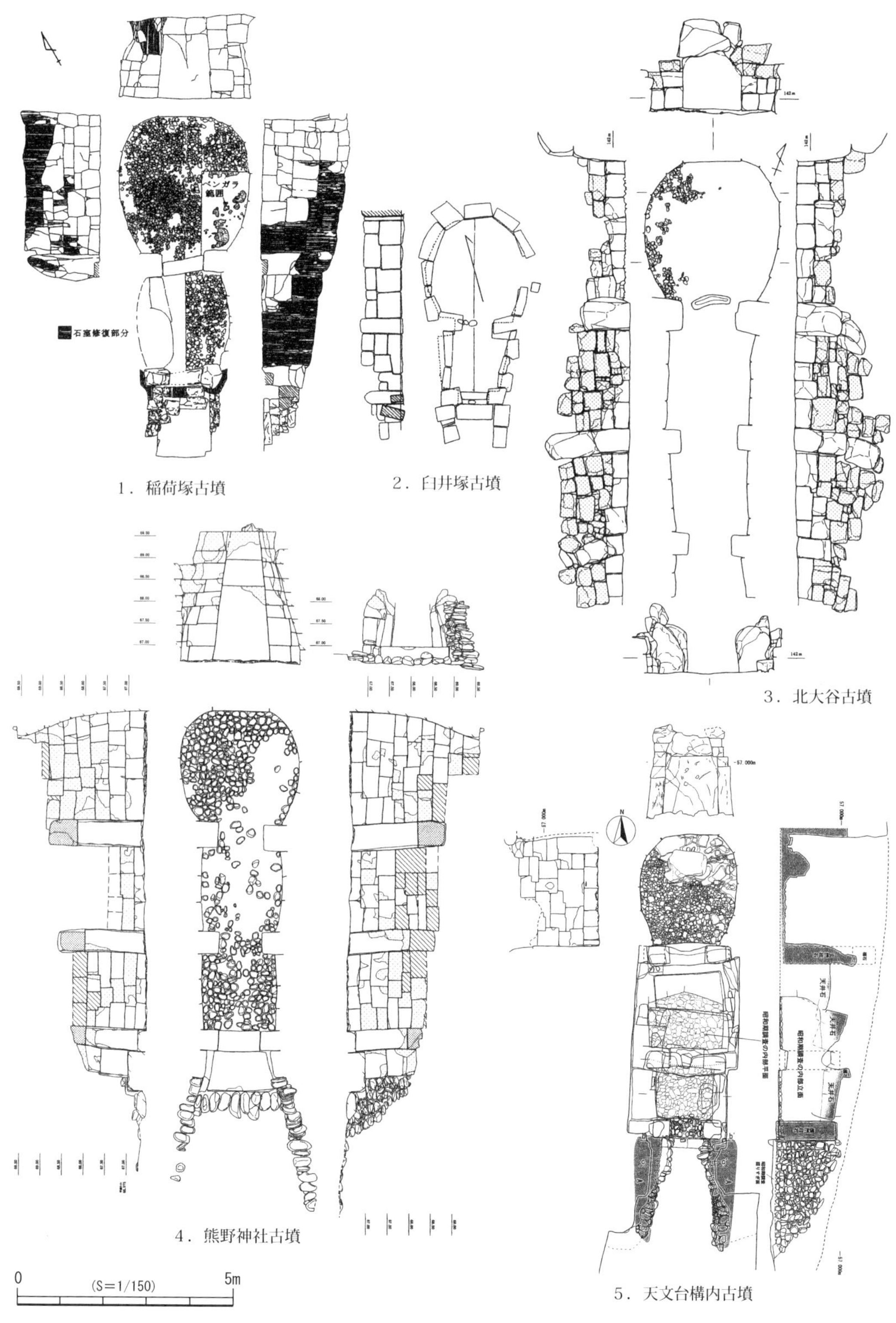

第66図　南武蔵地域の胴張りプラン切石積石室（1）

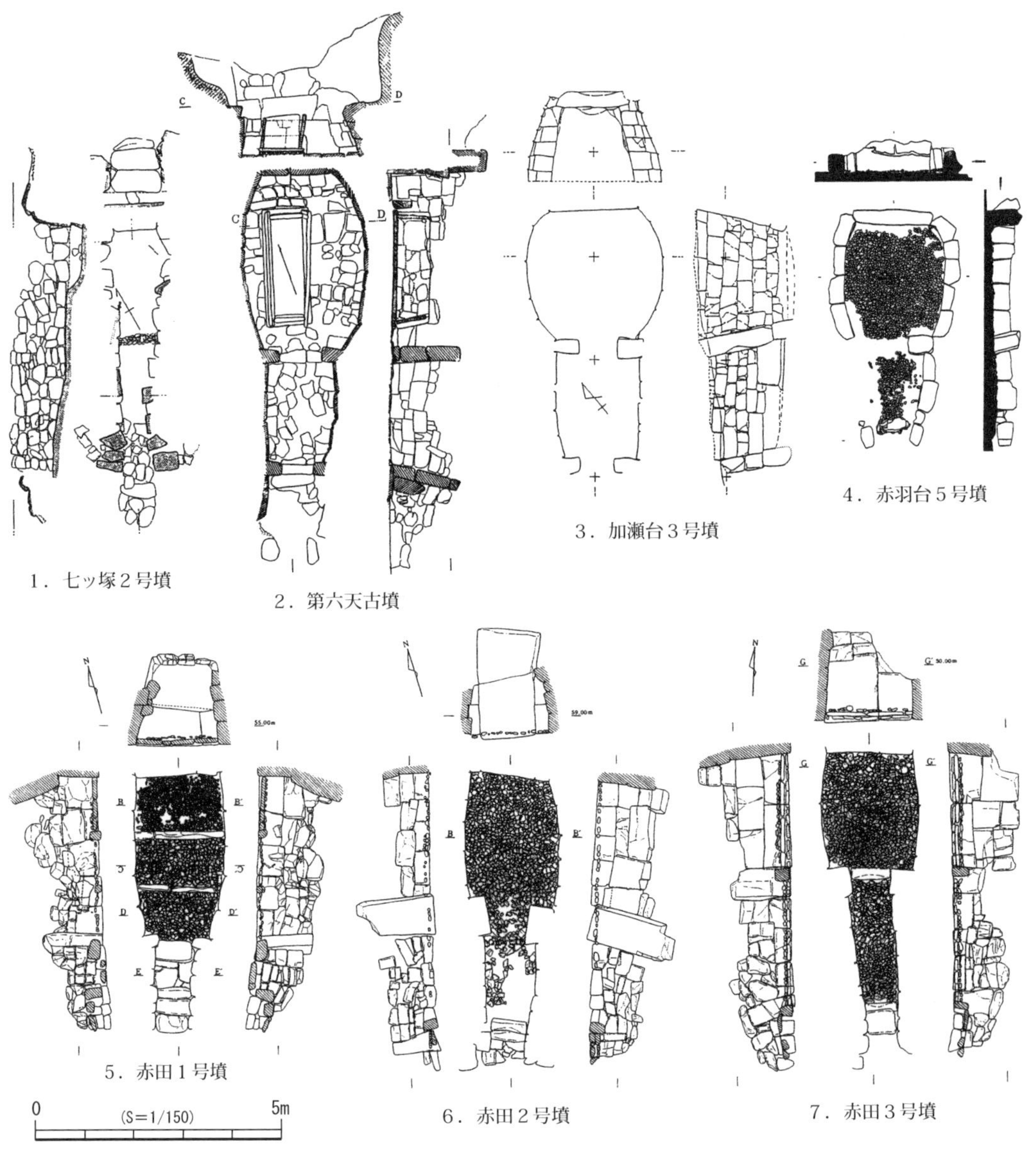

第67図　南武蔵地域の胴張りプラン切石積石室（2）

道が接続する。羨門の閉塞は20cm大の河原石で行っている。墳形・墳丘規模は不明で、石室内より直刀・刀子・鉄鏃が出土している。

第六天古墳（川崎市幸区北加瀬：第67図2）　1937（昭和12）年に調査された南北19m・東西15mの円墳で、複室構造石室の玄室内に緑泥片岩製の組合式箱形石棺を安置する。直刀12・鉄鏃82・鈴10・須恵器4など豊富な副葬・供献遺物が出土し、石棺内からは11体分の男性人骨が検出された。

加瀬台３号墳（川崎市幸区南加瀬：第67図3）　前室前方に側壁が確認されなかったことから、羨道を欠く複室構造石室とされている。また前門の前において92×100×35cmの切石が検出され、閉塞石として報告されている。墳形・墳丘規模は不明で、出土遺物は鉄釘と須恵器小片のみである。

赤羽台5号墳（北区赤羽台：第67図4）　径23mの円墳で、凝灰岩切石を使用した複室構造石室を埋葬施設とする。石室は基底石の一部が残存するのみで、玄室内より直刀・金環・ガラス玉・須恵器提瓶が出土している。

赤田古墳群（横浜市青葉区あざみ野南：第67図5〜7）　4基の古墳と42基の横穴墓が発掘され、このうち1号墳・2号墳・3号墳の3基が泥岩切石で構築された単室構造両袖形石室を内蔵する。いずれも径20m程度の円墳で、出土遺物から1号墳は7世紀初頭、2号墳は6世紀後半、3号墳は7世紀中葉とされている。

4. 石室系列の整理

（1）系列の大別

熊野神社古墳の石室系列を把握するにあたって、前項で紹介した石室墳のうち胴張りの緩慢な事例を除いてみると、対象となる古墳は、加瀬台3号墳・稲荷塚古墳・臼井塚古墳・北大谷古墳・熊野神社古墳・天文台構内古墳の6例に絞られる。また加瀬台3号墳は、胴張りの緩慢な事例として除外した第六天古墳に近接して営まれており、ごくわずかに胴が張り奥行きのある前室形態などに両者の有意な関係性が窺われる。他の5例とは様相が異なると判断し、ここでは除外して検討を進めることにする。

残った5古墳の石室構造は、〈玄室＋前室〉の二室構成と〈玄室＋中室＋前室〉の三室構成とに大別され、稲荷塚古墳・臼井塚古墳が前者に、北大谷古墳・熊野神社古墳・天文台構内古墳が後者に該当する（第66図1〜5）。ここでそれぞれの石室細部の特徴を見比べてみると、〈稲荷塚・臼井塚〉と〈北大谷・熊野神社・天文台構内〉というグループ分けが、墓室空間の数以外からも確かめられることに気づく。

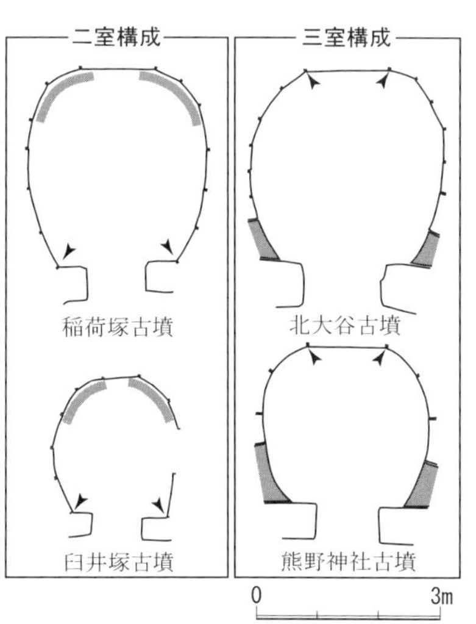

第68図　玄室隅角の処理の違い

まず〈稲荷塚・臼井塚〉については、特徴的な前門形態が共通する。ともに羨道側より前室側の前門幅が広い平面台形を呈し、仕切石の外側にこれより高い切石を据えて閉塞施設としている。また〈北大谷・熊野神社〉の玄室平面形に比べ、奥壁隅角において円弧を強く意識した造作が窺える（第68図）。この点はとくに臼井塚古墳石室に顕著にあらわれている。

一方、三室構成の〈北大谷・熊野神社・天文台構内〉では、玄門と玄室側壁のなす隅角において円弧を強く意識した処理がなされており、玄室側壁が玄門立柱石の玄室側の面を覆うようにカーブを描いて接続する。〈稲荷塚・臼井塚〉では玄門立柱石の角に玄室側壁の角が取り付くだけで、明確な相違点として注目される。この点についてはすでに後藤守一の言及があり〔後藤 1936〕、稲荷塚古墳の報告ではこれを引用して、「…（中略）…『玄室が羨門と接する部分に於いては底部に於いて三角錐形の石を張出しているので、玄室の平面の形の円形は一段と著しくなっている』と説明を加えられた北大谷の石室の特殊構造を本石室（稲荷塚古墳：筆者注）は欠く」と指摘されている〔三木 1956　p.43〕。また、熊野神社古墳以外は上部構造の遺存度が良好でないので強く主張することは控えたいが、〈稲荷塚・臼井塚〉が壁体を垂直に近く積み上げているのに対して、〈北大谷・熊野神社・天文台構内〉では強く持ち送る点で異なることもあわせて指摘しておきたい(3)。

以上のように、墓室空間の数・石室細部の特徴から括られる〈稲荷塚・臼井塚〉と〈北大谷・熊野神社・天文台構内〉という組み合わせの違いは、石室系列の相違を示しているものと判断される。近年、青木敬が土生田純之によって提起された付加羨道の視点〔土生田 2003〕を複室構造石室に援用し、玄室・前室・羨道が一直線に並ぶ稲荷塚古墳が複次の構築過程を経ずに一挙に築造したと考えられるのに対して、中室と前室の間を境に主軸線がずれる北大谷古墳は第1次・第2次墳丘を有する可能性があり、「同一地域に異種の葬制が並存していた」点について論及している〔青木 2004　p.76〕(4)。青木の指摘は古墳構築過程の相違を示唆するものであるが、両者の違いは石室系列の違いをも含意していると言える。また、指呼の距離にある稲荷塚古墳と臼井塚古墳が、同じ石室系列の流れを汲むと考えることは至当な結論とも言え、石室系列に関する本論の分析の妥当性が追認されよう。

なお、先に検討対象から除外した加瀬台3号墳は、〈玄室＋前室〉からなる二室構成という点で〈稲荷塚・臼井塚〉と共通するが、奥壁隅角には円弧を意識した処理が見られず、壁体を強く持ち送る点でも異なる。また玄門と玄室側壁のなす隅角においても、〈北大谷・熊野神社・天文台構内〉のような処理がなされているわけでもないので、やはり〈稲荷塚・臼井塚〉や〈北大谷・熊野神社・天文台構内〉とは石室系列が異なると判断される。

(2) 系列内での前後関係

それぞれの石室系列のなかでの相対的な前後関係は、羨道部の構造差を比較すると一目瞭然である。7世紀代の横穴式石室において、羨道部が短小化・簡略化を遂げ、最終的には消滅するという型式変遷観は、全国各地の事例をもとに多くの先学諸氏によって提唱されている。関東地方も例外ではなく、変化の方向性として一般化しうる指標の一つと言ってよいだろう。

北大谷古墳の羨道部は短小であるが、中小石材を多段積みで構築しており、中型石材を1石2段積みで構築している熊野神社古墳の方が明らかに簡略化を遂げている。羨道部石材の置き方も、熊野神社古墳ではハの字形に開く前庭側壁と一連の並びで配置されており、羨道部消滅の前段階にあたる様相を帯びている(5)。天文台構内古墳では羨道部側壁を構成する切石が完全に省略化され、河原石積みの前庭側壁が前門に直接取り付く構造となっている。

稲荷塚古墳の羨道部は、遺存状況が悪いものの小型石材を積み上げて構築していたことは確かだろう。臼井塚古墳は稲荷塚古墳以上に遺存状況が悪いため確言はできないが、羨道側壁の石材が若干大型化しており、また残存部で判断する限り、羨道長が短小化している可能性が高い。玄室・前室の平面形態や側壁の積み方も、稲荷塚古墳と比べて粗雑化した様相が看取され、後出的と判断される。

以上のことから、〈稲荷塚→臼井塚〉、〈北大谷→熊野神社→天文台構内〉という前後関係で捉えてまず間違いない。なお両石室系列の変化の方向性は、石室規模の縮小化としても追認することができる。

(3) 稲荷塚古墳と北大谷古墳の時期的関係

次に、別系列として整理した稲荷塚古墳と北大谷古墳の時期的関係を明確化しておきたい。両石室における玄室形態の共通性が高い点については、これまで多くの研究者によって指摘されており、近年ではほぼ同時期の所産と捉える見方が大勢を占める〔高橋 1995、上野 2000b〕。本稿で指摘した隅角処理の違いなど、微視的なレベルで見れば全く同一であるとは言えないが、玄室長・玄室前幅・玄室最大幅および最大幅位置といった玄室形態を規定する主要数値に関しては極めて近似した値を示し、奥壁構造なども共通している。両石室の類似性の高さは看過しえない事実であり、古墳の築造にあたって双方間に何らかの関わりがあったことは容易に推察される。したがって、筆者も上記見解と同様、両古墳の築造年代がほぼ同時期とも言ってよいぐらい近接していると考えているが、系列を異にしながらも影響関係をもって類似性の高い石室が営まれると考える以上は、どちらか一方の石室の先行性を明らかにしなければなるまい。そこで次に、二系列の複室構造胴張りプランの切石積石室を成立せしめた母体をそれぞれ検討することで、この問題へのアプローチを試みる。

5. 石室祖形の遡求

(1) 北大谷古墳石室の祖形

まず、北大谷古墳の石室を特徴づけている三室構造の成因について考えてみたい。第一に考えなければならないのは、その他の三室構造石室の影響下に成立したという解釈である。三室構造石室は日本列島全域で探しても稀少な存在であり、北大谷古墳・熊野神社古墳・天文台構内古墳を除いては北部九州地方に9基、関東地方に3基を数えるのみである。関東地方の3例は、埼玉県行田市八幡山古墳・東京都世田谷区大蔵1号墳・神奈川県川崎市馬絹古墳であり、すべて切石積石室である（第69図）。八幡山古墳石室は、側壁中央に緑泥片岩の巨石を据え、八面体の角閃石安山岩に複雑な切組加工を施す点や特異な玄門構造を有する点など、北大谷古墳石室との構造的な懸隔が著しい。また大蔵1号墳・馬絹古墳は、方形プランの墓室を連ねた石室構成という点で北大谷古墳と様相を異にする。立柱石による区画の仕方や奥壁構造など構築技術も随所で異なり、北大谷古墳石室の祖形を関東地方の三室構造石室墳に求めることは難しい。

そこで三室構造石室が密集する北部九州地方に視点を移すと、平面的には北大谷古墳石室

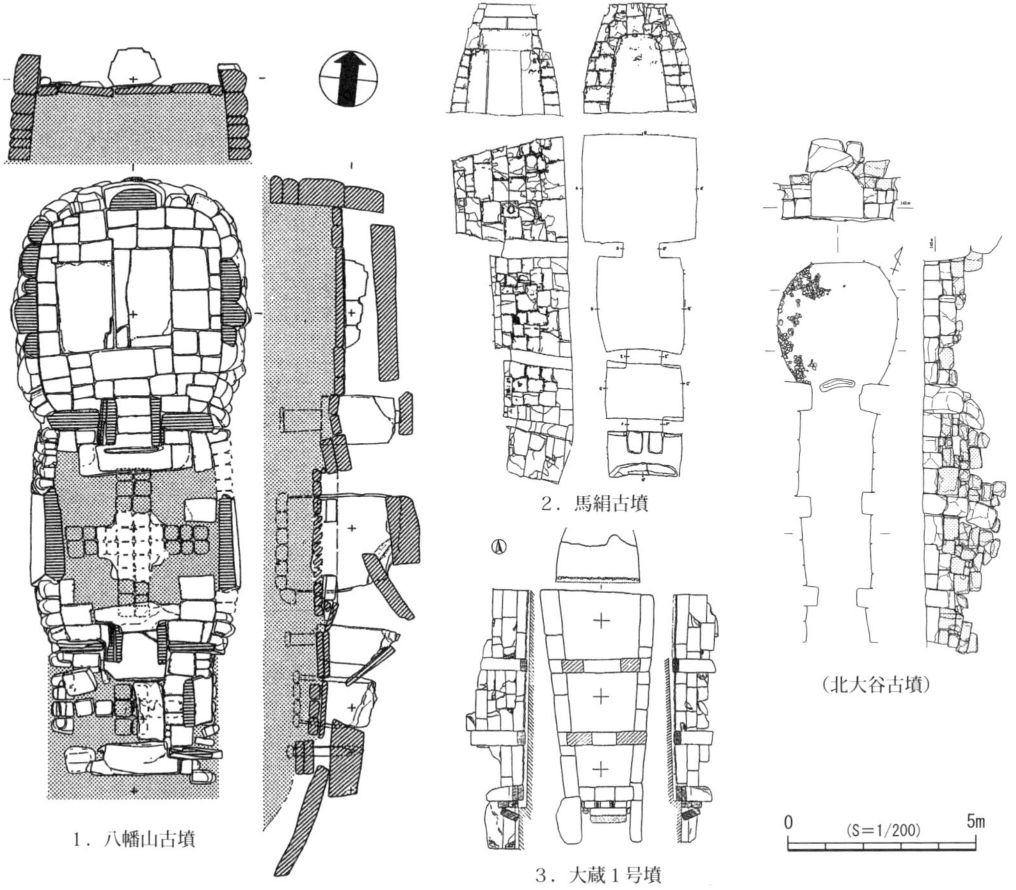

第69図　関東地方の三室構造石室と北大谷古墳

との類似性が窺え、関東地方の三室構造石室が北部九州地方の影響を受けて成立したと考える見解がすでに提示されている〔田村 2001〕。ただし北部九州地方の三室構造石室には切石で構築された事例が皆無であり、ほとんどの石室は壁体を一枚石で構築した巨石墳である（第70図）。地域首長墓たる前方後円墳が途絶えて大型円墳に移行する時期に営まれるという築造の画期〔吉村 2000〕などは、北大谷古墳のあり方にも通じるように思われるが、石室構築技術の面で両地域の関連性を跡付けることは難しく、著しく距離を隔てた両地域を積極的に結びつけるには根拠不十分と言わざるをえない。

同じ三室構造石室に起源を求められないとすれば、その他の複室構造石室ないし単室構造石室の変化形態として把握するより他にない。そこで改めて北大谷古墳の石室構成に注目してみると、中室・前室・羨道がほぼ幅を同じくして構築されており、長大な羨道を２箇所の門構造によって区画しているようにも見てとれる。北大谷古墳の三室構造石室を〈胴張りプランの玄室＋長大な羨道〉という視点で捉え直した場合、同じ多摩川中流域右岸に立地する日野市七ッ塚２号墳の存在が浮上してくる（第67図１）。七ッ塚２号墳は北大谷古墳石室など

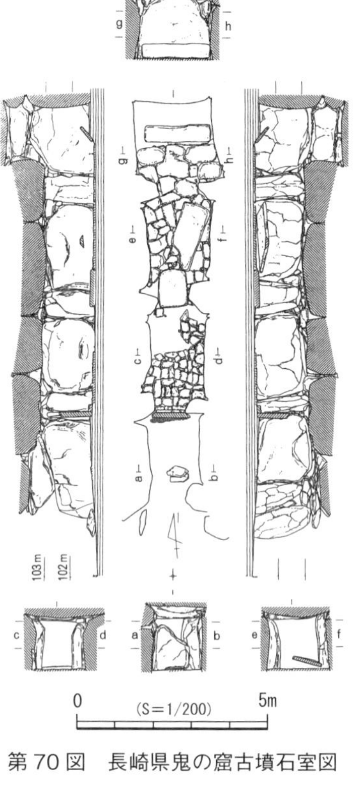

第70図　長崎県鬼の窟古墳石室図

と同質の砂岩切石で構築されており、玄室側壁が緩やかな胴張りを呈する。立柱石のない無袖形という点で北大谷古墳とは異なるが、玄室長の２倍を測る狭長な羨道を有する点に着目したい。北大谷古墳石室の場合も、玄門から羨道までの長さが6.75ｍを測り(6)、玄室長3.25ｍのおよそ２倍に相当するのである。さらに石室系列を整理した際に指摘した通り、北大谷古墳石室は玄門と玄室側壁のなす隅角において円弧を強く意識した処理がなされており、緩やかなカーブを描く玄室側壁から羨道側壁に移行する、七ッ塚２号墳のような無袖形石室を祖形としているが故の特徴と解釈される。1954（昭和29）年の発掘調査時にとられた七ッ塚２号墳の石室実測図では、一見すると粗雑な造りである印象を受け、北大谷古墳の祖形とすることにためらいを感ぜずにはいられない。しかし日野町史談会・古谷剛次郎の報告によれば、「石のあり方が大分みだれていたので、以前発掘されたものだという様に見受けられた。」〔古谷1984 p.21〕とあり、石室平面形が後世の改変を受けて乱されている可能性がある。「玄室・羨道共に、壁は、前記の通り、ナメの切り石で、かなり整った積方をしている。」〔古谷前掲　p.22〕という記述も併せて評価し、七ッ塚２号墳が一定程度の精美さをもって構築された切石積石室であったと捉えておきたい。ここで北大谷古墳が七ッ塚２号墳を母体として構築されたと考えることが妥当であったとしても、なぜ三室構造がとられたのかという問いの答えにはなっていない。この問題は、同じ脆弱な軟質砂岩の切石を用いて、全長が２倍強に及ぶ長大な石室を構築している点に意を払うことで、はじめて解釈することが可能となる(7)。すなわち長大な石室を一気に構築することは難しく、随所に立柱石を配置しながら数工程に分けて構築する必要があったという見方である。中室と前室の間を境に構築過程が分かれる可能性が高いという、先に掲げた青木敬の指摘〔青木2004〕を参考に、玄門〜中室の距離を測ると2.9ｍであり、中門から2.95ｍの位置に前門が据えられている。すなわち、玄門より前方を二分する長さが、玄室長3.25ｍとともに、七ッ塚２号墳の羨道長3.3ｍという数値に近似するのである。恐らく、この3ｍ前後の長さが技術的な面から分けざるをえなかった構築工程の単位と考えられる。前門の前に短小な羨道が付設されたのは、玄室長の２倍という長さが意識されたためと理解したい。

とは言え、七ッ塚２号墳と北大谷古墳とでは石室規模・構造の面で隔絶の感があることも否めない。したがって、七ッ塚２号墳という特定の古墳と北大谷古墳との直接的な関係を想定することは早計の誹りを免れまい。本稿では、北大谷古墳で実現された三室構造石室の成因として、羨道の長大な石室を構築する地域的な下地があったと考え、七ッ塚２号墳はあくまでもその一例として把握しておくにとどめたい。七ッ塚２号墳が直接の祖形か否かは別にして、①正円に近い胴張りプランを呈する玄室平面形、②立柱石の設置、③奥壁鏡石の設置の３点は、少なくとも北大谷古墳の営まれた近隣では見出しがたい要素であり、本節第３項の末尾で強い関連性を指摘した稲荷塚古墳の影響を受けて採り入れられたと判断される。②・③といった構造的な要素も採用されていることから、石室構築に携わった工人集団間の技術伝播を意味すると考えられる。なお、誤解ないように付言しておくが、北大谷古墳石室の祖形が羨道部の長大な石室であると言っても、北大谷古墳石室の玄室を除く部分が羨道というつもりはない。明確な門構造によって複数の墓室空間を形成していることは明らかであり、稲荷塚古墳からの技術的影響を受けるなかで結果的には複室化を遂げたものと捉えておく。それでは、北大谷古墳に先行して営まれたと考えられる稲荷塚古墳は、どういった石室を祖形として成立したのであろうか。

(2) 稲荷塚古墳石室の祖形

稲荷塚古墳の石室形態は、玄室・前室ともに胴張りプランを呈する点に第一の特徴がある。まず同じ切石積石室のなかで類似の形態を示す事例を探してみると、南武蔵地域では第六天古墳・加瀬台３号墳の２例を挙げるのみである（第67図２・３）。第六天古墳は豊富な副葬・供献遺物からTK209型式期の築造と考えられ、隣接する加瀬台３号墳は羨道部が省略された構造であることから第六天古墳に後続するものとみて間違いない。石室形態を比較すると、玄室は胴張りが強くなる傾向が窺えるが、前室形態に変化は見られず、両者ともごくわずかに胴が張る程度である。前室形態の不変性を勘案すると、前室の胴張りが緩い第六天古墳や加瀬台３号墳から稲荷塚古墳が成立したとは考えがたい。このことは、第六天古墳・加瀬台３号墳の奥壁隅角の処理に、稲荷塚古墳や臼井塚古墳に見られるような円弧を意識した造作が認められない点からも追認される。

北武蔵地域の切石積石室では、豊富な副葬・供献遺物の出土からTK209型式期の築造と考えられる東松山市冑塚古墳や、これと同様の石室構造を示す若宮八幡古墳・附川７号墳などの事例が挙げられる（第71図１〜3）。いずれも玄室・前室の胴張りが緩く、奥壁隅角の処理も丸く仕上げられていない点で稲荷塚古墳と異なる。これら石室形態の相違に加え、奥壁石材の側面段状加工〔田中1983〕など石室細部の構築技術に関しても、稲荷塚古墳石室とは異質と言わざるをえない。しかし、出土遺物や石室構造から、これらTK209型式期の事例に後続すると考えられる附川８号墳や田木山２号墳などは、隅角処理などの点で稲荷塚古墳の石室形態と類似し、奥壁構造の共通性も高いと見なすことができる（第71図4·5）。したがって、北武蔵地域における複室構造胴張りプラン切石積石室の変遷過程のある段階において、南武蔵地域の稲荷塚古墳に影響が及んだ可能性は充分考えられる。稲荷塚古墳の祖形候補として北武蔵地域の切石積石室を想定する場合、上述の通りTK209型式期の諸事例とは関連性が見出しがたく、いかに遡らせても現時点では７世紀第２四半期より古く求められない。

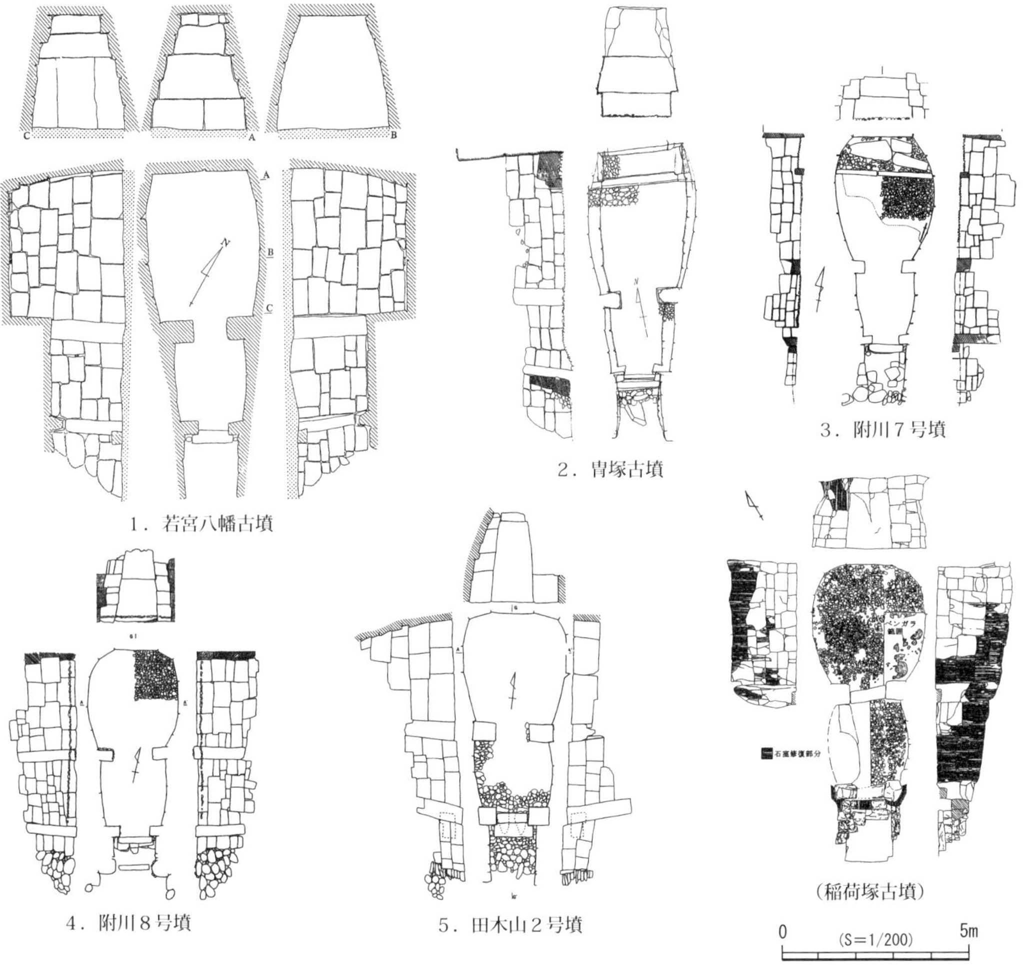

第71図　北武蔵地域の胴張りプラン切石積石室と稲荷塚古墳

さらに凝灰岩切石積石室以外の事例で稲荷塚古墳の祖形候補を渉猟してみると、利根川流域に営まれた行田市酒巻古墳群の存在が注目される（本書第2章第2節参照）。とくに21号墳は、前庭部で出土した須恵器の中にTK10型式新段階のものが含まれ、関東地方において最古級の複室構造石室と目されている〔上野2000b〕。玄室は正円に近い胴張りプランで、前室も強く胴が張る形状を呈する。壁体の遺存状況は良好でないものの、基底より60～70cmほどの高さまでは河原石を垂直に近く積み上げている。埴輪を有する前方後円墳の1号墳では、21号墳石室と類似形態の石室が2基、後円部に並列して構築されている。無加工の河原石で構築された21号墳から、角閃石安山岩の加工石材を使用した1号墳への変遷については、すでに坂本和俊によって分析されており、1号墳は21号墳に後続するTK209型式期の所産と考えられている〔坂本1996〕。ただしこれら2基の古墳は、奥壁も側壁と同様、小型石材を積み上げて構築しており、鏡石を据える稲荷塚古墳石室とは構造的に異なる。玄室が正円に近い胴張りプランを呈する角閃石安山岩使用石室のうち、奥壁に鏡石を据えている事例としては、羽生市小松１号墳を挙げることができる。小松１号墳は前室が著しく短小で胴張りが緩いことから、この古墳自体を稲荷塚古墳の祖形として扱うことはできない。しかし、溝状のホゾ穴を施した沓石（くついし）に緑泥片岩の立柱石を嵌め込ませるといった構造的特徴が、酒巻１号墳・5号墳でも確認されている点を勘案すると、酒巻古墳群の角閃石安山岩使用石室と同一の構築技術体系にあることは明白である。そして小松１号墳が出土遺物から７世紀前半に比定されることから、この種の角閃石安山岩使用石室で奥壁に鏡石を据える事例は、酒巻１号墳などに後続する７世紀前半に下るものと判断される（本書第３章第４節参照）。

以上の検討を綜合すると、北武蔵地域の角閃石安山岩使用石室を稲荷塚古墳の祖形と考える場合も、切石積石室を祖形候補として検討した結果と同様に、稲荷塚古墳の築造年代が７世紀第２四半期を遡りえないという結論に至る。

稲荷塚古墳に近接して営まれた多摩市塚原（つかっぱら）古墳群には、自然石で構築された複室構造胴張り石室を内蔵する４号墳・6号墳が存在し、玄門立柱石に緑泥片岩の板石が使用されている〔桐生 1986〕。この事実から、当該地域が７世紀前半代に北武蔵地域と関わりをもっていたことは確実であり、稲荷塚古墳石室の祖形に関する仮説を傍証する事例として注目される。

稲荷塚古墳石室が北武蔵地域との関わりにおいて構築されたと考えることが正鵠を得たものであるならば、凝灰岩切石積石室と角閃石安山岩使用石室のいずれを祖形候補と見なすべきであろうか。結論から言えば、凝灰岩切石積石室の方がより妥当性が高いと考えられる。石材加工技術の共通性は言うまでもないが、最大の事由は石室構造の共通性にある。角閃石安山岩使用石室は、奥壁鏡石・立柱石に緑泥片岩の板石を使用しており、すべてを切石で構築した稲荷塚古墳とは異なる。またホゾ穴を施した沓石という特殊な基礎構造も稲荷塚古墳には採用されていない。現時点では、附川８号墳をはじめとする北武蔵地域の凝灰岩切石積石室から影響を受けて稲荷塚古墳の複室構造石室が成立したと考えておきたい。

6. 南武蔵地域における複室構造胴張り石室の動態

最後にこれまでの分析をまとめ、南武蔵地域のなかで複室構造胴張り石室の占める歴史的位置について、私見を披瀝したい。

築造年代　本稿の分析によって、熊野神社古墳石室は稲荷塚古墳石室から技術的影響を受けて成立した北大谷古墳石室の系列を汲むことが示しえた。稲荷塚古墳は北武蔵地域の凝灰岩切積石石室の影響を受けて成立したと考えられ、７世紀第２四半期を遡りえない点については前項で言及した通りである。熊野神社古墳に先行する北大谷古墳の築造年代は、技術的影響関係から稲荷塚古墳に後続する時期であり、かつ玄室規模・形態に見られる共通性の高さから時期的に近接していると考えられるので、７世紀第２四半期～中葉に求めることが妥当であろう。また熊野神社古墳に後続する天文台構内古墳の玄室からは、完形の土師器坏・須恵器フラスコ瓶が出土しており、調査報告書で示されている７世紀第３四半期の築造と見て間違いない。したがって稲荷塚古墳・天文台構内古墳の間に位置づけられる熊野神社古墳の築造年代は、7世紀中葉～第3四半期に落ち着くものと思われる。南武蔵地域に拠点的に分布する複室構造胴張りプランの切石積石室は、およそ半世紀の間に立て続けに構築された首長墓系列と結論づけられる。

築造背景　以上のように提示した年代観を踏まえたうえで、これらの石室が営まれた背景にどのような歴史的意義を見出すことが可能であろうか。

第一に注目されるのは、7世紀前半において、北武蔵地域との関わりのなかで複室構造石室が構築される点である。南武蔵地域では、TK209型式期の第六天古墳において複室構造石室が営まれており、溝を彫り込んで組み合わせた緑泥片岩の箱形石棺を備えることから、北武蔵地域と密接な関わりをもっていたことは確かである。北武蔵地域の石室工人集団が直接造墓に関与したかは不明であるが、第六天古墳の埋葬施設に現出した複室構造石室の構築技術は北武蔵地域から採り入れられたものとみてよいだろう。第六天古墳石室の位置づけを踏まえたうえで稲荷塚古墳石室のあり方を考えると、複室構造石室が南武蔵地域において二次的に拡散するのではなく、改めて結ばれた北武蔵地域との関係において採用されている点に注意する必要があるだろう。

第二に、7世紀第2四半期～中葉の時期に石室規模の飛躍的拡大を遂げた北大谷古墳石室の存在が目にとまる。北大谷古墳の重要性は、石室規模の拡大のみに限定されるものではなく、直線距離にして約9kmの隔たりをもつ稲荷塚古墳から石室構築技術が伝播している点をも評価すべきであろう。さらに北大谷古墳の系列を汲んで7世紀中葉～第3四半期に構築された熊野神社古墳は、北大谷古墳から多摩川を挟んで約10kmの位置に営まれ、熊野神社古墳と後続する天文台構内古墳との間には約8kmの隔たりがある。こうした動態を踏まえると、横穴式石室との関連が窺われる事例として度々俎上に上がる世田谷区下野毛岸3号横穴墓（第72図1）も、同様の視点で捉えられるのではなかろうか。この横穴墓は、ローム層を掘削して正円に近い胴張りプランの玄室を造り出し、玄門・前室・羨道を切石積みによって構築すると

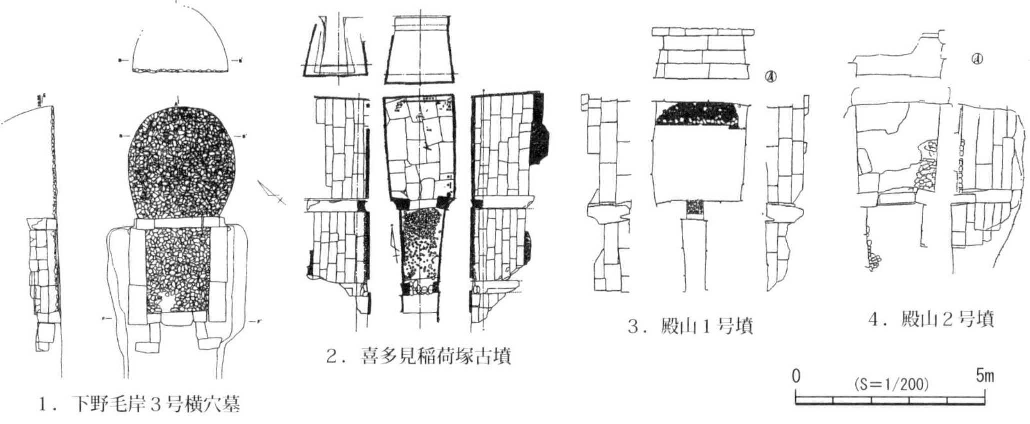

第72図　下野毛岸3号横穴墓と石積み手法関連事例

いう特異な構造を呈している。形態的特徴から臼井塚古墳との関連性が窺え、工人の直接的な関与が想定されている〔池上 1982b〕。横目地を意識しながら石材を長手積みにする点などは、むしろ世田谷区殿山1号墳や大蔵1号墳などに認められる特徴なので、在地の石工集団が構築にあたった可能性は否定できない（第72図2～4）。ただし、当該地区の切石積石室が直線胴プランを基調とする点を勘案すると、下野毛岸3号横穴墓の成立は外部からの影響を考えざるをえない。玄室奥部に隅角が全く見られない正円プランは、まさに〈稲荷塚・臼井塚〉の構造的特徴を反映していると言え、臼井塚古墳の構築に携わった工人集団によって墓室スタイルが伝えられたと考えられる。この推察が妥当であれば、直線距離にして18㎞近く離れた地域間の関係性として注目されるのである。稲荷塚古墳と北大谷古墳、北大谷古墳と熊野神社古墳、熊野神社古墳と天文台構内古墳、さらに臼井塚古墳と下野毛岸3号横穴墓の関係性から、7世紀中葉を前後する時期から造墓に関わる構築技術や墓室スタイルが南武蔵地域内で拠点的に伝播・拡散する状況を読みとることができよう（第73図）。こうした動態が稲荷塚古墳築造時点までには認めがたいことは、第一の注目点として上述した通りである。

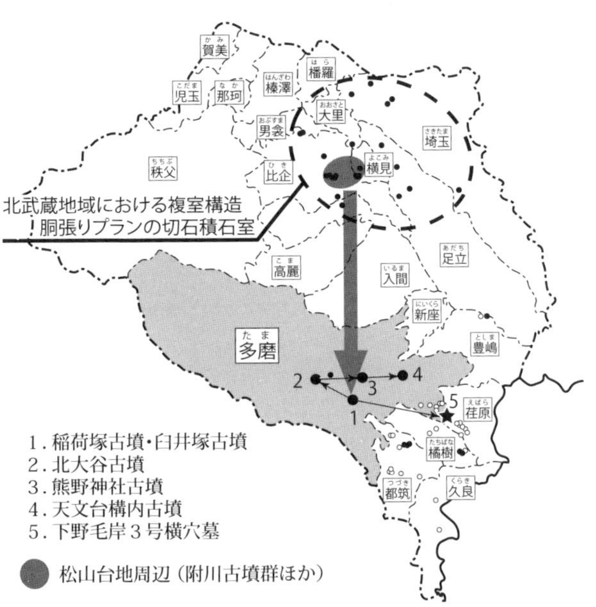

第73図　多磨郡域における複室構造胴張り石室の動態

このような7世紀中葉前後を境とする石室動態の変化を、文献史学の成果にもとづく歴史事象に照応させてみるならば、東国経営の拠点としての屯倉から評制への移行を反映している可能性が考えられる。孝徳朝における評制施行以前の多摩地域は、横渟（よこぬ）・橘花（たちばな）・倉樔（くらす）とともに、武蔵国造の乱後の屯倉設置で知られるところである。とは言え、安閑朝に集中する一連の屯倉設置記事については、書紀編者による作為とみなされており〔原島 1977 ほか〕、設置記事の紀年を鵜呑みにすることはできない。現時点における考古学・文献史学双方の成果をつき合わせると、東日本における国造制の施行時期を6世紀末葉～7世紀初頭に求める意見〔白石 1991、篠川 1996 ほか〕が支持されており、少なくとも武蔵国造の乱およびそれに伴う屯倉設置は6世紀末葉前後と捉えておくことが妥当であろう。すなわち、6世紀末葉から7世紀前半にかけての、第六天古墳や稲荷塚古墳にみられる北武蔵地域との関わり合いは、国造制の施行に伴う南北武蔵地域間の動態をあらわしていると考えられるのである。一方、7世紀中葉前後における石室構築技術・墓室スタイルの伝播を通じて、多摩地域一帯が一定のまとまりをもったあり方を呈する事態は、当該期における地域区分の再編成を示している可能性がある。

このように南武蔵地域における複室構造胴張り石室の動態は、6世紀末葉から7世紀後半に至る地域編成史そのものと言っても過言ではない。

註

(1)　版築とは、中国の龍山文化に始まる土壇・土壁構築法で、石や板で作った枠のなかに土や砂利などを交互に層状に入れてつき固めることで強固な土盛りを築く工法である。日本には仏教建築に伴って技法が伝えられたと考えられ、終末期古墳や古代山城の土塁にも採用されている。本来的な版築には枠の痕跡が伴うことになるが、終末期古墳の墳丘にはこれが見られず、また盛土の層厚や用いられている土の性質など事例によって様々である。そこで本書では、関東地方の終末期古墳に用いられた版築様の盛土についてすべて「版築状盛土」と表記する。なお「掘り込み地業」とは、建物の基礎を強固にする必要から、建物部分の地下を掘り下げ、そのなかを版築によってつき固める基礎工事のことで、寺院など大規模で瓦葺の重量建造物をつくるうえで不可欠の工法と言える。

(2)　北大谷古墳について八木奘三郎が報告した記述のなかに、「今類例を集むるに舊く坪井正五郎氏が玉川沿岸なる府中の近傍にて見たるもの凡ての点に於て酷似せりと云ふ」との指摘がある〔八木1901　p.108〕。ここで言及されている類例は、本稿の中心事例である熊野神社古墳とみて間違いないだろう。地元の言い伝えによれば、熊野神社古墳は1923（大正12）年の関東大震災のときに墳丘の一部が陥没するまでは、石室の内部に入ることができたとされている。しかし八木の記述を読む限り、少なくとも1901（明治34）年の時点には石室の一部が埋まり、石室形態の確認ができない状態にあったと考えられる。

(3)　熊野神社古墳の壁体が60〜70°の持ち送りを示すのに対し、稲荷塚古墳は「残存高一九八糎乃至一二〇糎に対して三〇糎乃至一五糎の傾斜」と報告されており〔三木1956　p.43〕、垂直に近い積み上げであることがわかる。北大谷古墳の報告には明確な数値が示されていないが、遺存状態が比較的良好であった段階の報文には「…（中略）…左右の壁は天井に近づくに従ひ漸次に狭まりて較やアーチ形をなせり」とあり〔八木1901　p.108〕、熊野神社古墳に近い壁体構造であったと考えられる。

(4)　熊野神社古墳の石室には、北大谷古墳のような主軸線のずれが認められない。ただし墳丘断ち割りの成果から、第1次墳丘と第2次墳丘の存在については確かめられている〔青木2006〕。

(5)　羨道側壁が前庭側壁を兼ねる事例として、千葉県成田市公津原H42号墳などが挙げられる。また大阪府イノラムキ古墳では、羨道前半が外方に屈折して前庭側壁に接続する構造を呈し、羨道と前庭が融合する過渡的段階の事例として注目される〔土生田1983〕。

(6)　1995（平成7）年に報告された北大谷古墳の石室実測図では、前門より2.6mほどの長さまで羨道部の石が表現されている。ただし原位置をとどめているのは1mまでで、それより前方は後世の積み替えと判断されている。また八木報告の略測図でも羨道長は「三尺二寸」（≒1.06m）とされていることから、この数値が築造当時の羨道長を示していると考えられる。本論で使用した北大谷古墳石室図は、上記判断にもとづき1995年報告に掲載された図面を一部改変している。

(7)　稲荷塚古墳・北大谷古墳・熊野神社古墳・天文台構内古墳に使用された石材の材質は、数次にわたる調査によって共通性の高さが裏付けられており、北大谷古墳報告に「全く土に近いもの」〔後藤 1936　p.4〕と表現されるごとく極めて脆弱なものである。臼井塚古墳・七ッ塚２号墳の石材質については、近年の調査で確かめられているわけではないが、前者は稲荷塚古墳との関連性の高さから、後者は調査報告で使用されている「ナメ」という用語が、熊野神社古墳石室に関する記事（1884 年発行の『武蔵野叢誌』第 19 号）にある「滑土（ナメツチ）」と共通することから、いずれも同質の石材と判断される。

第6節　下総地域—扁平切石積石室の成立と展開—

1. はじめに

千葉県印旛郡栄町に営まれた龍角寺岩屋古墳[1]は、一辺78m、高さ13.2mという破格の墳丘規模を誇る三段築成の大型方墳であり、東国のみならず日本列島の七世紀史を語るうえで看過し得ない存在として注目されている（第74図上）。近傍には、白鳳様式の薬師如来坐像を本尊とする古刹・下総龍角寺が存在し、古くから龍角寺古墳群造営氏族との有機的な関係が想定されてきた〔滝口1970〕。とりわけ畿内政権との関わりという視角では、大王陵をも凌ぐ巨大な方墳の龍角寺岩屋古墳に焦点が当てられ、具体的な氏族の異同を別とすれば、龍角寺岩屋古墳被葬者の後裔を龍角寺造営者と見なす点で大方意見の一致をみている〔川尻2001、白石2001〕。こうした見解は、龍角寺の創建年代が軒丸瓦の検討から7世紀第3四半期に求められるのに対し〔山路1999〕、龍角寺岩屋古墳の造営年代を7世紀第1四半期に位置づけるという年代観を直接反映するものである。

一方、龍角寺岩屋古墳の埋葬施設には、貝化石を多く含む砂岩（木下石（きおろしいし））の扁平な切石を、横目地を綺麗に揃えて積み上げた特徴的な横穴式石室（以下、「扁平切石積石室」）が採用されているが（第74図下）、この特異な石室の成因についてはいまだ充分な説明が与えられていない。石材形状と積み上げ方の特徴から、しばしば磚槨式（せんかくしき）石室の影響が指摘されるが、石室細部の構造的特徴が在地的であるため、あるいは7世紀第1四半期を中心とした龍角寺岩屋古墳の年代的位置づけにそぐわないといった理由から、磚槨式石室が祖形候補として積極的に論じられることは少なかった。

結論から言えば、筆者は龍角寺岩屋古墳の年代を7世紀第2四半期のなかでも中葉寄りと捉えており、龍角寺との直接的な関係が想定されることから、むしろ磚槨式石室との影響関係を積極的に視野に入れる必要があると考えている。本論では、下総地域における7世紀代の有力古墳に採用された扁平切石積石室の成立・展開について、その代表例である龍角寺岩屋古墳の位置づけを中心に検討する。

以下、龍角寺岩屋古墳に関する既往の年代観の論拠を整理・確認することから始めたい。

2. 既往の年代観について

龍角寺岩屋古墳を7世紀第1四半期に位置づける年代観は、安藤鴻基の論考を嚆矢とする〔安藤1980〕。安藤は、それまで支配的であった7世紀後半という認識〔中村1974b、大塚1975〕に対して、房総半島における前方後円墳の消滅時期を7世紀初頭に求め、その直後に超大型方墳の龍角寺岩屋古墳が築造されたと考えた。すなわち安藤の年代観では、前方後円墳から方墳への墳形転換が重視され、超大型方墳の出現が契機となって群小方墳の成立を促したと

第74図　龍角寺岩屋古墳の墳丘・石室

いう見方から龍角寺岩屋古墳の年代が定められたのである。

前方後円墳の消滅とそれに代わる大型方・円墳の出現という図式は、その後白石太一郎によって発展的に継承され、房総半島にとどまらず関東地方における国造制論として展開された〔白石 1990b〕。この巨大方墳としての史的意義こそが、多くの研究者が龍角寺岩屋古墳の造営年代を7世紀第1四半期に求める第一の論拠であろう。

また、石室構造の面から龍角寺岩屋古墳の年代観を示したものとして、上野恵司の取り組みが挙げられる〔上野 1996a〕。すなわち、横長石材を積み上げた開口部の構造、および間仕切石を立てて玄室床面より一段高い屍床をしつらえている点に着目し、これと同様の構造が6世紀末葉～7世紀初頭の須恵器坏を出土した木更津市俵ヶ谷6号墳にも窺えることから、俵ヶ谷6号墳が龍角寺岩屋古墳の影響を受けて構築されたものと論じている。しかし両者の石室構造を比較して、積極的に影響関係があると判断できるだけの相同性は認められず、俵ヶ谷6号墳と龍角寺岩屋古墳を結びつけるには根拠不十分と言わざるを得ない。

最後に、近年白石太一郎が龍角寺岩屋古墳の造営年代に焦点を絞って論じた見解〔白石 2001〕を確認し、議論の方向性を定めたい。この論文で白石が示した論拠は大きく2つある。

まず1つ目の論拠として墳丘形態に着目し、墳丘基底幅に対する墳丘高（以下「墳高率」）と墳丘基底幅に対する墳頂平坦面幅（以下「墳頂幅率」）という2つの比率を挙げている。そして龍角寺岩屋古墳の墳高率15.6%・墳頂幅率21.2%は、7世紀中葉近くの群馬県宝塔山古墳（墳高率20%・墳頂幅率26.6%）と比べて、7世紀前半の大阪府山田高塚古墳（墳高率16.8%・墳頂幅率21.6%）や千葉県駄ノ塚古墳（墳高率16.6%）に近いことから、龍角寺岩屋古墳のように墳丘高が低く墳頂平坦面が狭い方墳を7世紀前半の所産としている。しかし他の事例を見てみると、例えば6世紀末葉～7世紀初頭に比定される奈良県赤阪天王山古墳は一辺45m、高さ9mの方墳で、墳高率は20%となって宝塔山古墳の比率と等しい。また、推古天皇が改葬された磯長陵（しながりょう）に擬せられる山田高塚古墳の年代は、『日本書紀』の伝える推古天皇没年（628年）より若干時代の下った、7世紀前半でも中葉寄りと考えられ、7世紀初頭の駄ノ塚古墳と一括りに扱うのは適当でない(2)。加えて墳丘形態が63×56mの長方形墳であり、白石論文では東西・南北規模の平均値で比率が算出されている点を考え併せると、厳密な意味での比較には適さない事例と言えるだろう。このように墳丘形態の時期差を比率で律することには限界があると言わねばなるまい。

もうひとつの論拠として挙げられるのは、龍角寺岩屋古墳と共通する石室構造の推移という視点であり、玄室幅に対する玄室高の比率（以下「玄室高率」）が高いものから低いものへという変化の傾向を指摘している。そのうえで、龍角寺岩屋古墳の玄室高率に近い値を示す我孫子市日立精機1・2号墳との関係において、龍角寺岩屋古墳の年代が求められている点に注目したい。つまり玄室高率という石室構造の特徴から編年を組んでいるが、これに年代を付与する論拠は、埴輪を伴わない前方後方墳の日立精機1号墳と前方後円墳の2号墳が7世紀初頭であろうと推測される点にあり、まさしく本項冒頭で指摘した第一論拠にもとづく年代観に他ならない。ただし日立精機１・２号墳の石室構造は龍角寺岩屋古墳と異なり、両者を同様に扱いうるか検討を要する。日立精機１号墳（第75図１）は、同じ我孫子古墳群を構成する白山（はくさん）２号墳（第75図４）と酷似した石室形態・構造であり、両者は同時期の所産と考えられる。柱状石材を複数立てて構成した両古墳の門構造は、中小石材を積み上げる白山１号墳石室（第75図３）の羨道・門構造が変化したものと捉えられ、かつ白山１号墳が７世紀前半を遡るものでないと理解されることから、日立精機１号墳もまたこれに後続する年代を与えられることになる。また日立精機２号墳（第75図２）は石室前方が崩されているが、我孫子第四小学校古墳（第75図５）と同様の複室構造石室であろうと考えられ、石室の特徴に上総地域北部において成立・展開した複室構造石室との共通性が窺える。７世紀初頭の駄ノ塚古墳で完成した複室構造石室は、７世紀前半～中葉の上総地域北西部で広く拠点的に構築されるようになることから、日立精機２号墳もこれと同時期に同じ脈絡で伝わったものと想定される（本書第２章第２節参照）。

話を本題に戻そう。以上見てきたように、既往の年代観を支える論拠として残るのは、前方後円墳の消滅時期が７世紀初頭であり、その直後に大型方・円墳が営まれるという枠組み

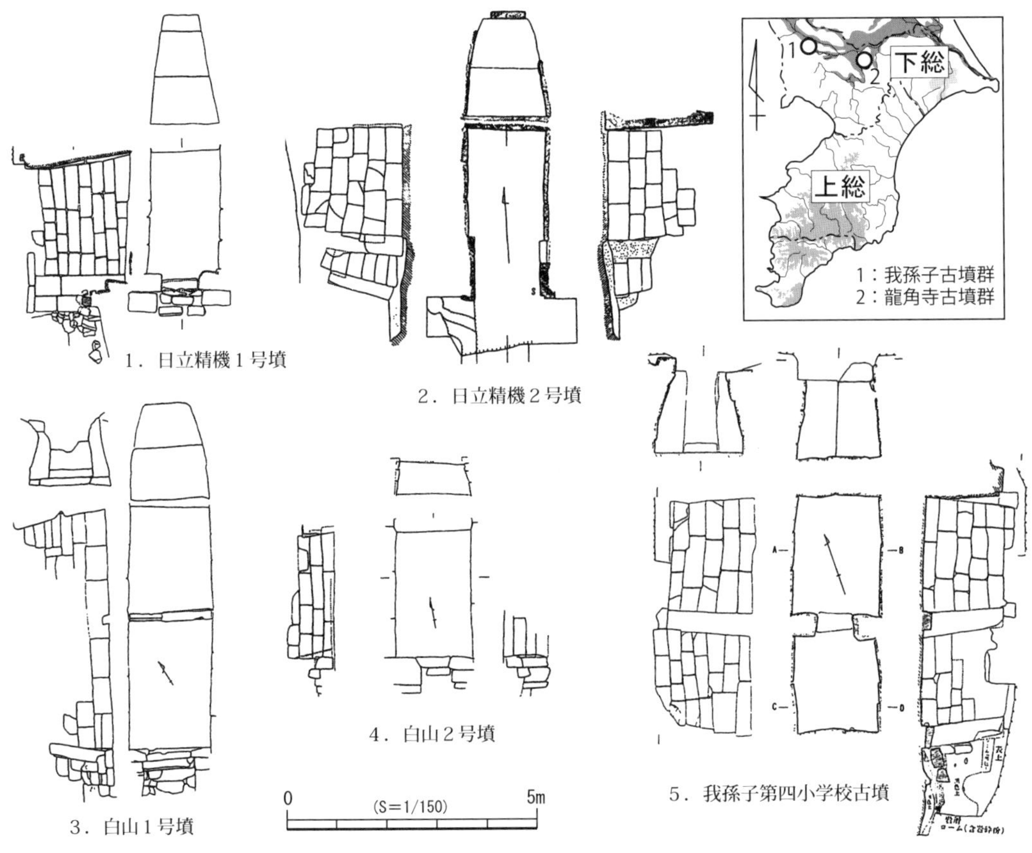

第75図　我孫子古墳群の切石積石室

だけであることが明らかとなった。この点を踏まえたうえで、以下に筆者の考える年代観の論拠を提示し、龍角寺岩屋古墳を7世紀中葉頃に位置づけることの是非を問うことにする。

3. 年代観の再検討

(1) 龍角寺浅間山古墳の位置づけ

龍角寺古墳群のなかで埴輪を伴わない大型前方後円墳は、龍角寺岩屋古墳の北西約1kmに位置する全長78mの龍角寺浅間山古墳である。1996・1997（平成8・9）年の発掘調査によって、筑波山南東麓産の雲母片岩で構築された複室構造板石組石室を内蔵することが判明した（第76図左）。石室内からは金銅製毛彫馬具や冠飾など豊富な副葬品が出土し、これらのなかに7世紀中葉に及ぶものも含まれる点を考慮すると、龍角寺浅間山古墳が最後の前方後円墳であるとみて間違いないだろう(3)。また、墳形や石室使用石材の違いなどから、龍角寺浅間山古墳が龍角寺岩屋古墳に先行して築かれた地域首長墓であることも確実視してよいだろう。

龍角寺浅間山古墳石室の位置づけについては、当該石室が数多く営まれた常陸地域南部の片岩板石組石室とともに検討することが望ましい。常陸地域南部では霞ヶ浦北岸と筑波山南東麓においてそれぞれ異なる特徴の片岩板石組石室が構築されており、龍角寺浅間山古墳石室の諸特徴は筑波山南東麓に淵源が求められる。とりわけ玄室中央に箱形石棺状施設を配置する石岡市瓦谷兜塚古墳との共通性が高く、石棺状施設の床石のあり方から瓦谷兜塚古墳の方が龍角寺浅間山古墳より一段階古いことがわかる（第76図右）。瓦谷兜塚古墳は出土遺物や石室構造の特徴から7世紀初頭でも第2四半期に近い年代が与えられ、これに後続する龍角寺浅間山古墳は7世紀第2四半期の築造ということになる（本書第3章第3節参照）。

すなわち、龍角寺古墳群では前方後円墳の消滅が他地域よりも遅れた可能性が高いと言える。龍角寺岩屋古墳の年代は、いかに遡らせても龍角寺浅間山古墳の年代より遡上すること

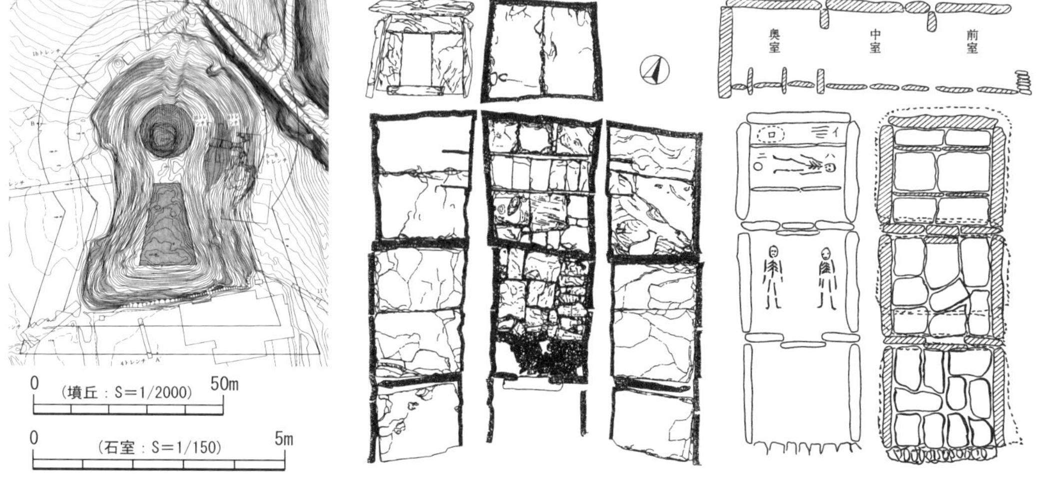

第76図　龍角寺浅間山古墳の墳丘・石室と瓦谷兜塚古墳

はないと判断できるので、その上限を7世紀第2四半期に設定することが適当である。それでは次に、龍角寺岩屋古墳自体の検討からも同様の年代観が導かれるか否か、見ていくことにしよう。

(2) 扁平切石積石室の型式学的検討

龍角寺岩屋古墳をはじめとする扁平切石積石室の型式学的編年については、すでに上野恵司や白石太一郎によって詳細な検討がなされている。上野は、墳丘規模の縮小という見方から〈龍角寺岩屋古墳→みそ岩屋古墳〉という先後関係を想定し、両者の石室構造の違いから、玄門部を横長石材の多段積みで構築するものから立柱石を据えるものへ、間仕切石が床面より一段高い屍床の前に立てられるものから平らな床面に立てられるものへ変遷すると考えた〔上野 1996a〕。また白石は、本節第1項ですでに紹介したように、玄室幅に対する高さの比率が時代とともに減少して低くなる傾向を指摘している〔白石 2001〕。両氏の見解から導かれる型式学的変遷は、〈龍角寺岩屋古墳東石室→龍角寺岩屋古墳西石室→上福田13号墳→みそ岩屋古墳〉という順序であり、筆者もこれに賛同・準拠したい（第77図1〜4)。

この石室構造上の変遷が正鵠を射たものであるとして、次に検討しなければならないのは、個々の石室間にいかほどの時期差を見込むべきかという問題である。まず前二者の龍角寺岩屋古墳東西石室については、石室規模や石室主軸の違いから西石室がより付随的な様相を示していることは確かであるが、同一墳丘内に計画的に配置されている点を評価すれば、ほぼ同時期と見なして大過ないだろう。また後二者についても、石室構造の違いとして指摘されるのは仕切石の設置状況程度で、むしろ共通性の方が目立つことから、時期的なヒアタスは想定しがたい。すなわち、石室形態・玄門構造・石材使用状況などの点で明瞭な一線が引けるのは前二者と後二者の間であり、時期差という観点からは、〈龍角寺岩屋古墳東西石室→上福田13号墳・みそ岩屋古墳〉という大きく2段階で把握することが適当であろう。

龍角寺岩屋古墳の年代を7世紀第1四半期としてしまうと、これに後続する上福田13号墳・みそ岩屋古墳の年代は第2四半期〜中葉となり、副葬品から推察される龍角寺浅間山古墳の埋葬時期が龍角寺岩屋古墳ばかりか、上福田13号墳やみそ岩屋古墳とも重なる可能性すら否定できなくなる。このように上福田13号墳やみそ岩屋古墳との時期差という観点に、龍角寺浅間山古墳との関係を加味した場合、龍角寺岩屋古墳を7世紀前半でも中葉寄り、上福田13号墳・みそ岩屋古墳を7世紀後半と位置づけることの妥当性が追認されよう。上福田13号墳の前庭部からは7世紀後半〜末葉に位置づけられる須恵器蓋・有台坏が出土しており、年代的にも符合する。

なお貝化石を多く含む砂岩で構築された扁平切石積石室には、他に上福田岩屋古墳と印西市上宿(かみじゅく)古墳の2基が存在する（第77図5・6)。上野恵司は上述した自身の基準に照らし、両古墳をみそ岩屋古墳に後続するものとしているが、白石太一郎は玄室天井高の変化から上宿古墳を龍角寺岩屋古墳西石室と上福田13号墳・みそ岩屋古墳の間に置いている。上福田岩屋古墳については、特殊なT字形石室であることから検討を保留しており、壁面および壁間の

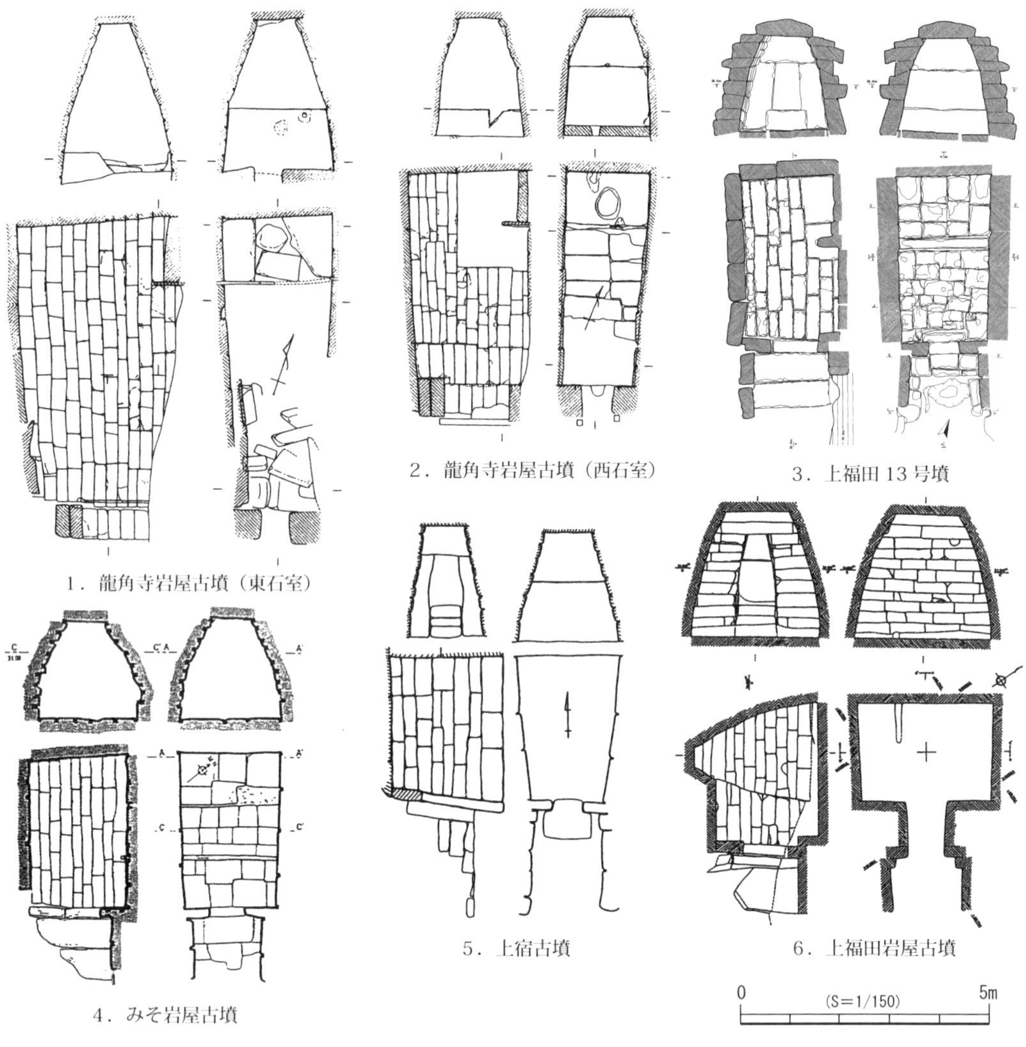

第77図　貝化石を多く含む砂岩利用の扁平切石積石室

組み合わせに切組を多用している点や方形やT字形に近い玄室プランの採用を評価して龍角寺岩屋古墳より古く位置づける意見〔田中 1996〕もみられるなど、論者によって捉え方の差が著しい。筆者の意見では、上宿古墳石室に間仕切石がない点を消失と捉えてよいのか疑わしく、また上福田13号墳・みそ岩屋古墳の玄門・羨道側壁に立石を据える構造と上宿古墳の玄門部構造を同一視する点も承服しかねる。上宿古墳の羨道側壁は玄室と同様に長手積みで構築しており、むしろ上福田13号墳・みそ岩屋古墳に先行するものだろう。したがって上宿古墳の相対的な位置づけは白石と同意見である。残る上福田岩屋古墳については、平面形態のみならず立面的な構造も他例と大きく異なり、やはり位置づけが難しい。ただし石室構築材がすべて貝化石を含む砂岩で占められている点は上福田13号墳・みそ岩屋古墳と同様で、天井石・屍床仕切石に筑波石を利用する龍角寺岩屋古墳石室が片岩使用の埋葬施設からの変化を体現しているとする白石の評価〔白石2001〕は妥当と考えられるので、上福田岩屋古墳は龍角寺岩屋古墳よりも新しいと判断しておきたい。ただし開口部に立石を設けている点は上福田13号墳・みそ岩屋古墳と大きく変わりなく、上福田岩屋古墳をこれらの後の最新相まで下らせる積極的な理由は見当たらない。

以上を総合すると、龍角寺岩屋古墳は7世紀前半〜中葉、上宿古墳は7世紀中葉、上福田岩屋古墳・上福田13号墳・みそ岩屋古墳は7世紀後半という年代観に落ち着く。

(3) 双室墳という視点

すでに言及したように、龍角寺岩屋古墳は同一墳丘内に2基の石室が並列し、およそ9mの間隔をあけて構築された東西石室間のほぼ中央を墳丘中軸線が通るという計画的な配置を示す（第78図1）。こうした特徴を有する古墳は、石川県須曽蝦夷穴（すそえぞあな）古墳（第78図2）などに代表され、「双室墳（そうしつふん）」・「双室墓（そうしつぼ）」なる用語で呼びならわされている。

双室墳については、泉森皎の先駆的な論文〔泉森1980〕をベースにして楠元哲夫が研究を

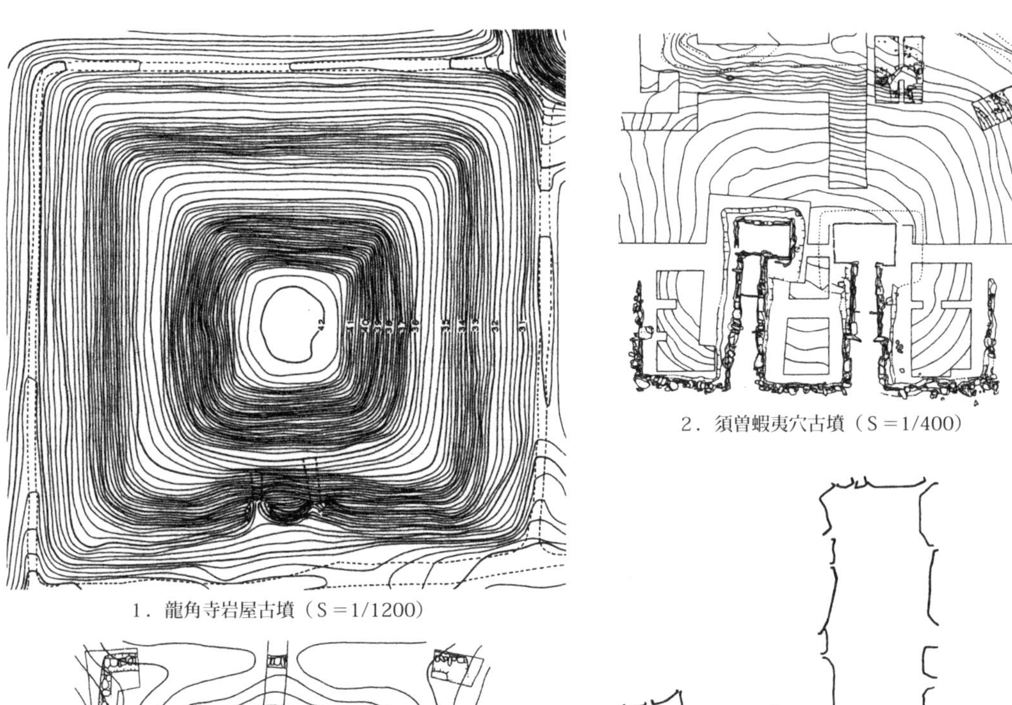

第78図　同一墳丘内に複数の横穴式石室をもつ古墳

進め、明確な定義・分類を行っている〔楠元 1994〕。龍角寺岩屋古墳の場合、地域的な特異性とも考えられるとして明言を控えているが、「双室墳の範疇で捉えられる可能性が高い」と指摘している〔楠元前掲　p.135〕。また、東西石室の規模や主軸方向の違いから時期差を想定する白石太一郎も、「両石室の造営が墳丘の設計企画段階から構想されていたことまで否定する必要はなかろう」と、その計画的な配置を評価している〔白石 2001　p.19〕。石室規模や主軸方向の違い自体は、双室墳として著名な福岡県八王子古墳でも認められるものなので（第78図4）、龍角寺岩屋古墳を双室墳として捉えるうえでの障害にはなるまい。

龍角寺岩屋古墳が双室墳であるとすれば、まず年代観についてこれまでの検討結果を裏付けることができる。というのも、楠元論文において、すべての双室墳が7世紀第2四半期から中葉にかけての限られた時期に営まれたことが明らかにされており、筆者の掲げた龍角寺岩屋古墳の年代観と符合するからである。さらに注目すべきことは、双室墳を凌ぐ高い計画性をもって3基の石室が並列する長方形墳の営まれた桜井市舞谷（まいたに）古墳群（第78図3）が、磚槨式石室の代表的事例でもあるという点である。すなわち、磚積み技法という特徴的な壁体構築方法にとどまらず、同一墳丘内に複数の埋葬施設を計画的に配置する点からも、龍角寺岩屋古墳と磚槨式石室との密接な関係性を窺うことができるのである。

4. 龍角寺岩屋古墳と磚槨式石室

龍角寺岩屋古墳石室の淵源が畿内地域の磚槨式石室に求められると仮定して(4)、その石室構造・構築技術をつぶさに比較したとき、両者を短絡的に結びつけることが危ぶまれるような相違点の存在に目がとまる（第79図）。したがって、そうした相違点の意味するところについて一定程度の説明が用意できなければ、上記の石室起源論に破綻をきたすことになる。本項では、龍角寺岩屋古墳石室と磚槨式石室の相違点を整理したうえで、差異を伴う石室の伝播がどのような関係性のあらわれとして解釈できるのか、また東国の一地域に磚槨式石室という畿内墓制の影響が及んだ背景にいかなる歴史的意義が見出せるのかといった点について、考察を進めることにする。

第一に注目される点として、石室規模の格差が挙げられる。玄室規模で比較してみると、磚槨式石室で最大の奈良市黄金塚陵墓参考地で約3m、これに次ぐ桜井市舞谷2号墳で2.4mを測るのに対して、龍角寺岩屋古墳は東石室が5.8m、西石室が4.2mと、

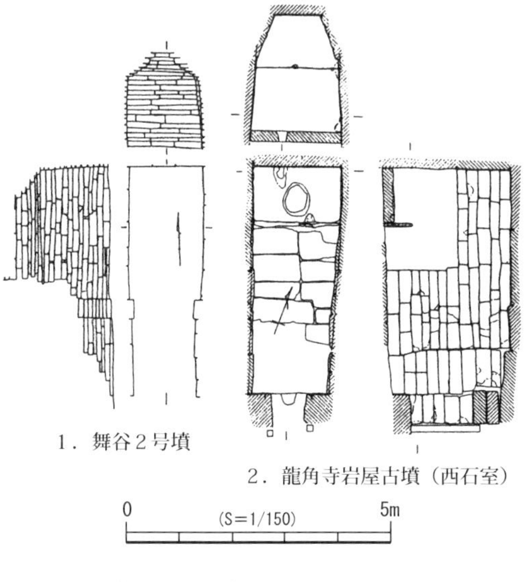

第79図　磚槨式石室との比較

倍近くの規模を誇るのである。磚槨式石室のほとんどが、薄葬を志向する時代の要請から単人埋葬用の小型石室化を遂げているのに対して、龍角寺岩屋古墳石室ではそうしたイデオロギーが反映されずに構築されたと考えられる。

第二に使用石材の違いが指摘でき、それと絡んで石材加工技術の根本的な相違という等閑視できない問題が浮上する。すなわち、磚槨式石室が榛原石(はいばらいし)という硬石の切石で構築されているのに対して、龍角寺岩屋古墳では在地で産出される木下石(きおろしいし)という軟石の切石を積み上げているのである。石材加工において材質の硬軟は重要な違いであり、石棺や石室石材の表面に残された工具痕を観察すると、花崗岩や安山岩などの硬石は「小叩き」と呼ばれる工具の敲打によって石材表面の平滑化がなされるのに対して、凝灰岩や砂岩などの軟石は刃のある工具で削ることによって仕上げられている（序章第2節4参照）。龍角寺岩屋古墳の場合は、貝化石を多量に含む特殊な石材であるため工具痕の観察が困難であるが、ケズリ加工によって仕上げられており、敲打技法によって整えられる磚槨式石室の石材加工とは異質な技術体系と言える。

最後に、石室構造の違いについて指摘しておきたい。特徴的な石材の積み上げ方など、石室構造の面では共通性が目立つが、そのなかにあって明らかな相違点が認められることも確かである。とくに顕著なのは奥壁構造で、側壁同様、扁平な石材を長手積みにする磚槨式石室に対して、龍角寺岩屋古墳では平の面を内側に向けて据えている。さらに上福田13号墳やみそ岩屋古墳といった後続する石室墳の造りを窺うと、龍角寺岩屋古墳で採用された、双室墳・折り上げ天井・玄門部の石材積み上げといった要素が欠落し、磚槨式石室との共通性がより低いものとなっている。このように龍角寺岩屋古墳の次段階で石室構造が改変され、在地化が進展している点は、この種の石室構築を担った造墓集団の在地性を強く示すものである(5)。

以上の諸点を勘案すると、特殊な構造を呈する龍角寺岩屋古墳の石室が磚槨式石室の影響を受けて成立したことが想定されるものの、実際の石室構築にあたったのは在地の工人集団が主体であった可能性が高い。いわば石室構造に関わるデザインのみ畿内地域から伝播したと理解せざるを得ない。畿内と関東という距離を隔てた地域間関係であることを考えると、石室のデザインという具体的な像が伝播するには、単なる伝聞などではなく情報媒体の直接的な移動を考えなければなるまい。磚槨式石室に似た積み方という立面的な情報が伝播していることから、設計図面のようなかたちでもたらされたとは考えがたく、畿内地域において磚槨式石室の構築に携わった工人が東国の地に赴いて石室構造に関わる情報を伝えたと解釈すべきだろう。そしてこの情報をもたらした工人こそが、7世紀第3四半期でも中葉寄りに比定される龍角寺の造営を目論んで派遣された技術者であろうことは容易に推測される。このことは、龍角寺の塔心礎および門の礎石が硬石の代表とも言える花崗岩を使用しており〔柴田 2009〕、硬石加工という先進技術を身につけた工人が7世紀中葉前後の下総地域に実在した可能性が高い点からも傍証されよう。同じ硬石とは言え、磚槨式石室で使用される榛原石と龍角寺礎石の花崗岩とでは材質的特徴が異なるが、「少なくとも新しい石工集団は、たとえ寺山石英安山岩や榛原石を用いる集団であっても、彼らは花崗岩をも処理することができたのであり、事実その技量を発揮した可能性も高い」〔和田 1983　p.526〕という指摘に導かれて、上記仮説の可能性を考えたい。

如上のように、新来石工集団の硬石加工技術が寺院のみに限定して発揮されたことが事実であれば、磚槨式石室という墓制の面で情報をもたらしているにもかかわらず、新来石工集団自らが直接石室構築にあたらなかったのは何故だろうか。硬石加工技術者の間接的関与は、石室構築に適合するような硬石が産出されないという地質環境事情によるところが大きいと考えられる。すなわち、磚槨式石室に使用される榛原石のような、発達した節理面によって板状に剥離する性質の硬石が存在しなかったため、軟石を板状に加工した石材で代替せざるを得なかったという解釈である。龍角寺岩屋古墳の特殊な石室構造は、造寺目的で派遣された新来技術者が付随的にもたらした磚槨式石室という新しい墓室スタイルを祖形としながらも、当該石室の構築に不可欠な扁平石材を用意する必要から在地の石工集団が動員され、その結果、在地的な変容を遂げたものであると結論づけておきたい。

なお龍角寺岩屋古墳や上福田13号墳などに認められる間仕切施設は、畿内地域の磚槨式石室に見られない在地色の強い特徴であり、これをもってこれらの石室が磚槨式石室の影響とは即断しがたいとする見解が示されている〔永沼 1992〕。ただしこの在地的な付設物は、石室の関係性というより埋葬方法の違いをあらわしていると考えられ〔日高 2000c〕、恐らくは在地首長たる造墓主体者（施主）の要請を受けてしつらえたものであろう。そう理解すると、石室自体の淵源は畿内地域の磚槨式石室に求めても差し支えないと思われる。

5. おわりに

ここまで縷々述べてきたことをまとめ、以下に約言しておく。

①龍角寺岩屋古墳の年代は、先行首長墓である龍角寺浅間山古墳との関係や石室の特徴などから、7世紀第2四半期～中葉と考えられる。

②この年代観を踏まえたうえで、2基の石室を計画的に並列させている点や特徴的な側壁石材の積み上げ方を評価すると、畿内地域における磚槨式石室との有機的な関係が想定される。

③磚槨式石室構築集団は龍角寺造営にあたっての石工集団として派遣されたと考えられるが、石室構築に適合した硬石が下総地域では産出されないという環境事情のため、実質的な石室構築は軟石加工に従事した在地の石工集団に委ねられ、結果として独特な石室構造が成立するに至ったと解釈される。

＊

下総地域において6世紀段階まで優勢であった成田市公津原古墳群に対し、龍角寺古墳群が規模・内容ともに形勢を逆転するのは7世紀になってからのことである。この動態のメルクマールが龍角寺浅間山古墳の築造である点を考えれば、最初の印波国造の奥津城を龍角寺岩屋古墳ではなく龍角寺浅間山古墳とすることも、強ち荒唐無稽ではないだろう。龍角寺浅間山古墳に続く龍角寺岩屋古墳の築造は、7世紀中葉以降における初期寺院造営という、いわば国造制に次いで施行された畿内政権による第二の地方支配システムを反映している可能性がある。

註

(1)　従来、古墳群の名称としては「竜角寺古墳群」を使用する場合が多かったが、周辺地形や龍角寺・埴生郡衙推定地などを含めて、2009（平成21）年2月12日に「龍角寺古墳群・岩屋古墳」として国史跡の追加指定および名称変更がなされた。これを受けて本書では、旧稿（「千葉県竜角寺岩屋古墳の石室系譜」『地域と文化の考古学Ⅱ』六一書房　2008年）で「竜角寺岩屋古墳」・「竜角寺浅間山古墳」としていた名称を改め、「龍角寺岩屋古墳」・「龍角寺浅間山古墳」と表記する。

(2)　推古天皇が最初に埋葬されたとされる竹田皇子墓は、多くの研究者が指摘する通り、発掘調査によって全容が明らかとなった橿原市植山古墳である蓋然性が高い。

(3)　龍角寺浅間山古墳の出土遺物は6世紀末葉～7世紀初頭の時期のものが極めて少ないが、最終埋葬直後に石棺・石室内の副葬品を取り出して意図的に破砕する行為が行われたとも考えられる出土状況であり、初葬時の遺物が残されていない可能性もあるので、一概に出土遺物の年代だけでは判断しかねる。

(4)　龍角寺岩屋古墳石室をはじめとする扁平切石積石室の祖形について、「高句麗・百済の墓制に一脈通じる」という安藤鴻基の指摘〔安藤1980〕や、百済・泗沘（しび）期の陵山里型石室との関係を説く杉山晋作の意見〔杉山1995〕など、朝鮮半島から導入されたと考える見方もある。その可能性は否定できないが、石材形状や扁平石材を積み上げた玄門構造など、龍角寺岩屋古墳石室の細部の特徴は朝鮮半島の事例よりも畿内地域における磚槨式石室に高い共通性を見出せる。とくに陵山里型石室の場合、横目地を揃えて扁平石材を積み上げる事例は少数で、大型石材を立てて据えるものが多い点から考えても、当該石室が龍角寺岩屋古墳の祖形である可能性は低いだろう。

(5)　同様の状況は、富津市割見塚古墳にも認められる。割見塚古墳の埋葬施設には、大阪府羽曳野市を中心に営まれた横口式石槨が採用されているが、故地において寺山石英安山岩という硬石が用いられているのに対して、割見塚古墳では軟石の凝灰質砂岩が使用されている。後続する森山塚古墳石室に著しい在地的変容が窺える点を含め、龍角寺岩屋古墳のあり方と共通する。

第7節　上総地域―狭長プラン石室の地域性―

1. はじめに

上総地域の有力古墳に採用された横穴式石室としては、山武（さんむ）地方を中心とする上総北部の複室構造直線胴石室が注目される。姫塚古墳を嚆矢とし、駄ノ塚古墳で確立した墓室スタイルが7世紀前半から中葉にかけて広く展開していく状況は、上総北部の地域性や地域間交流を考えるうえで重要である。この動態については、すでに第2章第2節のなかで触れているので重複して論じることを避けたい。ここでは、富津市内裏塚古墳群を中心に狭長な平面形態の横穴式石室が数多く構築された上総南西部の動向を取り上げる（第80図）。

2. 狭長プラン石室の成立

上総・下総地域は、関東地方のなかで横穴式石室の採用が遅れた地域として知られており、現在房総半島のなかで最古級の横穴式石室墳と目されているのが内裏塚古墳群の九条塚古墳である。九条塚古墳は墳丘長103mの前方後円墳で、1910（明治43）年の発掘によって後円部中央に自然石積みの石室が見つかっている。石室内からは刀剣類・鉄鏃・馬具など豊富な副葬品が出土し、その特徴から6世紀中葉の築造と位置づけられている〔小沢1991〕。九条塚古墳の石室は、かつて竪穴系の石室と理解されたこともあるが〔甘粕1963〕、調査を行った柴田常恵の野帳に記載された石室規模が全長9.45m・幅1.7～1.95mと大きく、石室主軸が墳丘に直交する点とあわせて評価され〔椙山1982〕、現在では最初期の横穴式石室とみる意見が主流となっている。九条塚古墳に始まる上総南西部の石室については、小沢洋によって精緻な分析がなされている〔小沢1992・1996・1997〕。そこで本論では、小沢による一連の研究成果を中心に参照しながら当該地域における石室の様相・変遷を確認し、その作業のなかで個別古墳の位置づけや地域間関係に関する筆

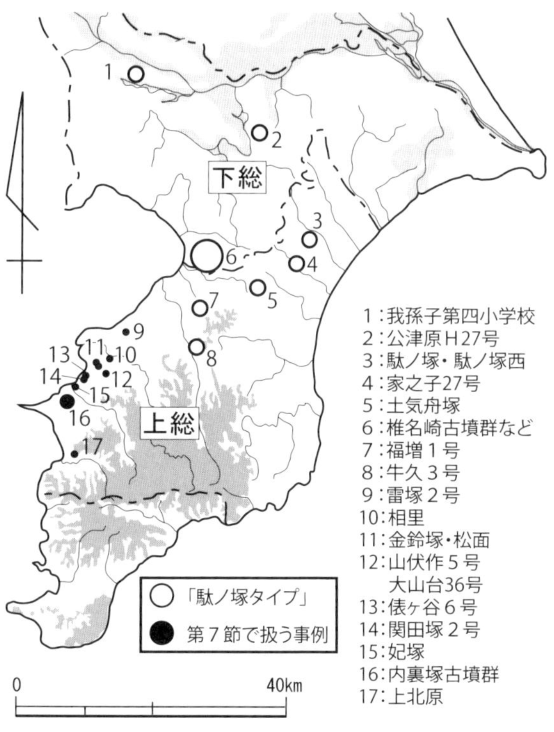

第80図　「駄ノ塚タイプ」と狭長プラン石室の分布

者の考えを提示していきたいと思う。

横穴式石室の平面形態・構造が明らかな事例としては、西原古墳（前方後円墳・60m）や新割古墳、丸塚古墳（ともに円墳・30～35m）が挙げられ、全長11～12.5m、幅1.6～1.8mを測る狭長な無袖形石室という点で共通している（第82図1～3）。3古墳とも須恵器などの出土遺物から6世紀後半に位置づけられ、九条塚古墳に続いて営まれたと考えられる。

さらに直径29mを測る円墳の古山（こやま）古墳には、全長12.7m・幅1.5mと一層狭長になった無袖形石室が採用されている（第82図4）。石室内に切石使用の箱形石棺が納められている点や出土土器に新しい様相が見られることから、西原・新割・丸塚に後続する6世紀末葉の築造と捉えられる。また部分調査の結果から同じく無袖形石室と推定される三条塚古墳（前方後円墳・122m）や、全長7.3mのやや小ぶりな無袖形石室が確認された西谷（にしや）古墳（円墳・28m）も、古山古墳と同時期に比定されている（第82図5・6）。

6世紀中葉の九条塚古墳から末葉の古山古墳に至る狭長な無袖形石室の成立をめぐっては、石室構築材が脆弱な磯石（房州石）であるため大型の天井石が架構できないという制約が生じ、細長い石室平面形の定着化をもたらしたと考えられている〔中村1974b、土生田1997〕。また石積み技法の原形自体は、5世紀代の前方後円墳である内裏塚古墳・弁天山古墳の竪穴系石室にも認められ、時期的懸隔のある両者を直接結びつけることはできないものの、狭長な横穴式石室を構築しうる技術的基礎がすでに在来墓制にあったものと理解されている〔杉山1975〕。このような観点から、研究史上初期の段階には他地域からの技術的影響を受けずに生成されたとする意見が目立つが、狭長な石室形態自体は東国各地の初期横穴式石室に共通して認められるところであり、上野地域を中心とする石室との関連も指摘された〔椙山1991〕。以上の諸論を包括的に整理した小沢洋は、他地域からの影響があった可能性を十分念頭に置きつつ、地元の石材に適合した独自の石室形態が生み出され、かつ石材の制約という地質的条件を背景に狭長プランが長期的定着をみたとまとめている〔小沢1996〕。袖部の構造よりも石室の長大化に強い志向性が窺われる無袖形石室が、静岡県富士市船津寺ノ上1号墳や神奈川県厚木市金井2号墳、伊勢原市三ノ宮3号墳など、太平洋沿岸に特徴的に認められる点〔井鍋2003〕を重視するならば、現時点での資料にもとづく限り小林孝秀が指摘するように東海地方を淵源として想定することが妥当であろう〔小林2010〕（第81図）。

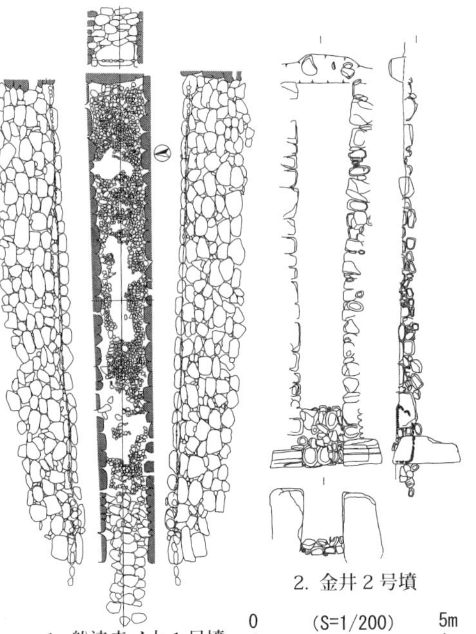

第81図　太平洋沿岸の長大な無袖形石室

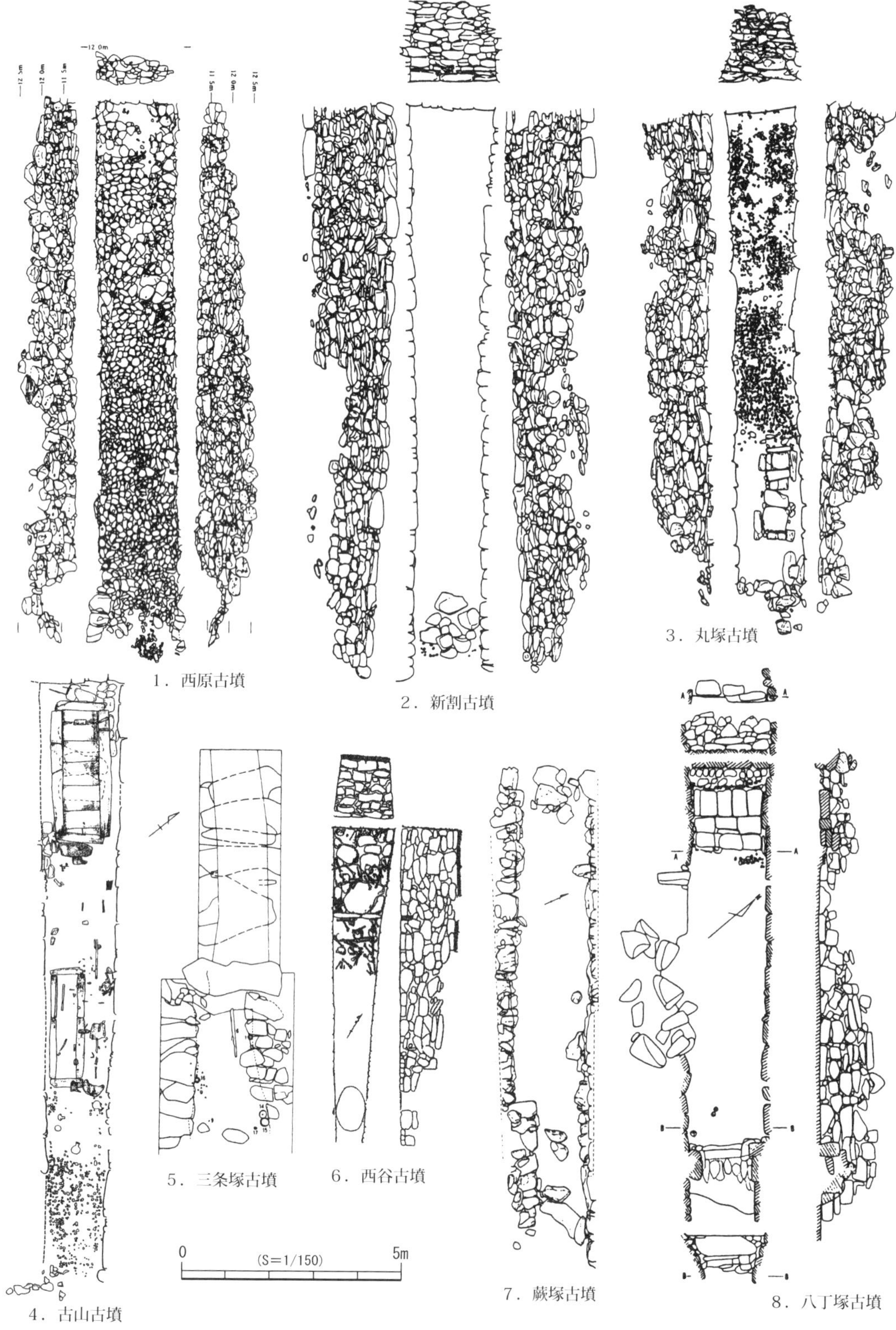

第82図　上総南西部の狭長プラン石室

3. 狭長プラン石室の多様化

内裏塚古墳群で狭長な無袖形石室が定着した後の6世紀末葉を中心とする時期には、片袖形石室を内蔵する青木姫塚古墳（前方後円墳・61m）・蕨塚古墳（前方後円墳・48m）や、両袖形石室を内蔵する八丁塚古墳（円墳・24m）、L字形石室を内蔵する下谷（しもやつ）古墳（円墳・18m）・向原古墳（円墳・24m）など各種形態の石室が築かれた。これらは袖部の構造差をもとに石室形態を分類できるが、いずれも狭長な石室プランを呈する点で共通しており、無袖形石室との密接な関連を窺わせるものである(1)。

上総地域南西部における当該期の石室の特徴には、この前代以来の狭長プランのほかに、石室奥部を平面的に区画する点も指摘できる。無袖形石室では古山古墳・西谷古墳ともに入口から奥に向かって次第に幅が広がる形態に変化し〔上野 1996b〕、かつ西谷古墳では石室の奥側約3分の1の箇所に高さ30cmの板状の仕切石を設置して、この奥側部分のみに上面の平らな大小の自然石を敷き詰めるという平面区分がとられている（第82図6）。また八丁塚古墳の両袖形石室では、全長9.6mを測る玄室の最奥部に奥行き0.5mの礫敷き部分、その手前に奥行き1mの切石敷き部分を設けている（第82図8）。切石敷き部分は厚さ平均20cmの砂岩切石を敷き詰めており、その厚さの分だけ玄室床面より高くなっている。また切石敷き部分の前面はさらに一段高い仕切り状を呈しており、平面区分をより明確なものとしている。L字形石室でも板状仕切石の設置や床石・貝殻の敷設などによって、屈曲部分を中心とした空間区分を行っている（第83図）。以上のような仕切石・敷石による空間区分は、石室内の被葬

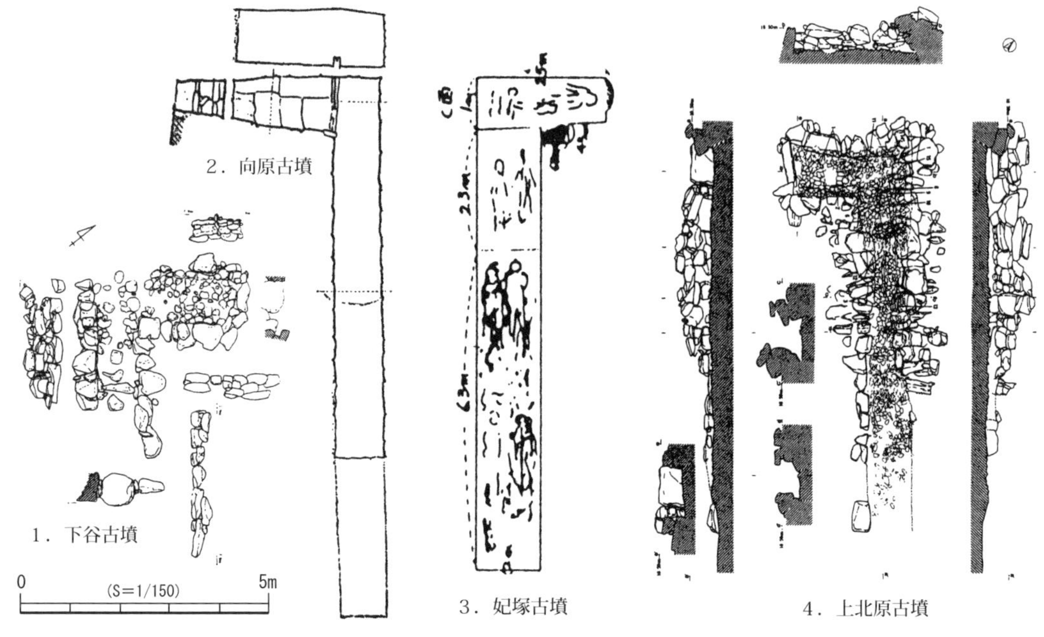

第83図　上総南西部のL字形石室

者を区別するものと考えられ、当該地域における自然石積石室のなかで新しい要素とされている〔小沢1996〕。

無袖形石室は当該地域における前代の石室の流れを直接汲むものと考えられるが、新しく成立した片袖形・両袖形・L字形石室はどこからもたらされたものであろうか。これらのうち、青木姫塚古墳・蕨塚古墳（第82図7）の片袖形石室については、すでに第2章第1節のなかで、埼玉将軍山古墳を契機に形成された北武蔵地域との交流関係をもとに伝播した石室形態であるとの考えを示している。またL字形石室の類例は上野・北武蔵地域に認められ、とくに上野地域の伊勢崎市権現山2号墳がMT15型式期に築造された最古例として挙げられる（第84図）。ただし上野地域では権現山2号墳に直接続くものがなく、一時期おいた6世紀後半～末葉に高崎市和田山天神5号墳・甘楽町金毘羅山古墳が築かれている。和田山天神5号墳・金毘羅山古墳は屈曲部の奥行きが大きく、かつ複室構造をとる点で上総地域のL字形石室とは様相を異にする。もう一方の北武蔵地域では、6世紀中葉頃に神川町十二ヶ谷戸15号墳・深谷市黒田4号墳、6世紀後半に諏訪山3号墳が構築され、単室構造の狭長なプランを呈する点で上総地域との共通性が高いと評価できる。時期的に先行する点も含め、上総地域のL字形石室が北武蔵地域から伝播した可能性は高いと言えるだろう。残る八丁塚古墳の両袖形石室では、壁面から内側に突出する玄門が立柱石ではなく壁面構築材と同様の中小石材を多段積みで構築しており、同様の特徴が上野・北武蔵地域の両袖形石室に見受けられる。八丁塚古墳の両袖形石室の源流を上野地域と北武蔵地域のいずれに求めるべきか、わずか1例の構造的特徴のみで決するには限界がある。おおむね同時期に採用されるようになった片袖形石室とL字形石室が、ともに北武蔵地域からもたらされた可能性が高いと考えられる点を評価

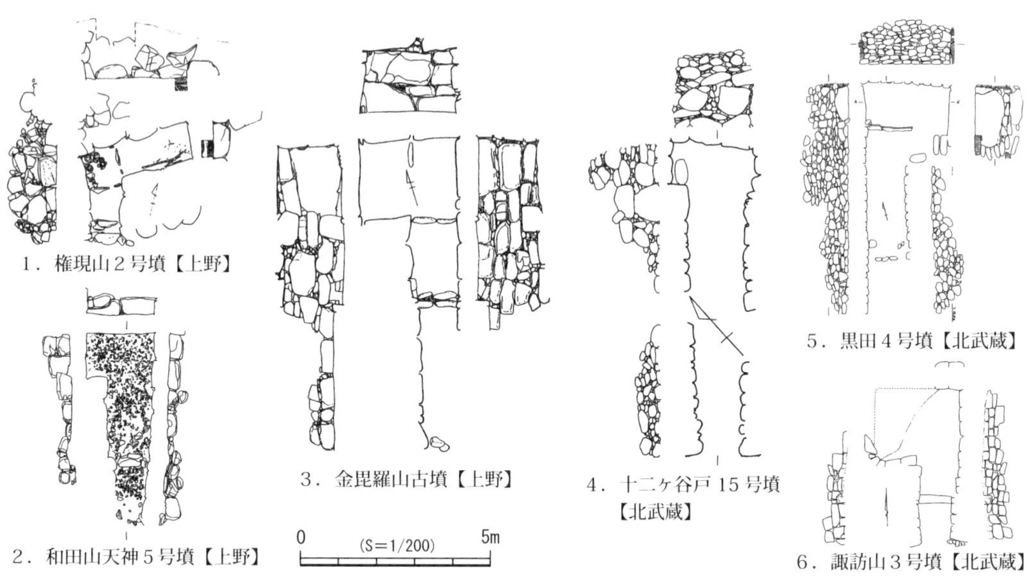

第84図　上野・北武蔵地域のL字形石室

し、八丁塚古墳の両袖形石室も北武蔵地域との関係で成立したものと理解しておきたい。

さて6世紀末葉前後には、内裏塚古墳群が営まれた小糸川流域の北側を流れる小櫃川南岸の河口沖積低地や、その南側の丘陵上にも横穴式石室墳が営まれた。石室構造の詳細が判明しているものでは、墳丘長95mの前方後円墳に無袖形石室を内蔵する木更津市金鈴塚古墳(2)、直径10mの円墳に両袖形石室を内蔵する木更津市俵ヶ谷6号墳が挙げられる（第85図）。金鈴塚古墳の無袖形石室も同時期の古山古墳・西谷古墳と同様、玄室奥幅に対して前幅が狭い平面プランとなっており、内裏塚古墳群で確立された横穴式石室の情報が伝播したものと考えられる。ただし、金鈴塚古墳石室では、①軟質砂岩の礎石を直方体状に粗く整形・加工した切石を奥壁・側壁構築材としている点や、②玄室床面全体を切石敷きとしている点など、相違点も目立つ。内裏塚古墳群からの影響をベースとしながらも発展的に独自の墓室スタイルが案出されたものと理解しておきたい。俵ヶ谷6号墳の両袖形石室については、横長石材を積み上げた開口部構造、および間仕切石を立てて玄室床面より一段高い屍床を構築している点に着目し、龍角寺岩屋古墳石室の影響を受けたものとする意見が示されている〔上野1996a〕。しかし龍角寺岩屋古墳の築造年代は、双室墳である点や先行首長墓である龍角寺浅間山古墳との関係から、7世紀前半でも中葉寄りに位置づけられ（第3章第6節参照）、TK209

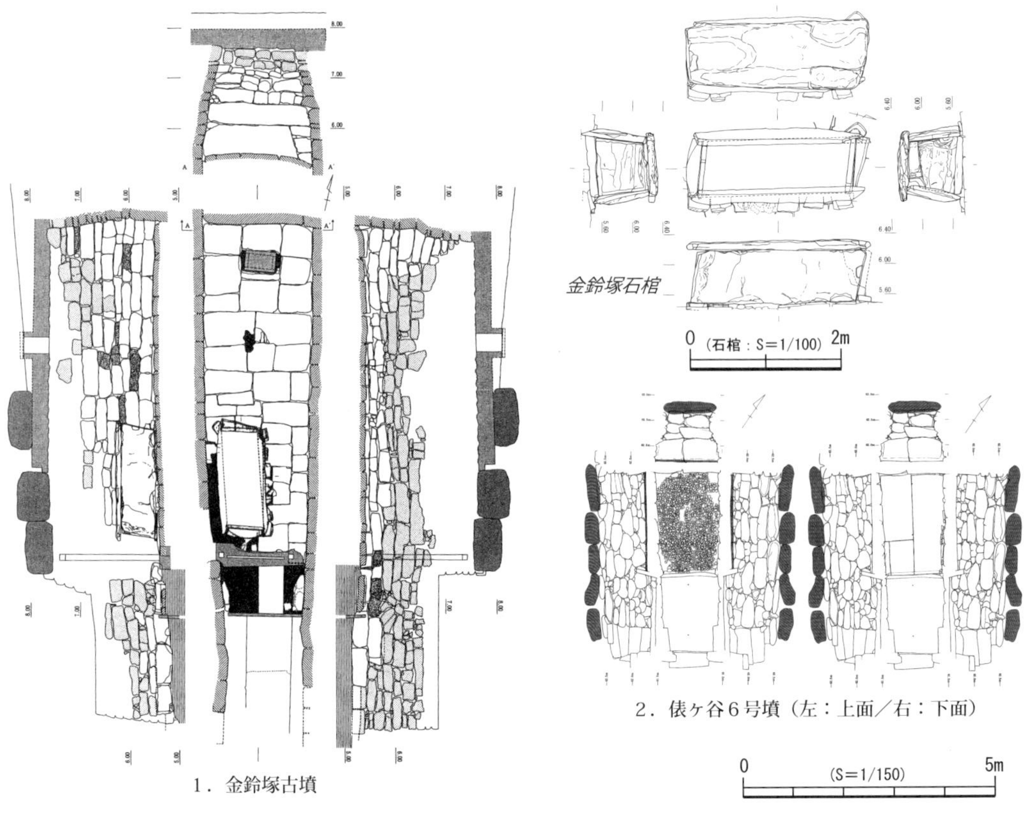

第85図　6世紀末～7世紀初頭の切石利用石室

型式の須恵器が出土した俵ヶ谷6号墳石室の祖形とすることはできない。両袖形の開口部石積み構造と、玄室奥部に一段高い切石敷き空間を設ける点については、先に確認したように内裏塚古墳群の八丁塚古墳の特徴と共通するものである。俵ヶ谷6号墳の両袖形石室は八丁塚古墳石室のような狭長プランではないが、これは俵ヶ谷6号墳の墳丘規模が小さいため相対的に石室規模も短小なものとなったと考えられる。すなわち俵ヶ谷6号墳もまた、金鈴塚古墳と同様に内裏塚古墳群からもたらされた情報をベースとして形作られた石室形態であると捉えられる。

4. 7世紀における切石積石室の展開

6世紀末葉～7世紀初頭までの間に狭長プラン石室が盛行したのは内裏塚古墳群を中心とする小糸川流域であったが、7世紀前半以降は金鈴塚古墳などが営まれた小櫃川水系圏で命脈を保っている。木更津市関田塚2号墳・大山台36号墳・山伏作5号墳と袖ヶ浦市雷塚2号墳が挙げられ、とくに前三者には入口部に玄門構造を備えた無袖形（もしくは羨道部のごく短い両袖形）に分類される近似性の強い石室が採用されている（第86図1・2）。

関田塚2号墳・大山台36号墳・山伏作5号墳の側壁はいずれも直方体に加工した軟質砂岩切石を互目積みにしたもので、金鈴塚古墳石室の構築手法を発展させたものと捉えられるが、玄門部の構造は俵ヶ谷6号墳に連なるものと考えられる。また関田塚2号墳の床面には金鈴塚古墳と同様、全面に切石が敷設され、中央部の板状仕切石より奥を一段高くする構造的特徴は俵ヶ谷6号墳に共通性を認めることができる。つまり金鈴塚古墳と俵ヶ谷6号墳の両方の特徴を関田塚2号墳が取り入れていると評価でき、床面に切石を敷設しない大山台36号墳・山伏作5号墳は簡略化された構造として関田塚2号墳に後続するものと位置づけられる。側壁石材の積み上げ方を細かく見ると、石材長辺を石室主軸に平行させる長手積みを基本としているが、関田塚2号墳と大山台36号墳では一部小口積みを併用していることが確認されており、この差を重視してよければ相対的な前後関係としては〈関田塚2号墳→大山台36号墳→山伏作5号墳〉の変遷で捉えられる。山伏作5号墳からは8世紀前半に位置づけられる豊富な須恵器が埋納されており、7世紀末葉前後の築造と理解してよいだろう。関田塚2号墳は金鈴塚古墳や俵ヶ谷6号墳との関係性を評価し、おおむね7世紀前半頃に位置づけておきたい。大山台36号墳については関田塚2号墳と山伏作5号墳の中間として、7世紀中葉～後半に落ち着くことになる。なお3古墳の石室全長は、関田塚2号墳が5.0m、大山台36号墳が5.3m、山伏作5号墳が6.7mを測り、古墳消滅を目前に控えた7世紀末葉に至るまで石室規模が拡大傾向にある点で特異な変遷過程を示していると言える。まさに石材の制約から狭長な石室を造らざるを得なかった当該地域の地域的特質を反映した現象と言えるだろう。

もう一基の雷塚2号墳石室も無袖形石室の可能性が高いが、奥壁と側壁基底石に大型の切石を立てて使用している点で、上記3古墳の構造とは明らかに異質である（第86図3）。こ

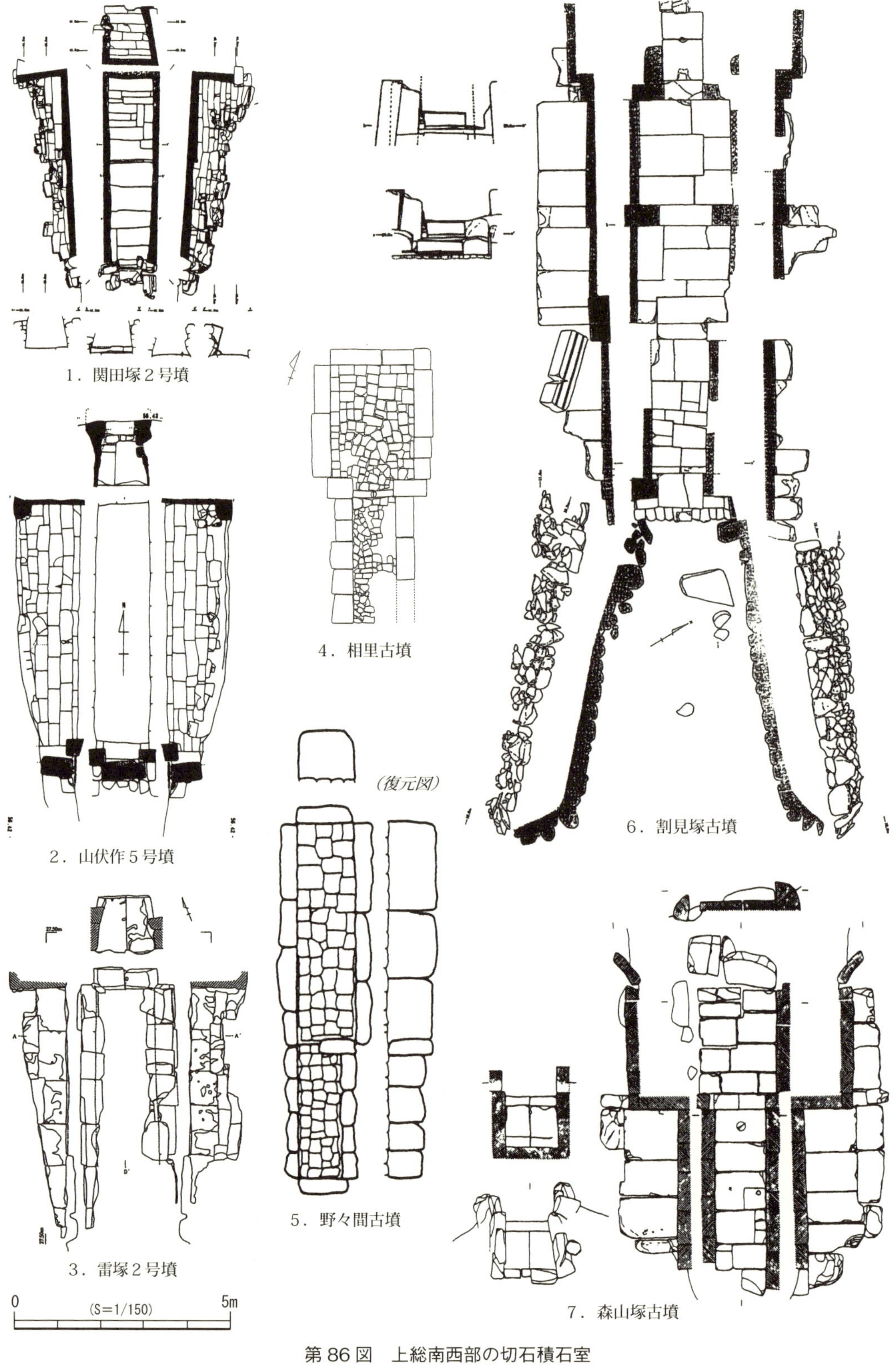

第86図　上総南西部の切石積石室

の石室の成立をめぐっては、木更津市松面（まつめん）古墳の存在に注目しなければならない。松面古墳は1938（昭和13）年に緊急調査された古墳で、TK209型式を主体とする須恵器や双竜環頭大刀、金銅製双魚佩、鉸具付心葉形杏葉など豊富な副葬品が出土している。6世紀末葉前後の有力古墳と考えられるが、古墳の正式報告はなく、調査に関わった各氏の断片的記録から、壁面に大型切石を使用した横穴式石室の可能性が想定されている〔小沢1996〕。雷塚2号墳の石室掘り形からはTK217型式の須恵器蓋坏が出土しており、7世紀前半の築造と考えられるので、松面古墳の流れを汲む切石積石室と位置づけられるのではなかろうか。また当該地域には、大型切石を用いた両袖形石室を内蔵する相里（あいさと）古墳も存在する（第86図4）。石室形態は異なるが、雷塚2号墳と同様に松面古墳の構築技術をひくものとして7世紀前半に位置づけておきたい。

6世紀末葉前後まで自然石積みの狭長プラン石室が採用された内裏塚古墳群でも、7世紀前半以降になると様相が一変し、切石積石室を内蔵する方墳が築かれるようになる。野々間・割見塚・森山塚・亀塚・稲荷口・内裏塚北方の諸古墳でその存在が判明しているが、石室構造の詳細がわかるものは割見塚・森山塚の石室に限られる。

野々間古墳の石室は実測図が残されていないが、報文の記述から推定全長7.5〜8m・玄室長5m前後・幅1.3mの片袖形石室と考えられ（第86図5）、玄室・羨道の割合が蕨塚古墳石室に近いことから自然石積み石室の形態を踏襲した、切石積石室のなかでも最古段階に位置づけられるという意見がある〔小高1991〕。筆者もこの意見が妥当なものと考え、野々間古墳の年代は蕨塚古墳に後続する7世紀前半に比定しておきたい。

割見塚（わりみづか）古墳の石室形態が、狭小な石槨部の前方に幅広い前室・羨道を連ねるタイプの横口式石槨と類似する点については、多くの研究者によって説かれ広く知られている（第86図6）。石材の用い方や石槨横口部の造りなどから、とくに柏原市雁多尾畑（かりんどうばた）古墳や羽曳野市伏鉢山西峰古墳との共通性が高いと判断できる（第87図）。これらの年代的位置に関しては、近年の横口式石槨の型式編年や出土須恵器の年代観から7世紀中葉前後に位置づけられており〔広瀬1995、林部1998ほか〕、割見塚古墳にも同様の年代が想定される。この築造年代は、割見塚古墳から出土した遺物の年代観とも矛盾しない。

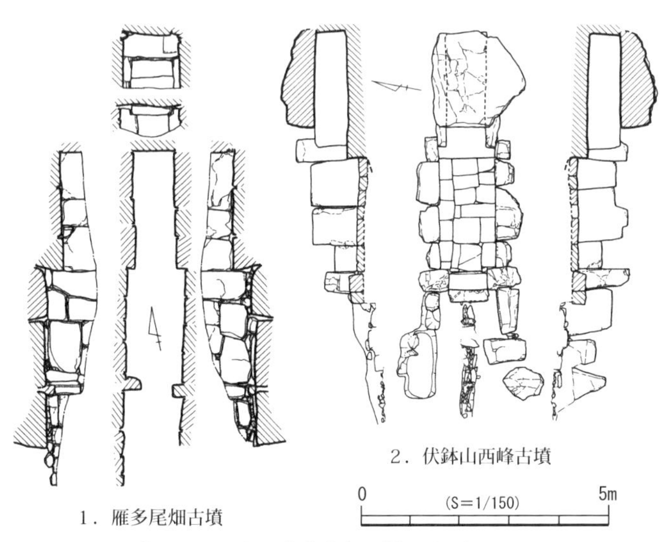

1．雁多尾畑古墳　2．伏鉢山西峰古墳

第87図　大阪府東南部の横口式石槨

隣接する森山塚古墳は、玄

室と羨道の床面比高差が1.2mもある特異な構造であり、割見塚古墳で比較的忠実に踏襲された横口式石槨の形態が発展的に継承されたものと考えられる（第86図7）。椙山林継が説くように、東上総に多く見られる高壇式横穴墓との関連で成立したものかどうかは議論の分かれるところだが〔椙山1991〕、著しい在地的変容を来たしたという点は疑いない。ただし羨道部は退化することなく残存しているので、それほどの時期差を見込む必要はないと判断し、7世紀後半の築造と捉えておく。

この割見塚古墳・森山塚古墳の切石積石室構築技術について、小沢洋は畿内地域から直接もたらされたものと考えている〔小沢1996〕。確かに横口式石槨の構造は畿内地域からの直接伝播を想定しなければ説明できないが、筆者は切石積石室の構築技術自体は在地のものであろうと考える。というのも、割見塚古墳に先行する野々間古墳の側壁石材が、最大のものでは長さ202cm・高さ107cm・厚さ43cmと記録されており、これが割見塚古墳や森山塚古墳の側壁材に通じるものと評価したいのである。さらに言えば、野々間古墳であらわれた切石積石室構築技術はそれまでの内裏塚古墳群にないものであり、6世紀末葉前後の松面古墳に始まる小櫃川水系圏からの技術伝播と理解しておきたい。松面古墳の構築技術がどこからもたらされたのかは、石室構造の詳細が定かでないので現状では不明と言わざるを得ない。松面古墳の石室内に金鈴塚古墳と同様、緑泥片岩の箱形石棺が設置されていたとする武田宗久の指摘〔武田1951〕を積極的に評価すれば、北武蔵地域からの技術伝播を推測することも可能だが、現時点では臆説の域を出ないものである。

5. 周辺地域との交流関係

（1）横穴式石室に見る磯石の供給関係

ここまで上総地域南西部における狭長プラン石室の成立・展開過程を辿ってきたが、最後に上総地域と周辺地域との交流関係について横穴式石室を中心に検討する。

第1に注目されるのは、富津市金谷（かなや）の海岸付近で採取される磯石（房州石）の広域供給関係である。磯石とは、表面に直径0.5～3cmのShell hole（穿孔貝の生痕）をもつ凝灰質砂岩あるいは凝灰質泥岩のことで、それらの石材がかつて汀線付近に存在したことを物語っている。

石材産地から直線距離にして118km離れた埼玉将軍山古墳石室に磯石が用いられていることを俎上に載せた論考〔若松1993〕が出されたのを契機に、磯石の地質学的整理と石材使用例の補足が行われ〔高橋・本間1994〕、その後も同様の事例について集成が進められた〔白井・芳賀1996〕。この集成成果にもとづいて、石材産地から離れた横穴式石室墳の構築材に磯石が使用された事例を時期別に列挙してみると、6世紀後半の埼玉県行田市埼玉将軍山古墳・東京都葛飾区柴又八幡神社古墳・東京都北区赤羽台3号墳・赤羽台4号墳・千葉県市川市法皇塚古墳、7世紀初頭の千葉県山武市胡摩手台16号墳・千葉県匝嵯市関向（せきむかい）古墳、7世紀前半の東京都北区赤羽台5号墳・赤羽台6号墳・千葉県市原市南向原2号墳・西谷14号墳・根田

5号墳の12例を数える（第88図）。これらの分布傾向から、埼玉将軍山古墳が例外的な存在として際立っていることがわかり、また6世紀後半は東京低地、7世紀初頭は上総北東部の九十九里地域に供給され、7世紀前半になると東京低地のみならず東京湾北岸に広く運ばれるという変遷を辿ることができる。

第88図　磯石・緑泥片岩の広域供給

磯石の供給関係に加え、6世紀末葉の金鈴塚古墳・松面古墳に埼玉県秩父地方産出の緑泥片岩が供給されており、元荒川から江戸川を中継して東京湾岸づたいに運ばれたと考えられる点、さらに流路として北武蔵地域と直接的にはつながらない鶴見川水系の川崎市第六天古墳にまで緑泥片岩製の石棺がもたらされている事実を踏まえて、当該地域の物流は単線的なものではなく多摩川流域から上総に至る東京湾岸が一つの地域圏を形成していたとする見方が示されている〔松尾1998〕。このように磯石の供給範囲は、埼玉将軍山古墳への遠隔地供給を唯一の例外として、基本的には上総地域内および上述した東京湾岸地域圏におさまるものであることが明瞭に見てとれるのである。

それではこの石材供給関係をベースとして、上総地域から他地域へ横穴式石室が伝播した可能性はないだろうか。石材産地である上総地域南西部の石室の特徴は、前項までの論述で明らかにした通り、①無袖形石室を中心とする狭長な平面形態、②6世紀末葉前後における床石敷設と開口部門構造、などが挙げられる。そこで東京湾岸地域圏の横穴式石室のうち、6世紀末葉前後の無袖形石室で床石敷設や開口部門構造が認められる事例がないか探してみると、多摩川下流域・鶴見川水系に営まれた泥岩切石積み無袖形石室の存在に目がとまる。すなわち、横浜市三保杉沢古墳・横浜市北門（ぼっかど）1号墳・川崎市諏訪天神塚古墳の3基で、埴輪を有する6世紀後半～末葉の石室群である（第89図）。南武蔵地域の確実な横穴式石室としては古段階にあたり、多摩川中・上流域に営まれた日野市平山2号墳・多摩市塚原5号墳などとおおむね同時期の所産と理解される。横穴式石室の構築伝統をもたない南武蔵地域において、

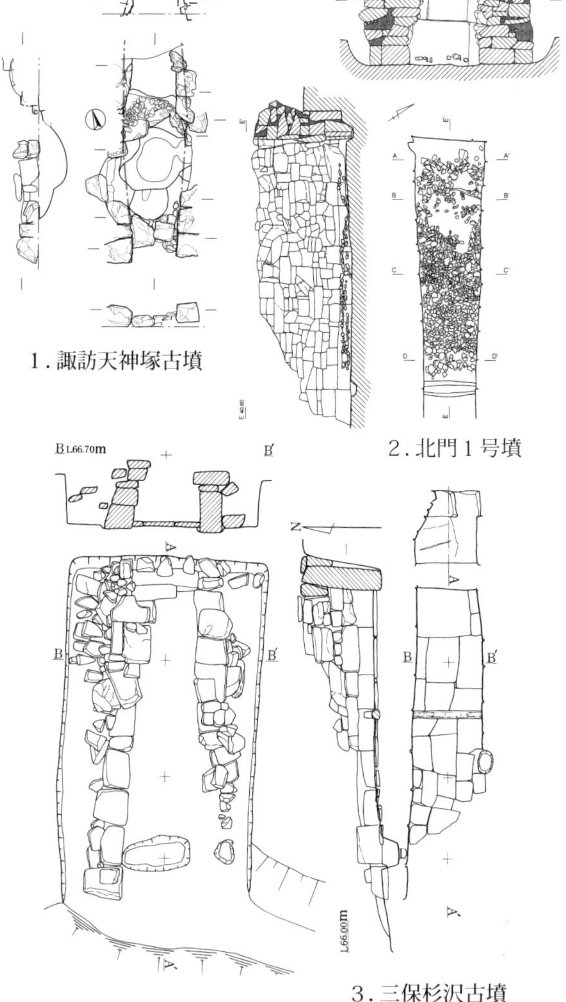

第89図　多摩川下流域・鶴見川水系の無袖形石室

これら石室の成因として最も蓋然性が高いのは他地域からの伝播という想定であろう。

それぞれの石室は、簡潔にまとめると以下のような特徴を有している。

三保杉沢古墳　全長約28mの前方後円墳で、旧表土から0.5mほど掘り下げた墓坑内に石室を構築している。石室長5.3m、奥幅1.08mを測り、開口部側がやや開くものの、おおむね矩形プランを呈している。床面全体に厚さ5～10㎝の扁平な加工石材を敷設し、奥壁から2.1mの位置には間仕切石を設置している。

北門(ぼっかど)1号墳　直径約16mの円墳で、深さ0.7mの墓坑内に石室を構築している。石室長4.8m、奥幅1.3mを測り、開口部に向かってやや狭まる羽子板形を呈する。床面は礫敷きで、開口部に仕切石の抜き取り痕がある。

諏訪天神塚古墳　北門1号墳と同規模の円墳と推定され、墓坑を穿たず盛土上に石室を構築している。石室全体は検出するに至っていないが、石室長3.52m以上を測り、石室幅1m程度の矩形プランを呈するものと判断される。床面は厚さ20㎝程度の扁平な加工石材を敷設したうえに拳大の河原石を重ねる構造であるが、擂鉢状の撹乱によって大部分が失われており、敷設範囲は不明である。

3基の石室は、おおむね同時期に構築された泥岩切石積みの無袖形石室であり、同様の歴史的性格をもつ可能性は十分考えられるが、その構造的特徴は必ずしも一様でないことがわかる。三保杉沢古墳と諏訪天神塚古墳は切石を床面に敷設する無袖形石室であるが、墓坑の有無という点で相違がみられ、上総地域からもたらされたと即断するには躊躇を覚える。該当事例の少なさという資料的制約のなかで、これら3基の石室が上総地域から伝播したものと考えうるか慎重に検討を進めてみよう。

(2) 無袖形石室における墓坑の有無

第一に、墓坑の有無という石室周囲の土木技術差に着目してみたい。近年では青木敬が、関東および畿内地方の後期・終末期群集墳を対象に横穴式石室土台部分の分析を行っており〔青木 2005〕、石室周囲の土木技術が造墓集団のあり方を捉えるうえで極めて有効な属性の一つであると見なせる。青木の分析視点は、墓坑の形状・石室床面構造・裏込めの方法・石室石材の設置位置など多岐にわたるが、上に列挙したような諸属性が悉く判明している無袖形石室となると、該当事例は極めて少ないのが実状である。とは言え、本論の目的を果たすうえでは、無袖形石室に関わる構築技術の地域的な様相が一定程度把握できればよいので、各事例の土木技術の諸側面を詳細に浮かび上がらせる必要はないだろう。

第 90 図は、上野・下野・常陸・北武蔵・南武蔵・相模地域ごとの無袖形石室について墓坑の有無の割合を表示したものである(3)。下総地域には無袖形石室がなく、また基数の少ない

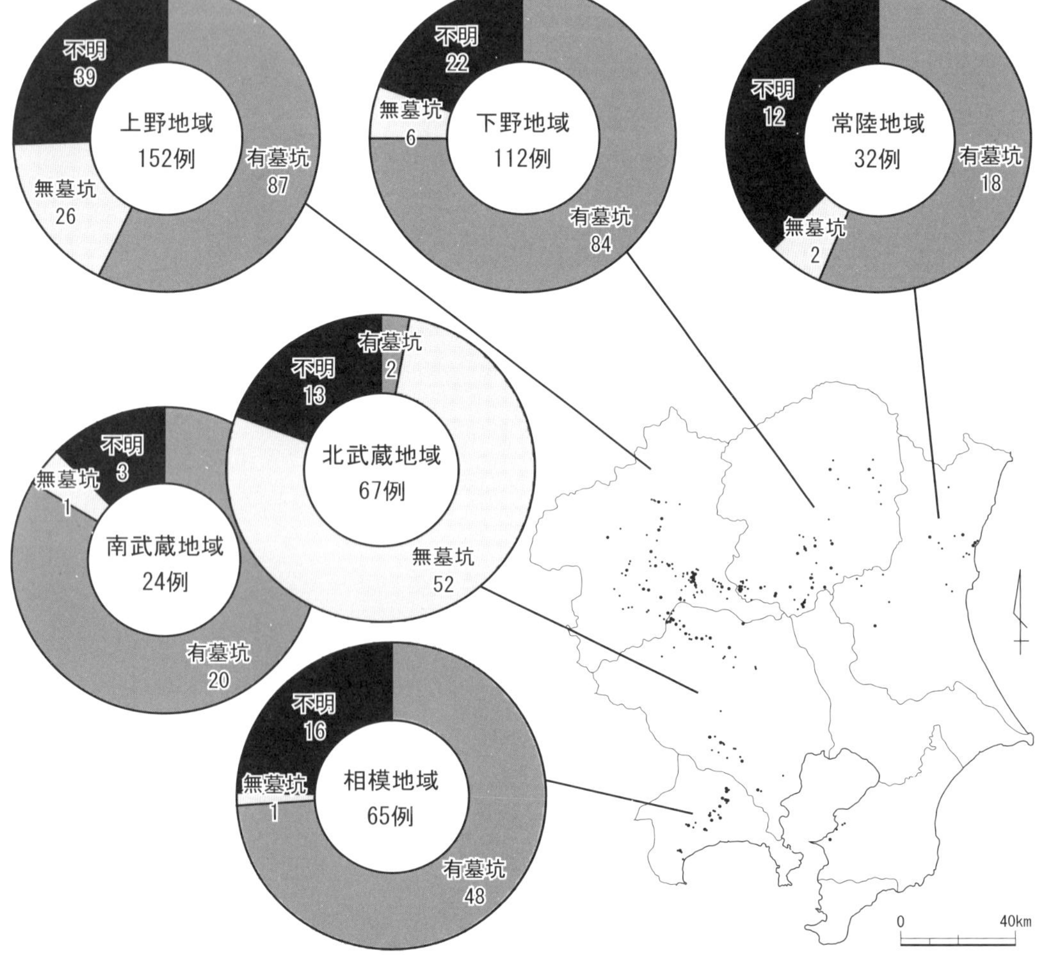

第 90 図　関東地方における無袖形石室の分布と墓坑の有無

上総地域に関しては割合を表示するのに不適当と判断した。なお墓坑の有無の認定については、図が明示されていなくても調査者の認識が示されている場合はそれに従い、また一部筆者自身が石室の構築位置などから判断した事例も含まれている。

グラフを見てわかる通り、関東地方の無袖形石室は墓坑を有する事例が大半を占めている。無墓坑の事例は上野地域において一定数認められるが、下野・南武蔵・相模地域では可能性が指摘されているものを含めても合わせて10例程度で、詳細不明の割合が高い常陸地域も墓坑を有する事例がほとんどであろうと想定される。こうした状況のなかで、無墓坑を基本とする北武蔵地域の様相は異質であると評価できるし、また多摩川下流域・鶴見川水系の泥岩切石積み無袖形石室のなかで、諏訪天神塚古墳石室が無墓坑で構築されている点が当該石室の淵源を検討するうえで無視できないと判断される。それでは割合の明示を控えた上総地域の無袖形石室では、どのような状況となっているのだろうか。

上総地域の小櫃川南岸に営まれた金鈴塚古墳は、1950（昭和25）年の石室内発掘調査後に行われた復元工事の際に、褐色粗粒質砂層の上面を覆う黒色砂土層（旧表土）が確認されており、この上面の標高がおよそ4mと報告されている。側壁基底石設置面の標高は5.2m程度なので、旧表土上に1m以上の盛土を施した後で石室を構築していることがわかる。また隣接する丸山古墳については、詳細な調査記録は残されていないものの、「封土の基底より約三尺の上に石室の敷石を置き…」〔谷木1930　p.57〕との記載から、金鈴塚古墳と同様の構築方法がとられたと考えられる。1989（平成元）年に石室確認調査が実施された三条塚古墳は、床面の標高が9.3m程度であり、墳丘基底面より約1m上位にあることが確かめられた。こうした大型前方後円墳に対し、円墳の西谷古墳の場合、墳丘第1段上面の旧表土上に石室を構築していることが明らかとなっている。同じく円墳の新割古墳は、具体的な標高は示されていないが、「地山削り出しの上に灰色の砂質土をしっかりと固め、この部分に東に開口する横穴式石室を設け…」〔椙山1982　p.147〕と報告されているので、墳丘基底面に若干の盛土を施したうえで石室構築が行われたと捉えられる。ここまで取り上げた事例はすべて無墓坑の無袖形石室であるが、円墳の丸塚古墳については「墳丘構築後、掘り割って石室を設ける場合」〔椙山1986　p.59〕として挙げられている。

以上のように、上総地域の場合、大型前方後円墳では墳丘基底面より1m程度上位に、中小規模の前方後円墳・円墳では墳丘基底面上ないしわずかな盛土を施した上に無袖形石室を構築している場合が多く、中には丸塚古墳のように墓坑を有するものも存在する状況と理解できる。すなわち、北武蔵地域のみならず上総地域もまた、諏訪天神塚古墳石室を含めた多摩川下流域・鶴見川水系における泥岩切石積み無袖形石室の遡源候補地として認めうるのである。

（3）板石敷き石室の検討

続いて三保杉沢古墳・諏訪天神塚古墳の特徴ともなっている床石敷設に改めて焦点を当て、無袖形石室いかんにかかわらず関東地方全体のなかで該当事例を渉猟してみると、6世紀前

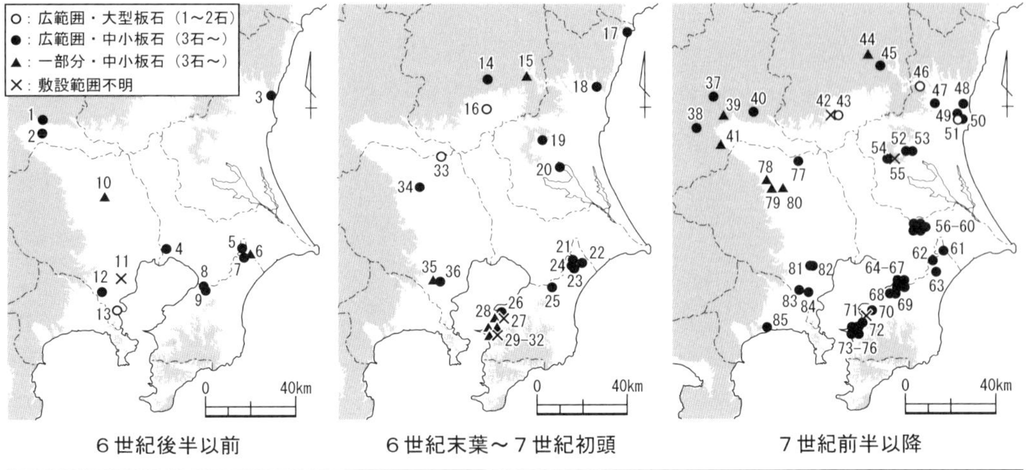

1：前二子古墳　2：古城稲荷山古墳　3：襲の原2号墳　4：法皇塚古墳　5：山田・宝馬65号墳　6：殿塚古墳　7：姫塚古墳　8：人形塚古墳　9：中永谷1号墳　10：川田谷ひさご塚古墳　11：諏訪天神塚古墳　12：三保杉沢古墳　13：室ノ木古墳　14：谷口山1号墳　15：刈生田古墳　16：下石橋愛宕塚古墳　17：神岡上3号墳　18：幡山12号墳　19：瓦谷兜塚古墳　20：風返稲荷山古墳　21：埴谷1号墳　22：大堤権現塚古墳　23：不動塚古墳　24：駄ノ塚古墳　25：土気舟塚古墳　26：金鈴塚古墳　27：松面古墳　28：俵ケ谷6号墳　29：八丁塚古墳　30：向原古墳　31：西谷古墳　32：青木姫塚古墳　33：小見真観寺古墳　34：かぶと塚古墳　35：赤田2号墳　36：赤田3号墳　37：虚空蔵塚古墳　38：めおと塚古墳　39：蛇穴山古墳　40：山内出古墳　41：喜蔵塚古墳　42：天王塚古墳　43：岩家古墳　44：早乙女台古墳　45：上の台古墳　46：徳化原古墳　47：ニガサワ1号墳　48：荒谷台D遺跡内古墳　49：長堀6号墳　50：虎塚古墳　51：虎塚4号墳　52：栗村西6号墳　53：栗村東6号墳　54：平沢2号墳　55：平沢3号墳　56：龍角寺浅間山古墳　57：龍角寺岩屋古墳　58：龍角寺104号墳　59：みそ岩屋古墳　60：上福田13号墳　61：鯉ケ窪3号墳　62：新坂2号墳　63：家之子75号墳　64：椎名崎2号墳　65：椎名崎3号墳　66：馬ノ口4号墳　67：神明社裏6号墳　68：西谷12号墳（市原）　69：西谷17号墳（市原）　70：相里古墳　71：西谷14号墳（木更津）　72：関田塚2号墳　73：割見塚古墳　74：森山塚古墳　75：亀塚古墳　76：野々間古墳　77：八幡山古墳　78：わたご塚古墳　79：附川7号墳　80：柏崎6号墳　81：喜多見稲荷塚古墳　82：殿山2号墳　83：北門5号墳　84：殿谷古墳　85：釜口古墳　※割石敷きは石材が大型・定形的な事例のみ

第91図　板石敷き石室の時期別分布状況

半～7世紀末葉の期間で85例の存在を見出した（第91図）。とくに上総地域南西部で床石敷設が行われるようになる6世紀末葉前後の状況を明確にするため、ここではTK209型式に位置づけられる事例について、埴輪を伴う場合は6世紀後半以前、伴わない場合は6世紀末葉～7世紀初頭としてドットを落としてみた。川田谷ひさご塚古墳（10）・わたご塚古墳（78）・附川7号墳（79）・柏崎6号墳（80）の板石は、遺骸安置のための屍床部を構成する石材であり、床面敷石とはやや性格が異なるが、石室奥部の床面にのみ敷石を施す事例（15・28～31・35・44）と区別する明確な基準を設定しがたいので、「板石敷き石室」という包括的な捉え方ですべてを押さえることとした(4)。なお6世紀後半以前の分布図で挙げている上野地域の前二子古墳（1）と古城稲荷山古墳（2）のみ6世紀前半に遡る事例であり、他例と年代的な懸隔がある点を付記しておく。

分布図からは、北武蔵地域において稀薄で上総地域に密集している状況を容易に見てとることができよう。具体的な内容を見比べても、北武蔵地域の事例は上述した通り屍床部を構成するものがほとんどで、1枚石を敷く小見真観寺古墳（33）を除くと、諏訪天神塚古墳や三保杉沢古墳と同様のあり方を示すのは6世紀末葉のかぶと塚古墳（34）と7世紀前半の八幡山古墳（77）だけとなる。一方の上総地域では、金鈴塚古墳を除く6世紀末葉～7世紀初頭の諸例がいずれも石室奥部のみ敷設する事例だが、北武蔵地域のような屍床部構成石材というよりは床面の敷石として認定すべき設置状況と言える。また加工石材を広範囲に敷設していたと想定される野々間古墳は、石室形態から蕨塚古墳の系列として7世紀前半に築造されたものと考えられるが、該当事例こそ未発見であるものの、内裏塚古墳群内の先行する横穴式石室に同様の広範囲敷設事例が存在した可能性も否定できないと思われる。

(4) 上総地域と南武蔵地域の地域間関係

墓坑の有無および床石敷設という構造的特徴から検討を重ねた結果、多摩川下流域・鶴見川水系に構築された無袖形石室の淵源は、上総地域南西部の木更津・富津市周辺に求めることが現状では妥当であろうと考えられる。検討のなかで確認したように、上総地域の無袖形石室は無墓坑を基本としながらも墓坑を有する事例も存在するので、無墓坑の諏訪天神塚古墳と墓坑を有する三保杉沢古墳・北門1号墳という差異を上総地域からの伝播だからこそ生じた結果と理解することができる。6世紀後半に顕現化する埴輪や古墳構築石材の広域供給と関連して、北武蔵地域からは上総・下総地域へ片袖形石室がもたらされたと考えられるが(第2章第1節参照)、上総地域からは南武蔵地域へ無袖形石室が伝播し、磯石の供給と相まって東京湾岸地域圏形成の一翼を担ったものと評価したい。

ところで多摩川下流域左岸の世田谷区砧古墳群では、7世紀初頭の喜多見稲荷塚古墳、7世紀前半の殿山1号墳・2号墳、7世紀後半の大蔵1号墳といった、切組積手法を多用せずに横目地を揃えた切石積石室が構築されており、石積み手法の共通性などから喜多見稲荷塚古墳の祖形を上総北東部の駄ノ塚古墳に求める見解が提示されている〔小野本2009〕。該当事例が少ないうえ、喜多見稲荷塚古墳以外では石室形態・構造の共通性を認めがたく、石積み手法が両地域を結びつける唯一の手掛かりとなっているが、小野本敦が説くように多摩川を少し下った田園調布古墳群における切石積石室の石積み手法と様相が異なる点は明白である。本論の検討で明らかにした6世紀末葉前後における無袖形石室の伝播を念頭に置くと、砧古墳群の切石積石室の淵源を上総地域とする想定は、上総・南武蔵地域間関係の継続性を示すものとして捉えられる。すなわち6世紀末葉前後における無袖形石室の動向を継ぐかたちで、7世紀代においても上総・南武蔵地域間の交流が展開した状況を意味している。6世紀末葉前後の無袖形石室の淵源は上総地域南西部(須恵(すえ)国造あるいは馬来田(まくだ)国造の領域)であり、喜多見稲荷塚古墳の祖形と考えられる駄ノ塚古墳が営まれた上総地域北東部(武社(むさ)国造の領域)とは厳密にいえば異なる。しかし繰り返し指摘しているように、駄ノ塚古墳で確立された複室構造石室は東京湾北東岸を含む上総北部一帯に広く受容されるようになり、また先述した磯石の供給圏も東京湾北東岸の市原市まで及んでいる。こうした事象を踏まえると、上総北部の動向も上総南西部と同様に東京湾岸地域圏のつながりを示すものに他ならないと判断できよう。

註

(1)　青木姫塚古墳の片袖形石室は全長 4.5ｍと記録されるが、墳丘推定範囲との位置関係などから見て、この数値は発掘時点での残存長で、本来は 10ｍ以上の狭長な石室であった可能性が高いとされている〔小沢 1996〕。

(2)　小林孝秀は金鈴塚古墳石室の右側壁、とくに石棺の南側付近が片袖を意識した構造であった可能性を指摘している〔小林 2012〕。ただし、小林も認めている通り、この付近の壁面は大きく破壊されて詳細が不明である。また仮に残存している基底石の並びが原位置をとどめていたとしても、羨道と玄室の境の屈曲はごくわずかで、羨道から玄室に向けて幅を広げる無袖形石室との形態差は必ずしも明確なものではないと考える。したがって、本論では従来の認識と同様、無袖形石室と捉えておく。

(3)　無袖形石室の墓坑の有無などを確認するにあたって、多くの報告書や市町村史を参照したが、紙数の都合上、大部分を割愛せざるをえなかった。この点は第 91 図の作成にあたっても同様で、図を転載する場合と報告文を引用する場合のみ典拠を明示している点を了とされたい。事例を集成するうえでは、市橋一郎および小沢洋の論考〔市橋 2008b、小沢 1997〕、群馬県古墳時代研究会および塩野博による古墳集成〔群馬県古墳時代研究会 1998～2001・2004、塩野 2004〕をとくに参考とした点を明記しておく。

(4)　一部分敷設事例のうち、群馬県前橋市蛇穴山古墳（39）・藤岡市喜蔵塚古墳（41）の２例は、仕切石とは別に玄門周辺に板石を敷設する事例であり、他の一部分敷設事例と様相が異なる。

第4章　横穴式石室からみた関東地方の地域間関係

第1節　南関東における無袖形石室の地域間交流

1. はじめに

武蔵・相模・下総・上総の諸地域は、東京湾という広大な内海を挟み込む位置にあり、北端にあって上野地域に隣接する北武蔵地域以外は横穴式石室の導入が遅れた地域として知られている。そして横穴式石室が導入されるや否や、恐らくは北武蔵地域の主導により石棺・石室石材および埴輪の広域供給が起こり、「東京湾岸地域圏」と表現できるような地域間交流の展開をみた。すなわち、6世紀末葉前後における北武蔵から上総への片袖形石室の伝播（本書第2章第1節）や、上総から南武蔵への無袖形石室・切石積石室の伝播（本書第3章第7節）が挙げられ、また7世紀前半以降には、上総地域内でも北東部の太平洋岸から北西部の東京湾岸に向けて「駄ノ塚タイプ」の複室構造石室が拡散していく（本書第2章第2節）。「駄ノ塚タイプ」の拡散は東京湾岸のみならず下総地域の香取海南岸にも及んでおり（本書第3章第6節）、また6世紀末葉および7世紀前半の南北武蔵地域間では複室構造胴張り石室の伝播が見られる（本書第3章第5節）。しかし上掲の活発な地域間交流を示す石室群はいずれも有力古墳に位置づけられる内容のもので、その他多くの中小規模古墳においてどのような動向が把握されるのかは別の問題である。また他地域のような明瞭な階層性を見出しがたい相模地域の古墳については、本書において未だ十分な検討を行っていない。そこで本節では、相模地域における横穴式石室の大半を占める無袖形石室を中心に取り上げ、南関東のなかでいかなる地域間関係が認められるのか検討してみたい。

管見による限り、南関東地方では166例の無袖形石室を確認することができた（第92図）。分布のあり方から、荒川流域を中心とする北武蔵地域、多摩川流域を中心とする南武蔵地域、相模川・酒匂（さかわがわ）川流域を中心とする相模地域、小櫃・小糸川流域を中心とする上総地域、という4つのまとまりが見出せ、下総地域では確認されていない。このうち上総地域は東京湾沿岸の10例を挙げるにとどまり、そのほとんどは富津市内裏塚古墳群を構成している。上総地域の無袖形石室については、すでに第3章第7節で検討しているので、ここで繰り返して述べることはしない。残る北武蔵・南武蔵・相模地域の無袖形石室の特質を、構造的特徴・変遷過程・成立過程の3項目に分けて整理する。

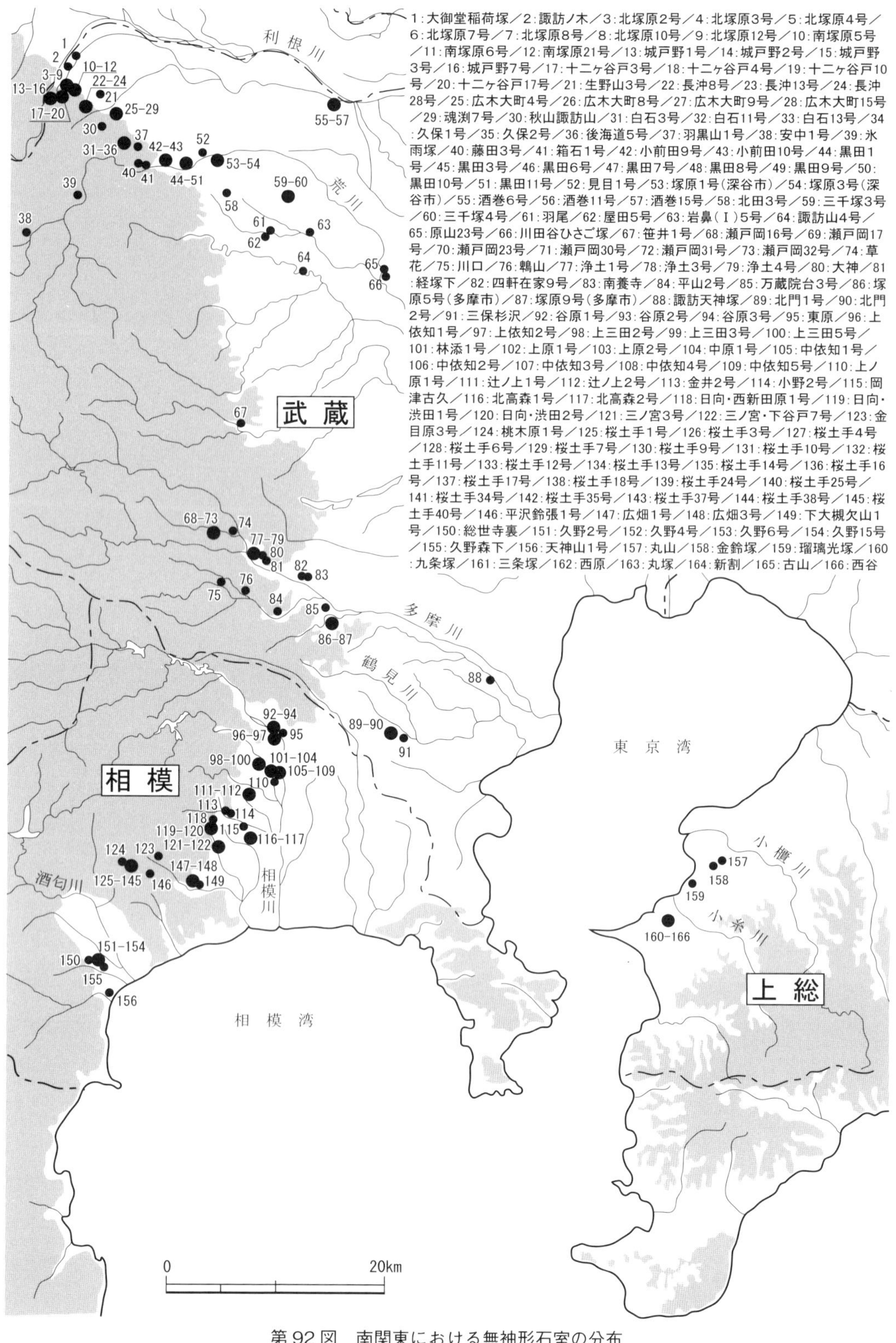

第92図　南関東における無袖形石室の分布

2. 無袖形石室の地域色

（1）北武蔵地域の無袖形石室

現在の埼玉県北西部にあたる児玉・大里地方を中心として、67例を挙げることができる。5つの支群に19基の無袖形石室が確認された神川町青柳古墳群や児玉町長沖古墳群、美里町広木大町古墳群、花園町黒田古墳群などは、その密集性に加え、横穴式石室導入期にあたる6世紀前半から後半に至るまで無袖形石室の構築を継続した群集墳として注目される。ほとんどの事例は河原石を主要構築材としているが、児玉・大里地方の南西に位置する長沖古墳群・秋山諏訪山古墳・天神塚古墳では片岩系石材、南東方向にやや離れた比企・北足立地方では凝灰岩がそれぞれ用いられている。

構造的特徴　石室の構造的特徴、とくに構築方法に注目してみると、石室周辺に掘り込みを行わず、旧表土上に直接、あるいは盛土した上に側壁を積み上げて、その背後に裏込めや控え積みを施すという事例がほとんどであることに気づく。これと異質な構築方法をとる（半）地下式の横穴式石室は、当該地域において6世紀後半に成立するが、無袖形石室に関して言えば7世紀後半に位置づけられる狭山市笹井1号墳・秩父市安中1号墳を除いて基本的に掘り込みを行わない構築方法をとっている。笹井1号墳・安中1号墳は他の無袖形石室と立地・年代が大きく異なり、別の起源を考えるべきものだろう。青木敬が論証している通り、北武蔵をはじめとする関東地方の群集墳では、等質的に異系統の土木技術が併存するという畿内と異なる地域的特質が窺えるが〔青木2005〕、石室周辺の土木技術に関して墓坑の有無という視点で大別した場合、無袖形石室については一部の例外を除き導入期以来の伝統的な構築方法を保持するという、一貫した様相が認められるのである。

変遷過程　北武蔵地域における無袖形石室の変遷については、増田逸朗の先駆的な業績によるところが大きい。当該地域において最も古く位置づけられる無袖形石室は、TK23～TK47型式並行と見られる土師器坏が棺床面下から出土した北塚原2号墳や、MT15型式の須恵器𤭯・高坏が出土した北塚原7号墳などの狭長な短冊形を呈する事例である。増田は石室に伴う土器の検討から児玉・大里地方における横穴式石室の導入が6世紀前半に遡り、〈狭長な短冊形の無袖→胴張りプランの無袖→胴張りプランの両袖〉という構造変化を遂げることを明らかにした〔増田1977〕。増田によって示された変遷観の骨子は、その後多くの研究者に追認された。具体的には、群馬・埼玉・長野の無袖形石室を比較検討した坂本和俊が、短冊形と徳利形（胴張りプラン）の間に奥壁幅と羨門幅の差が大きい「笏形」を挟んで整理したように〔坂本1979〕、胴張り化の前段階として奥壁幅の拡大や羨道長の縮小傾向が指摘されている（第93図）。

近年では、山崎武・金子彰男が北武蔵地域における各小地域の併行関係に留意した編年案を提示しており、TK209型式期を境に無袖形が「消滅」して両袖形に切り替わると説いている〔山崎・金子1997〕。また小林孝秀は、時期ごとの分布状況に着目しながら石室構造の変遷過程を詳細に辿り、6世紀後半以降における胴張りプラン両袖形の成立が前段階の無袖形からスムーズに移行する状況を捉えている〔小林孝秀2008〕。

山崎・金子と小林の所論には、無袖形から両袖形への変化の間に断絶をみる立場と連続的

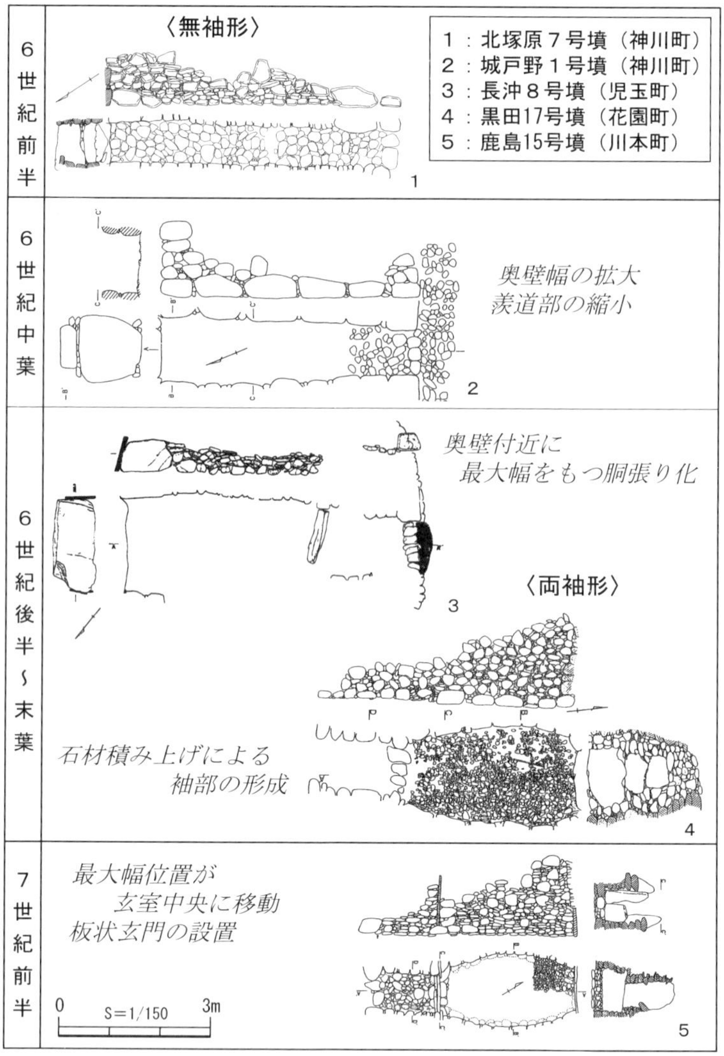

6世紀前半　〈無袖形〉

1：北塚原7号墳（神川町）
2：城戸野1号墳（神川町）
3：長沖8号墳（児玉町）
4：黒田17号墳（花園町）
5：鹿島15号墳（川本町）

6世紀中葉　奥壁幅の拡大　羨道部の縮小

6世紀後半～末葉　奥壁付近に最大幅をもつ胴張り化　〈両袖形〉　石材積み上げによる袖部の形成

7世紀前半　最大幅位置が玄室中央に移動　板状玄門の設置

0　S=1/150　3m

第93図　北武蔵地域における無袖形石室の変遷と両袖形石室の成立

な動きとして評価する立場という違いが看取される。児玉・大里地方には美里町羽黒山1号墳など埴輪を伴わない無袖形石室も存在し、少数であるにせよ7世紀前半まで下る可能性のある事例を認める立場から、筆者は小林同様、無袖形から両袖形に至る連続性を評価したい。すなわち、北武蔵地域における無袖形石室は形態を変化させながらも一部7世紀前半頃まで構築され続け、7世紀以降は6世紀後半に無袖形石室から派生した胴張りプランの両袖形石室が主流になっていくと理解できよう。

成立過程　6世紀前半に遡る狭長な短冊形の無袖形石室がいかにして成立したかという問題についても、増田逸朗が早くに卓見を示している。具体的な淵源については明言していないが、すでに横穴式石室としての構造を備えていることから、竪穴式石室から系統的に出現したのではなく、故地において完成した石室形態がもたらされたと考えた〔増田 1977〕。また当該石室の墳丘中央配置や主軸を東西方向にとる傾向を指摘して、前代の竪穴系埋葬施設と思想的に共通するものと評価している点は、在地性の温存を主張する見解として傾聴すべきである。

石室の成立過程については資料的な制約もあり、その後活発な議論が起こるには至っていないが、北側に隣接する上野地域においても同時代の中小規模古墳に無袖形石室が採用されるという共通現象がみられ〔右島 1983〕、とくに近接する小地域のうち、鏑川流域の富岡市桐渕11号墳などとの共通性は高いものと言える〔深澤2010〕。ひいては古東山道経由の文化流入ルートを想定することが現時点では妥当であろうが、小林孝秀の指摘にあるように、初期カマドの導入など「横穴式石室が受容される前段階からの新来文化・技術の導入状況、あるいは渡来人の動向など多様な背景」を念頭に置く必要がある〔小林孝秀2008　p.15〕。

(2) 南武蔵地域の無袖形石室

東京都を東西に貫流する多摩川中・上流域を中心として24基の事例を挙げることができる。ただし、あきる野市瀬戸岡古墳群などは総数約50基のうち調査された石室数が13基（実測図のない2基を含む）にとどまり、本古墳群だけでも無袖形石室の実数はカウントした数（6基）を大きく上回ることになるだろう。なお、多摩川下流域・鶴見川水系の無袖形石室については、第3章第7節で検討しているので本節では取り上げない。

構造的特徴　無袖形・片袖形・両袖形の違いによらず、当該地域の横穴式石室は墓坑のなかに壁体を積み上げる（半）地下式構造を最大の特徴とする。この理解に至るターニングポイントとして、日野市万蔵院台古墳群の調査が挙げられる。調査を担当した池上悟は、〈片袖形の2号墳→無袖形の3号墳→両袖形の1号墳〉という変遷過程にしたがって石室と墓前域の床面構造に変化が生じ、石室の墓坑内構築が進行する流れを捉えた〔池上1982a〕。この認識にもとづいて、無袖形石室の中で最古相に位置づけられる日野市平山2号墳や多摩市塚原（つかっぱら）5号墳については、おおむね同時期に比定される万蔵院台2号墳と同様、明確な墓坑内構築でないとする意見が多い。平山2号墳や万蔵院台2号墳は墓坑前方が開放状態を呈して周溝に接続しており、万蔵院台1号墳などと異なる墓坑形態であることは確かだが、それは石室前方に墓前域（墓道）を付設するか否かという違いであって、旧表土を1m近く掘り込むという構築方法自体は石室導入期から採用されたと捉えてよいだろう。多摩市塚原5号墳については墓坑の平面プランが検出されておらず、墓道の有無も不明であるが、一部で石室床面の下に深さ30㎝ほどの掘り込みが確認されている〔吉田・桐生編1988〕。

なお筆者は、万蔵院台古墳群の変遷過程を同一系統の構造変化として捉えず、異系統石室を採用するかたちで石室形態をモデルチェンジしたものと考える。国立市四軒在家（しけんざけ）遺跡では7世紀前半〜中葉の短期間のうちに複数系統の石室が併行して営まれたことが確認されており、同様の状況が瀬戸岡古墳群でも看取される。このように同一古墳群における比較的短期間の造墓活動であっても複数の石室系列が見出される場合、墓坑形態の変化が系統的に辿れるものか、あるいは異系統石室の導入に伴うものなのか、十分留意しなければならない。

変遷過程　当該地域における無袖形石室の導入は、日野市平山2号墳や多摩市塚原5号墳の出土土器から6世紀後半頃と捉えられており、北武蔵地域と比べて半世紀以上の遅れが認められる。石室導入期の状況は研究者間でおおむね共通認識となっているが、本格的に構築を開始する7世紀前半以降の変遷過程については意見の分かれるところである。以下では代表的事例である瀬戸岡古墳群に焦点を絞って見解の齟齬をおさえることにする。

瀬戸岡古墳群の調査を行った後藤守一は、地表面下に埋葬施設を設ける特徴から竪穴式石室の系統に属するとしながらも、石室北端・南端の造作が横穴式石室の奥壁・閉塞部に対応する構造である点に注意を払い、骨蔵器の石室内埋納を勘案して、「横穴式石室の退嬰した」奈良時代墳墓と位置づけた〔後藤 1956b　p.37〕。その後1970年代を中心とする資料の蓄積を経て、南武蔵地域における体系的な石室編年の構築に取り組んだ池上悟は、昭島市経塚下古墳出土の鉄鏃などを参考に瀬戸岡古墳群を7世紀後半に位置づけた〔池上 1982a〕。池上の変遷観では羨道部の消失過程が重視され、〈胴張りプラン・有羨道（22号墳）→胴張りプラン・無羨道（23・32号墳）→矩形・無羨道（16・17号墳）〉という推移が示された。

これに対して瀬戸岡30号墳を調査した松崎元樹は、石室の設計規格や出土遺物から上記変遷観の見直しを図り、北武蔵における無袖形石室の動向も勘案して、玄室と羨道の境が不明瞭な短冊形の石室から胴張りの著しい石室に至る変遷過程を導き出した〔松崎 2001〕。

池上と松崎が、同じ瀬戸岡古墳群を対象としながらも逆順の変遷観を提示することとなった背景として、出土遺物の少なさや調査の古さという資料的制約に加え、形態的にバラエティのある石室群を一系列の変遷過程で捉えたことに問題があったのではなかろうか。この点で、国立市四軒在家遺跡で検出された10基の石室を複数系統に分けて整理した馬橋利行の視点〔馬橋 2005〕は、平面形態・閉塞状況の判断に関して少なからず異論があるものの、示唆的である。16号墳や32号墳のような無袖形石室が、本来両袖形であったものの袖部が解消されて無袖化したものなのか、あるいは元々無袖形石室として導入されたものなのかという議論なしに両袖形石室である22号墳からの変遷で捉えることは早計であるし、またすでに胴張り化の果たされた段階における無袖形石室の変遷に矩形プランの先行性を当てはめることにも首肯しかねる。さらに両者とも石室に使用された尺度の検討を編年の基軸としているが、河原石積石室の場合、切石積石室以上に基準点の置き方が不統一となる危険性を孕んでいる。河原石積みという構造上の問題から、構築に際しての設計変更も多かったことが予想され、石室の基準長を厳密に割り出すことは困難と言わざるを得ない。

成立過程　当該地域の無袖形石室に関わる議論のなかで、成立過程についてはあまり踏み込んだ検討がなされていなかった感がある。そのなかにあって、瀬戸岡古墳群における石室の起源を静岡県愛鷹（あしたかやま）山南麓に求めた松崎の見解〔松崎 2001〕は、極めて重要な指摘として受け止められる。すなわち瀬戸岡30号墳の調査を通じて、墓坑内に構築された石室開口部の壁状閉塞施設が明らかとなり、こうした構造の淵源として駿河東部に特徴的な開口部に段を有する無袖形石室が俎上に載せられたのである。ただし瀬戸岡古墳群における多様の形態の無袖形石室すべてを同じ源流に求めることは妥当でなく、また瀬戸岡古墳群以外の無袖形石室の起源については問題が棚上げされていると言わざるを得ない。

（3）相模地域の無袖形石室

相模川・金目川水系の中・上流域を中心に、台地・丘陵の縁辺に沿って65例の分布が認められる。当該地域において両袖形石室は伊勢原市登尾山（とおのやま）古墳（6世紀後半）、秦野市金目原（かなめはら）1号墳・平沢稲荷塚古墳（7世紀前半）、茅ヶ崎市石神古墳の4例（大磯町釜口古墳を含めれば5例)、片袖形石室は伊勢原市埒免(らちめん)古墳など5例にとどまり、そのほか大部分は無袖形石室と横穴墓で占められている。古墳群の調査として最も充実した内容を誇る秦野市桜土手古墳群の調査・報告古墳は総数35基のうちの21基であり、また相模川流域の厚木市依知(えち)地区一帯は小規模古墳が集中する地域として知られ〔厚木市教委1998〕、後期古墳だけでも100基以上は存在すると目されている。相模西部の酒匂川(さかわがわ)流域にもかつて「久野百塚」・「久野九十九塚」と呼ばれた久野(くの)古墳群が存在し、現在では断片的情報を残すのみで湮滅してしまったものが多いが、3×0.5㎞の範囲に120基余の古墳が点在していたというから〔小田原市教委2007〕、相模地域全体の本来の無袖形石室総数は確認できた数を大幅に上回るものと想定される。いずれも河原石積みを基本とし、墳丘径30m以下の円墳で群集形態をとるものが多い。

構造的特徴　南武蔵地域と同様、墓坑内に石室を構築する（半）地下式構造のものがほとんどである。筆者が確認したなかでは、秦野市広畑3号墳が墳丘盛土上に石室を築いている唯一の例外のようで、広畑3号墳については他例と異なる位置づけが必要である。

また石室構造に注目すると、桜土手古墳群を代表例として礫積みの墓道ないし前庭部を備えるものが多い。中原1号墳・上依知(かみえち)2号墳・中依知(なかえち)5号墳など相模川流域の厚木市周辺には礫のない素掘り墓道が接続する例も見られるが、基本的には相模地域全体で共通する地域的特徴と言える。さらに石室開口部の床面に仕切石を据え、羨門に側壁構築材より大振りの石を積み上げるなど、石室前面の閉塞部周辺に玄室と一線を画する構造・施設を有する傾向が認められる。石室内部は全般的に狭長であるが、石室外面の構造は前述の礫積み墓道と相俟って視覚的効果も期待された造作と考えられる。

変遷過程　このような特徴的な無袖形石室の変遷については、桜土手古墳群を対象として宍戸信悟が3段階に分けて整理している〔宍戸2001〕(第94図)。宍戸によると、導入段階の第1期（TK209〜217型式期）では前庭部が羨道とほぼ同じ幅で、狭い墓道状を呈するという共通点が認められる。また奥壁は多石構成のものが見られ、石室幅も広いものが目立つ。これ続く第2期の石室前庭部幅も狭く、また出土土器も7世紀中葉前後であることから、第1期と一部並行するか、もしくはこれに継続した近い時期の所産と考えられる。この段階の石室はおしなべて幅が狭くなるが、奥壁を2石、3石と積み上げて石室内部をより高く仕上げる傾向が窺える。羨門に大振りの石材を積み上げる点を含め、「相模の横穴式石室の一つの形態が、この段階には確立されていた」(p.32) と評される。さらに7世紀後半以降になると、それまで直線的に延びる傾向があった墓道状の礫積み前庭部が幅を広げるようになる。前庭部の平面形は、羨門からハの字状に広がるものと、羨門から直角にやや広がった後で周溝に向かって伸びる平面台形もしくは長方形状のものの二者が存在する。宍戸は両者並行の可能性を視野に入れつつ形態的には前者の方が先行するものと予想しているが、第2期の時点で両者の萌芽的形態が見受けられ（4号墳・25号墳などは台形状、13号墳・16号墳などはハの字状)、筆者は両タイプが並行して構築されたものと考える。発達する前庭部と対照的に玄室部は規

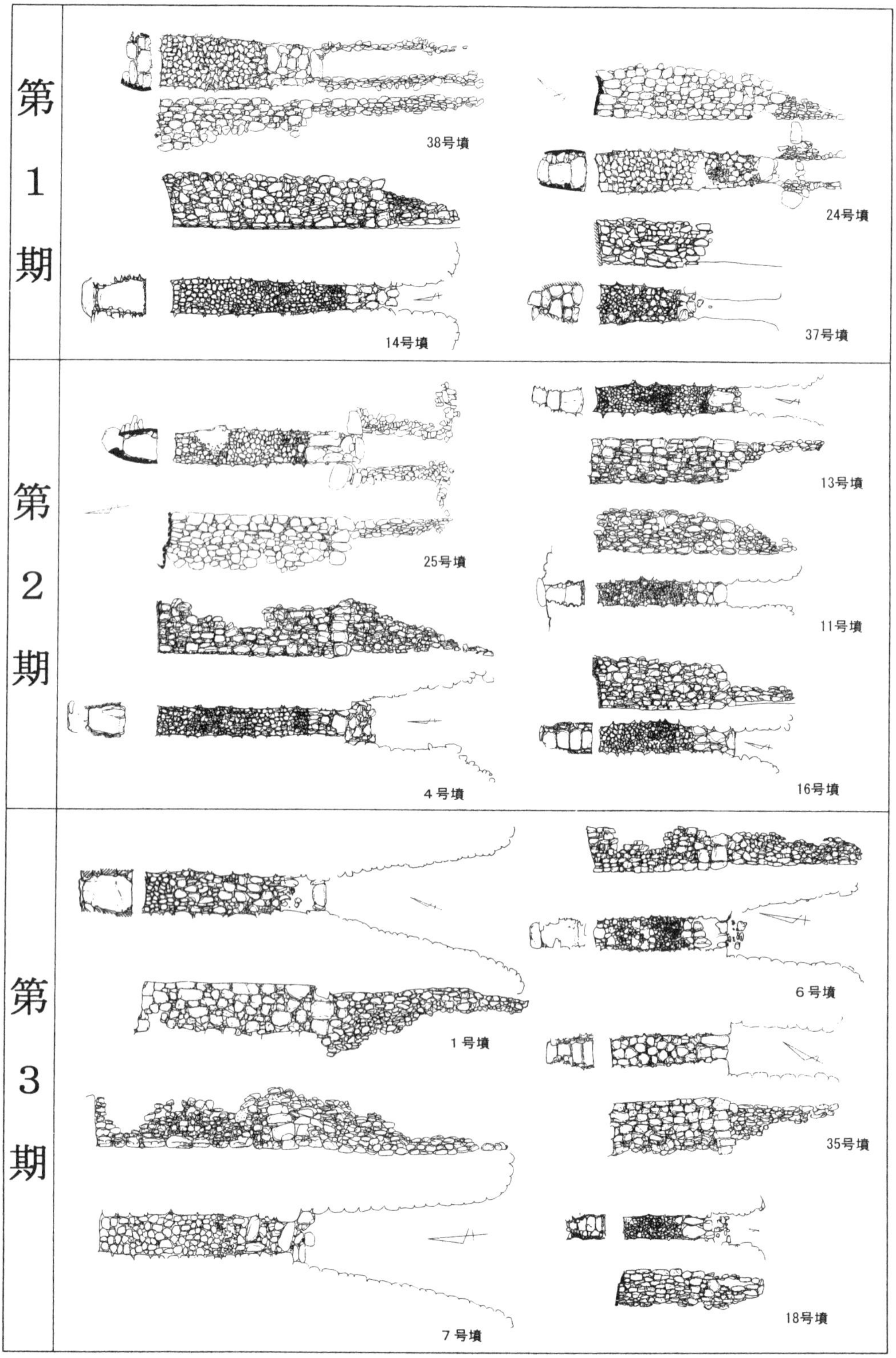

第1期

38号墳

24号墳

14号墳

37号墳

第2期

13号墳

25号墳

11号墳

4号墳

16号墳

第3期

6号墳

1号墳

35号墳

18号墳

7号墳

第94図　宍戸信悟による桜土手古墳群の石室変遷

模が縮小するなど衰退傾向にあり、石室内部の構造よりも視角的に目につく石室前面の景観が重要視されたか、あるいは石室前面で執行される墓前祭祀に力点が置かれた状況を示すものだろう。宍戸は墓前祭祀の場として確立したことを示す具体的事例がないと指摘しており、現状の資料による限りは前者の解釈が妥当であるように思われる。このように墓道の側から見た石室入り口を強く意識するあり方は、墓道自体の発達のみならず前段階に認められた羨門における大型石材の積み上げからも同様の志向性が指摘できる。

成立過程　相模地域で最古級の横穴式石室と目されているのは、伊勢原市三ノ宮・下谷戸７号墳である（第95図2）。石室は奥幅がやや広い狭長な無袖形で、全長5.2m、奥幅1.0mを測る。奥壁から４mの位置に仕切石を据え、これに対応するように左右側壁に立柱石が埋め込まれている点が特徴的である。立柱石はほとんど内側に突出しておらず、報告書では片袖形の可能性を考えているが構造的には無袖形としてよいだろう。これと類似する石室として報告者は静岡県磐田市馬坂上16号墳（第95図1）を挙げ、東海地方における玄門立柱石の導入が６世紀中葉～後半に位置づけられる点を認識しているが、石室規模の違いから両者を単純に同一視できないとする。そして石室内から出土した須恵器𤭯がMT15型式に比定され、鉄鏃もTK43段階の長頸棘関鏃のほかにMT15～TK10段階の短頸三角形鏃が認められることから、６世紀前半の築造と位置づけた〔宍戸2000〕。しかし新旧２時期とされた短頸鏃と長頸鏃はTK43型式期のセット関係として捉えうるもので〔植山2010〕、須恵器𤭯についても伝世品である可能性が否定できない。報告者が同一視を躊躇した石室規模についても、両者の関係性が全くないと言いきれるほどの差異を示すものではない。小林孝秀が指摘するように、側壁基底石に大振りの礫を用いている点も両者に共通する特徴と言え〔小林2010〕、

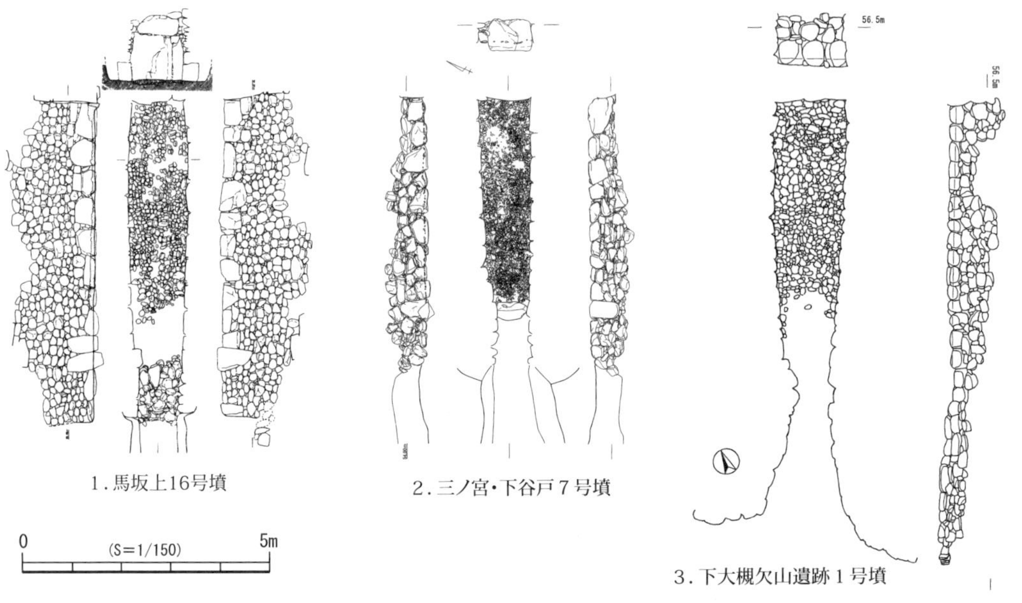

第95図　相模地域における古段階の無袖形石室と関連事例

地下式構造である点を含め、6世紀後半を中心とする時期に東海地方から伝播したものと考えられる。

また桜土手古墳群では、前庭部から出土した豊富な土器群から6世紀後半に位置づけられる38号墳が最も古い。金銅装馬具・環状鏡板付轡・木製壺鐙など豊富な副葬品が出土した点や桜土手古墳群のなかで最高所に位置することなど、桜土手古墳群造営の契機となった古墳にふさわしい内容と言える。石室の特徴に注目すると、他の古手の横穴式石室と同様、礫積みの墓道状前庭部が接続しており、素掘り墓道の三ノ宮・下谷戸7号墳石室とは異なる系統を汲む可能性が高い。閉塞石下部に径30～60cmの大振りの礫を敷き並べて玄室床面より20cmほど高くしている点が特徴的で、西三河を中心に東海地方で展開する竪穴系横口式石室の流れを汲むものと考えられている〔小林2010〕。起源地について異論はなく、おおむね同時期に比定される三ノ宮・下谷戸7号墳と同じく東海地方からもたらされたと考えられるものの、前庭部の構造差に端的にあらわれているように、それぞれ別の系統を汲むと考えられる点を重ねて強調しておきたい。さらに6世紀末葉頃に位置づけられる下大槻欠山遺跡1号墳（第95図3）では、この段階ですでにハの字形に開く明瞭な石積み前庭部を備えており、三ノ宮・下谷戸7号墳や桜土手38号墳からの発展としては捉えがたい。わずか1例ながら羨門に立柱石を据えた狭長プラン石室を内蔵する厚木市金井2号墳(第81図2)の存在(1)なども勘案すると、相模地域では6世紀後半の受容当初から東海地方との間に複数回にわたる交流が認められると結論づけられる。

なお構造的特徴の項目で触れた、無墓坑と考えられる広畑3号墳の淵源については、当該石室の遺存状態が良好でなく、得られる情報が限られていることから踏み込んだ検討が困難となっている。当該地域においてはその構造的特徴が根付かず、単発的な受容で終わったことからすると、継続的な交流のあった東海地方からの伝播とは考えにくく、上総地域など別の周辺地域からもたらされた可能性が高いのではなかろうか。あくまで状況証拠にもとづく推論でしかなく、類例の蓄積が待たれるところである。

3. 南武蔵地域における無袖形石室の展開と源流

北武蔵地域と相模地域における無袖形石室の変遷および成立過程についてはおおむね把握することができたが、南武蔵地域については多くの課題を抱えていることが判明した。とくに変遷観については方法論上の問題が大きいと考え、出土遺物の年代観と石室構造の比較を通じて再検討を試みる。検討にあたって、仕切石を設置することで玄室・羨道を明確に区分するA類と、区画のないB類の2つに大別し、また比較的事例数の多いB類石室については、石室の側壁が直線的なもの（B1類）と緩やかな弧状を呈するもの（B2類）に細分する。第96図はこの分類に従って編年を組んだものであり、以下でその内容について説明し、さらに石室の成立過程についても類型ごとに検討してみたい。

なお、日野市七ッ塚2号墳・あきる野市瀬戸岡29号墳の2例は、わずかに弧状を呈する玄

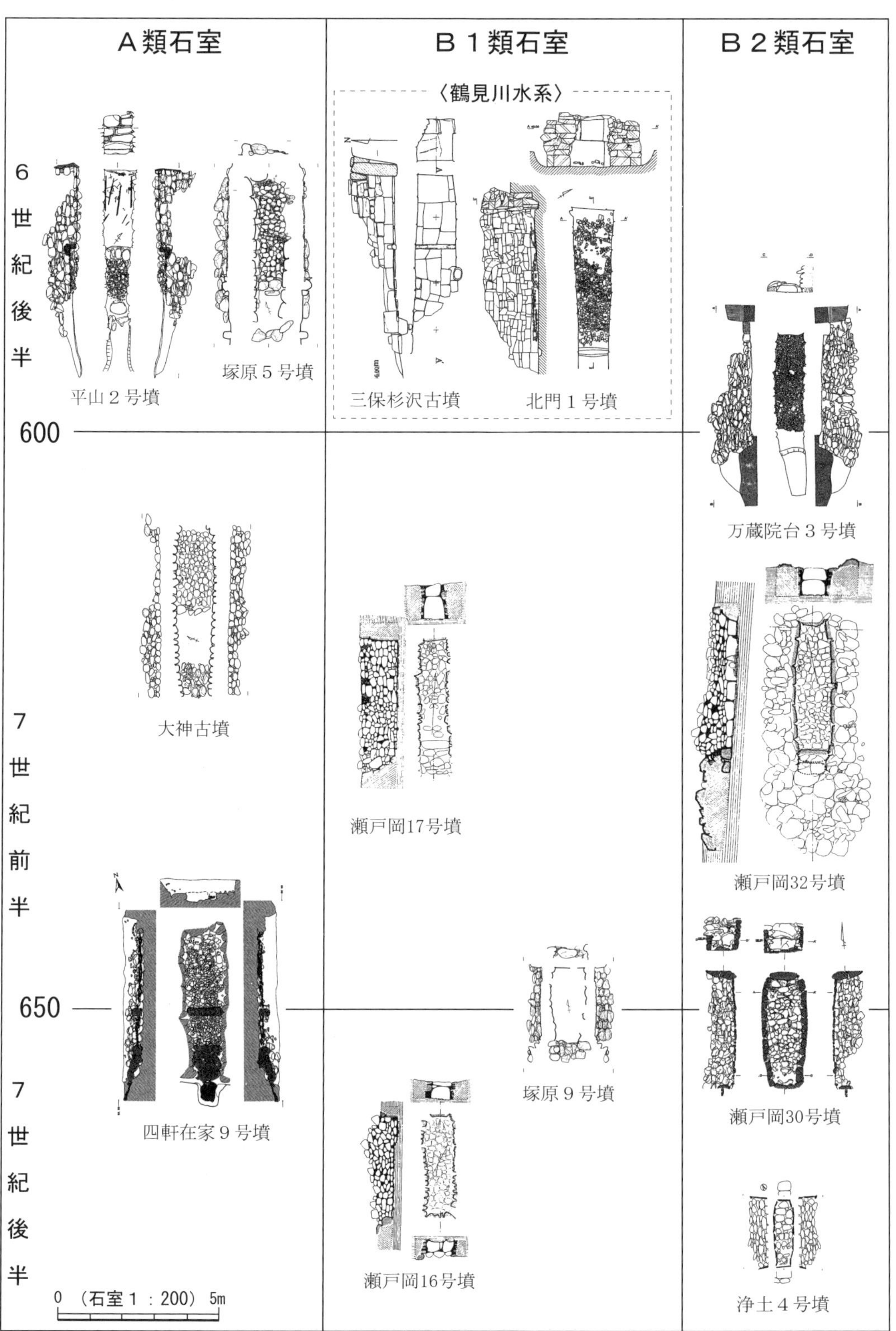

第 96 図　南武蔵地域における無袖形石室の変遷

室側壁に直線的で狭長な羨道が接続する。とくに前者は無袖形石室として報告されているが、胴張りの収束する箇所を玄室と羨道の境とみなし、両袖形として捉えることも可能である。本稿では、これらの事例が無袖形でない可能性を考慮して除外する。

（1）各類型の変遷と年代観

A類石室の変遷　玄室・羨道の区分が明確なものとして、日野市平山2号墳・多摩市塚原（つかっぱら）5号墳・昭島市大神古墳・国立市四軒在家（しけんざけ）9号墳の4例が挙げられる。平面形態では前二者が直線的な短冊形、後二者が緩やかな弧状を呈するという違いが認められる。さらに床面構造を窺うと、古墳ごとの相違点を見出すことができる。とくに平山2号墳は4基のなかで唯一段構造を有しており、玄室・羨道の床面がほぼ平坦な残り3基の石室とは様相が異なっている(2)。

平山2号墳と塚原5号墳は出土遺物に恵まれ、ともに当該地域の石室導入期にあたる6世紀後半に築造されたと考えられる。同じA類の大神古墳・四軒在家9号墳については、床面構造の共通性が高い塚原5号墳との比較から相対的な前後関係を検討したい。塚原5号墳の場合、奥壁から3.1mの位置に仕切石が設置されており、玄室長は石室全長のおよそ3/4を占める。これに対して大神古墳は、石室のほぼ中央に仕切石を設置しており、塚原5号墳に比べて羨道長が長くなっている。四軒在家9号墳も石室中央に仕切石を据える点で大神古墳と同様であるが、玄室のみに礫床を敷設する塚原5号墳・大神古墳とは異なり、羨道部にも礫床が敷かれている。また仕切石より前方の前半分には閉塞石が充填されており、この箇所には礫床が敷設されていない。すなわち羨道長は仕切石より前方の奥半分までで、石室長の半分以下となっている。属性の共有関係を整理すると、大神古墳の方が四軒在家9号墳よりも塚原5号墳との共通性が高く、古相を示していると考えられる。また大神古墳では、側壁の控え積みが玄室部で2列、羨道部で1列確認されており、石室内から見た側壁石積みにはあらわれていないものの、平面的な区画に加え壁体の構築にも玄室・羨道の区分が明確に意識されていたことがわかる（第97図）。塚原5号墳も残存していた控え積みをみると、玄室部で2列、羨道部で1列という区分が認められるが、四軒在家9号墳は玄室から羨道にかけて1列の控え積みがなされ、壁体としての区分は解消されている。こうした点からも如上の変遷観の妥当性が追認されよう。

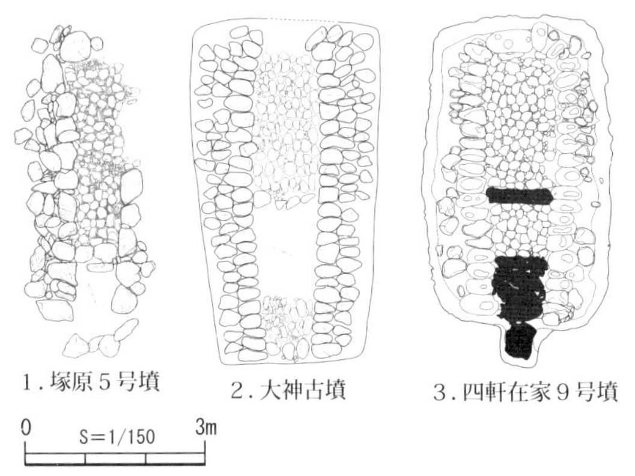

第97図　A類石室の控え積み

大神古墳の周溝覆土からは口径13.3㎝の比企型坏が出土している。口縁部の屈曲が弱く口唇部内面に沈線が巡る特徴は、水口由紀子のいうⅢ段階第3小期に相当し、TK217型式古段階に位置づけられる

〔水口1989〕。また四軒在家9号墳出土の長頸鏃・土師器坏は7世紀前半～中葉の所産で、石室の変遷観にこれら遺物の年代観を重ねあわせると、大神古墳が7世紀前半、四軒在家9号墳が7世紀中葉の築造と結論づけられる。ただし塚原5号墳・大神古墳・四軒在家9号墳の3基が、同一系統の変遷過程として捉えられるか否かは定かでなく、あくまで時期差があるものとして把握するにとどめておく。

B1類石室の変遷　八王子市川口古墳・鵯山(ひよどりやま)古墳、多摩市塚原9号墳、あきる野市瀬戸岡16号墳・17号墳・草花古墳の6例が挙げられる。形態的な差異に注目すると、川口古墳・鵯山古墳・塚原9号墳は奥幅が前幅よりやや広い羽子板形を呈し、残りの3例はほぼ同一幅の矩形プランである。なお瀬戸岡7号墳も両側壁が直線的な矩形プランを呈するが、石室幅が1.3m前後とやや幅広で、小振りの塊石を積み上げた奥壁構造など、多摩川流域のＢ１類石室との相違点が目立つ。平面規模や壁体構造などの点では、むしろ両袖形に属する瀬戸岡34号墳と類似する。7号墳の袖の有無について実測図のみでは判断しかねるものの、本稿では両袖形の可能性を考慮し、除外しておく。

Ｂ１類石室のうち、出土遺物から古墳の築造年代が推定できる事例は、川口古墳と塚原9号墳の2例に限られる。川口古墳は長頸鏃の特徴から7世紀前半、塚原9号墳は三角形式の短頸鏃から7世紀中葉頃の築造と考えられる。両古墳はともに羽子板形プランを呈するものであり、〈川口古墳→塚原9号墳〉の新旧関係は、石室長の縮小化として認識することができる。また同様の平面形態を呈する鵯山古墳は、石室規模の近似する塚原9号墳と同時期の所産と捉えておく。

もう一方の矩形プランを呈する3古墳については、出土遺物からの年代推定が困難であるが、羽子板形プランの一群と同様に石室長の縮小という変化を遂げるとすれば、〈瀬戸岡17号墳→瀬戸岡16号墳・草花古墳〉という新旧関係が想定される。とくに17号墳の場合、①石室奥半部が前半部より礫床を密に敷設している点、②石室奥半部の側壁が前半部より大振りの礫を使用する傾向が看取される点など、不明瞭ながら玄室・羨道区分が意識されていた可能性がある。閉塞石に接する位置に仕切石状の石材が据えられている点なども含め、16号墳・草花古墳より横穴式石室としての様相が濃厚であると言え、17号墳の先行性が支持される。石室規模が川口古墳に近いことを考え合わせると、17号墳を7世紀前半、16号墳・草花古墳を7世紀中葉～後半とすることが妥当であろう。

B2類石室の変遷　日野市万蔵院台3号墳、昭島市浄土1号墳・3号墳・4号墳・経塚下古墳、瀬戸岡23号墳・30号墳・31号墳・32号墳の9例が該当する。万蔵院台3号墳については、右側壁のみ緩やかな円弧を描き、左側壁が直線的である。厳密な意味ではその他のＢ２類石室と平面形が異なるが、本稿ではあくまで便宜的な措置としてこの類型に含めておき、他の事例との構造的な差異に注意を払いながら位置づけを検討したい。万蔵院台3号墳を除くＢ２類石室は、石室規模や壁体構造に差異が認められるものの、緩やかな弧状を呈する平面形態に加えて、①石室開口部に横長石材を据えて閉塞石を積み上げている点、②奥壁下段の石が上段より石室内に張り出して傾斜面をもたせている点、などの共通した属性を見出すことができる。なお近年調査された瀬戸岡30号墳については、上述したような閉塞方法は認められず、閉塞石は石室外に掘り込まれた斜行墓道部にのみ施されていた。ただし、この閉塞部は追葬ないし再利用時に大きく改変を受けており、閉塞石の「一部に石室の天井石とおぼしき長い柱状の石材も含まれていた」という報告〔松崎ほか2001　p.147〕を踏まえると、これが報告書第105図にある最大径60㎝の石であるとすれば、0.7m幅の石室前端に差し渡して他例と同様の閉塞方法がとられていた可能性は高いと考える。

Ｂ２類石室のうち出土遺物から築造年代を推定できるものは、6世紀末葉～7世紀初頭の豊富な長頸鏃が出土した万蔵院台３号墳と、墓道底面出土の土師器坏から7世紀中葉に位置づけられる瀬戸岡30号墳の２例のみである。他の事例については、様相の異なる万蔵院台３号墳ではなく、瀬戸岡30号墳との比較から年代的位置を求めざるを得ない。

瀬戸岡23号墳・31号墳は石室規模や石積みの特徴など、30号墳との共通性が高いと評価でき、同時期の所産と判断して大過ないであろう。

瀬戸岡32号墳と浄土１号墳の２基は30号墳より一回り大きく、石室長4m前後、最大幅約1mを測る。基本的な形態・構造は30号墳と共通するものの、①石室規模の違いや、②32号墳側壁に他には見られない腰石の手法が採用されている点などを評価するならば、30号墳に先行して営まれたとも考えられる。瀬戸岡32号墳・浄土１号墳については、30号墳より年代的に遡上する可能性を考慮し、7世紀前半～中葉とやや幅をもたせて位置づけておきたい。

残る浄土３号墳・4号墳・経塚下古墳は著しく縮小化・簡略化の進行した石室構造であることから7世紀後半と考えてよいだろう。この位置づけは経塚下古墳から出土した五角形式鉄鏃の年代観とも矛盾しない。

(2) 各類型の源流

南武蔵地域における無袖形石室の源流については、前項ですでに触れたように松崎元樹の指摘が注目される。松崎は、瀬戸岡古墳群の密集性と、墓坑内に構築された石室開口部の壁状閉塞施設（第98図1）に着目し、静岡県愛鷹山（あしたかやま）南麓の船津古墳群などに源流を探る手がかりがあると考えた〔松崎2001〕。瀬戸岡30号墳の調査では、墓坑に大量の礫が充填される特徴が確認され、また従来積石塚の末期的様相と捉えられていた墳丘の礫は、石室を被覆する石積みである可能性が指摘された(3)。このように裏込め礫を多用する構造も、駿河東部の開口部に段を有する無袖形石室に特徴的な属性であり〔井鍋2003〕、筆者も松崎の見解を支持したい。

瀬戸岡30号墳をはじめとするＢ２類石室のうち、万蔵院台３号墳のみ平面形態・閉塞方法が他例とやや異なり年代も遡るため、源流を論じるにあたって個別検討する必要がある。万蔵院台３号墳の石室床面には礫が敷き詰められているが、開口部60㎝ほどの範囲で礫床の施されない箇所が存在し、ここから石室外にかけて閉塞石が積まれている。閉塞石は40㎝大の河原石を小口積みで垂直に積み上げており、前端部では羨道両側壁の構築材を覆う状態が確認されている（第98図２）。開口部の段構造や側壁と一体的に構築された壁状閉塞施設のあり方は、まさに駿河東部における開口部から一段下るタイプの石室と共通する（第98図３）。閉塞構造や奥壁構造などの違いを勘案すると、７世紀前半以降に築かれた瀬戸岡古墳群・浄土古墳群のＢ２類石室は、先行する万蔵院台３号墳と別個に駿河東部からもたらされた可能性が考えられる。

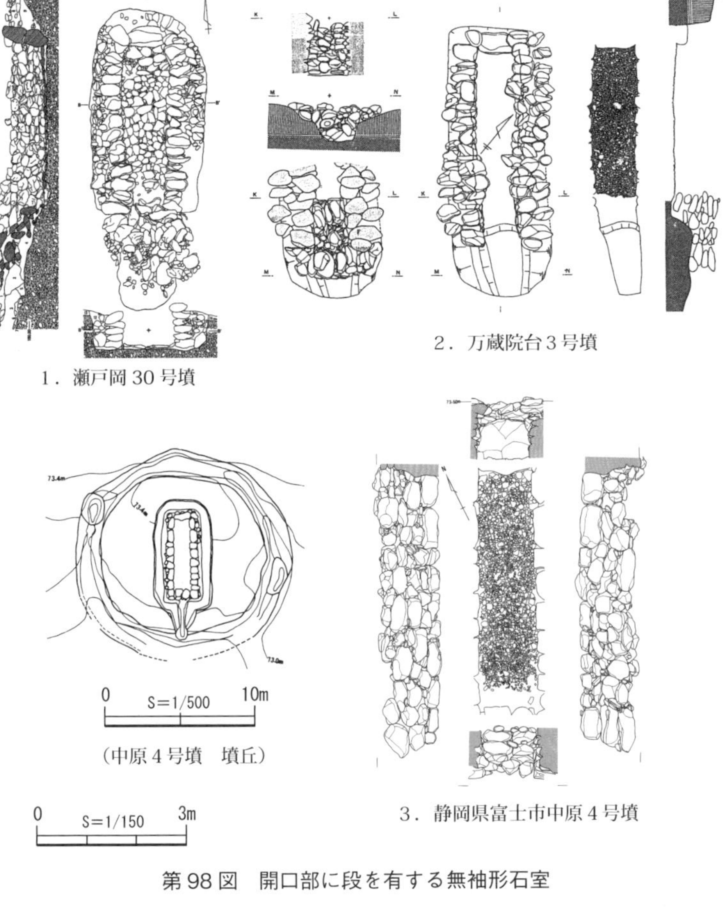

第98図　開口部に段を有する無袖形石室

Ｂ１類石室は該当事例がいずれも詳細不明であり、成立過程について論じることが難しい。試みに瀬戸岡16号墳・17号墳の閉塞部に焦点を当ててみても、30号墳と同様に壁状の構造体を有していたという明確な証左は見出せない。また17号墳の「墳墓表面は…僅かに数個の積石が認められたに過ぎない」という報告〔大塚1953　p.49〕にもとづけば、石室の裏込めに礫が多用されていたかどうかも疑わしい。同じ瀬戸岡古墳群を構成するＢ２類石室は駿河東部を淵源と考えたが、Ｂ１類石室については在地内での成立をも視野に入れ、具体的な淵源については保留しておきたい。

最後にＡ類石室の源流を検討する。繰り返し述べているように、平山２号墳と塚原５号墳は同じＡ類としたものの、床面構造のうえで大きく異なっており、それぞれ異なる経緯で導入されたものと考えられる。平山２号墳の床面構造を窺うと、墓坑底面は玄室から羨道にかけておおむね平坦であるが、玄室と羨道の境に河原石が３段積まれ、これに高さを揃えるかたちで羨道部に厚い礫床が敷かれている（第99図１）。このように羨道床面を嵩上げする特徴は、矢作川流域に位置する６世紀中葉の愛知県豊田市秋葉１号墳や豊川流域の豊橋市下振１号墳

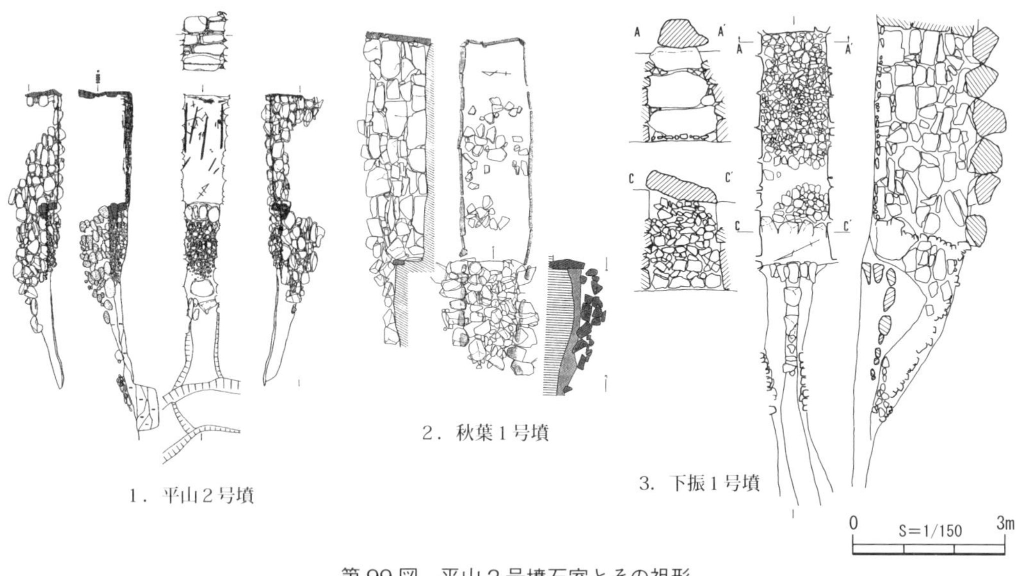

第99図　平山2号墳石室とその祖形

などに認められ、東海地方西部において竪穴系横口式石室の流れを汲む事例が遡源候補として想定される（第99図2・3）。

平山2号墳とほぼ同時期の塚原5号墳については、墓坑形態や開口部状況を含む石室構造の全容が明らかでないので、源流を探ることが困難である。塚原5号墳に後続する大神古墳では石室開口部に積まれた閉塞石下部が墓坑の深さの分だけ壁状に遺存しており、また四軒在家9号墳では玄室・羨道の礫床敷設前に閉塞石が設置された状況を示している。こうした特徴から、A類のうち大神古墳・四軒在家9号墳については、B2類と同様に駿河東部の開口部に段を有する石室構造が採り入れられている可能性を指摘しておきたい。両古墳の閉塞状況を比較すると、大神古墳では小振りの河原石を積み上げているのに対して、四軒在家9号墳では大振りの石を階段状に設置するという違いが認められる。大神古墳の段階で採り入れた閉塞構造が四軒在家9号墳に引き継がれたというよりも、それぞれ別個に閉塞構造を採り入れていると評価したい。ただし大神古墳が7世紀前半、四軒在家9号墳が7世紀中葉に位置づけられるので、駿河東部からの直接的影響、ないし南武蔵との中間地帯である相模地域を経由した間接的伝播のほか、万蔵院台3号墳など在地内ですでに成立している石室との関係のなかで採り入れている可能性も視野に入れる必要がある。

以上のように、多摩川中・上流域に営まれた河原石積みの無袖形石室には、7世紀初頭の万蔵院台3号墳を皮切りに、駿河東部に源流を求められるものが多数認められた（B2類およびA類の一部）。東海西部に祖形が求められる6世紀後半の平山2号墳を含めて、東海地方から複数回にわたり無袖形石室が伝播した動きが看取されるのである。

4. 無袖形石室からみた南関東の動態

ここまでの検討によって、北武蔵地域では古東山道ルート、相模地域および南武蔵地域では古東海道ルートという南北で対照的な流入経路から無袖形石室がもたらされた点を明らかにすることができた。北武蔵地域の無袖形石室が石室構築に際して掘り込みを行わないのに対して、相模・南武蔵地域ではほとんどの事例が墓坑を有するという違いが認められたが、これも上述した源流の違いに起因するものと考えられる。さらに上総地域の無袖形石室が東海地方からの影響を受けて成立した可能性が高い点（第３章第７節）を考え合わせると、南関東の無袖形石室は北武蔵地域を除き東海地方との関係が濃厚であると結論づけられる。

南北間の相違は、導入後の変遷過程にも如実にあらわれている。すなわち北武蔵地域では在地における発展的な構造変化を遂げ、両袖形石室の成立に至るまでスムーズな流れを追うことができるが、相模・南武蔵地域では多少の形態変化こそあれ無袖形から両袖形が派生するような自律的な構造変化は起こらなかった。南武蔵地域において受容時の石室形態・構造が在地的変容をほとんど遂げないまま簡略化の方向に推移していく動きは、石室の淵源と目される東海地方との間に複数回にわたる影響関係が想定される点と相俟って、客体的・受動的な取り入れ方として評価すべきだろう。ただし相模地域の場合、無袖形のまま推移していく点では南武蔵地域と同様だが、簡略化の方向ではなく開口部構造や墓道状前庭部の発達というかたちで変遷を辿ることができる。

6世紀前半に遡る北武蔵地域の動向は、まさに新来文化としての横穴式石室の受容相を示すものに他ならず、在地における墓制の定着化を企図した積極的な動きとして認められる。かたや客体的な様相を呈する南武蔵地域も、年代的には6世紀後半に下るものの、横穴式石室の出現段階であること自体に変わりはない。それでは南武蔵地域における無袖形石室の受容はなぜ客体的なものにとどまったのか。結論から言えば、当該石室の受容者が基本的に中・下位層であったため、その後発展的な構造変化に至らなかったのではないかと考えられる。というのも、無袖形石室が受容されたのと同時期に、多摩川下流域左岸では大田区観音塚古墳に切石積みの両袖形石室、右岸では川崎市第六天古墳に切石積みの複室構造胴張り石室が採用され、以後7世紀代における有力古墳の埋葬施設として、この種の切石積石室が在地内で構造変化を遂げながら構築される状況が認められるのである（第３章第５節）。この点を踏まえると、南武蔵地域と同じく客体的な受容相を示す相模地域において、南武蔵地域とは対照的に石室構造の特徴的な発達過程が認められるのは、当該地域にあって無袖形石室を採用した造墓主体者が比較的上位階層の人物であったためと解釈できないだろうか。墳形や墳丘規模などの物差しで見れば、確かに相模地域には傑出した有力古墳を見出しにくい状況であるが、石室構造の展開過程から窺うと相模地域の無袖形石室墳は中・下位層の墓制と即断できない性格を有している。

とはいえ、南武蔵地域の場合、無袖形石室が首長墓には基本的に採用されなかった点を勘案するならば、南武蔵地域において古東海道ルートを介した東海地方とのつながりは、首長どうしの交流によらない地域間関係と言えるのかもしれない。逆に首長墓に採用されることとなった切石積みの複室構造胴張り石室は構造的特徴から北武蔵地域に源流が求められ、南北武蔵地域で“北回り”ルートと“南回り”ルートが担った性格の違いを垣間見ることができよう。

また７世紀前半以降の南武蔵地域の動向を俯瞰してみるならば、南北２方向からの文化流入現象が起きているということになる（第100図）。ここにおいて、6世紀中葉以降の政治的交通路の形成と律令期計画道路との関連性を説いた松尾昌彦の視角が注目される〔松尾2002〕。松尾は６世紀後半における上総と北武蔵との地域間交流を取り上げ、この中継地である江戸川下流域に下総国府が設置された背景に、在地首長どうしの地域間交通路をも取り込むことで東国経営の完遂を目指した畿内政権の目論見があると考えた。6世紀後半の物流が活発であった東京低地からはやや離れた多摩川中流域に武蔵国府が設置されたのも、のちの東海道および東山道武蔵路に相当する二方向の経路から墓制が流入した現象と無関係でないだろう。

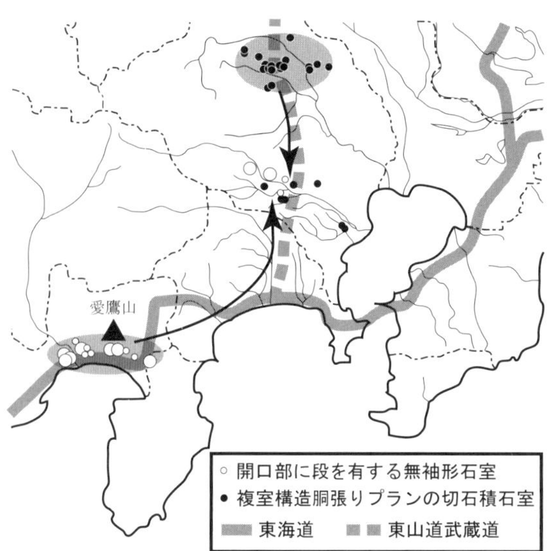

第100図　７世紀代における南武蔵地域への石室伝播

註

(1)　太平洋岸に分布する狭長なプランの無袖形石室については、井鍋誉之が「袖部の造作よりも石室の長大化に強い指向性」が窺えるとして、注目している〔井鍋2003〕。

(2)　平山２号墳の石室前方部（床面が一段高くなる部分）は、側壁を有するものの天井が架構されない構造であると報告されている。報告に従えば、この箇所は羨道ではなく前庭ということになるが、構築当初から天井がなかったと断言できるだけの根拠は示されていないと考える。本稿では、この箇所を含む石室全体が、長さ5m・幅2mの墓坑内に収まることから、前庭ではなく羨道と捉える立場をとっておく。

(3)　瀬戸岡古墳群の墳丘を積石塚とする見解は後藤守一によって提唱されたものだが、純然たる積石塚でない点は後藤自身も認めている〔後藤1956b〕。「墳丘は存在したとしても積土であって、積石は石室を囲繞したものとすべき」という大塚初重の表現〔大塚1953　p.52〕から、少なくとも墳丘構造の特徴自体は30号墳の調査成果と同様の認識がなされていたと推察される。

第2節　類似石室の構築と非隣接地域間の関係性

1. はじめに

本章第1節の検討で明らかにした通り、南関東は各小地域によって無袖形石室の構造的特徴や展開過程に差異が見られるが、全体的には広く東海地方からの影響関係が見出せる領域ということができる。かたや北関東では、東山道ルートを通じて畿内地域とのつながりが濃厚な上野地域〔右島1994ほか〕と石棺文化の卓越に象徴される在地色の強い常陸地域という対照的な二極様相を呈するが、両者に挟まれた下野地域の西部（足利市域周辺）は上野地域に近い古墳文化が展開し〔小林2005bほか〕、中央部から東部にかけては前方後円形小墳〔岩崎1992〕の築造や石室に見る技術交流など常陸地域との関係性の深さが窺える。つまり相容れない異色文化が水と油のように反発しあう様子はあまり見られず、実態としては隣接する地域間で交流関係が展開し、緩やかに文化的色彩が移行するというあり方を呈している。こうした隣接地域間の交流については、第3章を中心として各地域の検討を進めるなかで折に触れて指摘してきたところである。

そこで本節では、広域的な地域間関係の実態把握という観点から、隣接地域を飛び越えた地域間（以下「非隣接地域間」）の交流について検討する。ここでは九州や畿内からの石室伝播といった遠隔地交流ではなく、関東地方内部の動向として認められる北武蔵・上総地域間および上野・南武蔵地域間の関係性について取り上げる。

2. 北武蔵・上総地域における類似石室の展開

関東地方における非隣接地域間関係としては、本書のなかでも繰り返し指摘した北武蔵・上総地域間の石材・埴輪の供給関係がまず想起される。両地域間のつながりについて、そのほかに片袖形石室やL字形石室が伝播した可能性をすでに指摘している（第2章第1節、第3章第7節）。ここでは6世紀末葉〜7世紀初頭の両地域に認められる、特徴的な平面形態が類似する石室（以下「類似石室」）の構築という共通現象を取り上げ、特定の石室形態が成立するに至った影響関係とは別の観点から両地域のつながりに迫りたい。なお、本節で論じる「類似石室」とは、単なる〈両袖・片袖・無袖〉の区分、あるいは〈正方形・長方形・羽子板形・胴張りプラン〉といった玄室平面形の共通を意味するにとどまらず、平面形態に関して特定の古墳どうしの有意な関係性を示唆するような特徴的な類似点をもつ石室の組み合わせをあらわしている。

さて、類似石室を構築するという状況は、管見による限り6世紀後半までの関東地方では確認できず、例えば上総地域では横芝光町殿塚古墳・姫塚古墳という時期的・空間的に極めて近接した2古墳であっても、平面形態や構造的特徴には全くと言っていいほど類似性が窺われない（第101図1・2）。本事例の場合、平面形態差は石室系統の違いを示している可能性が高く、石材加工や石積み技法のうえでは継起的に築造された関連性が見られるもの、異系統石室を意図的に採用してい

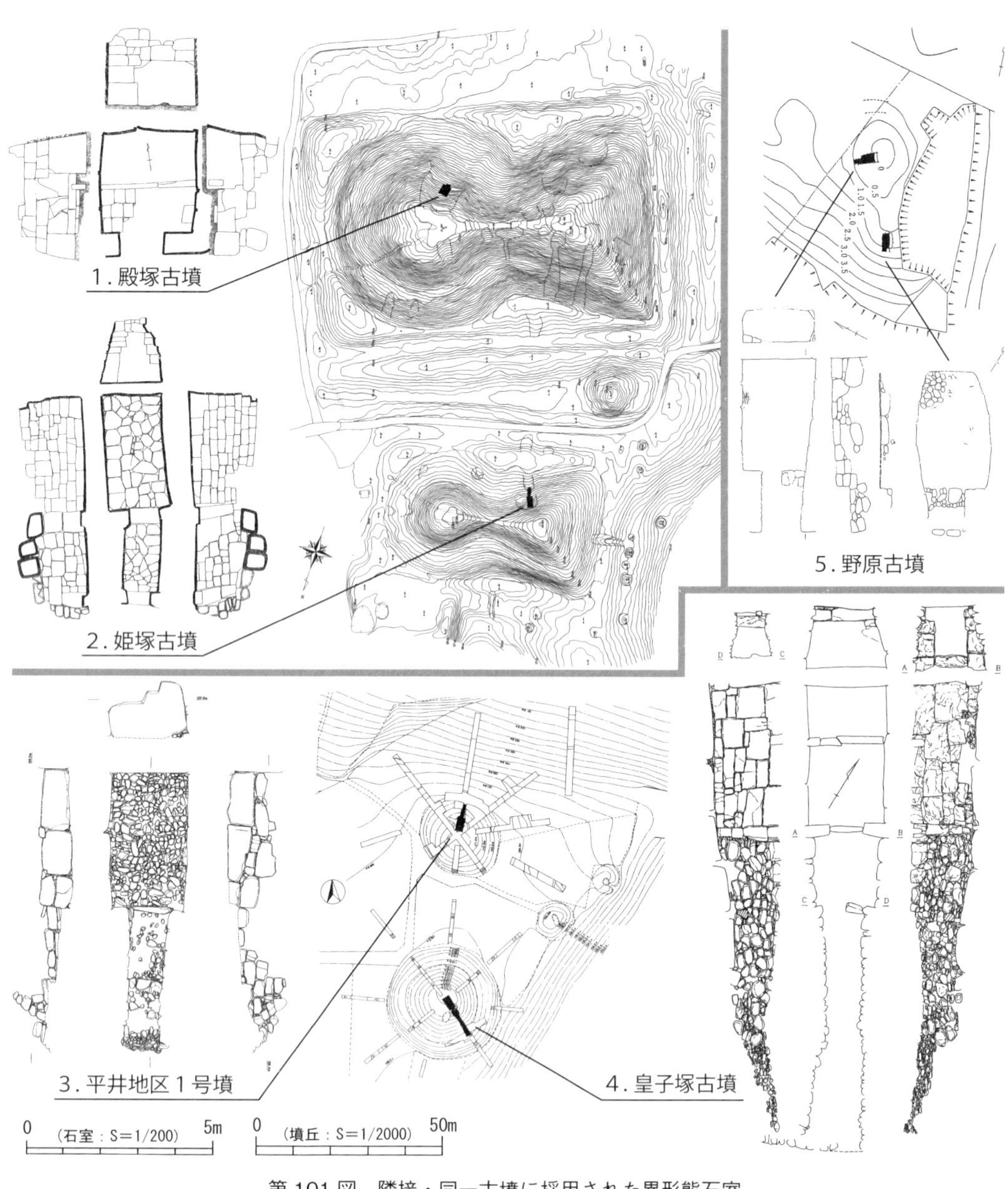

第101図　隣接・同一古墳に採用された異形態石室

ると捉えた方が実情に即しているようである。

とは言うものの、関連性をもつ2古墳の石室形態の違いが、ただちに石室構築を要請した造墓主体者（施主）による意識的な形態変更を反映していると断ずるつもりはない。上野地域の藤岡市皇子塚古墳・平井地区1号墳は、至近の位置にあるほぼ同時期の古墳であり、石材加工や玄室プランといった基本的な特徴は類似性が高いと言える（第101図3・4）。ここで石室形態に注目してみると、皇子塚古墳が複室構造であるのに対して、平井地区1号墳は単室構造であるが、この場合の形態差は埋葬方法や葬送祭祀の違いを示していると判断すべきだろう。このことを裏付けるように、単室構造の平井地区1号墳では、①豊富な形象埴輪がすべて墳頂から出土しており、特殊な配置形態である点、②石室が北向きに開口している点、③玄室床面から多量の炭化物が検出された点など、特殊なあり方を示しており、両古墳が異なる葬送観念にもとづいて構築された可能性は高いと考えられる。

造墓主体者（施主）による意識的な石室形態変更を示す好例としては、北武蔵地域の荒川流域に位置する東松山市野原古墳を挙げておきたい。いわゆる「踊る埴輪」が出土したことで知られる6世紀後半の前方後円墳で、後円部と前方部に凝灰岩切石で構築された片袖形石室を内蔵する（第101図5）。石室構造の共通性から考えて大きく時期を違えず同一の石室構築者集団によって造られた同一系統の石室と判断されるが、後円部石室が直線胴の右片袖形であるのに対して、前方部石室は胴張りプランの左片袖形である（第2章第1節参照）。同一古墳の主体部であることを考えれば、平面形態の違いを氏族の違いや葬送観念の違いで説明することは困難で、また石室構築者集団の意思で勝手に平面形態を変えているとも考えがたい。何らかの政治的要因によるものか、あるいは自発的な意思によるものなのかは即断できないが、造墓主体者が意識的に平面形態を変えていることは確かだろう。

話が脇道に逸れてしまった感があるが、6世紀後半までの関東地方の横穴式石室には、石室形態が意識的に変えられている事例はあっても、特定の石室に類似する平面形態が意識的に採用されたと積極的に評価できるような事例は認めがたいのである。この点を確認したうえで、改めて6世紀末葉～7世紀初頭の様相を窺うと、やはり北武蔵地域と上総地域には特定石室どうしの類似性が際立って注目される。具体的な事例として、北武蔵地域における冑塚古墳と若宮八幡古墳、上総地域の不動塚古墳と駄ノ塚古墳の組み合わせなどを指摘することができる（第102図上段）。さらに北武蔵地域の冑塚古墳と附川7号墳（7世紀前半）、西原18号墳（6世紀末葉）と北田2号墳（7世紀前半）、上総地域の埴谷1号墳（6世紀末葉）と埴谷2号墳（7世紀前半）も類似し、新旧関係にある2古墳間の石室形態が類似する事例も挙げられる。7世紀前半から中葉にかけて営まれた北武蔵地域の柏崎古墳群や羽子板形の石室形態が特徴的な根平2号墳と鶴ヶ丘稲荷神社古墳、上総地域の土気（とけ）舟塚古墳・福増1号墳・家之子（いえのこ）24号墳など「駄ノ塚タイプ」の広がりに見る類似性も、偶然の一致として片づけられない（第102図中・下段）。すなわち類似石室の創出という現象が、単に6世紀末葉～7世紀初頭という限られた年代幅の中におさまるものではなく、次代（7世紀前半～中葉）の横穴式石室に連関してあらわれているのである。換言すれば、石室形態を同じくするという共通した造墓のあり方が、北武蔵地域・上総地域の地域色として現出しているということができる。

ここでとくに問題となるのは、北武蔵地域・上総地域の横穴式石室に見られる類似石室の創出が果たして意識的な所産としてよいかという点だろう。そこで次に、北武蔵・上総地域における横穴式石室の存在形態を検討し、上記仮説の検証作業を行うことにする。

北武蔵地域で注目されるのは、かぶと塚古墳や西原18号墳など、側壁に巨石を用いた胴張りプランを呈する切石積石室の存在である。これらが群馬県八幡観音塚古墳に代表される巨石使用の趨勢を受けたものであろうことは、想像に難くない。類似石室が出現する6世紀末葉～7世紀初頭に

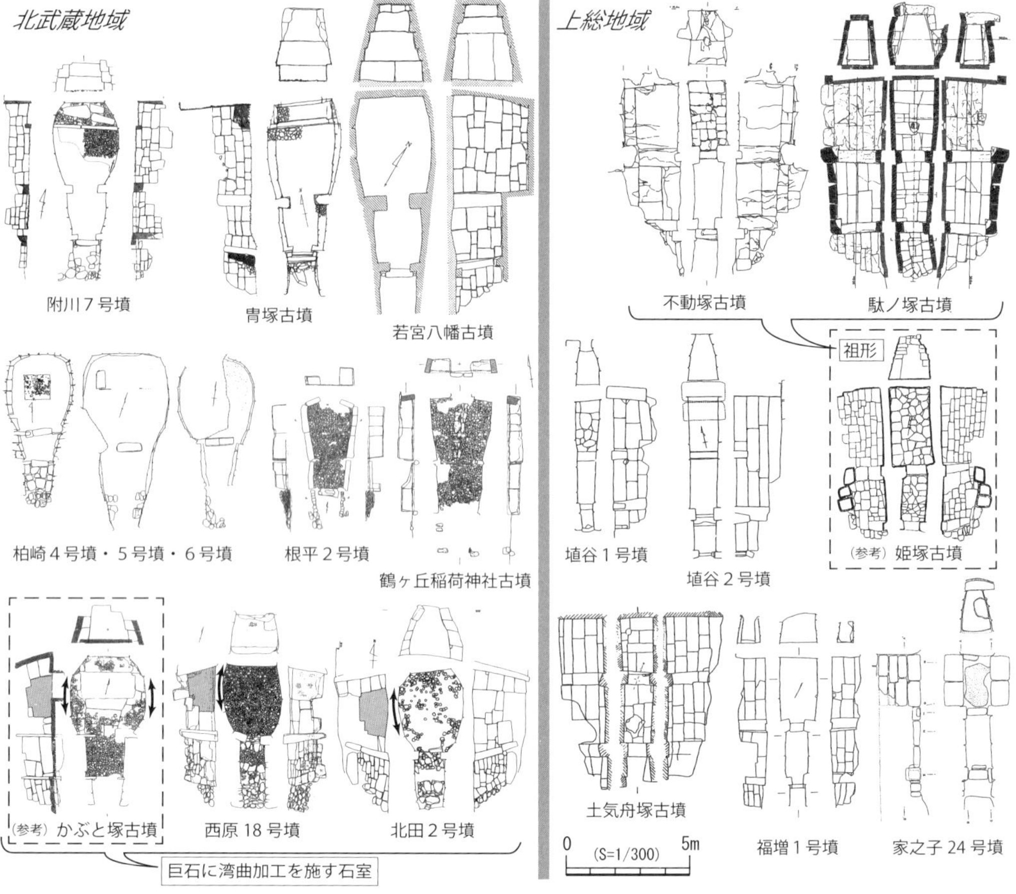

第102図　北武蔵・上総地域の類似石室

限って営まれるという点でも、仮説検証の材料としてふさわしいと言える。石室構造を見てみると、大型石材に明瞭な湾曲加工を施すことによって胴張り形態を作り出していることがわかる（第102図左下）。石室を構築するにあたって、玄室平面形態がすでに決定されていたことを如実にあらわしているものと判断できよう。とくに西原18号墳に後続する北田2号墳は、平面形態を踏襲しながらも中小石材を多用する構築方法に変化している。このことは、大型石材の利用が胴張り形態を創出するうえで合理的でなかったことに起因するものと考えられる〔草野2003〕。ここで重要なのは、使用石材のうえで合理的でないような石室形態が実際に採用されているという事実であり、踏襲される平面形態とそれに合わせて変化する構築方法というあり方を見出すことができる。

続いて上総地域に焦点を当ててみよう。当該地域は「石なし千葉」と表現される如く、石材産出に恵まれない地質環境にある〔田中1996〕。産出されるとしても立体的構造物の構築に不向きな軟弱な石材がほとんどで、当地を含む常総地域において横穴式石室の導入が遅れ、箱形石棺が主流であったことの要因の1つと考えられている〔土生田1997〕。横穴式石室を構築すること自体が容易でない地質環境を考慮すると、不動塚古墳・駄ノ塚古墳の類似性や「駄ノ塚タイプ」採用の広がりは意図的な造作と見て間違いないだろう。これらの石室はいずれも天井石などの上部構造が崩壊しており、石材強度の点で構造的に適合しない横穴式石室を無理に構築している点は明らかである。同一形態の横穴式石室を営むということが、石材による構造的規制以上に重要な意味を孕んでいたと考えざるを得ない。

以上の検証作業から、構造に優先するかたちで特定の石室形態が採用されているという共通性を、北武蔵・上総両地域において認めることができた。上総地域における類似石室の中核的存在である駄ノ塚古墳では、墳丘の築成に際して盛土の強度を高める目的で施された溝状の掘り込みが確認されており、これと同様の工法が千葉県木更津市周辺や埼玉県長沖8号墳、東京都稲荷塚古墳などで認められる〔新山1996〕。近年の埼玉県における調査でも類例が増えてきており、墳丘構築に関わる技術交流が北武蔵・南武蔵・上総地域間で展開していたことが予想される。こうした技術交流や石材・埴輪の供給関係を背景として、特定の石室形態を採用することで相互の関係性をあらわすという造墓意識が、恐らくは横穴式石室の隆盛した北武蔵地域から上総地域に移入したものと考えたい。ただし、ここで注意しておかなくてはならないのは、北武蔵地域の場合は当該地域に特徴的な胴張りプランが採用されているのに対して、上総地域では在地の先行首長墓である姫塚古墳の石室平面形態を祖形としている点であり、それぞれの石室が在地固有の系譜を汲んでいるところに重要性が見出せる。すなわちある特定の石室形態や構造が伝播した一般的な影響関係ではなく、在地のなかで造墓活動を展開するうえでの枠組みや指針、あり方といったような、いわば墓造りの原理・原則があらたに移入されたものと考えられるのである。

3. 前方後円墳の終焉と類似石室構築の背景

類似石室の構築開始が6世紀末葉～7世紀初頭という前方後円墳終焉時期にあたり、かつ類似石室を構築することの意義が石室形態を同じくすることによる紐帯の形成にあるとするならば、そのあり方は前方後円墳をはじめとする墳丘の規模・形態によって被葬者の身分や出自、あるいは同一規格墳丘の被葬者との政治的・社会的つながりを表示していた、伝統的な造墓原理の焼き直しと見ることができるのではないだろうか。このように捉えてよければ、類似石室の構築が北武蔵・上総地域で盛行する一方、隣接他地域においてあまり見られないという相違点についても説明の見通しが立つ。すなわち前方後円墳終焉時期の差が関係していると考えるのである。

近年、東国の後期・終末期前方後円墳について時期別・規模別に集成作業が行われ、結果、北関東(茨城・栃木・群馬)においては7世紀前半以降も前方後円墳が一定数築造されていることが確かめられた〔広瀬・太田編2010〕。半数近くは39m以下の小規模前方後円墳で、茨城県域がそのほとんどを占めている。これらは基本的に地下埋葬あるいは前方部上などに埋葬施設をもつ前方後円形小墳で、墳形に沿った周溝がめぐり、くびれ部の不明瞭なものが多い(第103図右下)。前方後円形小墳は一般的な前方後円墳と区別して理解すべきものではあるが、首長墓としての前方後円墳についても北関東では7世紀前半に下る可能性のある事例が認められる。上野地域の前橋市荒砥伊勢山古墳(68m)や下野地域の下野市山王塚古墳(90m)、常陸地域のひたちなか市大平(おおだいら)1号墳(48m)やか

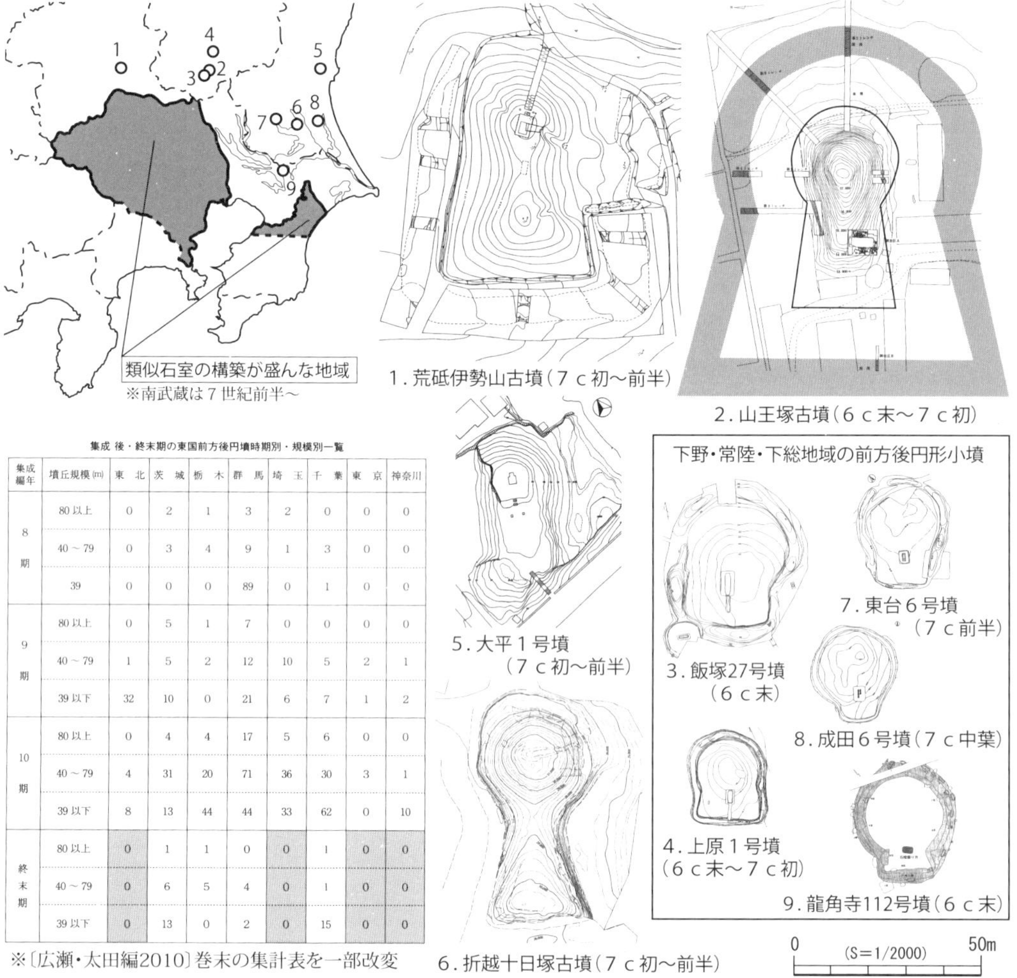

集成 後・終末期の東国前方後円墳時期別・規模別一覧

集成編年	墳丘規模(m)	東北	茨城	栃木	群馬	埼玉	千葉	東京	神奈川
8期	80以上	0	2	1	3	2	0	0	0
	40～79	0	3	4	9	1	3	0	0
	39	0	0	0	89	0	1	0	0
9期	80以上	0	5	1	7	0	0	0	0
	40～79	1	5	2	12	10	5	2	1
	39以下	32	10	0	21	6	7	1	2
10期	80以上	0	4	4	17	5	6	0	0
	40～79	4	31	20	71	36	30	3	1
	39以下	8	13	44	44	33	62	0	10
終末期	80以上	0	1	1	0	0	1	0	0
	40～79	0	6	5	4	0	1	0	0
	39以下	0	13	0	2	0	15	0	0

※〔広瀬・太田編2010〕巻末の集計表を一部改変

第103図　後・終末期前方後円墳築造数と関東地方北東部の最終末前方後円墳・前方後円形小墳

すみがうら市折越十日塚古墳（70m）などが挙げられ、すべて埴輪を伴わず横穴式石室がTK209型式期の新段階、あるいはそれよりもやや後出的な特徴を有している[(1)]。

一方、南関東のなかでも千葉県域においては80m以上と40～79mが各1基、39m以下15基がカウントされており[(2)]、39m以下13基を数える茨城県域と似た状況を呈している。とくに千葉県域の集計は墳丘長30m以上に絞った数で、対象外とされた20～30mの間にも膨大な数の前方後円墳が存在するが、そのほとんどは「常総地域」として茨城県域と括られる下総地域、ないし千葉市・市原市を中心とする上総北西部に位置するもので、類似石室がとくに盛行する上総北東部（現・山武市周辺）では集成編年10期におさまる前方後円墳が多いと判断される。埼玉・東京・神奈川でも10期で前方後円墳の築造を終え、7世紀前半以降の事例は挙げられていない。

以上のように、関東地方のなかで比較的早く前方後円墳の築造を停止したと考えられる北武蔵地域と上総地域北東部において、それにかわり地域の造墓活動を取りまとめる新たな原理・方式が求められたことは想像に難くない。前方後円墳の消滅という一大変革にあたっても地域を統合する原理は依然として造墓の属性に求められたことを意味し、古墳時代の残影という終末期古墳の時代性を反映した現象と言えるだろう。

4. 上野地域の類似石室と南武蔵地域との関係

上で述べたように上野地域の6世紀末葉～7世紀初頭、ないしそれに続く7世紀前半では類似石室の構築がほとんど見出せない。その意味で第3章第1節で指摘した宝塔山古墳石室と奈良市黄金塚陵墓参考地石室との類似性は特殊な観を呈していると言えるが、後続する宝塔山古墳とめおと塚古墳の類似性を含め7世紀後半の所産なので北武蔵・上総地域における類似石室の動向とは異なる歴史的背景をもつものと判断できる。この点については、第5章第1節で掘り下げることとしたい。さて、そのような地域にあって、7世紀前半の截石切組積石室である堀越古墳・山内出古墳は、玄室・羨道・前庭部という石室全体の平面形態が酷似しており、構築年代を含め北武蔵・上総地域における類似石室との関連が注目される（第104図）。前橋市（旧・勢多郡大胡町）に所在する堀越古墳と桐生市（旧・勢多郡新里村）に所在する山内出古墳は、直線距離にして東西10km近い隔たりがあるが、両者の関係を結ぶ手掛かりとして辛巳歳（かのとのみのとし）（681年）に高崎市山ノ上古墳の前に建碑された山ノ上碑の内容に着目したい。碑文には、建碑者である放光寺僧・長利の出自を説明するなかで「新川臣（にっかわ）の児　斯多々弥足尼（したたみのすくね）の孫　大胡臣（おおご）…」と記されており、新川臣と大胡臣が同族関係にあったことが読みとれる。新川臣の「新川」は旧勢多郡新里村大字新川に、大胡臣の「大胡」は旧・勢多郡大胡町にそれぞれあたると考えられており〔白石2003〕、堀越古墳と山内出古墳の被葬者ないし造墓主体者が同族関係にあったことが想定できる。距離を置いて立地する両古墳に同一規格と言っても過言ではない類似石室が構築されたことは、山ノ上碑から読みとれる同族関係の記載と無関係でないだろう。

それでは、この石室形態を同じくするという造墓原理はどこからもたらされたのだろうか。隣接地域であり、かつ類似石室の発生源とも目される北武蔵地域から伝わった可能性が高いように思われるが、ここでもう一つの可能性として南武蔵地域を挙げておきたい。南武蔵地域では、6世紀末葉から7世紀前半にかけて北武蔵地域の複室構造胴張り石室が伝播して、稲荷塚古墳・北大谷古墳の成立を見た（第3章第5節）。両古墳の築造以後、類似石室の構築が相次ぎ、石室伝播に伴って類似石室の造墓原理も伝わったものと考えられる。北武蔵地域の影響を受けて類似形態の複室構造胴張り石室を採用したのは6世紀末葉の第六天古墳が先だが、同古墳の後には、玄室の胴張りが増し円形に近い形状となった加瀬台3号墳が続く。第六天古墳と加瀬台3号墳の間には、石室形態を同じくする意識が認められず、第六天古墳の段階には類似石室の造墓原理自体は伝わらなかったか、あるいは定着しなかったものと考えられ、南武蔵地域に類似石室の原理が定着したのは7世紀前半の稲荷塚古墳の段階と理解される。堀越古墳・山内出古墳とはおおむね同時期と考えられるが、筆者が上野地域との関係性を南武蔵地域に求めたのは、両地域の交流関係が6世紀後半に遡るためである。6世紀後半の多摩川台古墳群に築造された大田区観音塚古墳には角閃石安山岩の細粒

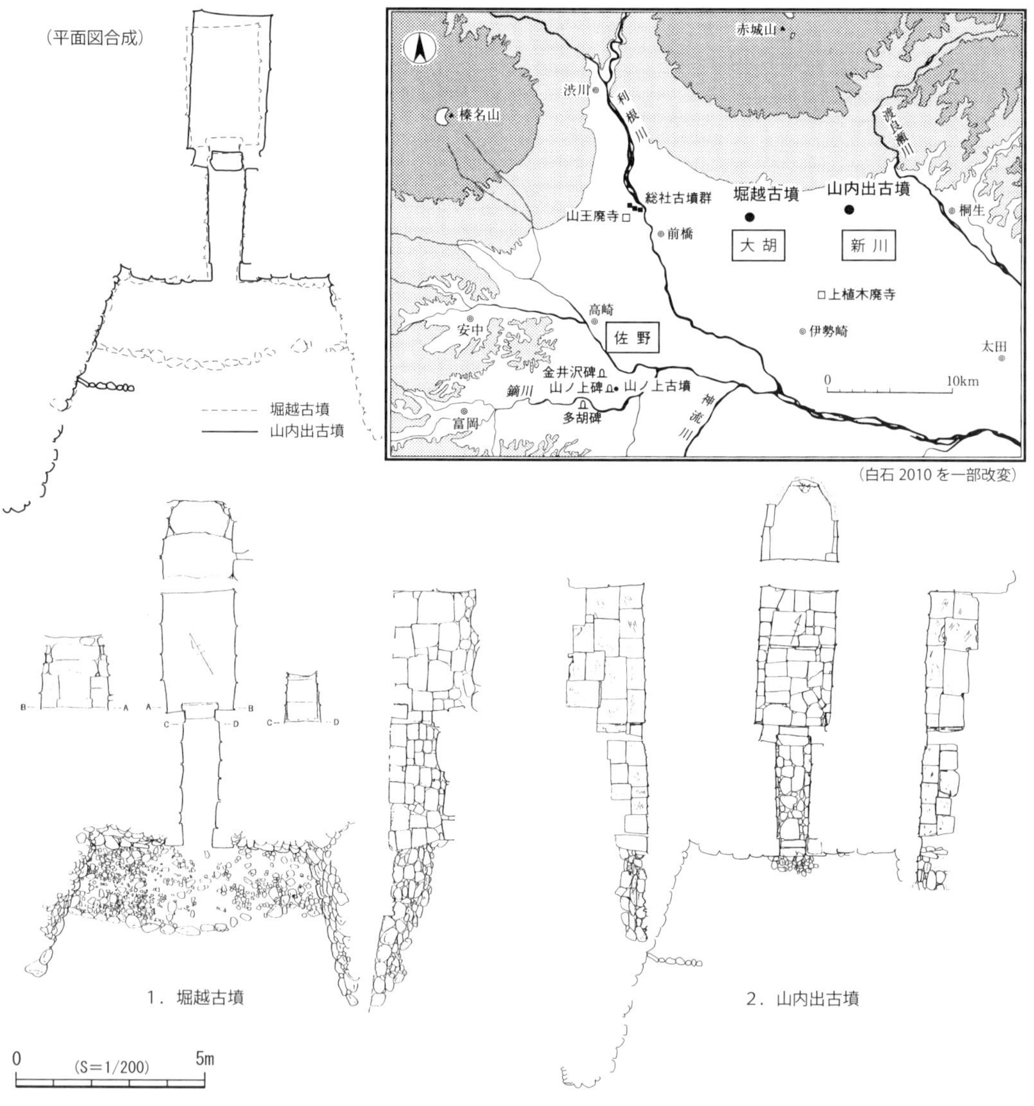

第 104 図　上野地域の類似石室

を含む埴輪が樹立されており、その製作地は石材産出地である上野地域であったと考えられている〔中里 2000〕。また同古墳には、横穴式石室の採用が遅れた当該地域にあって出現期の石室の１つに数えられる凝灰岩切石積みの単室構造両袖形石室が採用されている。観音塚古墳出土の埴輪を検討した小野本敦は、前述した角閃石安山岩混入埴輪に加え、５条突帯の大型円筒埴輪も周辺に見られないものであり、上野地域の金冠塚古墳出土例と同一規格であることを説いている〔小野本 2008〕。さらに小野本は、金冠塚古墳と観音塚古墳の関係性が埴輪にとどまるものではなく、観音塚古墳の凝灰岩切石積石室も金冠塚古墳の角閃石安山岩切石積石室の技術系統を汲むものと推論する〔小野本 2009〕。角閃石安山岩切石積石室の場合、石材裏側を未加工とする点や壁体の積み上げ方などで凝灰岩切石積石室と必ずしも同一系統とは言えず、とくに金冠塚古墳に石室祖形が限定しうるか判断に悩むところではあるが、両袖素形の構造的特徴や6世紀後半代の切組積手法という観点から見てその源流を上野地域に見る点は疑いないところであろう。6世紀後半の多摩川流域には上野地域から埴輪が供給されただけでなく、石室構築技術の伝播、すなわち造墓工人集団の到来も想定されるのである。6世紀後半において造墓に関わる諸要素がもたらされている点を考慮すると、7世紀前半の堀越古墳・山内出古墳石室も、6世紀後半に築かれた地域間関係をベースとして南武蔵地域との関わりのなかで類似石室を営む造墓原理が伝わった可能性を考慮する必要があろう。

以上のように上野地域と南武蔵地域との関係は、6世紀後半についてほぼ確実視できるとしても7世紀段階については可能性の域を出ないものである。しかし従来過度に評価されがちな6世紀後半の広域地域間関係のみならず、7世紀においてどのような展開が見られるのかという点にも注視しなければならない。堀越古墳・山内出古墳に見られる類似石室は、この問題に深く関わっているものと考えられる。

註

(1)　指摘した事例のうち、大平1号墳は虎塚古墳、折越十日塚古墳は風返稲荷山古墳との比較検討から、相対的に新しく位置づけられると考えられる（第3章第3節を参照）。

(2)　80m以上の事例は上総地域の山武市胡摩手台16号墳（86m）、40〜79mの事例は下総地域の栄町龍角寺浅間山古墳（78m）である。また39m以下15基のなかには、上総地域の市原市六孫王原古墳（46m）と諏訪台K15号墳（39m）、下総地域の我孫子市日立精機1号墳（48m）の3基の前方後方墳が含まれている。

第5章　7世紀における地域首長墓の特質

関東地方における終末期古墳の展開過程を通観すると、7世紀中葉前後に他の終末期古墳とは一線を画する内容の古墳が、各地域に1基ずつ営まれていることに気づく。具体的には、上野地域の宝塔山古墳（方墳・54m）、下野地域の多功大塚山（たこうおおつかやま）古墳（方墳・54m）、常陸地域の宮中野大塚（きゅうちゅうのおおつか）古墳（帆立貝形古墳・92m）、北武蔵地域の八幡山（はちまんやま）古墳（円墳・80m）、南武蔵地域の武蔵府中熊野神社古墳（上円下方墳・32m）、下総地域の龍角寺岩屋古墳（方墳・79m）、上総地域の割見塚古墳（方墳・40m：外周溝107.5m）の7基が挙げられ、いずれも当該期にあって傑出した墳丘規模と石室構造を誇る地域首長墓である。これらは墳丘・石室の形態や築造技術において、新来要素の導入、あるいは在来要素の発展的昇華が目ざましく、各地で展開する終末期古墳造営力の粋を集めた構造的特徴を有する。それだけに7世紀代における各地域社会の造墓活動の特質を鋭敏に反映していると考えられる。

多功大塚山古墳と宮中野大塚古墳を除く5古墳の位置づけについては、すでに第3章のなかでも言及しているが、本章では各首長墓の特質についてさらに掘り下げ、律令社会への歩みを進める7世紀中葉以降の各地の実相を明らかにしていきたい。

第1節　畿内系墓室様式の採用と初期寺院造営

1. はじめに

上野地域の宝塔山古墳、下野地域の多功大塚山古墳、下総地域の龍角寺岩屋古墳、上総地域の割見塚古墳の4古墳は、大型方墳の採用という畿内地域を中心とする7世紀代の墳丘変化に対応しているのみならず、埋葬施設の特徴も畿内地域の墓制に淵源を求められるものである。本節ではこれらを「畿内系墓室様式」と表現し、採用の背景に想定される東国における初期寺院造営との関連を模索する。

2. 宝塔山古墳と山王廃寺の造営

群馬県前橋市宝塔山古墳は、上野地域において前方後円墳の消滅後最初に築造された大型方墳である総社愛宕山古墳に後続する地域首長墓である。総社愛宕山古墳と宝塔山古墳の前後関係は、尾崎喜左雄の所論〔尾崎 1966〕を基礎とし、これを批判的に再検討した右島和夫の研究によって明らかにされた〔右島 1985〕。右島は、総社愛宕山古墳石室の壁石の主体をなす輝石安山岩のなかに面加工の施されたものが含まれる点に着目し、この技法が畿内地域において石舞台古墳以降に顕著となることから、総社愛宕山古墳の築造年代が7世紀第2四半期に中心を置くものと考えた〔右島1988〕。角閃石安山岩と輝石安山岩を併用した截石切組積石室を内蔵する宝塔山古墳は総社愛宕山古墳に後続するものであり、玄室壁石・天井石の単一石化や山ノ上古墳との時期的関係などを根拠に7世紀第3四半期の築造とされたが〔右島1994〕、白石太一郎は刳抜式家形石棺の縄掛突起のあり方や関東地方における終末期大型方・円墳の動向から、宝塔山古墳の年代を7世紀中葉ないし中葉過ぎとして時期的にやや遡らせている〔白石2003〕。

このように7世紀中葉～第3四半期に位置づけられる宝塔山古墳石室は、方形を呈する玄室の前方に長方形の空間を2つ連接させた特殊な平面形態で、森浩一による指摘以来、奈良市帯解(おびとけ)に所在する黄金塚陵墓参考地の磚槨式石室が祖形であると考えられてきた〔森1965　p.129〕（第105図）。近年この石室実測図が公になるに至り〔陵墓調査室2009〕、右島和夫も両石室が共通の設計企画であることを認め、年代観について「7世紀中葉ないし第3四半期」と若干遡らせている〔右島2011〕。これは、畿内地域における磚槨式石室が7世紀中葉前後の短期間に構築されたとみる見解〔林部1994ほか〕を踏まえてのことと推察される。なお黄金塚陵墓参考地の石室は磚槨式石室のなかでも類例のない特異な形態で、7世紀後半の最も新しいものとする意見がある〔泉森1988〕。磚槨式石室のなかで最新相に位置づけることに異を唱えるものではないが、一辺30m前後を測る2段築成の方墳に推定全長13～16mの石室を内蔵するという、磚槨墳のなかでも最大規模を誇る点を考慮するならば、いかに下っても7世紀第3四半期までにおさまるものとみてよいだろう。

黄金塚陵墓参考地と宝塔山古墳の石室は、特徴的な平面形態と漆喰の大量塗布という点で共通するものの、前者が扁平な加工板石を積み上げた磚槨式石室であるのに対して、後者は大型石材を使用した截石切組積石室であり、壁体構築方法が大きく異なっている。また前者は硬質の榛原石、後者の側壁は加工の比較的容易な角閃石安山岩といったように使用石材に違いが認められ、石材加工の点でも異質と言える。宝塔山古墳の側壁石積み手法は、同じ上野地域内の烏・鏑川流域に営まれた山ノ上古墳・山ノ上西古墳との関連が考えられ、また額縁状の刳り込みを有する玄門構造も赤城山南麓の中里塚古墳・堀越古墳などに淵源を求めることができる（第3章第1節参照）。すなわち側壁を中心とする石室の大部分は在地の工人集団が結集して構築にあたったと考えられ、6世紀代の切石積石室に基礎

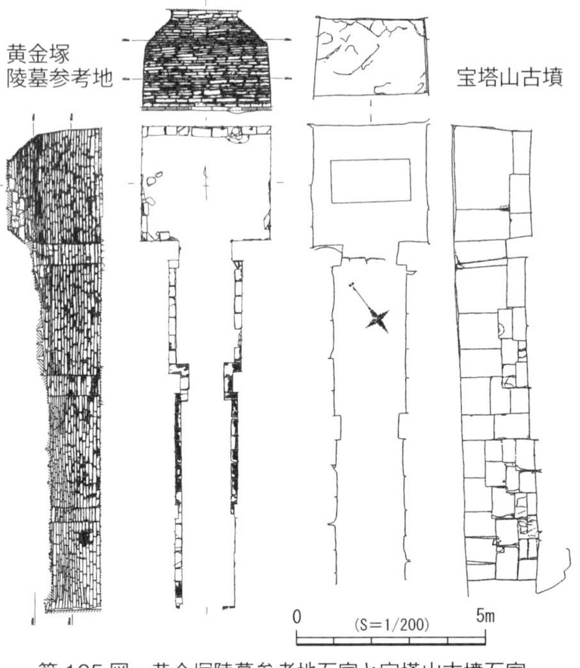

第105図　黄金塚陵墓参考地石室と宝塔山古墳石室

を置く7世紀前半の在来技術・構造の発展形態として位置づけられる。

その一方で、宝塔山古墳の天井石・奥壁・石棺には硬質の輝石安山岩が使用され、敲打技法によって精緻に仕上げられている点に関しては、新来の石工技術が発揮されたと解釈するより他にない。尾崎喜左雄をはじめとする多くの研究者が指摘しているように、宝塔山古墳・蛇穴山古墳の硬石加工技術は近接する山王廃寺の根巻石・塔心礎と共通する(1)。

そして山王廃寺から出土した「放光寺」の文字瓦と、山ノ上碑にみられる「放光寺僧」とを関連づけると辛巳歳（かのとのみのとし）（681年）の段階に山王廃寺は存在したことになり、山王廃寺造営に関わった新来石工集団が、宝塔山古墳の築造にも参画したと理解されている。すなわち宝塔山古墳の石室構築にあたっては、在地の石工集団と新たな技術を携えた新来石工集団の協業によって進められたと解釈できる。ここで黄金塚陵墓参考地石室と宝塔山古墳石室とを改めて見比べてみると、前者の玄室より前方が3室構成であるのに対して、後者は2室構成となっており、設計の一部が改変されていることに気づく。この設計変更がなされた要因として、秋山日出雄の指摘〔秋山1979〕にもある、岩屋山式石室の羨道部天井構造と酷似している点に着目したい（第106図）。すなわち、宝塔山古墳において黄金塚陵墓参考地石室の平面企画のうち玄室より前方の墓室構成が改変されたのは、岩屋山式石室と同様の天井構造が採用されたためと考えたいのである。亜式も含めた岩屋山式石室のうち、羨道部中ほどで天井面が一段下がる事例は岩屋山古墳・峯塚古墳・艸墓古墳・文殊院西古墳の4例であり、とくに艸墓古墳は家形石棺の型式〔白石2003〕や刃付き工具による敲打仕上げという石材加工技術の点〔和田1991〕でも宝塔山古墳と共通するものであり、両者の関係性が傍証される。岩屋山式石室と共通する宝塔山古墳天井部の造作に硬石加工技術が施されている点を考慮するならば、上野地域に派遣された新来石工集団は、故地において岩屋山式石室、より限定すれば艸墓古墳の構築に関わっていた可能性が高いと判断されよう。

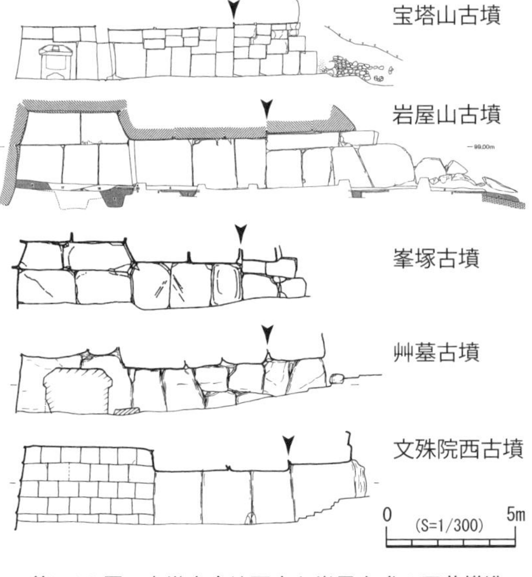

第106図　宝塔山古墳石室と岩屋山式の天井構造

新来石工集団が岩屋山式石室の構築に関わった集団であって、磚槨式石室の構築に関わった集団ではないとしたら、特徴的な平面企画はいかにしてもたらされたのであろうか。黄金塚陵墓参考地石室の墓室空間を区画する柱状施設は、壁面と同様の扁平石材を積み上げており、1石の立柱状石材を据える通例の複室構造石室とは違って一部の壁面を内側に突出させた造りとなっている（第107図左）。宝塔山古墳石室の場合、玄門は1石の立柱状石材を据えているが、前方の区画は壁面石材を内側にわずかに突出させた造りで、黄金塚陵墓参考地石室の構造と共通する〔原田1974〕。つまり壁体の石積み手法自体は上述した通り在地の技術体系によるものだが、墓室区画の構造的特徴は黄金塚陵墓参考地石室のあり方が取り入れられており、立面的な情報も伝播していると評価できる。玄室より前方の設計変更がなされている点を含め、単なる設計図面というかたちでもたらされたとは考えがたく、黄金塚陵墓参考地の石室設計を行った人物が上野地域に赴き、宝塔山古墳に同様の設計を企画した可能性が高い。

かつて菅谷文則は、榛原石を加工した磚の使用開始が飛鳥寺であり、また最も多くの磚の使用が見られた山田寺では蘇我石川麻呂系の氏族の滅亡とあわせて榛原石の利用が終わっていることから、榛原石使用の磚槨式石室は蘇我氏系の技術者集団、とくに蘇我石川麻呂系に私的に組織された高句麗系工人を長とする建築集団の手によるものと推定した〔菅谷 1985〕。黄金塚陵墓参考地石室や舞谷2号墳（第79図1）にみられる壁面上部の階段状持ち送りや柱状の積み上げは、高句麗古墳の特徴である平行・三角持ち送り天井や玄門の造作に共通性を見いだすことができ、方形の玄室に狭長な羨道を取り付けた黄金塚陵墓参考地の石室形態は、大同江流域の土浦里古墳群などに類例を求められるという意見もある〔泉森 1972〕（第107図）。とくに長大な羨道を付設する土浦里大塚は6世紀前半の築造で年代的に懸隔があるが、羨道長こそやや短くなるものの同様の石室構造を示す事例が6世紀後半〜7世紀の土浦里古墳群・真坡里古墳群などに認められる〔東 1993〕。こうした考えにもとづけば、黄金塚陵墓参考地の石室設計を行った人物は寺院建築に精通した高句麗系工人であり、故地の墓室スタイルを渡来先で再現したと考えられなくもない。山王廃寺で実施された調査では、夥しい量の完成度の高い塑像片が出土しており、山王廃寺の建立事業が仏像・仏具の整備も含めた総合的なプロジェクトであったことが確かめられている〔右島 2003b〕。こうした点を踏まえて畿内地域との関わりを考慮すると、山王廃寺の建立にあたっては単なる工人の来住にとどまら

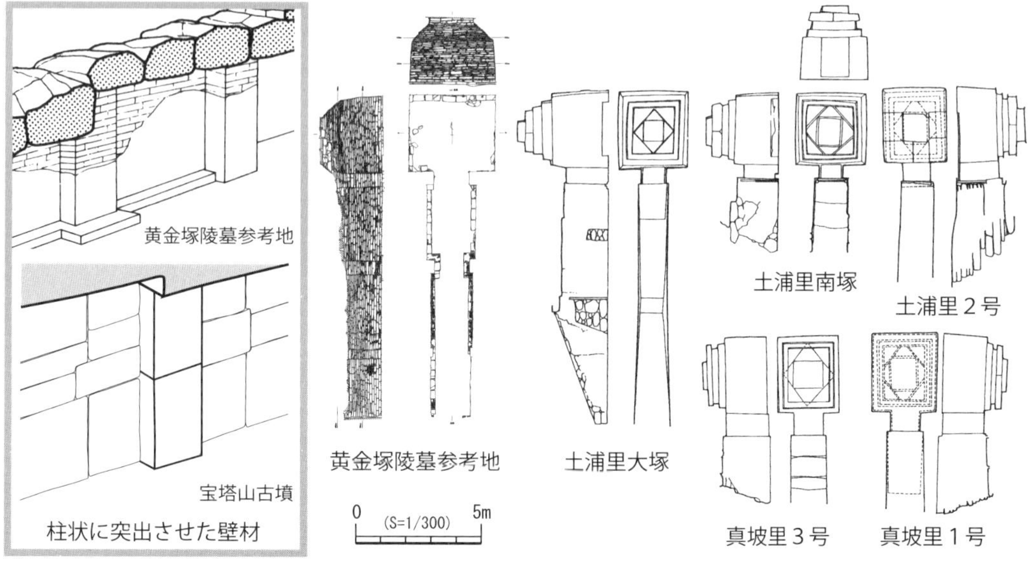

第107図　黄金塚陵墓参考地石室の特徴と高句麗の石室

ず、寺院建築に長けた有識者が派遣されたであろうことは想像に難くない。寺院建築に通じたであろう黄金塚陵墓参考地石室設計者が山王廃寺の建立にあたって派遣され、宝塔山古墳の石室設計も一任されたと解釈できるのではなかろうか。

3. 多功大塚山古墳と下野薬師寺の造営

下野地域においては、一辺54mを測る大型方墳の栃木県河内郡上三川町多功大塚山古墳と日本三戒壇の一つに数えられる下野薬師寺との関係が注目される。

下野地域における終末期大型古墳の墳形は円墳を基本とし、7世紀前半以降に方墳が台頭する他地域とは異なる様相を呈している。そのような地域にあって、宝塔山古墳に比肩する大型方墳の出現は強い政治性を帯びた変革事象として受け止められる。多功大塚山古墳の埋葬施設については後世の乱掘が著しく、調査では断片的なデータしか得られていないが、構築材の抜き取り痕や根石の位置、崩落石材の形状などから石室構造の復元が試みられている。報告書によれば、壁体は小型の凝灰岩切石を切組積手法で積み上げたと推定され、切石組石室が卓越する当該地域にあって異質な石室構造と理解できる。幅1.4m・奥行き2.5mの玄室前方に幅2.2m・奥行き1.8mの墓室空間が連接し、さらにその前面に幅4.3m・奥行き5.5mの河原石積み前庭部が広がる（第108図）。報告書では石室前方の空間を羨道としているが、性格は不明である。玄室規模の小ささや玄室よりも前方の空間の方が幅広い点などを評価し、横口式石槨に近い構造とみる見解が提示されている〔秋元2005〕。床面構造など不明な点は多いが、鉄釘の出土から想定される釘付木棺の使用を勘案すると、その可能性は高いと考えられる。埋葬施設の構造的特徴から淵源は畿内地域に求められ、当該石室が盛行する7世紀中葉以降の年代が想定されるが、墳丘規模の縮小化が見られないので7世紀第3四半期より下ることはないと判断される。この築造年代は前庭部から出土した須恵器フラスコ瓶・土師器坏の年代観とも矛盾しない。

多功大塚山古墳の1.5km南に位置する下野薬師寺は、天平宝字5年（761）に奈良市東大寺・太宰府市筑紫観世音寺と並び受戒のための戒壇院が設立された東国の拠点的寺院で、7世紀代の下毛野君氏（684年の八色の姓で下毛野朝臣氏に改姓）の氏寺として創設される段階と、8世紀代の官寺として整備される段階の大別2時期がある。創建期を示す史料は、『東大寺要録』・『一代要記』が伝える天智9年（670）説、『続日本紀』・『類聚三代格』の天武朝（672-686）説、『帝王編年記』の大宝3年（703）説などあるが、面違鋸歯文縁複弁八葉蓮華文の川原寺系軒丸瓦が全国的に波及する天武朝期とする意見が大勢を占めるようである。

すなわち多功大塚山古墳の築造年代は下野薬師寺創建の前段階にあたり、石室床面下に寺院建築などで活用される掘り込み地業が確認された点を含め、両者の密接な関係性が推察されるところである。上述したように埋葬施設の特徴は畿内的様相が強く、近隣の前代有力古墳である下石橋愛宕塚古墳（7世紀初頭）と年代的に開きがある点を含め、在地の石室系統にない新たな埋葬施設が畿内地域からもたらされたものと考えられる。しかし、初期寺院造営と密接な関係をもつ畿内系墓室様式の採用という点で宝塔山古墳と同様の歴史性を有するにもかかわらず、多功大塚山古墳石

第108図　栃木県上三川町多功大塚山古墳石室図

室の用材には従来通り軟質の凝灰岩が使用されており、上野地域の状況とは異なっている。下野薬師寺の礎石はほとんど残存していなかったため断定はできないが、創建期から東国初期寺院のなかでも中心的な存在であったと考えられる[2] 下野薬師寺において、塔心礎や金堂礎石などは花崗岩などの硬石が使用されたであろうと思われ、硬石加工技術を身につけた石工集団が派遣された蓋然性は高いと言えるだろう。創建期瓦から下野薬師寺の影響を強く受けて成立したと考えられる真岡市大内廃寺（7世紀末葉）の塔心礎・金堂礎石は花崗岩であり〔大金 1984b〕、7世紀後半代での下野地域において新来石工集団が存在した可能性が傍証される。しかしこうした想定とは裏腹に、多功大塚山古墳の石室には硬石加工技術が取り入れられていないのである。上野地域の宝塔山古墳では造寺工として派遣された石工が石室構築にも関与したのに対して、同様に初期寺院建立と密接な関わりをもって築造された多功大塚山古墳では、石工が寺院造営のみに限定された可能性が高いと判断される。石室の要素に在地墓制の属性を認めがたい多功大塚山古墳石室の構築に、存在したであろう硬石加工技術者が関与していないという状況は、宝塔山古墳と多功大塚山古墳の築造年代差に起因する社会情勢の変化として理解したい。宝塔山古墳の場合、7世紀第3四半期でも中葉寄りに位置づけられる公算が高いのに対して、多功大塚山古墳は天武朝期の創建と考えられる下野薬師寺と密接な関連をもつ点を重視するならば、7世紀第3四半期のなかでも後半寄りの築造と捉えた方が自然である。そして両古墳の築造年代にまたがる7世紀第3四半期の畿内地域の状況を窺うと、石室構築材が花崗岩や安山岩などの硬石から二上山産出の軟石に移行する動きが認められるのである。この動態について河上邦彦は、石材加工の簡便さという薄葬化現象に加え、672年の壬申の乱後における石工集団の再編成という社会事情の変化を想定している〔河上1985〕。この解釈に従えば、多功大塚山古墳において硬石加工技術が発揮されなかったのは、硬石加工に従事した石工が寺院のみに限定された畿内地域の変革を、まさに反映した状況と言える。

4. 龍角寺岩屋古墳・割見塚古墳における畿内系墓室様式の評価

最後に、千葉県印旛郡栄町龍角寺岩屋古墳と富津市割見塚古墳に採用された畿内系墓室様式を確認したい。とくに龍角寺岩屋古墳石室の位置づけについては、下総地域における有力古墳の動向としてすでに考察しているが（第3章第6節）、割見塚古墳石室のあり方と共通性が高いと考えられるので、第3章考察の骨子を踏まえて畿内系墓室様式の一採用形態として両地域の特質をまとめあげる。

下総地域の龍角寺岩屋古墳は磚槨式風の石室で知られる双室墳であり、上総地域の割見塚古墳は狭小な石槨部に玄室・前室・羨道を連ねた横口式石槨風の石室を内蔵する。ともに在地内で生成した墓制とは考えられず、畿内地域からの直接的な影響を考えざるを得ない。ただし両古墳の石室とも、彼地の磚槨式石室や横口式石槨に比べて一回り以上大きく同一規格とは言えない。また使用石材も磚槨式石室が室生安山岩（榛原石（はいばらいし））、石槨部に幅広の前室・羨道を連ねる横口式石槨の多くが寺山石英安山岩という硬石であるのに対して、龍角寺岩屋古墳石室は貝化石を多く含む砂岩（木下石（きおろしいし））、割見塚古墳石室は凝灰質砂岩という在地の軟石で、加工技術体系の根本的な違いを示している。石室構造を見ても、龍角寺岩屋古墳の奥壁構築材や割見塚古墳に見られる門柱の造りなど、畿内地域の事例とは様相が異なる。さらに後続する切石積石室である下総地域の上福田13号墳・みそ岩屋古墳、上総地域の森山塚古墳の造りを窺うと、石室構造が大きく改変され、在地化が進行していることは明らかである。以上の諸点を勘案して、特殊な石室構造を呈する龍角寺岩屋古墳・割見塚古墳は畿内地域の影響を受けて成立したことに違いはないものの、石室構築にあたったのは在地の工人集団が主体であったと結論づけられる。いわば石室形態に関わる概念のみ畿内地域から伝播したと理解せざるを得ない。畿内と関東という距離の隔たりを考えると、石室形態という具体的な像が伝播するには情報媒体の直接的な移動を考えなければなるまい。磚槨式石室に似た石積みや棺室部の付設という立面的な情報が伝播していることから単なる図面のかたちでもたらされたとは考えにくく、畿内地域において石室構築に携わった工人が関東の地で指導的な立場を担ったと解釈できるのではなかろうか。とくに龍角寺岩屋古墳の場合、指導的立場にあった工人が、7世紀第3四半期でも中葉寄りに比定される初期寺院・龍角寺の造営を目論んで派遣されたであろうことは容易に推測される。このことは龍角寺の塔心礎および門の礎石が硬石の花崗岩を使用しており〔柴

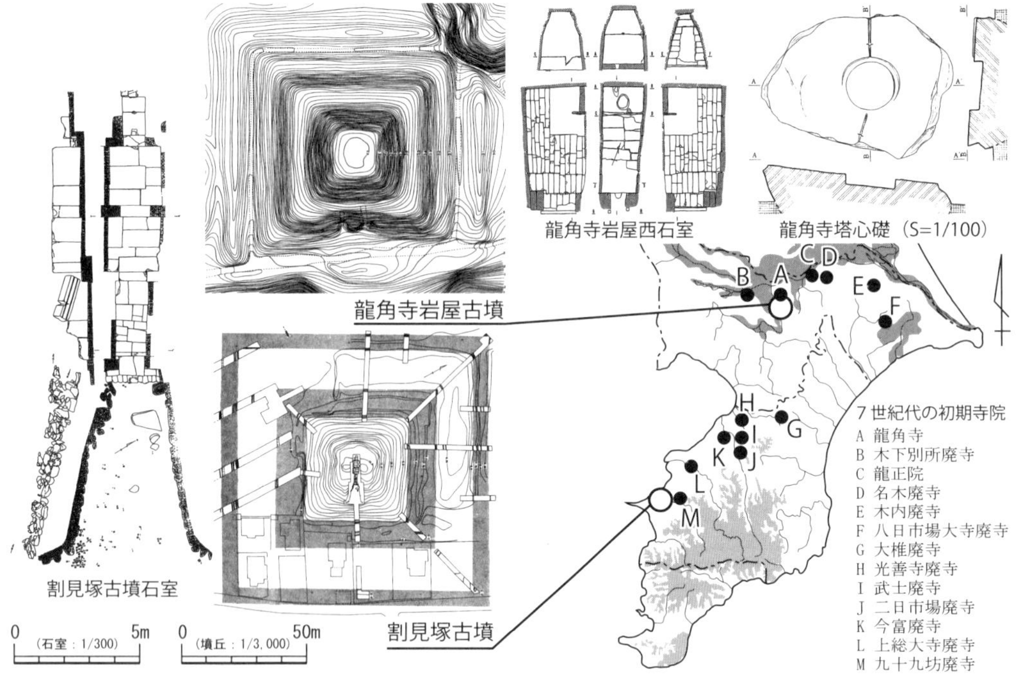

第109図　龍角寺岩屋古墳・割見塚古墳と千葉県内の初期寺院分布

田2009〕、硬石加工技術を身につけた石工が7世紀中葉前後の下総地域に存在した可能性が高い点からも首肯されよう。一方、割見塚古墳の場合、これに近接する九十九坊廃寺は7世紀末葉に比定され、若干距離をおく上総大寺廃寺でも7世紀中葉まで遡らせることはできない。したがって割見塚古墳の構築を指揮した新来工人が、初期寺院の建立を契機として派遣されたことを積極的に示す証左はない。ただ繰り返し強調しておきたいのは、割見塚古墳の石室形態に示される横口式石槨がいずれも硬石を用材としている以上、上総の地にこの墓室情報を伝播せしめた人物が硬石加工技術を習得していた可能性は高いということである。龍角寺岩屋古墳・割見塚古墳における硬石加工技術者の間接的関与は、それぞれの石室に適合するような石材が産出されないという地質環境事情によって説明されよう。すなわち、下総の地では磚槨式石室に使用される榛原石のような板石加工に適した硬石が存在せず、石材産出に乏しい上総の地に至っては硬石自体が入手困難であった。このため新来石工集団を投じて畿内地域の墓制を採用しようとした造墓主体者の思惑は、新来石工集団から情報を得た在地の軟石加工技術者によって辛くも実現されたのであろう。

註

(1)　古墳の検討を中心とする尾崎喜左雄〔1966〕・右島和夫〔1985〕の論考に加え、山王廃寺の石造技術を詳細に分析した論考〔津金澤1983〕もある。

(2)　養老年間（720年代）の官寺昇格にあたり瓦葺回廊をはじめとする大規模な改作が行われたと推測されてきたが、近年の発掘調査で創建当初から飛鳥の官寺と遜色ない建物をもつ寺院であったことが判明している〔下谷2007〕。

第2節　地域首長墓における在地性の発露

1. はじめに

常陸地域の宮中野大塚（きゅうちゅうのおおつか）古墳、北武蔵地域の八幡山（はちまんやま）古墳、南武蔵地域の武蔵府中熊野神社古墳の埋葬施設は、在地内で盛行した地域色ある石室形態・構造を発展的に継承したものであり、地域首長墓の築造にあたって伝統的な在地性が発揮されたものと見なしうる。しかし墳丘・土木技術の面では三者三様のあり方を示しており、地域ごとの実態を踏まえた比較検討が必要である。

2. 宮中野大塚古墳の特質と石室破壊行為の背景

常陸地域の後期・終末期古墳は、箱形石棺を主とする遺骸埋葬施設を墳裾に設ける「変則的古墳」〔市毛 1963〕、あるいは石棺・石室の地下埋葬・前方部構築を原則とする「前方後円形小墳」〔岩崎 1992〕といったあり方を最大の特色とする。また横穴式石室や須恵器副葬の導入が遅れることでも知られ〔日高 2000b〕、墓制の面で畿内地域からの影響が希薄な文化圏として認識されている。このように在地色の強い古墳築造状況のなかで、霞ヶ浦の北浦東岸に営まれた地域首長墓である茨城県鹿嶋市宮中野大塚古墳は、7 世紀代における関東地方の一地域と畿内政権との関係を理解するうえで重要な存在である。

宮中野大塚古墳は全長 92m を測る帆立貝形古墳で、埋葬施設が直径 80m の主丘部には存在せず、造出し状の短小な前方部中央に掘り込まれた 4.2 × 1.8m の墓坑内に構築されていた（第 110 図左上）。発掘調査では主丘部墳頂の平坦面全体を深く掘り下げており、主丘部に埋葬施設を構築していない点は確かであろう。全長 92m という墳丘規模は帆立貝形古墳としては全国有数、宮中野古墳群内では前方後円墳の夫婦塚古墳（6 世紀末葉～7 世紀初頭：103m）・お伊勢山古墳（4 世紀末葉～5 世紀初頭：96m）に次ぐ大型古墳で、埋葬施設のあり方からいわゆる変則的古墳の部類に属するものと言える。

墓坑の主軸は古墳群内で検出されたすべての石棺と同様に東西方向で、これに直交して墓坑南西端から全長 15m の墓道が伸びている。墓坑内には横口を有する片岩板石組埋葬施設が構築され、横口の接続位置によって平面Ｌ字形を呈する（第 110 図左下）。長軸 3.8m・短軸 1.5m・深さ 1.5m を測り、箱形石棺を基本構造とするが規模は石棺に比して格段に大きいものとなっている。これまでの研究では、横口を有する特異な石槨構造であることから正式報告をまって判断を保留する場合が多く〔石橋 1995〕、取り上げられる場合には地下埋葬である点を重視する見方から 7 世紀中葉の武者塚古墳などと並び位置づけられることもあった〔日高 2000a〕。しかし、埋葬施設から出土した銀象嵌円頭大刀柄頭・銀製刀子柄頭・銀製弓弭・銀被弓金具・馬具などの副葬品の年代観は 7 世紀前半が妥当であり、墳形・墳丘規模の点からも年代的に

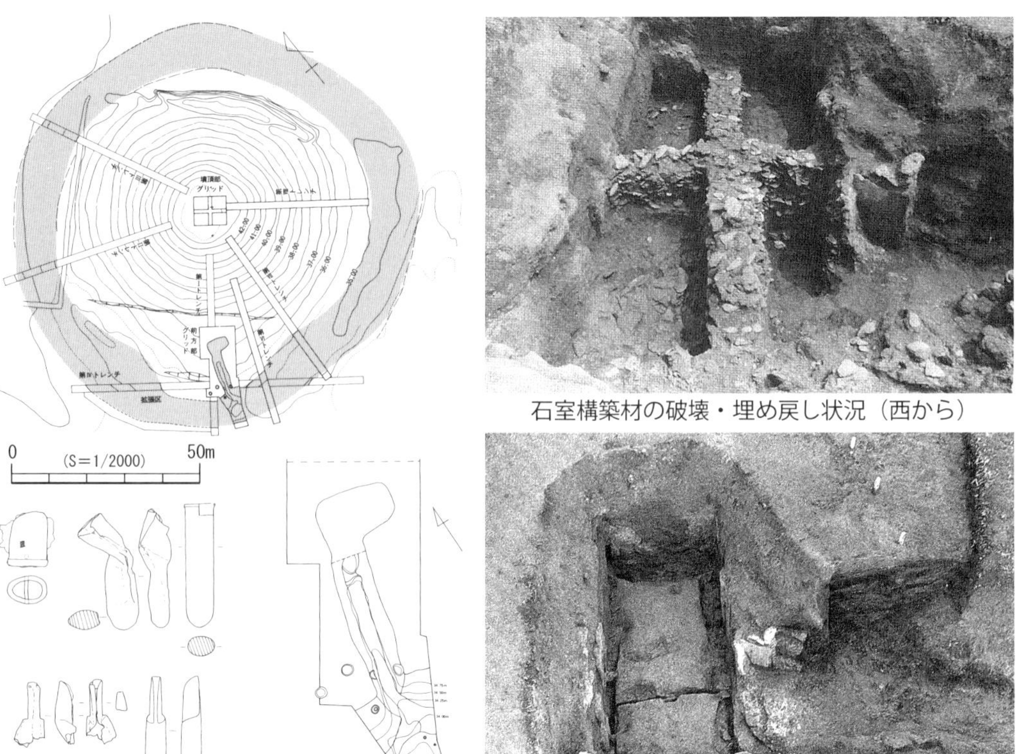

第110図　茨城県鹿嶋市宮中野大塚古墳の墳丘・石室・副葬品

下らせて考える必要はない[(1)]。当該地域で成立した、箱形石棺に羨道や前室を付加したような地下式構造の片岩板石組埋葬施設は「石棺系石室」と呼ばれ、7世紀中葉以降に展開したと考えられているが〔塩谷1992〕、宮中野大塚古墳の埋葬施設はこの種の石室の一初現形態として位置づけることがふさわしい。

以上のように宮中野大塚古墳は、墳丘・石室の諸属性において極めて在地色の強い地域首長墓と言え、那珂国造の奥津城にみなしうる可能性が指摘されている〔日高2010〕。在地的な古墳の特徴が凝縮された宮中野大塚古墳については、埋葬施設の徹底的な破壊という特殊なあり方を示す点でも注目される。すなわち、構築部材の板石を抜き取って粉々に砕いたうえで、その石片を再び墓坑内に埋め戻すという特異な検出状況であった（第110図右）。石室破壊の実態は発掘調査を進める過程で認識されており、調査前の前方部に陥没痕などの存在は報告されていないので、墓坑の埋め戻しが破壊前の原状に復するほど丁寧なものであったことがわかる。石室石材の粉砕に加えて、先述した副葬品がすべてこの埋め戻された石片の間から破砕された状態で出土した点を考慮すると、宮中野大塚古墳石室の破壊が後世の石材採取や盗掘を受けた痕跡でないことは明らかである。石室床面の直上には、焼土・炭化材の層が埋葬施設全域を覆うように検出されており、単なる破壊目的の結果ではなく何らかの儀礼的行為の痕跡として理解すべき状況であると考える(2)。

盗掘などを除いて埋葬施設が意識的に破壊された事例としては、先行する横穴式石室墳を破壊した上に築造された石舞台古墳の例〔末永 1991〕や群集墳を構成する後続墳が先行する古墳を破壊している場合〔日野 1997、藤田 2006〕など、古墳が古墳を破壊するパターンがあり、前者は強権による占地、後者は限られた墓域内での造墓活動の継続を示す現象である。栃木県益子町山守塚古墳・宇都宮市針ヶ谷新田１号墳の状況はこれと異なり、石室が基底石まで完全に破壊されたうえで、その石材が周溝に引きずり出されていた。石材が周溝の覆土中層に浮いた状態で出土したことから、築造後まもなく発かれたもので被葬者を否定する行為を示すと性格づけられている〔小森 2010〕。また平城宮造営に伴う市庭古墳前方部の削平や恭仁京造営に伴う古墳の破壊〔中谷 1976〕、長岡京造営に伴う今里車塚古墳の破壊〔高橋編 1980〕、井ノ内稲荷塚古墳の石材採取〔山本 1997〕など、宮都造営に伴う古墳の破壊パターンもあり、この場合、墨書土器などを用いた律令制祭祀にもとづく地鎮め儀礼〔森 1984〕が行われていることが多い。地鎮めが実施されるシーンは宮都のほかに寺院〔森 1985〕や道路〔今尾 1994〕など様々で、地鎮めを伴う古墳の破壊例は地方においても類例が存在するものと思われる。ただし宮中野大塚古墳の場合、新造の古墳や寺院・道路などによって破壊されたものではなく、また粉砕した石材を丁寧に埋め戻している点や儀礼的痕跡が確認された点で山守塚古墳・針ヶ谷新田１号墳の状況とも異なるので、これらとは別の背景を想定しなければならない。

儀礼行為によって埋葬施設が破壊されたと考えられる事例は、あまり多く知られていない。6 世紀末葉の未盗掘古墳として注目された島根県出雲市中村１号墳では、複室構造石室の玄室に納められた組合式家形石棺の蓋石に人為的な打撃痕が２箇所認められ、大きく３枚に割れた破片のうち２枚が裏側（内面）を上に向けて棺内に落ち込んでいた（第 111 図）。鉄鏃や馬具などの副葬品にも破壊し動かされた状況が窺え、遺骸埋葬後に遺物と棺蓋の毀損・再配置という儀礼行為が行われたことが確かめられた。田中良之は、この毀損・再配置が埋葬遺体の軟部

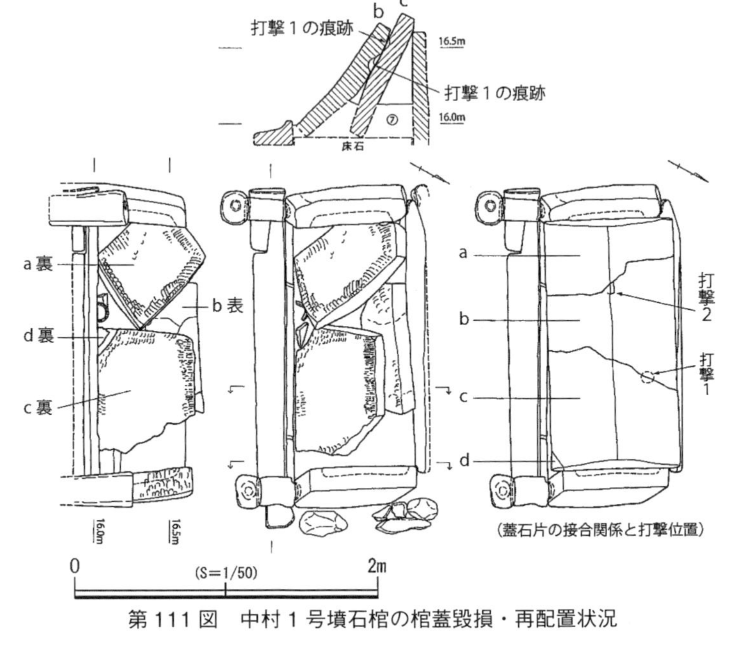

第 111 図　中村１号墳石棺の棺蓋毀損・再配置状況

組織が腐朽した後に人骨の一部を毀損して被葬者の再生阻止を図った断体儀礼〔田中2008〕に通じるものと捉え、その行為が死者との関係において配置された副葬品や死者の容器である棺にまで及んだものと考えた〔田中2012〕。棺まで毀損されるという事態は特異で、類例として愛媛県松山市葉佐池(はざいけ)古墳2号石室内の破却された木棺が挙げられるにとどまり、葬送儀礼が地域・集団ごとの解釈によって独自に変異した可能性が指摘されている。宮中野大塚古墳の石室破壊は、構築石材が細片化するほど入念なもので、石材片を墓坑内に埋め戻している状況を含めて中村1号墳例との変異は大きいが、広い意味で死者の「社会的死」を企図した再生阻止儀礼の一種である可能性が高いだろう。

さらに注目したいのは、宮中野大塚古墳に隣接する宮中野99-1号墳と鹿島神宮の存在である。宮中野99-1号墳は22×34mの長方形墳で、石室長3.2m（玄室長2m）の片岩板石組石室2基を並列させた双室墳である（第112図）。基本的な石室構造は在地的だが、開口部のみ扁平な切石を積み上げている点は磚槨式石室を意識したかのような外観であり、双室墳である点を含め、奈良県桜井市舞谷古墳群に代表される畿内地域の原初的な律令官僚層墓制〔楠元1994〕が導入されたものと考えられる(3)。磚槨式風の石室を並列させる双室墳という点で下総地域の龍角寺岩屋古墳と似たあり方と言えるが、龍角寺岩屋古墳の畿内系墓室様式は龍

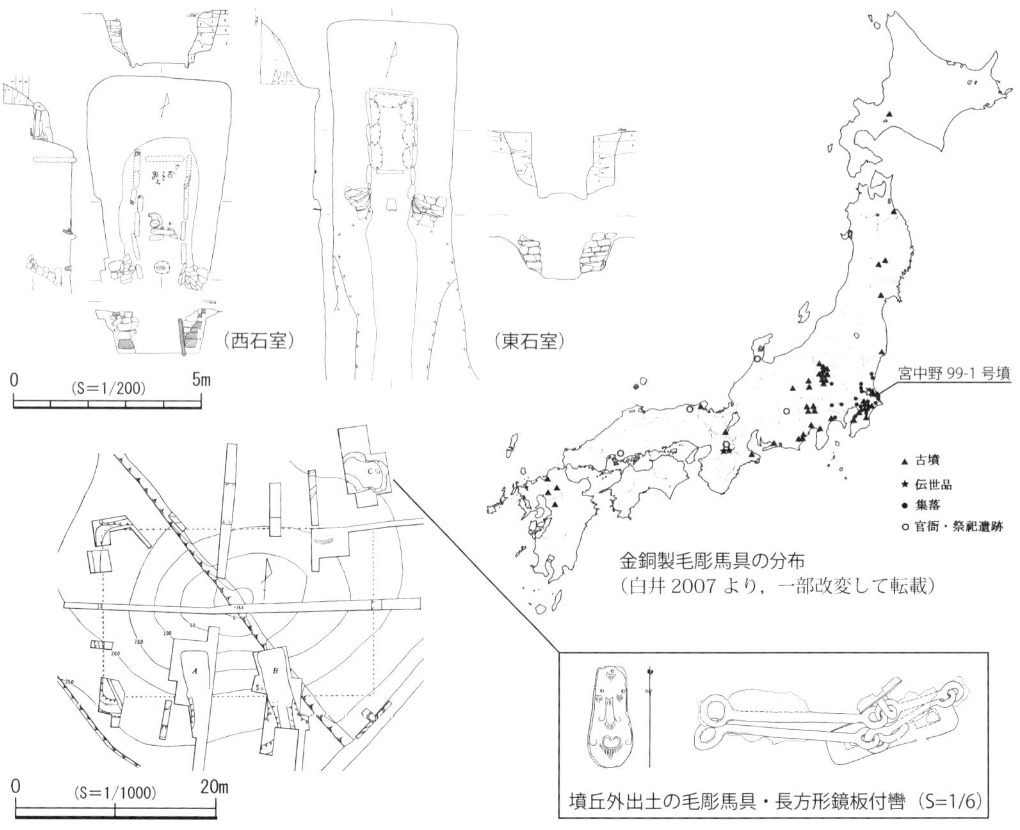

第112図　宮中野99-1号墳の墳丘・石室・副葬品

角寺造営に伴って派遣された新来石工集団が付随的にもたらしたものであり、初期寺院造営を伴わない宮中野99-1号墳の場合とは異なる。宮中野99-1号墳は、まさに上述した原初的な律令官人が畿内地域から派遣され、自らの墓制を東国の地で再現したものと考えておきたい。宮中野99-1号墳からは長方形鏡板付轡と金銅製毛彫馬具が出土しており、古墳の特徴とあわせて宮中野大塚古墳に後続する7世紀中葉頃の築造と目される。金銅製毛彫馬具の分布が駿河・下総・常陸・上野を中心とする東海道・東山道に連なり（第112図右）、7世紀前半以降の畿内政権による東北進出ルートを示すものと考えられている点〔白井2002b〕を踏まえると、宮中野99-1号墳の存在は東北経営を視野に入れた畿内政権による拠点づくりを意味するものであり、先述した被葬者像の妥当性を裏付ける。そしてこうした動きは以下に記す鹿島神宮の性格とも符合する。

宮中野古墳群にほど近い鹿島神宮は、武甕槌（タケミカヅチ）大神という武神を祀る神社として物部氏が創設し、物部氏没落後に中臣氏の氏神となったとされる。奈良県石上神宮の布都御魂（フツノミタマ）神と同一視される経津主（フツヌシ）大神を祭神とする千葉県佐原市香取神宮とともに香取海に臨む位置にあり、古くから交通・航海の神としても崇敬を集めてきた。とくに蝦夷征討の実施された古代においては、東国支配・東北進出を加護する神として、その地位を向上させていたことが文献から明らかである。この鹿島神宮の成立時期について考古学的に論証することは難しいが、『常陸風土記』によれば、大化5年（649）に中臣□子・中臣部兎子の申請で、下総の海上国から1里、常陸の那珂国から5里を割いて「神郡（評）」としたとあるので、少なくとも7世紀中葉の建評時には鹿島神宮が存在したようである。また宮中野99-1号墳の年代が7世紀中葉頃で建評とおおむね同時期であることを踏まえると、建評申請者である中臣氏の一族こそ畿内政権から派遣された宮中野99-1号墳の被葬者であり、中臣氏が祭祀・儀礼を職掌とする点からしても派遣の経緯が鹿島神宮の管掌と密接に関係していると考えられる。宮中野99-1号墳被葬者像の当否を置くとしても、7世紀中葉頃に鹿島神宮を中心とする香取海東岸が畿内政権の重要な拠点の一つとなっていた可能性は極めて高いと言える。

以上のような7世紀中葉における当該地域の情勢を考慮するならば、7世紀前半に築造された宮中野大塚古墳被葬者の社会的死を企図した石室破壊は、在地色の強い古墳文化圏にあって、東国支配を推し進めた畿内政権による体制転換を象徴的に示すための儀礼的パフォーマンスであった可能性が考えられるのではなかろうか。石室の破壊儀礼という極めて特殊なケースであるため、如上の憶説を実証することは難しいが、宮中野大塚古墳の重要性を鑑みて現時点での試論を披歴した。今後当該期における常陸地域の状況を確認し、あわせて石室破壊例の集成と比較検討を通じて検証していかなければならないと心得ている。

3. 八幡山古墳にみる在来要素の結集形態

北武蔵地域の埼玉県行田市八幡山古墳は直径74mを測る大型円墳で、前方後円墳消滅後の最有力古墳と目されている。当該地域における最終末前方後円墳は、有孔平底の須恵質埴輪壺を墳丘上に囲繞する中の山古墳（79m）や緑泥片岩の板石組石室を内蔵する小見真観寺古墳（112m）、角閃石安山岩使用の大型横穴式石室を内蔵していたことが知られる若王子古墳（95m）などが挙げられる〔太田2010〕。埴輪を伴わないこれらの前方後円墳は、中の山古墳の埴輪壺と同工の資料がTK209型式の須恵器を併焼する寄居町末野遺跡第3号窯跡で出土した点や、小見真観寺古墳玄室内の箱形石棺状施設の構造的特徴（第3章第3節）などを根拠として、7世紀初頭頃の築造と考えられ、八幡山古墳はこれらに後続する7世紀前半の地域首長墓と位置づけることができる。このように八幡山古墳を地域首長墓たらしめている要素は、墳丘規模にとどまらない。巨大な墳丘を築きあげた技術的側面に着目すれば版築状盛土の施工が確認されているし、石室からは全国的に稀少な絹の付着した漆棺材が出土している。とくに金銅製鐶座金具を伴う乾漆棺の採用例は、畿内地域中枢部の一部の有力古墳に限られることから、畿内地域の有力者と密接な関係をもっていたことが確実視できる。つまり墳丘構造や棺形態は、畿内地域を中心とする他地域からの新来要素と見なせるところであり、あらゆる属性において在地色が強い常陸地域の宮中野大塚古墳などとは異なる。ただし埋葬施設には、推定全長16.7m・最大幅4.8mを測る在地的な複室構造胴張り石室を採用しており、その意味で畿内系墓室様式を取り入れた同時代の龍角寺岩屋古墳や割見塚古墳とも相違するのである。八幡山古墳の存在形態を解く鍵は、この埋葬施設にあらわれた在地性をおいて他にないだろう。

さて複室構造胴張りプランという大局的な分類から八幡山古墳石室を在地的と評したが、実際の平面形態・構造的特徴を列記してみると、①玄室・中室・前室からなる3室構成、②安山岩・緑泥片岩・砂質凝灰岩の3種を巧みに組み合わせた石材利用、③石材各面に細かい面を設けて複雑に切り組ませた角閃石安山岩壁材の多面体加工、④緑泥片岩の巨石をシンメトリーに組み込んだ中室・前室側壁の壁面構成、⑤旧地表面から3.7mの高さまで版築状盛土を施したうえに石室床面を置き、側壁基底石を床面より1m近く下に設ける独特な基礎構造である点、などその実態は類を見ないものである。これら諸特徴のうち①の平面形態については後述するとして、まず石室の構造的特徴をひとつひとつ見ていくことにしよう。

②の石材利用については、天井石・各室の床面中央・袖石・前室と中室の側壁中央に緑泥片岩の巨石、側壁の大部分および床下に十文字に敷かれた大引構造に角閃石安山岩(4)、床面の大部分に砂質凝灰岩が使い分けられている。とくに天井石の緑泥片岩は、長さ2～4m・厚さ40～70cm・重さ10数トンにも達するもので、長瀞を中心とする秩父産出の緑泥片岩巨石を40km以上離れた埼玉地方まで運ぶには、前代の小見真観寺古墳・若王子古墳の段階に成立した政治的紐帯無くして成し得ないものである（第113図右上）。また同一石室に緑泥片岩・角閃石安山岩を併用する事例は前代までに存在したが、比企丘陵産出の凝灰岩をも取り入れた事例は他になく、緑泥片岩を中心とする古墳時代後期の石材搬送形態から在地首長層の支配構造を論じた田中広明は、「新たに比企地方の在地首長層を結集の一端に組み込み、編成した上部構造の頂点となった被葬者像」を想定している〔田中1989　p.105〕。

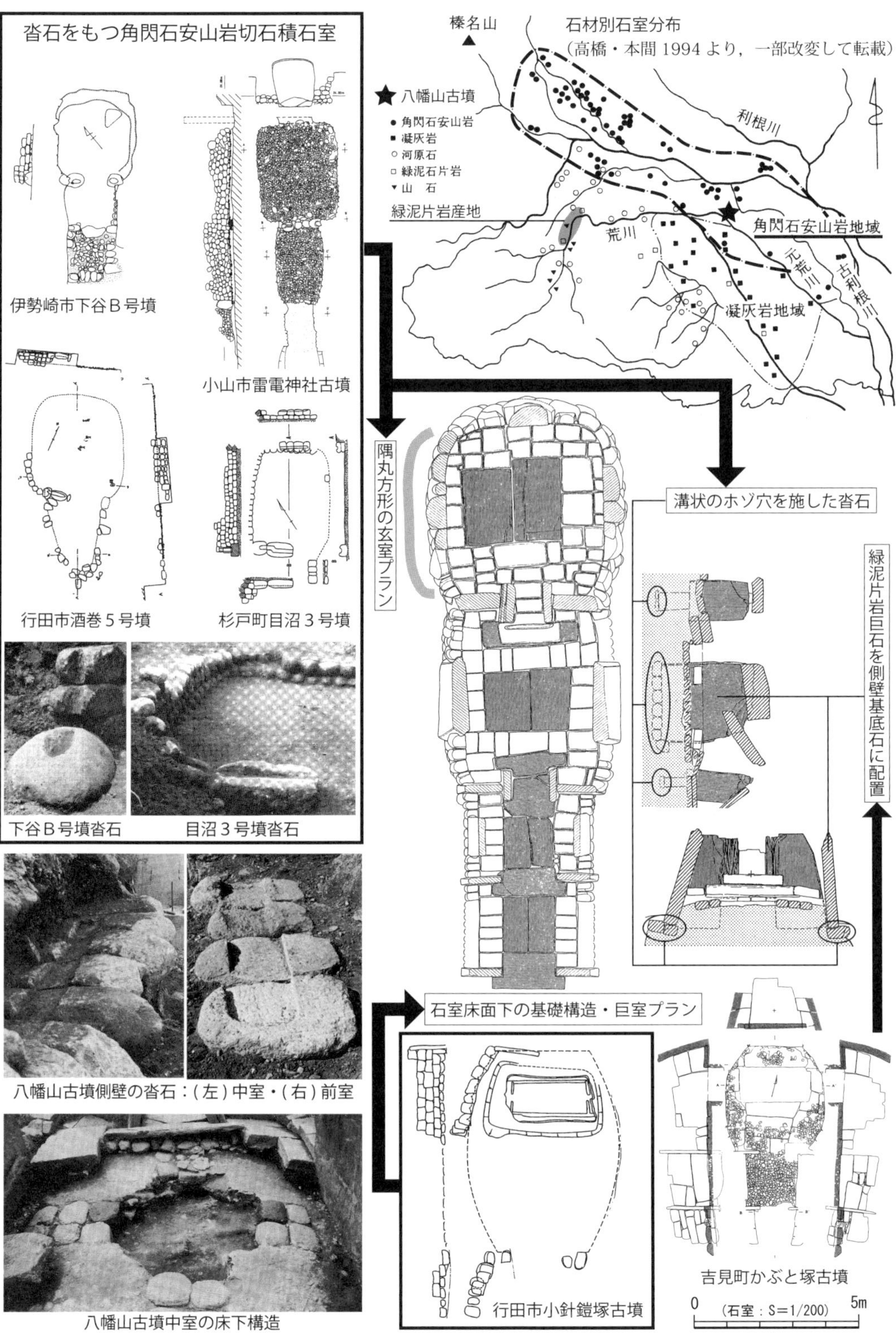

第113図　埼玉県行田市八幡山古墳石室の結集形態

この複数地域の結集という事態は、石材搬送のみならず石室の構造的特徴にもあらわれている。③の角閃石安山岩壁材の多面体加工では、石室裏側となる一面のみ未加工状態のままで、現利根川流域（かつての香取海南岸）に数多く分布する角閃石安山岩切石積石室と共通した加工技術と評価できる。特殊に思われる目通りを避けた多面体加工も、御手長山古墳など当該石室の石積み手法を基礎として、石材どうしの接する部分を精緻に加工した結果と見なせる。このように理解してよければ、緑泥片岩を用いた各室の門構造や、その下部にある溝状のホゾ穴を施した沓石（くついし）も酒巻5号墳・目沼3号墳など当該石室に特徴的に見られる構造的特徴であり、八幡山古墳石室を成立させたひとつの基本系統として角閃石安山岩切石積石室の流れを挙げておきたい（第113図左上）。とくに沓石と呼ばれる礎石状石材は、門構造のみならず中室・前室の側壁中央に配された緑泥片岩下部にも用いられており、大型石材の不動沈下を防止する役割が想定されている。

ここで俎上に上げた④中室・前室側壁における緑泥片岩巨石の配置は、角閃石安山岩切石積石室に見られない特徴であり、独り八幡山古墳石室の特殊性のように思われがちであるが、これと同様の壁面構成をかぶと塚古墳石室に見出すことができる。豊富な出土遺物からTK209型式期に位置づけられるかぶと塚古墳は、凝灰質砂岩の大型切石に顕著な湾曲加工を施した複室構造石室として知られているが、前室側壁の基底石に緑泥片岩の板石を使用している点については従来あまり注視されていなかった（第113図右下）。この壁面構成は八幡山古墳と共通するものであり、石室床面に切石を敷設する点や側壁の随所に切り込みを加えてインゴット状の小石材を嵌め込む特徴を含め、八幡山古墳石室に取り入れられた要素と見られる。八幡山古墳における石材利用の点で指摘した凝灰岩の採用にみる比企地方との結びつきは、まさにこのかぶと塚古墳石室の要素の取り入れというかたちで融合されるのである。かぶと塚古墳石室が酒巻21号墳に始まる角閃石安山岩切石積石室から派生した点（第2章第2節）を踏まえると、この交流関係を下敷きとして八幡山古墳石室の構築にあたり比企地方の石材および石室構築技術が投入されたことは自然な流れとして受け止められる。

さらに⑤石室床面下の基礎構造は、当該地域の小針鎧塚古墳に始まる巨室プラン複室構造石室のあり方が参考になる（第113図左下）。正式報告が未刊行の小針鎧塚古墳については、石室実測図と一部の出土遺物が知れるのみで詳細は不明だが、これに後続すると考えられる中条大塚古墳の基礎構造に注目すると、床面下約1mの高さまで版築状盛土が施されており、また側壁際には緑泥片岩板石を並べてその間に人頭大の礫を詰め込み床面下の側壁を補強するという特徴が認められる。八幡山古墳をも凌ぐ玄室規模の小針鎧塚古墳についても、恐らく入念な基礎構造が施されているものと予想される。巨室プランの石室を構築する点を含め、小針鎧塚古墳の石室系統が八幡山古墳石室の成立に関わっている可能性は高いだろう。

以上のように、③～⑤の構造的特徴は埼玉地方および比企地方に存在する複数の石室系統の要素が融合し、これを発展的に昇華させたものと結論づけられる。このように複数地域の在来造墓技術を結集して一石室が構築される状況は、上野地域の宝塔山古墳石室にも認められ（第3章第1節）、7世紀中葉前後における地域首長墓造営の一形態として捉えられる。八幡山古墳石室が宝塔山古墳石室と異なるのは、その平面形態の祖形を畿内地域に求めることができないという一点に尽きる。そこで最後に①在地的な3室構成の成因が問題となってくるが、構造的特徴について複数系統からなる在来要素の結集形態を明らかにしえたことで、独特な平面構成・形態の成立事情についても同様に捉えられる蓋然性が高まってきた。すなわち八幡山古墳石室の復原報告書のなかですでに指摘された考えだが、隅丸方形を呈する玄室プランは下谷（したや）B号墳や雷電神社古墳、目沼3号墳など角閃石安山岩切石積石室に認められ（第113図左上）、中室の胴張りプランは北武蔵地域の多くの切石積石室に、前室の直線的な方形プランは小見真観寺古墳など緑泥片岩板石組石室にそれぞれ求めることができ、これら複数系統の平面形態が組み合わされ、一つの大型石室として一体化したものこそ八幡山古墳石室に他ならないという解釈である。6世紀末葉～7世紀初頭以降の北武蔵地域では、石室の平面形態に重要な意味を見出した地域性が指摘でき（第4章第2節）、構造的特徴のみならず平面形態においても在来要素が取り入れられたのであろう。八幡山古墳の一見特異に思える石室形態・構造は、複数系統の在来要素を取り入れ、まとめ上げるだけの支配力をもった地域首長が平面プランにおいても在地性をあらわそうとした所産として位置づけられる。

4. 武蔵府中熊野神社古墳の石室形態が語るもの

7世紀中葉～第3四半期に築造された南武蔵地域の東京都府中市武蔵府中熊野神社古墳は、一辺32m、高さ4.6mを測る3段築成の上円下方墳で、発掘調査によって同様の墳形が確実視できるものとして他に、奈良県奈良市・京都府木津川市石のカラト古墳、静岡県沼津市清水柳北1号墳、東京都三鷹市天文台構内古墳、福島県白河市野地久保（のちくぼ）古墳の4例が挙げられる。天文台構内古墳は石室構造の特徴から武蔵府中熊野神社古墳に後続すると考えられ（第3章第5節）、墳丘形態についても石室とあわせて踏襲されたものと捉えられる。石のカラト古墳・野地久保古墳は横口式石槨、清水柳北1号墳は石櫃を主体部とすることから、7世紀末～8世紀初頭を中心とする時期に営まれたと考えられる。すなわち現時点での資料による限り、武蔵府中熊野神社古墳は確実な上円下方墳のなかで最も古く位置づけられるが、この特殊な墳形の起源は、詳細不明ながら1930年代の調査結果にもとづいてその可能性が指摘された石舞台古墳〔濱田1937〕、あるいは八角形の上段部と斜面に雛壇状に築かれたコの字形の下段部からなる奈良県桜井市段ノ塚古墳と考えられており〔高橋1922〕、段ノ塚古墳が舒明没年（641年）の2年後に改葬された押坂内陵（おさかのうちりょう）とすれば、石舞台古墳とともに7世紀前半に遡ることから基本的には畿内地域から伝来した墳形と理解して大過ないだろう。また墳形以外の要素として、近隣の古墳に見られない版築状盛土や、北武蔵地域の穴八幡古墳・鶴ヶ丘稲荷神社古墳、下野地域の多功大塚山古墳などでも確認された石室床面下の掘り込み地業など、土木技術の面で新来要素の採用が目立つ。これらの土木技術は、後の国府関連建造物や寺院建築における基壇造成に通じるもので、特殊な墳形とともに畿内地域からもたらされた可能性が高い。石

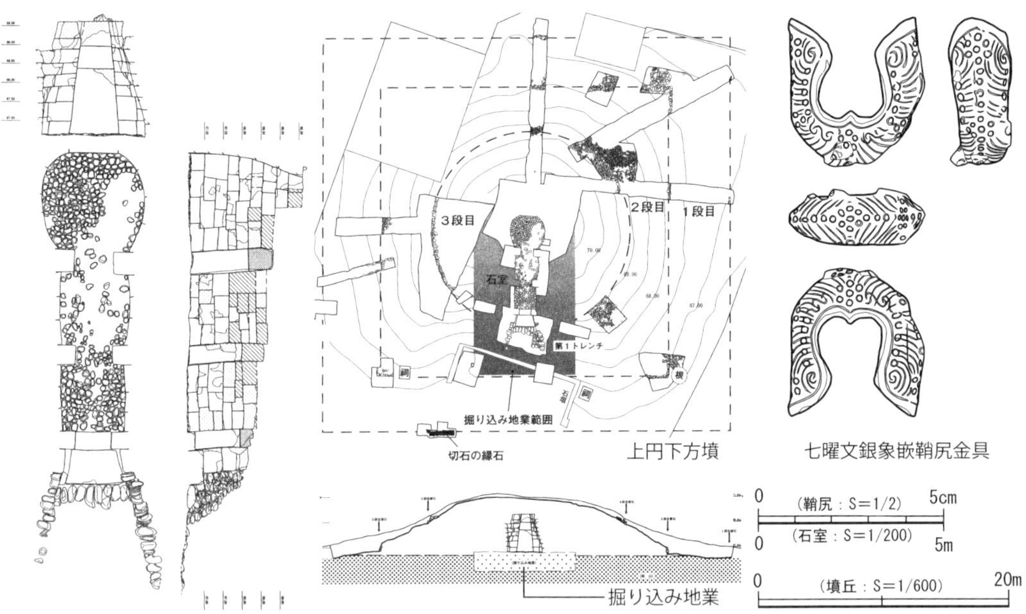

第114図　武蔵府中熊野神社古墳の在地性と外来性

室と墳丘の相関関係から朝鮮半島、とくに新羅古墳との関連が濃厚と見て渡来系技術者が構築に関与したとする指摘もあり〔青木2006〕、新来の技術系譜については予断を許さない状況であるが、墳形および土木技術という墳丘構造が、七曜文銀象嵌鞘尻金具の副葬や361本の鉄釘に示される釘付木棺の採用とともに、畿内地域を中心とする外部からの新来要素である点は疑いないものである。

一方、埋葬施設には前代の稲荷塚古墳・北大谷古墳で成立した複室構造胴張りプランを採用しており、石室構築技術も南武蔵地域内での発展過程として捉えられる。つまり新来要素からなる副葬品・棺形態・墳丘構造とは対照的に内部構造において在地性が発露するという二面性が窺えるのである（第114図）。ここで問題にすべきは、武蔵府中熊野神社古墳の埋葬施設に在地的な石室が採用された背景である。こうした南武蔵地域の動向を解明するうえで、6世紀末葉～7世紀初頭の第六天古墳の存在が看過できない。

第六天古墳の石室形態が北武蔵地域の冑塚古墳と類似する点については、従前の研究で度々指摘されており〔大森1999ほか〕、緑泥片岩の石棺が設置されていたことと相俟って、北武蔵地域との地域間交流の所産とみる見方が示されている。なお第六天古墳に見られる石材の広域供給という視点では、房州石の産地である上総地域と緑泥片岩の産地である北武蔵地域との関係が注目されており、埴輪の供給を含め6世紀末葉から7世紀初頭にかけての地域間交流が明らかにされている〔松尾2000ほか〕。ここでいう上総地域とは東京湾東岸の君津・木更津周辺を指しており、類似石室が盛んに営まれた上総北部の山武（さんむ）地方とは異なる。石材などで相互交流のあった東京湾東岸と北武蔵地域の石室形態は同一のものではなく、君津周辺のなかでみても石室形態を意識的に類似させるという動きは認めがたい。石材や埴輪の供給関係があったとしても、類似石室の構築という造墓原理が必ずしも移入されるわけではないようだ。そう考えると、第六天古墳が特殊な存在であり、北武蔵地域と第六天古墳との間には、石材の広域供給が意味する地域間関係とは別の紐帯が存在したと理解するより他にない。恐らくは、北武蔵地域と特別な関係を取り結んだ第六天古墳の築造を契機として、特定の古墳と類似した石室形態を採用することで相互の関係性をあらわすという北武蔵地域の造墓原理（第4章第2節）が、南武蔵地域に移植されたと考えてよいだろう。7世紀前半の稲荷塚古墳にも複室構造胴張りプランが採用されるが、同じ南武蔵地域の第六天古墳から二次的に伝播するのではなく、改めて結ばれた北武蔵地域との関係において石室形態・構造を受容しており（第3章第5節）、北武蔵地域から南武蔵地域への複数回にわたる影響のなかで石室形態による紐帯の形成が根付いていったと考えられる。墳丘構造と対照的に在地的な石室が採用された武蔵府中熊野神社古墳のあり方は、北武蔵地域との交流を通じて石室形態のつながりに特別な意味が付与された6世紀末葉以降の当該地域の地域色を反映するものである。

ところで在地的な石室形態がとられるという点では北武蔵地域の八幡山古墳と共通しているが、八幡山古墳では複数系統の平面形態を組み合わせた唯一無二の石室が創出されたのに対して、武蔵府中熊野神社古墳では前代の北大谷古墳石室をベースに若干の形態・構造変更が加えられるにとどまる。この違いを評価するならば、武蔵府中熊野神社古墳の被葬者（造墓主体者）は、北大谷古墳の段階で確立された南武蔵地域における首長位を直接継承するものであり、地域首長として安定した立場を築いたからこそ畿内地域を中心とする外部から新来要素がもたらされるに至ったと考えられよう。

註

(1)　日高慎による最近の論考では、宮中野大塚古墳を前方後円墳終焉直後の古墳として明確に7世紀前半の築造としている〔日高 2010〕。

(2)　古墳における焚火の跡は、土器の埋置とともに古墳構築過程の諸段階でも認められる儀礼的行為の重要な痕跡である〔土生田 1995〕。とくに焚火は、物を焼き尽くす性格から時代・地域を超えて破壊とともに清浄の象徴とされ、火の浄化作用を期待しての行為と解釈されている。

(3)　宮中野大塚古墳の成立と後続する宮中野 99-1 号墳の様相差については、近年小林孝秀も発表しているが〔小林 2012〕、本節の骨子はこの発表に先立って報告したものである（序章第1節参照）。

(4)　側壁の一部には、輝石安山岩の切石が含まれていることが報告されている〔本間 1980〕。その点で群馬県総社愛宕山古墳石室に似たあり方と言え、7世紀前半に位置づけた八幡山古墳の年代観を傍証する。

第3節　結　語—7世紀中葉前後の古墳と寺院—

かつては古墳の終末を、仏教文化やその一部としての火葬の流行と関連づけて説明することがよくあった〔近藤1955、斎藤1955、小林1959ほか〕。しかし7世紀における終末期古墳と寺院の様相が明らかになるにつれて、寺院造営技術や仏具製作技術および仏教的意匠が終末期古墳の築造や棺・副葬品の製作に取り入れられることはあっても、そうした新来技術・要素の導入は副次的・限定的なものであり、古墳そのものの本質には影響していないと理解されるようになった〔一瀬1988、山本2001、関川2005ほか〕。ここでいう寺院造営技術とは、版築状盛土の積み上げや掘り込み地業による基壇面の造成、切石の多用化、切石の組み立てといった工法のことで、畿内地域においては塔基壇の版築部分を凌駕する墳丘規模と精美な切石の横穴式石室を備える岩屋山古墳が1つの変換点となっている〔一瀬前掲〕。また岩屋山古墳に先立つ石舞台古墳において、それまでの石室構築で認められた調整箇所（石材間の隙間を埋めるために小石材を用いた目地の通りが悪い箇所）がなく、各石材の配置があらかじめ決定されていたことを示すと捉えて、寺院建築技術である基壇化粧石の配置法が石室構築に採用された結果とみる意見もある〔土生田2004b〕。このように7世紀前半から中葉以降の終末期古墳に認められる、それまでの伝統的工法にはなかった新来技術・要素が、畿内政権によって進められた初期寺院造営に伴って導入された公算は高い。

7世紀第2四半期～中葉頃、関東地方のなかでいち早く畿内系墓室様式を採用した下総地域・上総地域では、石室構築に適合した硬石が産出されないという環境事情のため、新来石工集団の技術を石室構築に直接導入することができず、軟石加工に従事した在地の石工集団をあてたことで在地的な石室構造の変容を来たした。続く7世紀中葉～第3四半期には上野地域・下野地域へ初期寺院造営に伴う造寺工や有識者の派遣がなされた。畿内地域における硬石加工技術者の処遇を鋭敏に反映し、新来石工技術が寺院と古墳の双方に活用される上野地域と、寺院のみに限定される下野地域という様相差が認められる。とは言うものの、石室床面下に掘り込み地業の確認された下野地域の場合は、寺院造営にあたって派遣されたであろう土工を古墳構築に投下していると見られ、寺院造営の技術的側面が重宝された点で共通している。

一方、6世紀末葉以降の石室形態に特別な意味が付与され、類似石室が盛行した北武蔵地域・南武蔵地域では、墳丘・土木技術の面で後の寺院や国府関連建造物にみられる新来要素が取り入れられたが、石室の形態・構造には在来墓制を発展させたものが採用された。このことは、畿内系墓室様式を取り入れた上野・下野・下総・上総地域における7世紀前半までの状況として、類似石室がほとんど営まれていない点[(1)]と表裏一体の関係にあると言える。言葉を換えれば、上野・下総・上総地域において畿内的な石室形態が象徴的に採用されたのは、在来の石室形態に固執する意識が強くなかったためとも言えるだろう。さらに武蔵における初期寺院は、埼玉県坂戸市勝呂（すぐろ）廃寺など7世紀第4四半期に至って伽藍が整備されると考えられており〔岡本1996ほか〕、7世紀末葉～8世紀初頭の創建とされる神奈川県川崎市影向寺（ようごうじ）に関しても、花崗岩の心礎を備えた塔の建立時期は8世紀中葉まで下るものと理解されている〔川崎市教委1981〕。また武蔵国府成立前史を象徴的に体現する武蔵府中熊野神社古墳の近傍には、8世紀初頭に至って京所（きょうず）廃寺（多磨寺）が造営されることとなるが、この堂塔礎石には軟石が使用されている〔深澤1995〕。以上の諸点を勘案すると、北武蔵・南武蔵地域の場合、他の地域に比して硬石加工技術の導入が遅れたと解釈できるのではなかろうか。類似石室の盛行という内的要因に、硬石加工技術の導入の遅れという外的要因が合わさった結果、石室の在地性が強いという武蔵地域における特質は発露したと考えられる。

そして墓制の在地性が顕著な常陸地域では、7世紀前半に築造された宮中野大塚古墳がとくに際だった卓越性を示す地域首長墓と言えるが、古墳を構成する諸属性はすべて在地性の強いものであった。7世紀中葉前後には宮中野99-1号墳の築造に代表されるように畿内地域からの影響が存在したことは確かで、畿内政権による体制転換を象徴的に示す宮中野大塚古墳石室の儀礼的破壊もこれと同時代の可能性があるが、前方後円形小墳はその後7世紀後葉まで命脈を保つ〔日高2010〕。墓制の面で在地性が温存されたことの一因として、当該地域における初期寺院造営の遅れが古墳構築に援用可能な新来技術の不採用につながったためとも考えられよう。

註

(1)　ここでいう上総地域とは割見塚古墳の営まれた上総南西部を指す。上総北部では姫塚古墳の石室形態を発展的に継承した不動塚古墳・駄ノ塚古墳以降、7世紀前半から中葉にかけて類似石室が盛んに構築されたが、この上総北部においては北武蔵地域・南武蔵地域と同様に畿内系墓室様式が採用されていない。

終　章　関東地方における終末期古墳の築造と終焉

第１節　横穴式石室からみた関東地方の地域性

ここまでの検討のなかで、6世紀から7世紀にかけて各地に営まれた後期・終末期古墳の地域的特色や地域間関係の諸相について所見を披歴してきた。これらの研究成果を踏まえ、どのような歴史的展望が開けるのか、最後に一地域ごとにまとめながら確かめておきたい。

上野地域の地域性　上野地域は古墳時代全般を通して、当時の政治的中枢であった畿内地域との交流が認められる地域として知られ、とく古東山道ルートが成立する5世紀後半以降は西毛地域を中心とする舟形石棺の分布や朝鮮半島系文物の偏在、横穴式石室の先駆的導入など、畿内政権との結びつきを深めた上野地域中・西部の主導による地域圏の確立が説かれている〔右島2002・2008ほか〕。畿内地域との交流関係は本研究でも多々追認できたところであり、関東地方において地域間交流が活発化する6世紀末葉前後の状況も、他の地域に比べると関東地方内部での積極的な発信ないし受容の様子は認めがたい。その点で当該地域にみられる畿内地域や朝鮮半島との関わり方と対照的であり、上野地域における有力者の主たる関心は関東地方内の周辺諸地域との交流よりも外部との交流にあったと言うことができるのかもしれない。なお「畿内系石室」としばしば評される片袖形石室は、上野地域において亜流的存在で、その動向は低調である（第2章第1節）。ただし関東地方において片袖形石室が飛躍的に増加する6世紀後半の時点では、発生源である畿内地域の有力古墳埋葬施設が片袖形から両袖形に移行しており、むしろ低調であることの方が畿内地域と歩調を合わせた動向とも言える。

7世紀代になると、後期古墳よりも限定された一部の有力古墳にのみ截石切組積石室が採用される（第3章第1節）。加工石材を利用した石室という点では北武蔵地域の切石積石室と共通するが、採用層のあり方に明瞭な違いが見てとれる。北武蔵地域のあり方が新興勢力の台頭など有力者の割拠状況を示すのに対し、上野地域の状況は畿内地域の意向を反映してか集権化の進行をあらわしていると考えられる。なかでも7世紀中葉頃に営まれた宝塔山古墳の存在は、他の截石切組積石室を圧倒する内容であり、その築造にあたって周辺地域に分派していた在来の石室構築技術が結集され、加えて畿内地域からもたらされた寺院造営技術も投じられ、石室平面形態の企画設計も外来有識者のデザインに拠っていると考えられる点で他の諸古墳との差異を際立たせている（第5章第1節2）。ただしここで注目されるのは畿内地域の墓制そのものを導入・再現しているのではなく、新来要素を利用して独自の構築物をつくり上げている点である。ただ単に畿内地域の影響を受け入れるだけの受動的な姿勢ではないことは、当該期における畿内・上野地域間の関係性をあらわしていると考えられる。

下野地域の地域性　下野地域の文化相は、前代の古墳時代前期、あるいは弥生時代まで遡って、常陸・下総といった東関東との密接な関係性が指摘されるところだが、6世紀前半から中葉にかけては片袖形石室が有力古墳を中心に採用されており、直接的関係とは言わないまでも中継地点を挟み畿内地域と間接的なつながりを想定することができる（第2章第1節）。状況が一変するのは6世紀後半で、片袖形石室は構築を停止し、代わって有力古墳には大型一枚石構成の切石組石室、中・下位層には地下式構造の河原石積み石室などが採用される。当該地域に特徴的な基壇の発達もちょうどこの頃で、墓室内への土器埋納が基本的に見られないなどの畿内的なあり方とは異なる独自の古墳文化が展開することとなる。とくに有力古墳埋葬施設である切石組石室の源流をめぐっては諸説あるが、近年の調査成果を踏まえた結果、刳り抜き玄門を伴う切石組石室については伯耆西部に源流が求められ、組み合わせ玄門の御鷲山古墳と刳り抜き玄門でない可能性が考えられる国分寺甲塚古墳については、墓坑内構築や短小羨道などの諸特徴から在来墓制の構築手法を下敷きに新たに創出されたものと考えた（第3章第2節）。

このように非畿内的な色彩の強い地域色が、中央集権国家体制樹立への歩みを進めるなかでどのように変貌を遂げるのか、あるいは畿内政権がいかに対応策をとったのかは本研究の注目点なので、横穴式石室以外の考古学的事象も含めてもう少し検討を進めてみたい。筆者は以前、明治大学で企画された学術フロンティア推進事業の一環で、当該地域を対象とする中小規模古墳や時期不明古墳も含めた悉皆的な古墳集成にあたり〔古屋・草野・五十嵐・西島 2006〕、古墳のまとまりについて検討する機会を得た。そして、古墳のまとまりとして抽出した各単位地域の墳形・墳丘規模構成や首長墓・群集墳の築造状況を通覧した結果、古代の郡領域に対応するような地域圏の存在を見出した〔草野 2007〕。すなわち古墳時代の地域的まとまりを温存するかたちで、後の郡（評）域が設定されたと捉えられる可能性が浮かび上がってきたのである。国造領域の解体および行政的地域区分の編成を企図した評制施行が孝徳朝において難航し、当該地域では7世紀第3四半期後半に至って評衙の成立をみた可能性が指摘されている点を勘案するならば、如上のような郡（評）域の設定原理は在地首長層の懐柔策として案出されたとも考えられよう。

また下毛野国造の奥津城は、思川流域に営まれた直径84 mの車塚古墳をあてる意見〔白石 1990b ほか〕が主流であるが、田川流域に位置する同規模の円墳として下石橋愛宕塚古墳の存在が注目される。本研究で検討しているように、両古墳は墳丘形態・石室構造の共通性の高さから有意な関係をもって築造された点に疑いはなく、下石橋愛宕塚古墳の時期的先行性を考慮するならば車塚古墳の成立に影響を与えたと考えられる下石橋愛宕塚古墳の方が国造墳墓にふさわしいと言えないだろうか。国造が単なる在地首長ではなく、畿内政権に任命された地方官としての性格を有する点を念頭に置いたうえで改めて古墳分布状況を見てみると、車塚古墳が位置する都賀郡域では拠点的な偏在性が目立つのに対して、下石橋愛宕塚古墳が位置する河内郡域では拮抗する勢力の分散傾向が窺える〔草野 2007〕。下石橋愛宕塚古墳を国造墳墓とみる見方にもとづけば、河内郡域の分散傾向は畿内政権の入り込む余地があったものという評価が導き出せる。

７世紀後半になると、極めて強い畿内的様相を帯びた多功大塚山古墳が同じ河内郡域に営まれ、以後それまで隆盛を誇っていた都賀郡域を含め墳墓造営が停滞してしまう（第５章第１節3）。こうした状況は、７世紀後半に依然として複数の截石切組積石室墳が営まれた上野地域などの古墳消滅過程と明確に異なり、畿内政権が評（郡）域の設定原理に見られるような懐柔策を織り交ぜながら徐々に強固な在地性を突き崩していった結果と見なすことができるのかもしれない。

常陸地域の地域性　横穴式石室の普及が遅れた常陸地域では、６世紀後半に突如として片袖形石室が同時多発的に構築される現象が起きる（第２章第１節）。各古墳は一定の距離をあけて存在し、おおむね同時期の所産と考えられることから、片袖形石室をもたらした淵源との交流が一有力者間の関係性にとどまるものではなく、一定の広がりをもった地域間関係であったと考えてよい。袖部に立柱石を据える石室構造や半地下式構造の盛行などから、西に隣接する下野地域からもたらされたものと考えられる。７世紀になると片袖形石室は構築されなくなるが、それは下野地域との交流が疎遠になったためではなく、凝灰岩切石組石室や片岩板石組石室が卓越したことと連動する動きと考えられる。

７世紀における常陸地域の横穴式石室は、北部の凝灰岩切石組石室と南部の片岩板石組石室に２大別して捉えられがちであったが、南部のなかでも片岩の産出地にほど近い筑波山南東麓と当時の水運を管掌していたと目される霞ヶ浦北岸とでは、石室の成立過程や特徴に違いが認められる（第３章第３節）。北部の凝灰岩切石組石室は、下野地域からの影響を随時取り入れながら石室構造を変化させていったが、他地域へ発信されることはなく在地内での展開にとどまった。一方、南部の片岩板石組石室は、６世紀末葉に筑波山南東麓からの影響を受けて霞ヶ浦北岸で玄門立柱石が採用され、続く７世紀初頭には逆に霞ヶ浦北岸の影響を受けて筑波山南東麓で複室構造石室が成立するといった双方向の交流関係が窺え、相互に影響関係をもちながら地域固有のスタイルを確立していった。とくに九州系石室が起源と考えられる筑波山南東麓の板石・割石併用石室は、その後、片岩板石組石室として７世紀前半にＬ字形・コの字形の加工玄門を改めて九州から取り入れており、複数回にわたる九州からの影響関係が見られる点で重要である。なぜならば、凝灰岩切石組石室には虎塚古墳（7世紀初頭〜前半）や吉田古墳（7世紀前半）、片岩板石組石室には太子唐櫃古墳（6世紀末葉）や船玉古墳（7世紀初頭）などの装飾古墳が含まれ、墓室内の壁面に彩色・線刻で図像を描くという葬観念や図像の表現手法も九州との関係のなかで伝播した可能性が考えられているためである〔鴨志田2006、安村2008ほか〕。さらに下野地域の刳り抜き玄門を伴う切石組石室も、上述した通り伯耆西部からもたらされた九州的な石室要素の複次的伝播と捉えられること（第３章第２節）を考え合わせると、下野・常陸両地域で構築された特徴的な横穴式石室の成立には、九州に端を発する交流が大きく影響しているとみられる。このことが両地域の非畿内的文化相を醸成した要因のひとつであろうと推察される。

下野地域との交流関係は、６世紀後半の片袖形石室のみならず、常陸南部における片岩板石組石室の玄門に見られる構築技術の伝播や、常陸北部の凝灰岩切石組石室に見られる刳り抜き玄門・組み立て玄門といった要素の採用にあらわれているように、７世紀にも脈々と息づいている。こうした交流の背景に、前方後円墳の後円部ではなく鞍部・前方部に埋葬施設を設ける造墓様式の共通や、前方後円形小墳の広がりにみる両地域の密接な関係性があることを忘れてはならない。常陸地域の場合、7世紀代の傑出した地域首長墓である宮中野大塚古墳のあり方やこれに後続する宮中野99-1号墳の特徴などに端的にあらわれている通り（第5章第2節2）、7世紀中葉前後に畿内政権の影が見え隠れしつつも、その波に飲み込まれることなく温存される在地性の強さが特筆すべき点であろう。前方後円形小墳が7世紀後半まで命脈を保つのも、この地域性のあらわれに他ならない。

北武蔵地域の地域性　北武蔵地域では、6世紀前半に古東山道ルートを介して受容した無袖形石室、およびこれと連動して構築された片袖形石室の地域的展開に始まる（第2章第1節）。北塚原古墳群・生野山古墳群のあり方から両石室形態が有意な関係をもって構築され、無袖形から片袖形が派生する生成過程を見出すことができる。さらに片袖形石室は石室幅や袖幅を拡幅するといった形態変化を経て埼玉将軍山古墳石室の成立に至ると、後続する中規模古墳にも片袖形石室を受容する動きが盛行するようになる。一方、無袖形石室も石室奥幅の拡大、最大幅位置の変化、胴張り化などの形態変化をし、ついには6世紀後半に両袖形石室が派生するという構造変化も見られる（第4章第1節2）。以上のように6世紀代における北武蔵地域の横穴式石室の動向は、無袖形・片袖形・両袖形石室が在地内において自律的な形態・構造変化を起こしている点に最大の特徴があり、横穴式石室を受容した造墓主体による墓制の定着化を企図した積極的な働きかけと評価できるのである。またこうして成立した石室は、6世紀後半における磯石・緑泥片岩・生出塚埴輪窯跡製品の広域供給を通じて形成された江戸川下流域を中心とする東京湾岸と北武蔵地域のつながりのなかで、下総地域や上総地域など外部に向けて伝播し、それぞれの地域で独自の展開を遂げるようになる（第2章第1節6、第3章第7節3ほか）。

横穴式石室の積極的な受容というあり方は、6世紀中葉～後半における複室構造石室の受容形態にも窺える（第2章第2節）。複室構造として北部九州で完成された形で採用されており、かつ複数の造墓主体が個別交流のなかでそれぞれ別個に異なるタイプの複室構造を受容するという多様な展開過程を示す。とくに利根川右岸の短小な前室形態の複室構造石室（「酒巻タイプ」）と、松山台地周辺の三味線胴形の複室構造石室（「冑塚・若宮八幡タイプ」）が特徴的で、前者では前室の短小さが保持されるという形態重視の志向性が認められ、周辺諸地域と広く関わり合う展開過程を示す。後者は玄室の役割を補完する場として前室が拡大化を遂げ、機能優先の志向性が認められる。「冑塚・若宮八幡タイプ」は7世紀前半になって周囲に波及するようになるが、「酒巻タイプ」とは異なり、北武蔵地域内の各分布域に根を下ろさない客体的・単発的受容にとどまる場合が多く、むしろ南武蔵地域に伝播して、地域首長墓の埋葬施設形態として定着化するようになる（第3章第4節）。このように北武蔵地域における複室構造石室の動向は、外部との旺盛な交流のなかで形態面・機能面において多様なタイプが採用・展開した点に特徴づけられ、6世紀代の単室構造石室にみられる自律的な変遷過程とともに、北武蔵地域の横穴式石室にみられる特質といえる。

さらに6世紀末葉以降には石室形態を重視する独自の造墓原理が芽生え、石室形態を同じくすることで紐帯を形成するような類似石室の展開を見た（第４章第２節）。前方後円墳築造停止後の地域首長墓と目される八幡山古墳において、複数系統の在来要素を組み合わせて特異な巨大石室が築造されたのも、在来の石室形態に特別な意味を見出す意識が強く働いたためと考えられる（第５章第２節３）。類似石室の盛行は上総地域北東部や７世紀前半以降の南武蔵地域にも認められ、北武蔵地域で成立した造墓原理が周辺地域においても受け入れられた可能性が高い。これらの展開過程をまとめるならば、6世紀後半から7世紀前半にかけて関東地方内で盛行した横穴式石室の地域間交流は、北武蔵地域の動向を中心に展開したと言っても過言ではない。

一方、７世紀中葉前後になると周辺地域との交流関係よりも地域内での動向が注目される。すなわち岩殿丘陵以南や荒川中流域左岸において、特徴的な形態・構造の石室が一定の地域的まとまりのなかで拠点的に展開した状況が窺え、当該期に地域区分が再編成されていく過程のなかでおこった一事象として受け止められる（第３章第４節）。こうした動きが後の郡や郷といった地方行政単位をくみ上げる際の基礎となった可能性が高いと考えられる。

南武蔵地域・相模地域の地域性　当該地域において横穴式石室が受容されるのは遅く、確実視できる事例は６世紀後半に位置づけられる。当該期に位置づけられる石室の構造的特徴を観察してみると、南武蔵地域・相模地域の河原石積み無袖形石室は三河や東駿河などの東海地方（第４章第１節）、南武蔵地域の切石積み両袖形石室は上野地域（第４章第２節３）、多摩川下流域・鶴見川水系の泥岩切石積み無袖形石室は上総南西部に求められ（第３章第７節５）、さらにこれらに続く切石積みの複室構造胴張り石室は北武蔵地域（第３章第５節）、喜多見稲荷塚古墳など多摩川下流域左岸の横目地を揃えた切石積石室は上総北東部（第３章第７節）といったように、周辺諸地域の多様な石室形態・構造が伝播している状況を把握できる。これほど多くの石室系統が錯綜する状況は関東地方において他になく、東京湾という巨大な内海に面した東京低地を中心とするエリアが、関東地方における地域間交流網のハブとして展開したことが窺えるのである。

錯綜する地域間関係のなかで、7世紀代に入ると南武蔵地域の首長は北武蔵地域との関係を深め、切石積みの複室構造胴張り石室が地域首長墓の埋葬施設に継続して採用されるようになる。そして構造を少しずつ変えながらも特徴的な平面形態は踏襲され続け、北武蔵地域で成立したと考えられる類似石室の造墓原理が取り入れられている状況も看取できる（第４章第２節３、第５章第２節４）。7世紀中葉前後に一定の地域的範囲の中で拠点的に造墓されるという傾向も北武蔵地域と共通しており、７世紀中葉前後における北武蔵地域と南武蔵地域は一体的なあり方を強めて様相差の少ない状況となっている。

一方、関東地方の南端に位置する相模地域の横穴式石室は、隣接する東海地方との交流を継続して深めていき、墓前域を発達させるという独自の構造変化を遂げる（第４章第１節）。横穴墓の盛行や横穴墓・横穴式石室の構造的関連性など、隣接する南武蔵地域と共通する側面もみられるが、横穴式石室自体のあり方からは異なる文化圏として成立していると言えよう。

南武蔵・相模地域への横穴式石室の伝播という動きのなかで、三河・東駿河地域からもたらされた河原石積みの地下式構造無袖形石室と、北武蔵地域から伝播した切石積みの複室構造胴張り石室の二者は、当該地域の墓制として定着する主要な石室形態ということができよう。2つの石室形態の流入ルートは、後の律令期計画道路である東海道および東山道武蔵路に対応するものと考えられ、この南北2方向からの経路の結節点である多摩川中流域に武蔵国府が設置された状況を含め、もともとは中央の与り知らぬ地域間交通路として機能したルートをおさえるかたちで東国経営が進められたと捉えられる（第4章第1節）。

下総地域・上総地域の地域性　関東地方南東端にあって北方以外の周囲を海で囲まれる房総半島では、6世紀中葉の上総南西部に構築された富津市九条塚古墳の無袖形石室が最も古い横穴式石室である。これを嚆矢として石室長10mを超える長大な無袖形石室が集中して構築された後、北武蔵地域をはじめとする周辺地域からの影響で片袖形・両袖形・L字形など多様な形態の石室が展開することとなるが、6世紀末葉の蕨塚古墳の片袖形石室などにあらわれている通り、狭長なプランは引き続き継承された（第3章第7節）。多様な石室形態が導入された背景には、埼玉将軍山古墳を契機に形成された北武蔵地域との交流関係が想定され、下総地域においても同様の脈絡で片袖形石室を採用した香取市城山1号墳・市川市法皇塚古墳が築造されている。

九条塚古墳より若干時期が下った6世紀第3四半期に、上総北東部では北部九州から複室構造が伝播し、横芝光町姫塚古墳において萌芽形態が成立した（第2章第2節）。単室構造の流れを汲む複室構造の受容形態という特殊な展開を見せ、単室構造石室の石室前方に羨道をさらに付加したかたちで複室化が果たされている。7世紀初頭の山武市駄ノ塚古墳で確立した石室形態・石積み手法は、7世紀前半〜中葉の上総北西部で拠点的に採り入れられたほか、下総地域の我孫子古墳群・公津原古墳群にも類例が認められる。

このように上総南西部の狭長プラン石室と上総北東部で成立した羨道付加型の複室構造石室という一見何の関連性も見られない両者の背景には、強度のある石材が産出されないという地質環境下にあって、石室幅を規定する天井石に大型石材を用いることができず、幅の制約を奥行きで補うかたちで埋葬空間が確保されるという共通性が指摘できる。すなわちいずれの場合も単室構造の奥行きを拡張する方向で埋葬空間の拡大が果たされており、複室構造の受容にしても埋葬空間の確保という地域共通の志向性のなかで石室形態を在地的に変容している点に地域的特質がある。

さらに7世紀中葉頃には下総地域の地域首長墓である龍角寺岩屋古墳に磚槨式石室、上総南西部の地域首長墓である割見塚古墳に横口式石槨という畿内系墓室様式が採用されるが、いずれの場合も石材の問題から故地の墓制をそのまま再現することはできず、著しく在地的変容をきたした独自の墓室形態が成立するに至っている（第3章第6・7節、第5章第1節4）。

香取海に面する下総地域は箱形石棺の卓越した地域ではあるが、横穴式石室の動向を窺うと客体的ながら上総地域と共通する様相が認められる。6世紀後半から7世紀に至るまで度々外部からの影響を受けながらも、地域固有の造墓原理を崩すことなく畿内地域からの新来要素を含めて石室形態・構造を変容させている点に、上総・下総地域の文化的特色があらわれていると言えよう。

第2節　結　語ー日本列島のなかの東国古墳の終焉ー

古墳の終焉は、古代国家の形成過程と表裏の関係で進行していったと考えられている。列島全体に対して中央集権的な支配体制を実現しようと乗り出した畿内政権は、仏教を中心とする大陸の新しい文化を本格的に導入し、官僚の序列を示す冠位制度を設けるなど、革新的な制度を急速に整えていく。3世紀中葉以降の政治的社会的秩序の頂点に君臨していた前方後円墳が全国的に姿を消していくのもちょうどこの頃で、古墳という墓の秩序で集団をまとめていた時代から法によって社会を秩序づける時代へ大きく舵が切られることになる。飛鳥時代と呼ばれる新時代の幕開けである。

こうした時代背景のなか、本書で中心的に扱った横穴式石室のあり方は、西日本をはじめとする各地において大筋で以下のように推移していくと捉えられている。すなわち、横穴式石室が定着した6世紀後半〜7世紀前半では、有力古墳の石室に使用石材の巨石化と墓室空間の拡大が図られる。埋葬空間の拡大は追葬の増加に対応した動きという面もあろうが、福岡県橘塚・綾塚古墳や、岡山県牟佐大塚古墳、香川県椀貸塚古墳などに代表される巨石巨室の横穴式石室は、埋葬空間確保の必要性以上に階層間の差別化を意図したものと考えられる。また寺院造営の動きに伴って硬質石材加工技術が発展し、石材表面を平滑に仕上げた精美な切石積石室も盛んに構築されるようになる。さらに一人埋葬を基本とする横口式石槨が新たな墓制として朝鮮半島からもたらされると、旧来の横穴式石室にも強い影響を与えて玄室の小型化（石槨化）を促した。この動きは複次葬から単次葬へという個人墓への変化を含意し、官人的支配への移行として理解される。石室の小型化は、律令制的な地方組織や人民編成が進んだ7世紀後半以降とくに顕著で、墳丘規模の縮小化や群集墳の築造停止などと併せて古墳築造の衰退を窺わせる。なお、このような7世紀中葉前後にみられる墓制の変革について、かつては「大化薄葬令」（646年）による古墳築造の規制と捉える見方が大勢を占め〔斎藤1955、小林1959、網干1967ほか〕、現在でもその一定の効力を認める研究者は少なくない。大化改新の内実をめぐっていまだ予断を許さない状況であるが、古墳の消滅は単に制度的なものによる規制だけでなく、横口式石槨や軽量で装飾性の高い漆塗棺の導入に伴う葬送儀礼の変化、さらには律令前夜のパラダイム・シフトとも密接に関わるものとして、多角的な検討が求められている〔和田2005、林部2012ほか〕。

さて、埋葬施設のあり方を中心にまとめた如上のような変化は、本書で対象とした関東地方における終末期古墳にも基本的に認められるところであり、その意味で大局的には関東地方の古墳消滅過程も他地域と連動した動きとして評価してよいだろう。ただし、こうした指標は重要な視点であるものの、あくまで氷山の一角に過ぎず、各地域社会が古墳の終焉へ一律に向かうというわけではない。例えば播磨・吉備地域では、6世紀中葉と6世紀末〜7世紀初頭の画期で区切られる3つの時期に、隣接する小地域でそれぞれ相反するような動きを示すことが整理されている〔新納2012〕。具体的には、6世紀前半に小規模前方後円墳が林立する播磨で6世紀後半になると首長墓的な前方後円墳が姿を消すのに対して、6世紀前半に古墳築造が抑制されていた備中南部では６世紀中葉以降に前方後円墳が復活し、岡山県総社市こうもり塚古墳のような大規模な首長墓が築造されるという逆の様相を呈する。そして備中南部では６世紀末～７世紀初頭の画期以後に再び古墳築造低調期を迎えるが、備中北部の北房地域では岡山県真庭市定東塚・西塚古墳→定北古墳→大谷１号墳、備後南部では広島県福山市二塚古墳→大迫古墳→大坊古墳→曽根田白塚古墳・猪の子１号墳・尾市１号墳といった終末期古墳が連続して築かれ、実態として複雑多様な消長が把握されているのである。本書では、関東地方の終末期古墳にみられる地域的特質を掘り下げることで、こうした一様でない終末期古墳築造状況の歴史的背景に迫ろうと試みた。

検討の結果、関東地方各地では７世紀第２四半期ないし第３四半期に築かれた地域首長墓の造墓技術や石室形態、そこに納められた棺形態や副葬品などに畿内地域からもたらされた新来要素が看取され、この動向と前後する時期に古墳築造状況の変化が認められる地域や、大きな変動なく古墳の在地性が保たれる地域といった異なる対応状況が明らかとなった。前橋市総社愛宕山古墳・太田市今泉口八幡山古墳の家形石棺（７世紀前半）や高崎市安楽寺古墳に代表される変則的な横口式石槨（７世紀末）など、７世紀第３四半期の宝塔山古墳のみならず、複数次にわたる畿内政権とのつながりが認められる上野地域では、７世紀後半になってもそれまでの造墓体制が温存され、有力古墳の割拠する状況が続く。畿内政権から造墓規制を強いることはせずに一定の距離を保ちつつ体制下への取り込みを絶えず交渉していた状況が推察される。上野地域のこうした状況は、古墳の地域的まとまりを温存するかたちで地域編成が進められたと考えられるものの、７世紀後半の古墳築造が一転して低調となる下野地域のあり方と比べて対照的と言える。常陸地域は畿内地域からの影響関係が最も見えにくく、７世紀後半に至るまで在地性が濃厚に残る。その南側に連なる下総・上総地域も畿内地域との関係が窺われる事例は限定的で、そこで採り入れられた新来要素も後続墓制に引き継がれることなく、むしろ在地的変容が著しい。常陸・下総・上総地域からなる東関東は、特色ある在地性の強さが比較的保たれる地域圏として括ることができそうである。北武蔵・南武蔵地域では石室形態を重視する独自の造墓原理が７世紀後半まで温存されているが、築造される有力古墳はより限定的となり、また７世紀中葉以降に構築された特徴的な形態・構造を有する石室群の広がりから新たな地域区分の成立を窺わせる。従来の造墓原理を温存しながら地方行政組織の再編成が徐々に進められた状況を示しているものと理解される。

従来の研究で７世紀中葉前後の画期というと、畿内地域の大王墓における八角墳の成立にみられるような中央集権体制の確立、あるいは墳丘・石室規模の縮小化や群集墳の築造停止といった古墳の消滅へ方向づける指標がとくにクローズアップされていたように思う。もちろんその歴史的事実を否定するものではないが、古墳時代から律令時代への転換という局面にあたった各地域社会の対応という視点から見つめたときにも、７世紀中葉前後が大きな画期となっていると結論づけておきたい。

あとがき

本書は、2012（平成24）年11月に明治大学へ提出した学位請求論文『関東地方における終末期古墳の研究ー横穴式石室からみた在地勢力の動態ー』を骨子として、図版等の体裁を整え、全体の論旨に変更のない程度の加筆・修正を行ったものである（元論文の出典は序章第1節に掲載)。論文審査にあたっては、主査の佐々木憲一先生、副査の石川日出志先生ならびに専修大学・土生田純之先生より多大なご指導ご鞭撻を賜り、衷心より感謝申し上げます。

私と考古学との関わりは、1999（平成11）年の明治大学入学からスタートする。父親の骨董趣味と小学校時代の恩師・矢島一彦先生の社会科授業に影響を受け、早くから歴史には強い興味を抱いていた。しかし本で読む歴史の話には、どこかよそよそしさを感じてしまい、自分から遠く離れたところにある“物語”として意識していたように思う。大学進学にあたり、就職とは関係なく純粋に自分の関心がある分野を学びたいという欲求から、少年時代以来興味をひかれながら一歩距離を置いていた歴史への思いが再燃したことを覚えている。入学後は大学の講義にとどまらず、教員・大学院生に導かれながら出土遺物の整理や学習会に参加する毎日が始まり、主体的に歴史と向き合うことの面白さに魅了された。とりわけ学部1年の夏、生れてはじめて体験した長野市大室古墳群の発掘調査では、調査器材の扱い方や発掘・測量の方法、土の違いの見極め方など、調査現場での経験がモノをいう実践的な知識・技術の重要性に触れ、考古学の学問的魅力に益々のめり込んでいった。毎夏1カ月近く泊まり込みで実施された大室古墳群の発掘調査には、2005年までの7年間欠かすことなく参加することとなり、2冊の調査報告書作成に従事したことを含め、私にとって大学で考古学を実践した第一のフィールドであった。多くの先生・先輩方から様々なことを学んだが、学部時代の大学院生だった古屋紀之氏、伝田郁夫氏、時信武史氏にはとくにお世話になった。

私が横穴式石室を主要な研究対象とするようになったのは、学部2年への進級直前に出かけた奈良県遺跡踏査がターニングポイントであろうと思う。2000年2・3月の茨城県三昧塚古墳調査で得た謝礼金を蕩尽し、ひとり安宿に逗留しながら佐紀・飛鳥・大和・桜井・葛城の諸古墳を巡るなかで、とくに横穴式石室の見事な石積みや石材加工に目を奪われたのである。その後、進級を重ねるうちに列島各地に構築されたバラエティ豊かな石室形態・構造の多様性も知り、卒業論文では自分が生まれ育った関東の切石積石室をテーマに選んだ。この時点で十分に検討を深めるまでには至らなかったが、悉皆的な事例集成に努め、可能な限り多くの事例を現地で観察したことが、結果的に博士論文作成へつながる大きな土台となった。

大学卒業後は、卒業論文の作成を通じて見え始めた自身の研究テーマをより追究したいとの思いから、明治大学大学院に進んだ。博士前期課程の生活が始まって間もない頃、指導教員の故小林三郎先生から「お前の好きそうな古墳が調査されているぞ」と、都内で発掘調査が着手された古墳の存在を教えられた。埋没していた切石積石室の開口部がまさに検出されたばかりというタイミングで、先生がその古墳調査の相談を受けていたこともあって、2003年9月から週2日ペースで発掘調査に参加することができた。それまであまり注視されていなかったこの古墳こそ、その年の暮には第一級の終末期古墳として騒がれることとなった武蔵府中熊野神社古墳だったのである。調査を進めていく過程で次々に浮かび上がる新事実に胸を躍らせ、翌年からは毎日のように通い詰めて調査に熱中したことを鮮明に記憶している。明治大学主体の調査ばかり参加していた私にとって、早稲田・慶應・國學院・立正・専修といった同世代の他大学生と議論しながら同じ調査現場にのぞむ日々は実に新鮮だった。とくに当時國學院大学で博士号を取得されたばかりの青木敬氏や同大学博士後期課程在籍中だった石橋宏氏、慶應大学院生・竹内稔人氏、立正大学院生・山賀和也氏との交流のなかで受けた学問的刺激は大きい。その後、報告書作成を含めた整理作業にも携わり、博士前期課程の2年間は武蔵府中熊野神社古墳を中心にまわっていたと言っても過言ではない。

自分の研究テーマに直結する地域首長墓と存分に向き合うことができたのは僥倖であったが、研究テーマ全体を深化させるという点では心残りが多く、学生生活を継続することに決めた。進学に迷いがなかったわけではないが、2004（平成16）年6月に学部時代から私淑していた土生田純之先生のもとを訪ね、研究テーマについて相談できたことが決意を固めるきっかけとなった。博士後期課程自体は引き続き明治大学を選択したが、あわせて土生田先生に師事して他大学単位互換制により専修大学大学院ゼミを受講し、市橋一郎・小林孝秀・藤野一之・西松賢一郎の諸氏と切磋琢磨する環境に恵まれた。また学部時代より種々ご教示を賜っている新井悟氏にお声掛けいただき、2006・2007（平成18・19）年には埼玉県桶川市氷川神社裏古墳、2008・2009（平成20・21）年には神奈川県川崎市諏訪天神塚古墳の切石積石室を調査・整理し、その位置づけを考察する機会を得た。両古墳とも自身の研究テーマに合致する時期の有力古墳であり、既知材料のみならず自ら調査した新資料をも俎上に載せられるというのは、地域社会の特質・動向を新たな視点から捉え直すうえで大いに強みとなった。

2010（平成22）年からは山形県埋蔵文化財センターに奉職し、県内の遺跡調査や県民への普及啓発事業に奔走する毎日を送っている。業務としては古墳時代以外の遺構・遺物を扱うことがほとんどだが、そのぶん視野が広がり、また就職を機に自身の研究領域も東北地方にまで及ぶこととなった。研究は緒に就いたばかりであり、今後も精進していきたい。

本書を刊行するにあたって、「2015年度　明治大学大学院文学研究科　学生研究奨励（成果公開促進）基金」の助成を受けた。編集・出版に際しては、株式会社雄山閣編集部の桑門智亜紀氏に大変お世話になった。また遺漏を恐れてすべてのご芳名を掲げることができなかったが、浅学非才の私が学位を取得し本書刊行にこぎつけたのは、これまでの人生で出会い、語り合った多くの方々との交流の賜物に他ならない。皆様に厚くお礼申し上げたい。

最後に、私の研究活動に対していつも温かく見守り、支えてくれる両親と妻・章子にも感謝の言葉を伝えたい。

図表出典　※〔　〕は引用・参考文献、（　）は古墳索引の文献をあらわす

第 1 図：筆者作成。

第 2 図：筆者作成。

第 3 図：（新割古墳）、（山口 2 号墳）、（堀越古墳）、（船玉古墳）、（武蔵府中熊野神社古墳）より一部改変して転載。

第 4 図：拓本は〔和田 1983〕より一部改変して転載。写真は筆者撮影。

第 5 図：〔白石 1982〕、（五条野丸山古墳）より一部改変して転載。

第 6 図：〔川尻 2001〕、〔白石 1991〕より一部改変して転載。

第 7 図：〔太田 2009〕より一部改変して転載。

第 8 図：〔白石 1967〕より一部改変して転載。

第 9 図：〔白石 1992〕をもとに筆者作成。表は転載。

第 10 図：（椿井宮山塚古墳）、（高井田山古墳）、（藤の森古墳）、（市尾墓山古墳）より一部改変して転載。

第 11 図：（上の台古墳）、（明神山古墳）、（諏訪山古墳群）、（黒田 4 号墳）、（小野巣根 4 号墳）、（丸山 4 号墳）、（的場牛塚古墳）より一部改変して転載。

第 12 図：筆者作成。

第 13 図：（鏡手塚古墳）、（壇塚古墳）、（蛇塚古墳）、（善龍寺前 D 区 SX2）、（蟹沼東 51 号墳）、（中山古墳）、（宮下古墳）、（別処山古墳）、（米山東古墳）、（谷口山古墳）、（舟塚 1 号墳）、（高寺 2 号墳）、（山口 2 号墳）より一部改変して転載。

第 14 図：（北塚原 5 号墳）、（北塚原 6 号墳）、（埼玉将軍山古墳）、（長塚古墳）、（生野山 16 号墳）、（野原古墳）、（伊勢山古墳）、（秋葉塚古墳）、（万蔵院台 2 号墳・3 号墳）、（多摩川台 4 号墳）、（高森・赤坂古墳）、（埒免古墳）、（尾根山 2 号墳・4 号墳）、（蕨塚古墳①）、（野々間古墳）より一部改変して転載。

第 15 図：筆者作成。

第 16 図：（城山 1 号墳）、（法皇塚古墳①）より一部改変して転載。

第 17 図：筆者作成。

第 18 図：分布図は〔松尾 1997〕、〔城倉 2009〕をもとに筆者作成。（法皇塚古墳①・②）、（第六天古墳）、（金鈴塚古墳②）、（埼玉将軍山古墳）、〔塚田 1999〕より一部改変して転載。

第 19 図：（城山 6 号墳）より一部改変して転載。

第 20 図：筆者作成。

第 21 図：（酒巻 21 号墳）、（酒巻 1 号墳）、（若宮八幡古墳①）、（冑塚古墳）、（かぶと塚古墳②）、（小針鎧塚古墳）より一部改変して転載。

第 22 図：（姫塚古墳①）、（不動塚古墳）、（駄ノ塚古墳・駄ノ塚西古墳）、（蕪木 5 号墳）、（胡摩手台 16 号墳）、（大堤権現塚古墳）より一部改変して転載。

第 23 図：分布図は筆者作成。（酒巻 21 号墳）、（姫塚古墳①）、（植松 1 号墳・4 号墳）、（極楽寺 1 号墳）、（観音浦南 3 号墳）、（手光南 2 号墳）、（岩津 1 号墳）より一部改変して転載。

第 24 図：（桂川王塚古墳①・②）、〔重藤 1999〕を一部改変して作成。

第 25 図：（西台 7 号墳・9 号墳）、（城髪山 1 号墳・2 号墳）、（氷川神社裏古墳）、（小松 1 号墳）、（十三塚古墳）、（冑塚古墳）を一部改変して転載。

第 26 図：（駄ノ塚古墳・駄ノ塚西古墳）、（家之子 24 号墳）、（土気舟塚古墳）、（牛久 3 号墳）、（福増 1 号墳）、（姫塚古墳①）、（山田・宝馬 65 号墳）、（小池大塚古墳）、（六通金山 1 号墳）、（椎名崎古墳群）、（小金沢 19 号墳）、（埴谷 1 号墳・2 号墳）より一部改変して転載。

第 27 図：〔右島 1985〕より一部改変して転載。

第 28 図：（山ノ上古墳）、〔右島 1985〕、（蛇穴山古墳）より一部改変して転載。

第 29 図：（皇子塚古墳）、（漆山古墳）より一部改変して転載。

第 30 図：〔右島ほか 1990〕より一部改変して転載。

第 31 図：（宝塔山古墳②）、（御部入古墳）、（多胡薬師塚古墳）、（めおと塚古墳）、（庚申 B 号墳）、（山上愛宕塚古墳）より一部改変して転載。写真は筆者撮影。

第 32 図：筆者作成。下図はカシミール 3D Ver.8.2.2 (SUGIMOTO Tomohiko Copyright) を利用。

第 33 図：写真は〔尾崎 1966〕、その他は（多田山古墳群）より一部改変して転載。

第 34 図：（堀越古墳）、（長者塚古墳）、（中塚古墳）より一部改変して転載。拓本・表は筆者作成。

第 35 図：（小稲荷 6 号墳②）より一部改変して転載。

第 36 図：（南下 A 号古墳・B 号古墳・E 号古墳）、（上庄司原 4 号古墳）より一部改変して転載。

第 37 図：（山ノ上古墳）、（山ノ上西古墳）、（御部入古墳）、（多比良古墳）、（多胡薬師塚古墳）、（喜蔵塚古墳）、（境塚古墳）、（安楽寺古墳）より一部改変して転載。

第 38 図：（万福原古墳）、（二軒茶屋古墳）、（めおと塚古墳）より一部改変して転載。

第 39 図：筆者作成。

第 40 図：筆者作成。

第 41 図：（伊賀見 1 号墳）、（朝釣岩屋古墳）、（福岡岩屋古墳）、（出上岩屋古墳）、（岩立 C 号墳）、（桂原 1 号墳）、（椿原古墳）より一部改変して転載。分布図は筆者作成。

第 42 図：絵図は『下野國古墳圖誌』、天井石実測図は〔大橋 1990〕、玄門実測図は〔山ノ井 1987〕より一部改変

して転載。写真は筆者撮影。

第 43 図：(吾妻古墳)、(国分寺甲塚古墳①)、(上三川兜塚古墳)、(御鷲山古墳) より一部改変して転載。

第 44 図：(丸塚古墳②)、(上三川愛宕塚古墳)、(岩家古墳)、(下石橋愛宕塚古墳)、(車塚古墳) より一部改変して転載。

第 45 図：上段は (国分寺甲塚古墳②) を再トレース。下段は (飯塚 27 号墳・29 号墳) を一部改変して転載。

第 46 図：筆者作成。

第 47 図：〔日高 2000a〕より一部改変して転載。

第 48 図：(大日塚古墳)、(太子唐櫃古墳)、(風返稲荷山古墳)、(折越十日塚古墳)、(岡岩屋古墳)、(栗又四箇岩屋古墳) より一部改変して転載。

第 49 図：(玉里舟塚古墳) より一部改変して転載。

第 50 図：(栗村東 10 号墳)、(粟田石倉古墳)、(中台 2 号墳)、(瓦谷兜塚古墳)、(平沢 1 号墳・4 号墳)、(岩屋乙古墳) より一部改変して転載。

第 51 図：(高崎山 2 号墳) より一部改変して転載。

第 52 図：(船玉古墳)、(高山古墳)、(御鷲山古墳) より一部改変して転載。

第 53 図：(小見真観寺古墳)、(龍角寺浅間山古墳)、(瓦谷兜塚古墳)、(折越十日塚古墳) より一部改変して転載。分布図は筆者作成。

第 54 図：(虎塚古墳)、(大平 1 号墳)、(ニガサワ 1 号墳)、(吉田古墳)、(諏訪間 2 号墳)、(真崎 10 号墳)、(白河内 2 号墳)、(徳化原古墳) より一部改変して転載。

第 55 図：(甕の原 2 号墳) より一部改変して転載。

第 56 図：筆者作成。下図はカシミール 3D Ver.8.2.2 (SUGIMOTO Tomohiko Copyright) を利用。

第 57 図：(若宮八幡古墳①)、(青塚古墳)、(かぶと塚古墳②)、(附川古墳群①・②) より一部改変して転載。

第 58 図：(諏訪山古墳群)、(柏崎古墳群) より一部改変して転載。

第 59 図：(西原 6 号墳・18 号墳)、(北田 2 号墳)、(狸塚 27 号墳)、(荒井 13 号墳)、(立野古墳群) より一部改変して転載。

第 60 図：(野原古墳)、(伊勢山古墳) (薬師寺 1 号墳)、(屋田 5 号墳)、(羽尾古墳)、(わたご塚古墳)、(天神山 1 号墳) より一部改変して転載。

第 61 図：(田木山 1 号墳・2 号墳)、(西戸 2 号墳)、(桜山古墳群)、(下寺前 1 号墳・2 号墳)、(新山 9 号墳) より一部改変して転載。

第 62 図：(舞台 1 号墳・2 号墳)、(根平 2 号墳)、(鶴ヶ丘稲荷神社古墳)、(大河原 2 号墳) より一部改変して転載。

第 63 図：(酒巻 21 号墳)、(酒巻 5 号墳)、(小松 1 号墳)、(小針鎧塚古墳)、(中条大塚古墳)、(八幡山古墳)、(地蔵塚古墳②)、(目沼 3 号墳)、(御手長山古墳) より一部改変して転載。

第 64 図：(宮登古墳)、(中井 1 号墳)、(浅間塚古墳)、(氷川神社古墳)、(川田谷ひさご塚古墳)、(西台 7 号墳・9 号墳)、(下閏 1 号墳)、(城髪山 1 号墳・2 号墳)、(氷川神社裏古墳)、(諏訪山南 1 号墳)、(原山 23 号墳)、(台耕地稲荷塚古墳)、(十三塚古墳)、(椿山 5 号墳) より一部改変して転載。

第 65 図：筆者作成。

第 66 図：(稲荷塚古墳③)、(臼井塚古墳)、(北大谷古墳)、(武蔵府中熊野神社古墳)、(天文台構内古墳) より一部改変して転載。

第 67 図：(七ッ塚 2 号墳①)、(第六天古墳)、(加瀬台 3 号墳②)、(赤羽台古墳群①)、(赤田 1 号墳・2 号墳・3 号墳) より一部改変して転載。

第 68 図：筆者作成。

第 69 図：(八幡山古墳)、(馬絹古墳)、(大蔵 1 号墳)、(北大谷古墳) より一部改変して転載。

第 70 図：(鬼の窟古墳) より一部改変して転載。

第 71 図：(若宮八幡古墳①)、(青塚古墳)、(附川古墳群①・②)、(田木山 1 号墳・2 号墳)、(稲荷塚古墳③) より一部改変して転載。

第 72 図：(下野毛岸 3 号横穴墓)、(喜多見稲荷塚古墳)、(殿山 1 号墳・2 号墳) より一部改変して転載。

第 73 図：筆者作成。

第 74 図：(龍角寺岩屋古墳①・②) より一部改変して転載。

第 75 図：(日立精機 1 号墳・2 号墳)、(白山 1 号墳・2 号墳)、(我孫子第四小学校古墳) より一部改変して転載。分布図は筆者作成。

第 76 図：(龍角寺浅間山古墳)、(瓦谷兜塚古墳) より一部改変して転載。

第 77 図：(龍角寺岩屋古墳①)、(上福田 13 号墳)、(みそ岩屋古墳)、(上宿古墳)、(上福田岩屋古墳) より一部改変して転載。

第 78 図：(龍角寺岩屋古墳②)、(須曽蝦夷穴古墳)、(舞谷 4 号墳)、(八王子古墳) より一部改変して転載。

第 79 図：(龍角寺岩屋古墳①)、(舞谷 2 号墳) より一部改変して転載。

第 80 図：筆者作成。

第 81 図：(船津寺ノ上古墳)、(金井 2 号墳) より一部改変して転載。

第 82 図：(西原古墳)、(新割古墳)、(丸塚古墳)、(古山古墳)、(三条塚古墳)、(西谷古墳)、(蕨塚古墳)、(八丁塚古墳) より一部改変して転載。

第 83 図：(下谷古墳)、(向原古墳)、(妃塚古墳)、(上北原古墳) より一部改変して転載。

第 84 図：(権現山 2 号墳)、(和田天神 5 号墳)、(金比羅山古墳)、(十二ヶ谷戸 15 号墳)、(黒田 4 号墳)、(諏訪山古墳群) より一部改変して転載。

第 85 図：(金鈴塚古墳②)、(俵ヶ谷 6 号墳) より一部改変して転載。

第 86 図：(関田塚 2 号墳)、(山伏作 5 号墳)、(雷塚 2 号墳)、(相里古墳)、(野々間古墳)、(割見塚古墳)、(森山塚古墳) より一部改変して転載。

第 87 図：(雁多尾畑古墳)、(伏鉢山西峰古墳) より一部改変して転載。

第 88 図：〔松尾 1997〕より一部改変して転載。

第 89 図：(諏訪天神塚古墳)、(北門 1 号墳)、(三保杉沢古墳) より一部改変して転載。

第 90 図：筆者作成。

第 91 図：筆者作成。

第 92 図：筆者作成。

第 93 図：(北塚原 7 号墳)、(城戸野 1 号墳)、(長沖 8 号墳)、(黒田 17 号墳)、(鹿島 15 号墳) より一部改変して転載。

第 94 図：〔宍戸 2001〕より一部改変して転載。

第 95 図：(馬坂上 16 号墳)、(三ノ宮・下谷戸 7 号墳)、(下大槻欠山遺跡 1 号墳) より一部改変して転載。

第 96 図：(平山 2 号墳)、(塚原 5 号墳)、(大神古墳)、(四軒在家遺跡)、(三保杉沢古墳)、(北門 1 号墳)、(瀬戸岡古墳群①・②)、(塚原 9 号墳)、(万蔵院台 2 号墳・3 号墳)、(浄土古墳群②) より一部改変して転載。

第 97 図：1 は (塚原 5 号墳)、2 は (大神古墳) をもとに筆者作成。3 は (四軒在家遺跡) より一部改変して転載。

第 98 図：(瀬戸岡古墳群②)、(万蔵院台 2 号墳・3 号墳)、(中原 4 号墳) より一部改変して転載。

第 99 図：(平山 2 号墳)、(秋葉 1 号墳)、(下振 1 号墳) より一部改変して転載。

第 100 図：筆者作成。

第 101 図：(姫塚古墳①・②)、(殿塚古墳①・②)、(野原古墳)、(皇子塚古墳)、(平井地区 1 号墳) より一部改変して転載。

第 102 図：(若宮八幡古墳①)、(冑塚古墳)、(附川古墳群①)、(柏崎古墳群)、(根平 2 号墳)、(鶴ヶ丘稲荷神社古墳)、(かぶと塚古墳②)、(西原 6 号墳・18 号墳)、(北田 2 号墳)、(姫塚古墳①)、(不動塚古墳)、(駄ノ塚古墳・駄ノ塚西古墳)、(埴谷 1 号墳・2 号墳)、(土気舟塚古墳)、(福増 1 号墳)、(家之子 24 号墳) より一部改変して転載。

第 103 図：測量図は (荒砥伊勢山古墳)、(山王塚古墳)、(大平 1 号墳)、(折越十日塚古墳)、(飯塚 27 号墳・29 号墳)、(上原 1 号墳)、(東台 6 号墳)、(成田 6 号墳)、(龍角寺 112 号墳) より、表は〔広瀬・太田編 2010〕より一部改変して転載。分布図は筆者作成。

第 104 図：(堀越古墳)、(山内出古墳) より一部改変して転載。分布図は〔白石 2010〕より一部改変して転載。石室合成図は筆者作成。

第 105 図：(黄金塚陵墓参考地)、(宝塔山古墳②) より一部改変して転載。

第 106 図：(宝塔山古墳①)、(岩屋山古墳)、(峯塚古墳)、(艸墓古墳)、(文殊院西古墳) より一部改変して転載。

第 107 図：(黄金塚陵墓参考地)、〔東 1993〕より一部改変して転載。黄金塚陵墓参考地の壁面模式図は〔奈文研飛鳥資料館編 1981〕より一部改変して転載。宝塔山古墳の壁面模式図は筆者作成。

第 108 図：(多功大塚山古墳)、〔秋元 2005〕より一部改変して転載。

第 109 図：(割見塚古墳)、(龍角寺岩屋古墳①・②)、〔多宇 1980〕より一部改変して転載。分布図は筆者作成。

第 110 図：(宮中野大塚古墳①・②) より一部改変して転載。

第 111 図：(中村 1 号墳) より一部改変して転載。

第 112 図：(宮中野 99-1 号墳) より一部改変して転載。分布図は〔白井 2007〕を一部改変して転載。

第 113 図：(八幡山古墳)、(下谷 B 号墳)、(雷電神社古墳)、(酒巻 5 号墳)、(目沼 3 号墳)、(小針鎧塚古墳)、(かぶと塚古墳②) より一部改変して転載。下谷 B 号墳写真は〔尾崎 1966〕より一部改変して転載。

第 114 図：(武蔵府中熊野神社古墳) より一部改変して転載。

引用・参考文献（五十音順）

會田貴生　2009「上毛野地域における切石・截石切組積横穴式石室の系譜・地域性・階層性―前橋市西大室町所在の小稲荷6号墳の石室を加えて―」『利根川』31　利根川同人

青木　敬　2004「横穴式石室と土木技術」『古墳文化』創刊号　國學院大學古墳時代研究会

青木　敬　2005「後・終末期古墳の土木技術と横穴式石室―群集墳築造における“畿内と東国”―」『東国史論』第20号　群馬考古学研究会

青木　敬　2006「武蔵府中熊野神社古墳の墳丘と石室」『東京考古』第24号　東京考古談話会

秋元陽光　2005「上三川町多功大塚山古墳の再検討」『古代東国の考古学』大金宣亮氏追悼論文集　慶友社

秋元陽光・大橋泰夫　1988「栃木県南部の古墳時代後期の首長墓の動向―思川・田川水系を中心として―」『栃木県考古学会誌』第9集　栃木県考古学会

秋元陽光・大橋泰夫　1989「兜塚古墳」『栃木県埋蔵文化財保護行政年報〔昭和63年度〕』栃木県埋蔵文化財調査報告第105集　栃木県教育委員会

秋元陽光・大橋泰夫・水沼良浩　1989「国分寺町甲塚古墳調査報告」『栃木県考古学会誌』第11集　栃木県考古学会

秋山日出雄　1979「檜隈大内陵の石室構造」『橿原考古学研究所論集』第5　吉川弘文館

阿久津久・片平雅俊　1992「常陸の後期古墳の様相」『国立歴史民俗博物館研究報告』第44集

朝日新聞大阪本社社会部編　1979『修羅　発掘から復元まで』朝日新聞社

東　潮　1993「朝鮮三国時代における横穴式石室墳の出現と展開」『国立歴史民俗博物館研究報告』第47集

厚木市教育委員会　1998『厚木の古墳』厚木市文化財調査報告書第38集

網干善教　1967「大化二年三月甲申詔にみえる墳墓の規制について」『末永先生古稀記念古代学論叢』（森　浩一編1973『論集 終末期古墳』塙書房　所収）

網干善教　1981「終末期古墳に関する問題点」『月刊考古学ジャーナル』No.194　ニュー・サイエンス社

網干善教　1984「終末期古墳における埋葬主体部の変遷について」『関西大学考古学研究報告』4

甘粕　健　1963「内裏塚古墳群の歴史的意義」『考古学研究』第10巻第3号　考古学研究会（甘粕　健2004『前方後円墳の研究』同成社　所収）

甘粕　健・久保哲三　1967「古墳文化の地域的特色―関東―」近藤義郎・藤沢長治編『日本の考古学』Ⅳ　古墳時代（上）　河出書房

新井　悟　2004「多摩川中・下流域における7世紀の古墳の墳丘形態」『明治大学校地内遺跡調査団年報』1

荒井秀規　1994「「東国」とアヅマ―ヤマトから見た「東国」―」関　和彦編『古代東国の民衆と社会』古代王権と交流2　名著出版

安藤鴻基　1980「房総七世紀史の一姿相」『古代探叢―滝口宏先生古稀記念考古学論集―』早稲田大学出版部

安藤鴻基　1981「「変則的古墳」雑考」『小台遺跡発掘調査報告書』芝山はにわ博物館

池上　悟　1980「東国における胴張り石室の様相」『立正史学』第47号　立正大学史学会（池上1991所収）

池上　悟　1982a「南武蔵・多摩川流域における横穴式石室の導入と展開」『物質文化』第39号　物質文化研究会（池上1991所収）

池上　悟　1982b「東国横穴墓の一様相」『立正史学』第52号　立正大学史学会（池上1991所収）

池上　悟　1985「東国横穴式石槨考」『宗教社会史研究』Ⅱ　立正大学史学会（池上1991所収）

池上　悟　1988「野州石室考」『立正大学文学部論叢』第88号　立正大学文学部（池上1991所収）

池上　悟　1991『東国の横穴式石室と横穴墓』甎全舎

池上　悟　1992「南武蔵における古墳終末期の様相」『国立歴史民俗博物館研究報告』第44集

池上　悟　2005『日本横穴墓の形成と展開』雄山閣

石井智大　2007「横穴式石室に関する用語」『研究集会近畿の横穴式石室』横穴式石室研究会

石川　功　1989「茨城県における横穴式石室の様相」『東日本における横穴式石室の受容』第2分冊　第10回三県シンポジウム　千曲川水系古代文化研究所・北武蔵古代文化研究会・群馬県考古学研究所

石川正之助　1967「野殿天王塚古墳の石室平面形について」『共愛学園論集』第1号　共愛学園

石川正之助　1969「総社二子山古墳前方部石室の平面構成について」『考古学雑誌』第54巻第4号　日本考古学会

石川正之助　1971「総社二子山古墳前方部石室の研究(上)・(中)」『共愛学園論集』第7号・第8号　共愛学園

石川正之助　1973「いわゆる「截石切組積」石室へのアプローチ」『群馬文化』143　群馬文化の会

石橋　充　1995「常総地域における片岩使用の埋葬施設について」『筑波大学先史・考古学研究』第6号　筑波大学歴史・人類学系

石橋　充　1997「常陸の横穴式石室と前方後円墳」『《シンポジウム》横穴式石室と前方後円墳』第2回東北・関

東前方後円墳研究会大会発表要旨資料
石橋　充　2001「筑波山南東麓における6・7世紀の古墳埋葬施設について」『筑波大学先史学・考古学研究』第12号　筑波大学考古学フォーラム
出雲考古学研究会　1987『石棺式石室の研究―出雲地方を中心とする切石造り横穴式石室の検討―』古代の出雲を考える6
泉森　皎　1972「磚槨式古墳の研究」『宇陀・福地の古墳』奈良県文化財調査報告書第17集　奈良県教育委員会
泉森　皎　1980「「双墓」に関する二・三の問題について」『藤井祐介君追悼記念　考古学論叢』藤井祐介君を偲ぶ会
泉森　皎　1988「磚槨墳研究その後―石室復元工事を通してみた磚槨墳の観察―」『橿原考古学研究所論集』第9　創立50周年記念　吉川弘文館
板橋正幸　2005「西下谷田遺跡の一考察」『古代東国の考古学』大金宣亮氏追悼論文集　慶友社
市毛　勲　1963「東国における墳丘裾に内部施設を有する古墳について」『古代』第41号　早稲田大学考古学会
市毛　勲　1973「「変則的古墳」覚書」『古代』第56号　早稲田大学考古学会
一瀬和夫　1988「終末期古墳の墳丘」『網干善教先生華甲記念　考古學論集』網干善教先生華甲記念会（一瀬和夫2005『大王墓と前方後円墳』吉川弘文館　所収）
市橋一郎　2008a「栃木市岩家古墳の石室に関する検討」『栃木県考古学会誌』第29集　栃木県考古学会
市橋一郎　2008b「下野における無袖式石室」『東国に伝う横穴式石室―駿河東部の無袖式石室を中心に―』静岡県考古学会
稲田健一　2007「東茨城郡城里町徳化原古墳について―切石石室を有する古墳の一例―」『考古学の深層―瓦吹堅先生還暦記念論文集―』瓦吹堅先生還暦記念論文集刊行会
稲田健一　2008「茨城県ひたちなか市虎塚古墳群第四号墳の石室―刳り抜き玄門を有する古墳の一例―」橘考古学会編『多知波奈の考古学―上野恵司先生追悼論集―』
井鍋誉之　2003「東駿河の横穴式石室」『静岡県の横穴式石室』静岡県考古学会
稲村　繁　1991「茨城県における横穴式石室の変遷（Ⅰ）」『博古研究』創刊号　博古研究会
猪熊兼勝　1976「飛鳥時代墓室の系譜」『研究論集Ⅲ』奈良国立文化財研究所学報第28冊
今尾文昭　1994「新益京の鎮祭と横大路の地鎮め遺構」『考古学と信仰』同志社大学考古学シリーズⅥ　同志社大学考古学研究室（今尾文昭2008『律令期陵墓の成立と都城』古代日本の陵墓と古墳2　青木書店　所収）
岩崎卓也　1984「古墳は語る」『小山市史』通史編Ⅰ　小山市
岩崎卓也　1992「関東地方東部の前方後円形小墳」『国立歴史民俗博物館研究報告』第44集（岩崎卓也2000『古墳時代史論』下巻　雄山閣出版　所収）
岩原　剛　2008「三河の横穴式石室―三河型横穴式石室の生成と伝播を中心に―」『吾々の考古学』和田晴吾先生還暦記念論集刊行会
上野恵司　1992a「上野・切石石室小考」『考古学論究』第2号　立正大学考古学会（上野恵司2008『東国古墳文化論攷―上野恵司先生著作集―』所収）
上野恵司　1992b「下野・切石石室考」『立正考古』第31号　立正大学考古学研究会（上野2008所収）
上野恵司　1993a「総における古墳時代後期の埋葬施設の研究」『立正考古』第32号　立正大学考古学研究会（上野2008所収）
上野恵司　1993b「総における横穴式石室の研究―東南部ニュータウン地区内の横穴式石室―」『多知波奈考古』創刊号　橘考古学会（上野2008所収）
上野恵司　1996a「総の終末期古墳について」『立正史学』第80号　立正大学史学会（上野2008所収）
上野恵司　1996b「総の初期横穴式石室」『考古学論究』第4号　立正大学考古学会（上野2008所収）
上野恵司　1996c「東国古墳の石室に見る出雲の影響」『考古学の諸相』坂詰秀一先生還暦記念会
上野恵司　2000a「関東の大形方墳」『考古学論究』第7号　立正大学考古学会（上野2008所収）
上野恵司　2000b「複室横穴式石室の研究―関東地方を中心に―」『埼玉考古』第35号　埼玉考古学会（上野2008所収）
植山英史　2010「相模」土生田純之編『東日本の無袖横穴式石室』雄山閣
内山敏行　2007「北関東と東北」『本州東北部における古墳時代の終末と律令社会の成立』福島大学考古学研究室第1回公開シンポジウム
馬橋利行　2005「青柳古墳群の構造と位置付けについて」『東京都国立市四軒在家遺跡Ⅱ―国立市四軒在家土地区画整理事業に伴う発掘調査―』国立市文化財調査報告第49集　国立市教育委員会
梅原末治　1918「出雲における特殊古墳（上）」『考古学雑誌』第9巻第3号　日本考古学会
梅原末治　1919「出雲における特殊古墳（中ノ上）」『考古学雑誌』第9巻第5号　日本考古学会
梅原末治　1940「聖徳太子磯長の御廟」『日本考古学論攷』弘文堂書房
梅原末治・石倉暉栄　1920a「出雲における特殊古墳（中ノ中）」『考古学雑誌』第10巻第11号　日本考古学会
梅原末治・石倉暉栄　1920b「出雲における特殊古墳（中ノ下）」『考古学雑誌』第11巻第3号　日本考古学会

大金宣亮　1984a「各地域における最後の前方後円墳　栃木県」『古代学研究』第106号　古代学研究会

大金宣亮　1984b「大内廃寺跡」『真岡市史』第1巻　考古資料編

大川原竜一　2007「大化以前の国造制の構造とその本質―記紀の「国造」表記と『隋書』「軍尼」の考察を通して―」『歴史学研究』829号　歴史学研究会

大久保徹也　2004「古墳時代研究における「首長」概念の問題」『古墳時代の政治構造』青木書店

太田宏明　1999「「畿内型石室」の属性分析による社会組織の検討」『考古学研究』第46巻第1号　考古学研究会

太田宏明　2003「畿内型石室の変遷と伝播」『日本考古学』第15号　日本考古学協会

太田宏明　2007「横穴式石室における伝播論～横穴式石室伝播過程比較検討方法論の提唱～」『研究集会　近畿の横穴式石室』横穴式石室研究会

太田宏明　2009「九州系石室の伝播・拡散の過程―畿内型石室との比較検討を通じて―」杉井　健編『九州系横穴式石室の伝播と拡散』北九州中国書店

太田宏明　2011『畿内政権と横穴式石室』学生社

太田博之　2010「埼玉県」広瀬和雄・太田博之編『前方後円墳の終焉』雄山閣

大谷　徹　1993「比企地方における胴張りを有する横穴式石室の一様相―東松山市上川入古墳を中心として―」『立正考古』第32号　立正大学考古学研究会

大津　透　1992「大化改新と東国国司」戸沢充則・笹山晴生編『新版古代の日本』第8巻　関東　角川書店

大塚初重　1953「武蔵・瀬戸岡における奈良時代墳墓」『駿台史学』第3号　駿台史学会

大塚初重　1975「千葉県岩屋古墳の再検討」『駿台史学』第37号　駿台史学会

大橋泰夫　1990「下野における古墳時代後期の動向―横穴式石室の分析を通して―」『古代』第89号　早稲田大学考古学会

大森信宏　1999「南武蔵における複室構造横穴式石室の成因について」『國學院大學考古学資料館紀要』第15輯　國學院大學考古学資料館

大和久震平　1971「栃木県における横穴式石室と馬具の変遷（Ⅰ）」『栃木県史研究』第1号　栃木県史編さん専門委員会

大和久震平　1972a「栃木県における横穴式石室と馬具の変遷（Ⅱ）」『栃木県史研究』第2号　栃木県史編さん専門委員会

大和久震平　1972b「古墳文化」『栃木県の考古学』吉川弘文館

岡田清子　1966「喪葬制と仏教の影響」近藤義郎・藤沢長治編『日本の考古学』Ⅴ　古墳時代（下）　河出書房

岡本健一　1994「埼玉将軍山古墳の横穴式石室について」『調査研究報告』第7号　埼玉県立さきたま資料館

岡本東三　1996「東国の畿内系瓦当の受容と独自性」『東国の古代寺院と瓦』吉川弘文館

尾崎喜左雄　1954「横穴式石室編年への一考察―主として石材の取扱方について―」『史学会報』第5号　群馬大学史学会

尾崎喜左雄　1966『横穴式古墳の研究』吉川弘文館

小沢　洋　1986「富津市割見塚古墳の諸問題」『史館』第19号　市川ジャーナル

小沢　洋　1991「九条塚古墳の再検討―飯野小学校保管遺物を中心に―」『君津郡市文化財センター研究紀要』Ⅳ　㈶君津郡市文化財センター（小沢2008所収）

小沢　洋　1992「上総南西部における古墳終末期の様相」『国立歴史民俗博物館研究報告』第44集（小沢2008所収）

小沢　洋　1996「小櫃・小糸・湊川水系圏の横穴式石室」『土筆』第4号　土筆社（小沢2008所収）

小沢　洋　1997「上総の横穴式石室と前方後円墳」『《シンポジウム》横穴式石室と前方後円墳』第2回東北・関東前方後円墳研究会大会発表要旨資料（小沢2008所収）

小沢　洋　2008『房総古墳文化の研究』六一書房

小田富士雄　1968「横穴式石室古墳における複室構造の形成」『史淵』第百輯記念特輯　九州大学文学部

小田富士雄　1980「横穴式石室の導入とその源流」『東アジアにおける日本古代史講座』4

小高幸男　1991「内裏塚古墳群再論」『君津郡市文化財センター研究紀要』Ⅴ―設立10周年記念論集―　㈶君津郡市文化財センター

小田原市教育委員会　2007『久野諏訪ノ原丘陵の遺跡―久野古墳群と周辺遺跡―』小田原市の遺跡探訪シリーズ2

小野本敦　2008「東京都大田区観音塚古墳の埴輪」『埴輪研究会誌』第12号

小野本敦　2009「多摩川下流域の横穴式石室について」『東京考古』第27号　東京考古談話会

小野山節　1959「馬具と乗馬の風習―半島経営の盛衰―」『世界考古学体系』3　日本Ⅲ　古墳時代　平凡社

小野山節　1983「花形杏葉と光背」『ＭＵＳＥＵＭ』No.383　東京国立博物館

小幡早苗・近藤美紀　2001「横穴式石室用語の定義」『東海の後期古墳を考える』第8回東海考古学フォーラム

角田徳幸　1993「石棺式石室の系譜」『島根考古学会誌』第10集　10周年記念特集号　島根考古学会

柏木善治　1996「酒匂川流域の横穴式石室」『神奈川考古』第32号　神奈川考古同人会20周年記念論集　神奈川考古同人会

金井塚良一　1968「考察」『柏崎古墳群―埼玉県東松山市柏崎古墳群発掘調査報告―』考古学資料刊行会

金井塚良一　1972「北武蔵の古墳群と渡来系氏族―吉士氏の動向―」『歴史読本』昭和48年8月号　新人物往来社

金井塚良一　1976「北武蔵の古墳群と渡来系氏族吉士氏の動向」『北武蔵考古学資料図鑑』校倉書房

狩野　久　1984「律令国家の形成」『講座日本歴史』1　原始・古代1　東京大学出版会

加部二生　1998「凡例」『群馬県内の横穴式石室』I（西毛編）　群馬県古墳時代研究会

鎌田元一　1977「評の成立と国造」『日本史研究』176号　日本史研究会（鎌田元一 2001『律令公民制の研究』塙書房　所収）

上三川町史編さん委員会　1979「兜塚古墳」『上三川町史』資料編　原始・古代・中世　上三川町

鴨志田篤二　2006「関東・東北地方の装飾古墳」『婆良岐考古』第28号　婆良岐考古同人会

河上邦彦　1979「大和の大型横穴式石室の系譜」『橿原考古学研究所論集』第4　創立40周年記念　吉川弘文館（河上邦彦 1995『後・終末期古墳の研究』雄山閣出版所収）

河上邦彦　1984「東明神古墳の復原実験」『月刊大建協』No.429号　大阪建築業協会（河上 1995所収）

河上邦彦　1985「凝灰岩使用の古墳―飛鳥地域に於ける終末期後半の古墳の意義―」『末永先生米壽記念献呈論文集』乾　奈良明新社（河上 1995所収）

河上邦彦　1988「終末期古墳に於ける改葬墓」『網干善教先生華甲記念　考古学論集』（河上 1995所収）

川崎市教育委員会　1981『影向寺文化財総合調査報告書』

川尻秋生　1999「坂東の成立」『千葉県立中央博物館研究報告―人文科学―』12　千葉県立中央博物館（川尻秋生 2003『古代東国史の基礎的研究』塙書房　所収）

川尻秋生　2001「大生部直と印波国造―古代東国史研究の一試論―」『千葉県立中央博物館研究報告―人文科学―』14 千葉県立中央博物館（川尻 2003所収）

菊地芳朗　2010「古墳と地域権力―会津盆地の分析から―」『古墳時代史の展開と東北社会』大阪大学出版会

岸　俊男　1988「画期としての雄略朝―稲荷山鉄剣銘付考―」『日本古代文物の研究』塙書房

岸本直文　2011「横穴式石室の型式は被葬者の活躍期を示す」『考古学研究』第58巻第1号　考古学研究会

九州前方後円墳研究会　2009『終末期古墳の再検討』第12回九州前方後円墳研究会長崎大会発表要旨集

桐生直彦　1986『和田・百草遺跡群―多摩都市計画道路1・3・1号線和田地内拡幅工事にともなう調査―』多摩市埋蔵文化財調査報告10　多摩都市計画道路事業1・3・1号線関連遺跡調査会

草野潤平　2003「古墳時代終末期の関東―横穴式石室の分析を通して―」『駿台史学会大会研究発表要旨』駿台史学会（『駿台史学』第121号に再録）

草野潤平　2007「下野における後期・終末期古墳の地域設定と動向」佐々木憲一編『関東の後期古墳群』六一書房（考古学リーダー12）

楠元哲夫　1994「一墳丘内複数横穴式石室墳の諸問題―とくに「双室墳」等にあらわれる終末期墓制の特質について―」『舞谷古墳群の研究』㈶由良大和古代文化研究協会

藏冨士寛　2009「九州地域の横穴式石室」杉井　健編『九州系横穴式石室の伝播と拡散』北九州中国書店

黒崎　直　1984「平城京における宅地の構造」狩野　久編『日本古代の都城と国家』塙書房

黒澤彰哉　1993「常総地域における群集墳の一考察―茨城県新治郡千代田町大塚古墳群の分析から―」『婆良岐考古』第15号　婆良岐考古同人会

群馬県教育委員会・㈶群馬県埋蔵文化財調査事業団　1999『綿貫観音山古墳II』石室・遺物編　群馬県考古資料普及会

群馬県古墳時代研究会　1998～2001・2004『群馬県内の横穴式石室』I～V

国士舘大学考古学会編　2009『古代社会と地域間交流―土師器からみた関東と東北の様相―』六一書房

小久保徹　2000「終末期の方墳について―鶴ヶ丘古墳群をめぐって―」『調査研究報告』第13号　埼玉県立さきたま資料館

国立歴史民俗博物館　1992『国立歴史民俗博物館研究報告』第44集　東国における古墳の終末《本編》

古代學研究會編　1984「各地域における最後の前方後円墳　東日本II」『古代学研究』第106号　古代学研究会

後藤守一　1936「東京府下の古墳」『東京府史蹟名勝天然記念物調査報告書』第13冊　東京府

後藤守一　1956a「筆者序文」『東京都文化財調査報告書』第3集（多摩地方の古墳群）　東京都教育委員会

後藤守一　1956b「瀬戸岡古墳群」『東京都文化財調査報告書』第3集（多摩地方の古墳群）　東京都教育委員会

後藤守一　1956c「武蔵野における円形プランの石室古墳」『武蔵野』第229号　武蔵野文化協会

小林　修　2008「北関東におけるT・L字形横穴式石室の様相」『埼玉考古』第43号　埼玉考古学会

小林孝秀　2004「常陸南部における横穴式石室の系譜と地域性」『専修考古学』第10号　専修大学考古学会（小林 2014所収）

小林孝秀　2005a「常陸高崎山西2号墳の横穴式石室に関する再検討―関東における横穴式石室導入の評価をめぐって―」『茨城県考古学協会誌』第17号　茨城県考古学協会（小林 2014所収）

小林孝秀　2005b「上野における羨道部に区画をもつ横穴式石室の検討」『駒澤考古』第30号　駒澤大学考古学

研究室（小林 2014 所収）
小林孝秀　2005c「刳り抜き玄門を有する横穴式石室の比較検討—下野の事例とその評価をめぐる基礎的作業—」『専修考古学』第 11 号　専修大学考古学会（小林 2014 所収）
小林孝秀　2008「北武蔵における横穴式石室の動向とその系譜」『専修史学』第 44 号　専修大学歴史学会（小林 2014 所収）
小林孝秀　2009「関東における横穴式石室の動向とその特質—九州系石室の伝播をめぐって—」杉井　健編『九州系横穴式石室の伝播と拡散』北九州中国書店（小林 2014 所収）
小林孝秀　2010「南関東における横穴式石室の諸系譜—東京湾沿岸諸地域の様相から—」『専修史学』第 49 号　専修大学歴史学会（小林 2014 所収）
小林孝秀　2011「上毛野・下毛野の横穴式石室—導入と地域色—」右島和夫・若狭　徹・内山敏行編『古墳時代の毛野の実像』季刊考古学・別冊 17　雄山閣（小林 2014 所収）
小林孝秀　2012「関東における横穴式石室の展開—地域性と地域間交流の評価—」『古代学研究所紀要』第 17 号　明治大学古代学研究所
小林孝秀　2014『横穴式石室と東国社会の原像』雄山閣
小林行雄　1950「古墳時代に於ける文化の伝播」『史林』第 33 巻第 3・4 号　史学研究会
小林行雄　1959「古墳時代」『図解考古学辞典』創元社
古墳時代研究プロジェクト・チーム　1995「横穴墓の研究（1）」『かながわの考古学』第 5 集　神奈川県の考古学の諸問題（Ⅱ）　神奈川県立埋蔵文化財センター
古墳時代研究プロジェクト・チーム　1996～1999「横穴墓の研究（2）～（5）」『研究紀要』1～4　神奈川県立埋蔵文化財センター・かながわ考古学財団
古墳時代研究プロジェクト・チーム　2000～2002「横穴墓の研究（6）～（8）」『研究紀要』5～7　かながわ考古学財団
小室　勉　1985「前方後円墳の終焉と方墳」『常陸国風土記と考古学』雄山閣
小森哲也　1990「下野における凝灰岩切石使用の横穴式石室」『第 4 回企画展　古墳文化の終焉』栃木県立しもつけ風土記の丘資料館
小森哲也　2010「栃木県—「絶えるもの」「続くもの」そして「生まれるもの」—」広瀬和雄・太田博之編『前方後円墳の終焉』雄山閣
小森哲也　2012「地域間交流としての石棺式石室—中九州・山陰そして東国の動向—」『日本考古学』第 34 号　日本考古学協会（小森哲也 2015『東国における古墳の動向からみた律令国家形成過程の研究』六一書房　所収）
近藤義郎　1952『佐良山古墳群の研究』津山市
近藤義郎　1955「後期古墳文化」後藤守一編『日本考古学講座』第 5 巻　古墳時代　河出書房
斎藤　忠　1955「高塚墳墓より見たる七世紀前後の社会」『日本社会史の研究』吉川弘文館
坂本和俊　1979「袖無型横穴式石室の検討」『原始古代社会研究』5　校倉書房
坂本和俊　1996「武蔵の前方後円墳」『東北・関東における前方後円墳の編年と画期』第 1 回東北・関東前方後円墳研究会発表要旨資料
佐々木憲一・倉林眞砂斗・曾根俊雄・中村新之介　2008「茨城県行方市大日塚古墳測量調査報告」『考古学集刊』第 4 号　明治大学考古学研究室
佐田　茂　1997「新しい群集墳—複室構造の横穴式石室を中心として—」『古代学評論』第 5 号　古代を考える会
佐藤春生ほか　1998『松の外遺跡・西戸古墳群～第 2 次・第 3 次発掘調査報告書～』毛呂山町教育委員会
塩野　博　2004『埼玉の古墳』さきたま出版会
塩谷　修　1992「終末期古墳の地域相—茨城県桜川河口域の事例から—」『土浦市立博物館紀要』第 4 号　土浦市立博物館
鹿田雄三　1995「前庭をともなう古墳の編年—赤城山南麓における後期群集墳の動向—」『研究紀要』12　㈶群馬県埋蔵文化財調査事業団
重藤輝行　1999「北部九州における横穴式石室の展開」『九州における横穴式石室の導入と展開』第 2 回九州前方後円墳研究会資料集　第Ⅱ分冊　九州前方後円墳研究会
重藤輝行　2001「北部九州型横穴式石室の展開」『東海の後期古墳を考える』第 8 回東海考古学フォーラム三河大会
宍戸信悟　2000「7 号墳の出土遺物と石室について」『三ノ宮・下谷戸遺跡（No.14）Ⅱ』かながわ考古学財団調査報告 76　㈶かながわ考古学財団
宍戸信悟　2001「横穴式石室から見た古墳時代の秦野盆地」『研究紀要』第 2 号　秦野市立桜土手古墳展示館
篠川　賢　1996『日本古代国造制の研究』吉川弘文館
篠川　賢　2005「国造の「氏姓」と東国の国造制」あたらしい古代史の会編『王権と信仰の古代史』吉川弘文館
柴田　徹　2009「龍角寺と周辺の古墳の石材調査」『古代学研究所紀要』第 10 号　明治大学古代学研究所
志村　哲　1989『皇子塚古墳』群馬県藤岡市教育委員会
下垣仁志　2012「古墳時代首長墓系譜論の系譜」『考古学研究』第 59 巻第 2 号　考古学研究会
下野市教育委員会　2014『甲塚古墳—下野国分寺跡史跡整備に伴う関連調査—』下野市埋蔵文化財調査報告第 11 集
下原幸裕　2004「横口式石槨の編年について—終末期古

墳研究ノート—」『福岡大学考古学論集—小田富士雄先生退職記念—』小田富士雄先生退職記念事業会
下原幸裕　2006『西日本の終末期古墳』北九州中国書店
下谷　淳　2007「下野薬師寺」『栃木県考古学会シンポジウム　上神主・茂原官衙遺跡の諸問題』栃木県考古学会
城倉正祥　2009『埴輪生産と地域社会』学生社
白井久美子　1992「上総北西部における古墳終末期の様相」『国立歴史民俗博物館研究報告』第44集（白井2002a所収）
白井久美子　2002a『古墳から見た列島東縁世界の形成—総武・常総の内海をめぐる古墳文化の相克—』千葉大学考古学研究叢書2
白井久美子　2002b「金銅製毛彫馬具」『印旛郡栄町浅間山古墳発掘調査報告書』第1分冊　千葉県
白井久美子　2007「関東の後・終末期古墳群の特性」佐々木憲一編『関東の後期古墳群』六一書房（考古学リーダー12）
白井久美子・芳賀正和　1996「古墳に使用された磯石」『土筆』第4号　土筆社
白石太一郎　1965「日本における横穴式石室の系譜—横穴式石室の受容に関する一考察—」第『先史学研究』第5号　同志社大学先史学会
白石太一郎　1966「畿内の後期大型群集墳に関する一試考—河内高安千塚及び平尾山千塚を中心として—」『古代学研究』第42・43合併号　古代学研究会（白石太一郎2000『古墳と古墳群の研究』塙書房　所収）
白石太一郎　1967「岩屋山式の横穴式石室について」『ヒストリア』第49号　大阪歴史学会（白石太一郎2009『古墳と古墳時代の文化』塙書房　所収）
白石太一郎　1973「大型古墳と群集墳—群集墳の形成と同族系譜の成立—」『橿原考古学研究所紀要　考古学論攷』第2冊（白石2000所収）
白石太一郎　1982「畿内における古墳の終末」『国立歴史民俗博物館研究報告』第1集（白石2000所収）
白石太一郎　1990a『関東地方における終末期古墳の研究』平成元年度科学研究費補助金（一般研究B）研究成果報告書
白石太一郎　1990b「関東地方の終末期大型方・円墳について」『関東地方における終末期古墳の研究』平成元年度科学研究費補助金（一般研究B）研究成果報告書
白石太一郎　1991「常陸の後期・終末期古墳と風土記建評記事」『国立歴史民俗博物館研究報告』第35集（白石2000所収）
白石太一郎　1992「関東の後期大型前方後円墳」『国立歴史民俗博物館研究報告』第44集（白石2000所収）
白石太一郎　1996「駄ノ塚古墳の提起する問題」『国立歴史民俗博物館研究報告』第65集　東国における古墳の終末《附編》千葉県成東町駄ノ塚古墳発掘調査報告
白石太一郎　1999「終末期横穴式石室の型式編年と暦年代」『考古学雑誌』第85巻第1号日本考古学会（白石太一郎2009『古墳と古墳時代の文化』塙書房　所収）
白石太一郎　2001「竜角寺岩屋古墳の造営年代をめぐって」『千葉県史研究』第9号　千葉県（白石太一郎2007『東国の古墳と古代史』学生社　所収）
白石太一郎　2003「山ノ上古墳と山ノ上碑—古墳の合葬原理をめぐって—」大塚初重・吉村武彦編『古墳時代の日本列島』青木書店（白石太一郎2009『考古学からみた倭国』青木書店　所収）
白石太一郎　2010「前方後円墳終末の暦年代をめぐって—新納泉氏の批判に答える—」『坪井清足先生卒寿記念論文集—埋文行政と研究のはざまで—』
神保公久　1999「筑後地方の横穴式石室」『九州における横穴式石室の導入と展開』第2回九州前方後円墳研究会資料集　第Ⅱ分冊　九州前方後円墳研究会
新村　出編　2008『広辞苑』第6版　岩波書店
末永雅雄　1991「石舞台古墳と蘇我馬子」『飛鳥京調査と古墳』末永雅雄著作集第3巻　雄山閣出版
菅谷文則　1985「榛原石考—大化前後におけるある石工集団の興廃—」『末永先生米壽記念献呈論文集』乾　奈良明新社
杉井　健編　2009『九州系横穴式石室の伝播と拡散』日本考古学協会2007年度熊本大会分科会Ⅰ記録集　北九州中国書店
椙山林継　1982「市域内の主要古墳」『富津市史』通史　富津市
椙山林継　1983「古墳時代後期における地域性について—横穴式石室の玄門部構造—」『日本史論集　坂本太郎博士頌寿記念』上巻　吉川弘文館
椙山林継　1986「内裏塚古墳群の年代」『千葉県富津市内裏塚古墳群測量調査報告書』千葉県教育委員会
椙山林継　1991「横穴式石室の地方受容と変革—内裏塚古墳群の場合—」『君津郡市文化財センター研究紀要』Ⅴ—設立10周年記念論集—　㈶君津郡市文化財センター
杉山晋作　1969「所謂「変則的古墳」の分類について」『茨城考古学』第2号　茨城考古学会
杉山晋作　1974「変則的古墳の一解釈（その一）」『古代』第57号　早稲田大学考古学会
杉山晋作　1975「内裏塚古墳群の再検討—内裏塚古墳の遺物（前）—」『史館』第5号　市川ジャーナル
杉山晋作　1995「古代印波の分割」『王朝の考古学—大川清博士古稀記念論文集—』雄山閣出版
杉山晋作　2003「中台古墳群」『千葉県の歴史』資料編　考古2（弥生・古墳時代）
鈴木一有　2003「東海東部の横穴式石室にみる地域圏の形成」『静岡県の横穴式石室』静岡県考古学会

鈴木一有　2007「東海の横穴式石室における分布と伝播」『研究集会　近畿の横穴式石室』横穴式石室研究会

鈴木敏則　1988「遠江の横穴式石室」『転機』2号

関　和彦　1990「「ヤマト」王権の成立はいつか」白石太一郎・吉村武彦編『争点日本の歴史』2　古代編Ⅰ　新人物往来社

関川尚功　1998「見瀬丸山古墳と欽明陵古墳」『橿原考古学研究所論集』第13　吉川弘文館

関川尚功　2005「終末期古墳と寺院」白石太一郎編『古代を考える　終末期古墳と古代国家』吉川弘文館

関根孝夫　1999「伊勢原の古墳」『第23回神奈川県遺跡調査・研究発表会発表要旨』神奈川県考古学会

多宇邦雄　1980「下総龍角寺について」『古代探叢―滝口宏先生古稀記念考古学論集―』早稲田大学出版部

田尾誠敏　2007「登尾山古墳・埒免古墳」広瀬和雄・池上　悟編『武蔵と相模の古墳』季刊考古学・別冊15　雄山閣

高木恭二　1993「横穴式石室の地域性―九州地方―」『季刊考古学』第43号　雄山閣出版

高橋一夫・本間岳史　1994「将軍山古墳と房州石」『埼玉県史研究』第29号　埼玉県

高橋健自　1922『古墳と上代文化』國史講習會

高橋千晶　1995「八王子市北大谷古墳」『多摩地区所在古墳確認調査報告書』東京都教育庁生涯学習部文化課

高橋照彦　2004「畿内最後の大型前方後円墳に関する一試論―見瀬丸山古墳と欽明陵古墳の被葬者―」『西日本における前方後円墳消滅過程の比較研究』大阪大学大学院文学研究科

高橋美久二編　1980「長岡京跡右京第26次発掘調査概要」『埋蔵文化財発掘調査概報』1980-2　京都府教育委員会

高柳　茂　1986「嵐山町天神山1号墳の横穴式石室について」『研究紀要』第2号　埼玉県立楠川高等学校

滝口　宏　1970「氏寺の建立」杉原荘介・竹内理三編『古代の日本』第7巻　関東　角川書店

武田宗久　1951「遺跡の概観」滝口　宏ほか『上総金鈴塚古墳』千葉県教育委員会

立花　実　2007「相模の後期古墳と横穴墓」広瀬和雄・池上　悟編『武蔵と相模の古墳』季刊考古学・別冊15

立花　実・手島真実　1999「伊勢原市登尾山古墳再考」『東海史学』第33号　東海大学史学会

辰巳和弘・森下浩行・吉村公男・辻川哲朗　1993「平群谷古墳群再論（下）」『古代文化』第45巻第12号　㈶古代学協会

舘野和己　2004「ヤマト王権の列島支配」『日本史講座』第1巻　東アジアにおける国家形成　東京大学出版会

田中新史　1996「養老川流域の石棺・石室―総の石材利用古墳のなかで―」『土筆』第4号　土筆社

田中広明　1983「埼玉県比企丘陵における後・終末期古墳―特に截石切組積古墳の地域的特長―」『埼玉考古』第21号　埼玉考古学会

田中広明　1987「終末期古墳の地域性―関東地方の加工石材使用石室の系譜―」『土曜考古』第12号　土曜考古学研究会

田中広明　1988「霞ヶ浦の首長―茨城県出島半島をめぐる古墳時代の研究―」『婆良岐考古』第10号　婆良岐考古同人会

田中広明　1989「緑泥片岩を運んだ道―変容する在地首長層と労働差発権―」『土曜考古』第14号　土曜考古学研究会

田中広明・大谷　徹　1989「東国における後・終末期古墳の基礎的研究（1）」『研究紀要』第5号　㈶埼玉県埋蔵文化財調査事業団

田中　裕　2010「千葉県」広瀬和雄・太田博之編『前方後円墳の終焉』雄山閣

田中良之　2008「断体儀礼考」『九州と東アジアの考古学』九州大学考古学研究室50周年記念論文集　九州大学考古学研究室

田中良之　2012「中村1号墳における葬送儀礼」『中村1号墳』出雲市の文化財報告15　出雲市教育委員会

谷木光之助　1930「上総国君津郡清川村長須賀圓山古墳」『考古学』第1巻第2号　東京考古学会

田村　悟　2001「北部九州の後期古墳概観」『東海の後期古墳を考える』第8回東海考古学フォーラム三河大会

塚田良道　1999「測量図の比較から古墳の系譜を考える」『≪シンポジウム≫前方後円墳の築造企画』第4回東北・関東前方後円墳研究会大会発表資料

塚田良道　2001「埼玉古墳群と渡来人」『武蔵野』第77巻第2号　武蔵野文化協会

津金澤吉茂　1983「古代上野国における石造技術についての一試論―山王廃寺の塔心柱根巻石を中心に―」『群馬県歴史博物館紀要』第4号

都出比呂志　1988「古墳時代首長系譜の継続と断絶」『待兼山論叢』史学篇第22号　大阪大学文学部

都出比呂志　1991「日本古代の国家形成論序説―前方後円墳体制の提唱―」『日本史研究』第343号　日本史研究会

坪井正五郎・野中完一　1898「常陸国新治郡瓦會村の古墳」『東京人類学雑誌』第40巻第153号　東京人類学会

津曲大祐　2004「博多湾沿岸地域の石室構築技術―後期古墳を中心に―」『福岡大学考古学論集』小田富士雄先生退職記念事業会

東国古墳研究会　2009『東国における前方後円墳の消滅』東国古墳研究会シンポジウム発表要旨

鳥羽政之　2004「東国における郡家形成の過程」『幸魂―増田逸朗氏追悼論文集―』北武蔵古代文化研究会

富山直人　1994「横穴式石室考―畿内を中心として―」『大

阪市文化財論集』㈶大阪市文化財協会
直木孝次郎　1968『日本古代兵制史の研究』吉川弘文館
中里正憲　2000「角閃石安山岩を混入する埴輪について—小泉大塚越3号墳の埴輪を中心に—」『埴輪研究会誌』第4号
中谷雅治　1976「恭仁京跡昭和50年度発掘調査概要」『埋蔵文化財発掘調査概報』京都府教育委員会
中西康裕　1986「大化の「東国国司」に関する一考察」『続日本紀研究』第247号　続日本紀研究会
永沼律朗　1992「印旛沼周辺の終末期古墳」『国立歴史民俗博物館研究報告』第44集
中村恵次　1974a「房総半島における横穴式石室—とくに複室構造の石室について—」『史館』第2号　市川ジャーナル（中村恵次1978『房総古墳論攷』故中村恵次氏著作集刊行会　所収）
中村恵次　1974b「房総半島における変形石室—L字形・T字形石室とその周辺—」『史館』第4号　市川ジャーナル（中村1978所収）
中村太一　1996『日本古代国家と計画道路』吉川弘文館
中村享史　1996「鬼怒川東岸域の横穴式石室」『研究紀要』第4号　㈶栃木県文化振興事業団埋蔵文化財センター
中村享史・齋藤恒夫　2011『吾妻古墳—重要遺跡範囲確認調査—』栃木県埋蔵文化財調査報告第333集　栃木県教育委員会・㈶とちぎ生涯学習文化財団
生田目和利　2005「茨城県北部における前方後円墳以後と古墳の終末」『《シンポジウム》前方後円墳以後と古墳の終末』第10回東北・関東前方後円墳研究会大会発表要旨資料
奈良国立文化財研究所飛鳥資料館編　1981『飛鳥時代の古墳』同朋舎出版
成瀬正勝　1990「美濃における畿内系石室の受容と展開」『岐阜史学』第83号　岐阜史学会
新山保和　1996「墳丘の「掘り込み」について」『稲荷塚古墳—墳丘部確認にともなう調査—』多摩市埋蔵文化財調査報告39　多摩市教育委員会
新納　泉　1995「巨石墳と終末期古墳の編年」『考古学研究会40周年記念論集　展望考古学』
新納　泉　2009「前方後円墳廃絶期の暦年代」『考古学研究』第56巻第3号　考古学研究会
新納　泉　2012「古墳の終末」広瀬和雄・和田晴吾編『講座日本の考古学』8　古墳時代下　青木書店
西川修一　2007「相模の首長墓系列」広瀬和雄・池上　悟編『武蔵と相模の古墳』季刊考古学・別冊15　雄山閣
西嶋定生　1961「古墳と大和政権」『岡山史学』第10号　岡山史学会
西田健彦　1989「荒砥北部遺跡群小稲荷6号墳」『群馬文化』第219号　群馬県地域文化研究協議会
仁藤敦史　2001「額田部氏の系譜と職掌」『国立歴史民俗博物館研究報告』第88集
長谷川勇　1978『埼玉県本庄市御手長山古墳発掘調査報告書』本庄市教育委員会
羽鳥政彦　1991『陣場・上庄司原古墳群』群馬県勢多郡富士見村教育委員会
土生田純之　1983「東大阪市イノラムキ古墳をめぐって—畿内終末期古墳に関する一試論—」古墳文化研究会編『古墳文化の新視角』雄山閣（土生田1991所収）
土生田純之　1991『日本横穴式石室の系譜』学生社
土生田純之　1992「横穴系の埋葬施設」岩崎卓也・石野博信・河上邦彦・白石太一郎編『古墳時代の研究』7　古墳Ⅰ　墳丘と内部施設　雄山閣
土生田純之　1994「畿内型石室の成立と伝播」荒木敏夫編『ヤマト王権と交流の諸相』古代王権と交流5　名著出版（土生田1998所収）
土生田純之　1995「古墳構築過程における儀礼—墳丘を中心として—」『古墳文化とその伝統』勉誠出版（土生田1998所収）
土生田純之　1996「葬送墓制の伝来をめぐって—北関東における事例を中心に—」『古代文化』第48巻第1号　㈶古代学協会（土生田1998所収）
土生田純之　1997「横穴式石室における諸形態とその要因」『専修大学人文論集』第60号　専修大学学会（土生田2006所収）
土生田純之　1998『黄泉国の成立』学生社
土生田純之　1999「最後の前方後円墳—古墳文化の転機—」吉村武彦編『古代を考える　継体・欽明朝と仏教伝来』吉川弘文館（土生田2006所収）
土生田純之　2003「横穴式古墳構築過程の研究」右島和夫・土生田純之・曺　永鉉・吉井秀夫『古墳構築の復元的研究』雄山閣
土生田純之　2004a「首長墓造営地の移動と固定化—畿内中心主義の克服に向けて—」『福岡大学考古学論集—小田富士雄先生退職記念—』小田富士雄先生退職記念事業会（土生田2006所収）
土生田純之　2004b「横穴式石室からみた古墳の終焉」『古墳から寺院へ—関東の7世紀を考える—』第5回大学合同考古学シンポジウム予稿集（小林三郎・佐々木憲一編2013『古墳から寺院へ～関東の7世紀を考える～』六一書房　考古学リーダー22　加筆修正して所収）
土生田純之　2005「終末期の横穴式石室と横口式石槨」白石太一郎編『古代を考える　終末期古墳と古代国家』吉川弘文館（土生田2006所収）
土生田純之　2006「古墳時代論に向けて」『古墳時代の政治と社会』吉川弘文館
土生田純之　2007「東日本における古墳時代から律令社会へ」『本州東北部における古墳時代の終末と律令社会の

成立』福島大学考古学研究室第1回公開シンポジウム
土生田純之　2008「古墳時代観の諸相」『古墳時代の実像』吉川弘文館
土生田純之　2010「東日本の無袖石室」『東日本の無袖横穴式石室』雄山閣
土生田純之ほか　2008『山名伊勢塚古墳—前方後円墳の確認調査—』市指定史跡山名古墳群確認調査報告書(2)　高崎市教育委員会
濱田耕作　1937『大和島庄石舞台の巨石古墳』京都帝國大学文學部考古學研究報告第14冊
早川庄八　1986「選任令・選叙令と郡領の「試練」」『日本古代官僚制の研究』岩波書店
林部　均　1994「土器からみた磚積石室の年代」『舞谷古墳群の研究』㈶由良大和古代文化研究協会
林部　均　1998「大和・河内における横口式石槨の成立と展開—飛鳥時代の古墳研究ノート—」『網干先生古稀記念考古学論集』上
林部　均　2012「終末期古墳の様相」『古墳出現と展開の地域相』古墳時代の考古学2　同成社
原秀三郎　1980『日本古代国家史研究　大化改新論批判』東京大学出版会
原島礼二　1961「大和政権と地方豪族—関東地方の屯倉を例として—」『日本史研究』54号　日本史研究会
原島礼二　1977『日本古代王権の形成』校倉書房
原田道雄　1974「横穴式複室石室に関する覚え書き—中村恵次氏論文を読んで—」『史館』第3号　市川ジャーナル
梁木　誠　1983『針ヶ谷新田古墳群』宇都宮市教育委員会
坂　靖　1999「大和の横穴式石室—岩屋山式成立以前—」『考古学に学ぶ—遺構と遺物—』同志社大学考古学シリーズⅦ
樋口隆康　1955「九州古墳墓の性格」『史林』第38巻第3号　史学研究会
日高　慎　2000a「雲母片岩使用の横穴式石室と箱形石棺」『風返稲荷山古墳』霞ヶ浦町教育委員会
日高　慎　2000b「風返稲荷山古墳出土須恵器をめぐる諸問題」『風返稲荷山古墳』霞ヶ浦町教育委員会
日高　慎　2000c「関東地方における最終末前方後円墳と風返稲荷山古墳」『風返稲荷山古墳』霞ヶ浦町教育委員会
日高　慎　2010「茨城県」広瀬和雄・太田博之編『前方後円墳の終焉』雄山閣
日野　宏　1997「木棺直葬墳に構築された横穴式石室について—古墳破壊の視点から—」『宗教と考古学』勉誠出版
平野邦雄　1993「「ヤマト王権」の用語について」坪井清足・平野邦雄編『新版古代の日本』第1巻　古代史総論　角川書店
広瀬和雄　1995「横口式石槨の編年と系譜」『考古学雑誌』第80巻第4号　日本考古学会
広瀬和雄・太田博之編　2010『前方後円墳の終焉』雄山閣
深澤敦仁　2004『多田山古墳群』㈶群馬県埋蔵文化財調査事業団
深澤敦仁　2010「上野」土生田純之編『東日本の無袖横穴式石室』雄山閣
深澤靖幸　1995「国府のなかの多磨寺と多磨郡家」『國史學』第156号　國學院大学文学部国史学会
福永伸哉　2005「倭の国家形成過程における古墳時代」『三角縁神獣鏡の研究』大阪大学出版会
福永伸哉ほか　2004『西日本における前方後円墳消滅過程の比較研究』平成13～15年度科学研究費補助金基盤研究（B）(1) 研究成果報告書　大阪大学大学院文学研究科
藤田和尊　2006「群集墳の性格」『古墳時代の王権と軍事』学生社
古谷剛次郎　1984「七ッ塚古墳之発掘」『日野市史史料集』考古資料編　日野市史編さん委員会
古屋紀之・草野潤平・五十嵐祐介・西島庸介　2006「関東における後期・終末期古墳群の地域動態研究—下野南部を対象とした古墳集成—」『古代学研究所紀要』第2号　明治大学古代学研究所
細川修平　1998「畿内周辺地域における横穴式石室の導入」『斉頼塚古墳』マキノ遺跡群調査団・マキノ町教育委員会
堀口万吉　1981「関東平野中央部における歴史時代の沈降運動と低地の形成」『ＵＲＢＡＮ　ＫＵＢＯＴＡ』19　久保田鉄工株式会社
堀田啓一　1966「西日本における横口式石棺の古墳について」『先史学研究』第5号　同志社大学先史学会
本間岳史　1980「石室に使用されている石材について」『八幡山古墳石室復原報告書』埼玉県教育委員会
増田逸朗　1977「北武蔵における横穴式石室の変遷」『信濃』第29巻第7号　信濃史学会（増田逸朗2002『古代王権と武蔵国の考古学』慶友社　所収）
増田逸朗　1989「埼玉県における横穴式石室の受容」『第10回三県シンポジウム　東日本における横穴式石室の受容』第2分冊　千曲川水系古代文化研究所・北武蔵古代文化研究会・群馬県考古学研究所（増田2002所収）
増田逸朗　1995「北武蔵における初期横穴式石室導入期の様相」『調査研究報告』第8号　埼玉県立さきたま資料館（増田2002所収）
増田逸朗　1996「模様積石室小考」『調査研究報告』第9号　埼玉県立さきたま資料館（増田2002所収）
増田一裕　2007「小見真観寺古墳・八幡山古墳」広瀬和雄・池上　悟編『武蔵と相模の古墳』季刊考古学・別

冊 15　雄山閣
松尾昌彦　1997「横穴式石室石材の交流と地域性―房州石使用古墳を中心として―」『人物埴輪の時代』葛飾区郷土と天文の博物館
松尾昌彦　1998「千葉県松戸市栗山古墳群の提起する問題―古墳時代後期の地域間交流をめぐって―」『専修考古学』第 7 号　専修大学考古学会
松尾昌彦　2000「総にみる地方支配と地域間交流」『葦のみち　三郷市史研究』第 11 号
松尾昌彦　2002『古墳時代東国政治史論』雄山閣
松尾昌彦　2003「千葉県域の後期古墳に見る画期とその意味」『《シンポジウム》後期古墳の諸段階』第 8 回東北・関東前方後円墳研究会大会発表資料
松尾昌彦　2008『古代東国地域史論』雄山閣
松崎元樹　2001「瀬戸岡古墳群の再検討」『東京都あきる野市天神前遺跡　瀬戸岡古墳群　上賀多遺跡　新道通遺跡　南小宮遺跡―都市計画道路都道秋多 3・4・6 号線用地内における埋蔵文化財発掘調査報告―』東京都埋蔵文化財センター調査報告第 95 集
松崎元樹　2006「古墳時代終末期の地域構造―多摩川流域の石室墳および横穴墓の検討―」『考古学論究』第 11 号　立正大学考古学会
松崎元樹・今井恵昭・金持健司　2001『東京都あきる野市天神前遺跡　瀬戸岡古墳群　上賀多遺跡　新道通遺跡　南小宮遺跡―都市計画道路都道秋多 3・4・6 号線用地内における埋蔵文化財発掘調査報告―』東京都埋蔵文化財センター調査報告第 95 集
松本浩一　1963「末期古墳の特質たる玄門に関する一考察」『群大史学』第 9 号　群馬大学史学会
松本浩一　1968「横穴式石室における胴張りに関する一考察」『古代学研究』第 53 号　古代学研究会
松本浩一　1976「群馬県における横穴式石室の前庭について」『古代学研究』第 80 号　古代学研究会
松本浩一　1977「群馬県における終末期古墳の様相」『群馬県史研究』第 5 号　群馬県史編さん委員会
松本浩一・桜場一寿・右島和夫　1980「截石切組積横穴式石室における構築技術上の諸問題（上）―いわゆる朱線をもつ南下 E 号古墳を中心として―」『群馬県史研究』第 11 号　群馬県史編さん委員会
松本浩一・桜場一寿・右島和夫　1981「截石切組積横穴式石室における構築技術上の諸問題（下）―いわゆる朱線をもつ南下 E 号古墳を中心として―」『群馬県史研究』第 13 号　群馬県史編さん委員会
松本健郎　1970「複室墳の諸問題―熊本県菊池川流域―」『熊本史学』第 37 号　熊本史学会
三浦茂三郎　1988「群馬県における古墳の終末―地方から見た古墳終末の史的意義―」『研究紀要』5　(財)群馬県埋蔵文化財調査事業団
三木文雄　1956「多摩村の古墳及横穴」『東京都文化財調査報告』第 3 集（多摩地方の古墳群）　東京都教育委員会
右島和夫　1983「群馬県における初期横穴式石室」『古文化談叢』第 12 集　九州古文化研究会（右島 1994 所収）
右島和夫　1985「前橋市総社古墳群の形成過程とその画期」『群馬県史研究』第 22 号　群馬県史編さん委員会（右島 1994 所収）
右島和夫　1988「総社愛宕山古墳の墳丘・石室測量調査」『群馬県史研究』第 28 号群　群馬県史編さん委員会（右島 1994 所収）
右島和夫　1992「古墳から見た 6，7 世紀の上野地域」『国立歴史民俗博物館研究報告』第 44 集（右島 1994 所収）
右島和夫　1993「角閃石安山岩削石積石室の成立とその背景」『古文化談叢』30 集　九州古文化研究会（右島 1994 所収）
右島和夫　1994『東国古墳時代の研究』学生社
右島和夫　2001a「6 世紀後半における多角形円墳の出現とその背景―群馬県地域における八角形墳の再検討―」『群馬県立歴史博物館紀要』第 22 号
右島和夫　2001b「めおと塚古墳」・「万福原古墳」『安中市史』第 4 巻　原始古代中世資料編
右島和夫　2002「古墳時代上野地域における東と西」『群馬県立歴史博物館紀要』第 23 号　群馬県立歴史博物館
右島和夫　2003a「七世紀の切石積石室―上野と大和―」石野博信編『古代近畿と物流の考古学』学生社
右島和夫　2003b「第 4 章　古墳時代」『安中市史』第 2 巻　通史編―第 1 編　原始古代中世―
右島和夫　2008「古墳時代における畿内と東国」『研究紀要』13　由良大和古代文化研究協会
右島和夫　2011「後期後半から終末期の上毛野」右島和夫・若狭　徹・内山敏行編『古墳時代毛野の実像』季刊考古学・別冊 17　雄山閣
右島和夫・津金澤吉茂・新井　仁・小林　徹・井上昌美・関口博幸・飯塚初子　1990「牛伏砂岩使用古墳の研究（1）」『研究紀要』7　(財)群馬県埋蔵文化財調査事業団
右島和夫・津金澤吉茂・羽鳥政彦　1991「截石切組積横穴式石室の基礎的研究―上庄司原 4 号古墳の截石切組積横穴式石室をめぐって―」『群馬県史研究』第 33 号　群馬県史編さん委員会
水口由紀子　1989「いわゆる“比企型坏”の再検討」『東京考古』第 7 号　東京考古談話会
水野正好　1970a「群集墳と古墳の終焉」坪井清足・岸俊男編『古代の日本』第 5 巻　近畿　角川書店
水野正好　1970b「滋賀郡所在の漢人系帰化氏族とその墓制」『滋賀県文化財調査報告書』第 4 冊　滋賀県教育委員会（西谷　正編 1978『考古学からみた古代日本と朝鮮』学生社　所収）

南河内町史編さん委員会　1992「御鷲山古墳」『南河内町史』史料編１　考古　南河内町
向井幸一　1999「ソリを曳く」『修羅！―その大いなる遺産　古墳・飛鳥を運ぶ―』平成 11 年度春季特別展図録　大阪府立近つ飛鳥博物館
茂木雅博　1966「箱式石棺の編年に関する一試論」『上代文化』第 36 輯　國學院大学上代文化研究会
森　郁夫　1984「古代の地鎮・鎮壇」『古代研究』28・29　㈶元興寺文化財研究所
森　郁夫　1985「地鎮め供養」『法隆寺防災工事・発掘調査報告』奈良国立文化財研究所・奈良県教育委員会
森　浩一　1965『古墳の発掘』中公新書
森　浩一　1970「古墳時代後期以降の埋葬地と葬地」『古代学研究』第 57 号　古代学研究会
森　浩一編　1973『論集　終末期古墳』塙書房
森岡秀人　1989「群集墳の形成」白石太一郎編『古代を考える　古墳』吉川弘文館
森下浩行　1986「日本における横穴式石室の出現とその系譜―畿内型と九州型―」『古代学研究』第 111 号　古代学研究会
森田　悌　1984「古代北武蔵の動向―壬生吉志を中心として―」『信濃』第 36 巻第 5 号　信濃史学会
森田　悌　1989「吉志の武蔵入部」『金沢大学教育学部紀要（人文科学・社会科学編）』第 38 号
八木奘三郎　1901「武蔵国八王子在の古墳」『東京人類學会雑誌』第 189 号　東京人類学会
矢口孝悦・瀧瀬芳之　1996「羽生市小松古墳群 1 号墳の調査」『埼玉考古』第 32 号　埼玉考古学会
安村俊史　2008「装飾古墳の分布と伝播」『群集墳と終末期古墳の研究』清文堂
山崎信二　1985『横穴式石室構造の地域別比較研究―中・四国編―』（山崎信二 2003『古代瓦と横穴式石室の研究』同成社　所収）
山崎　武・金子彰男　1997「北武蔵の横穴式石室と前方後円墳」『《シンポジウム》横穴式石室と前方後円墳』第 2 回東北・関東前方後円墳研究会大会発表要旨資料
山路直充　1999「東日本の飛鳥・白鳳時代の瓦について―下総龍角寺と尾張元興寺―」『飛鳥・白鳳の瓦と土器―年代論―』帝塚山大学考古学研究所歴史考古学研究会・古代の土器研究会
山中敏史　1994『古代地方官衙の研究』塙書房
山中敏史　2001「評制の成立過程と領域区分―評衙の構造と評支配に関する試論―」『考古学の学際的研究』濱田青陵賞受賞者記念論文集Ⅰ　昭和堂
山ノ井清人　1981「栃木県における切石使用横穴式石室の編年」『栃木県考古学会誌』第 6 集　栃木県考古学会
山ノ井清人　1987「吾妻古墳」『壬生町史』資料編　原始・古代・中世　壬生町
山本　彰　1993「聖徳太子磯長墓考」『関西大学考古学研究室開設40周年記念　考古学論叢』（山本　彰 2007『終末期古墳と横口式石槨』吉川弘文館　所収）
山本　彰　2001「古墳文化と仏教文化」『荘厳―飛鳥・白鳳仏のインテリア―』平成 13 年度春季特別展図録　大阪府立近つ飛鳥博物館（山本 2007 所収）
山本　清　1964「古墳の地域的特色とその交渉―山陰の石棺式石室を中心として―」『山陰文化研究紀要』5（山本　清 1971『山陰古墳文化の研究』山本清先生退官記念論集刊行会　所収）
山本　禎　1990「東国における後期古墳―凝灰岩を石室構築材とした横穴式石室について―」『研究紀要』第 7 号　㈶埼玉県埋蔵文化財調査事業団
山本輝雄　1997「走田古墳群第 1 次・海印寺跡第 3 次（7CKPME-3 地区）」『長岡京市埋蔵文化財調査報告書』第 1 集　長岡京市埋蔵文化財センター
横山浩一　1983「“大化薄葬令”に規定された墳丘の規模について」『九州文化史研究所紀要』第 28 号
吉川真司　2004「律令体制の形成」『日本史講座』第 1 巻　東アジアにおける国家の形成　東京大学出版会
吉田恵二・桐生直彦編　1988『東京都多摩市塚原古墳群―5 号古墳の調査（昭和 62 年度）―』多摩市埋蔵文化財調査報告 16　多摩市教育委員会
吉村靖徳　2000「北部九州における三室構造横穴式石室の諸相」『古文化談叢』第 45 集　九州古文化研究会
米田雄介　1976『郡司の研究』法政大学出版局
陵墓調査室　2009「黄金塚陵墓参考地墳丘及び石室内現況調査報告」『書陵部紀要』第 59 号　宮内庁書陵部
若松良一　1993「からくにに渡った東国の武人たち―埼玉将軍山古墳と房総の首長の交流をめぐって―」『法政考古学』第 20 集　法政考古学会
和田晴吾　1983「古墳時代の石工とその技術」『北陸の考古学』石川考古学研究会
和田晴吾　1989「墳墓と葬送」都出比呂志編『古墳時代の王と民衆』古代史復元 6　講談社（和田晴吾 2014『古墳時代の葬制と他界観』吉川弘文館　所収）
和田晴吾　1991「石工技術」石野博信・岩崎卓也・河上邦彦・白石太一郎編『古墳時代の研究』第 5 巻　生産と流通Ⅱ　雄山閣
和田晴吾　1996「見瀬丸山・藤ノ木古墳と六世紀のヤマト政権」『情況』別冊「日本の古代をひらく」
和田晴吾　2005「前方後円墳の終焉と古墳の終末」稲田孝司・岡村道雄・白石太一郎・春成秀爾・町田　章編『ドイツ展記念概説　日本の考古学』下　学生社
渡邊邦雄　2003「終末期古墳の墳形―方墳の導入をめぐる古墳の動向―」『考古学雑誌』第 87 巻第 4 号　日本考古学会

古墳索引・文献（五十音順）

※下線付きのページには図版を掲載

〔あ行〕

③下野市教育委員会　2014『甲塚古墳―下野国分寺跡史跡整備に伴う関連調査―』

国分寺山王塚古墳【栃木】→山王塚古墳

国分寺丸塚古墳【栃木】→丸塚古墳

極楽寺1号墳【福岡】　63

：櫻井康治　1994「極楽寺古墳群」『久留米市史』12巻

越塚御門古墳【奈良】　21

：西光慎治・辰巳俊輔ほか　2013『牽牛子塚古墳発掘調査報告書』明日香村教育委員会

古城稲荷山古墳【群馬】　190

：相川龍雄　1930「佐波郡宮郷村古城古墳とその遺物」『上毛及上毛人』160　上毛郷土史研究会

五条野丸山古墳【奈良】　10, 11, 14

：陵墓調査室　1994「畝傍陵墓参考地石室内現況調査報告」『書陵部紀要』第45号　宮内庁書陵部

小稲荷6号墳【群馬】　85, 90, 91, 97

：①西田健彦　1989「荒砥北部遺跡群小稲荷6号墳」『群馬文化』第219号　群馬県地域文化研究協議会

②會田貴生　2009「上毛野地域における切石・截石切組積横穴式石室の系譜・地域性・階層性―前橋市西大室町所在の小稲荷6号墳の石室を加えて―」『利根川』31　利根川同人

小針鎧塚古墳【埼玉】　57, 59, 70, 139, 140, 141, 235, 236

：斎藤国夫　1988『行田市郷土博物館常設展示図録1988年版』行田市郷土博物館

小松1号墳【埼玉】　7, 67, 68, 139, 140, 159

：矢口孝悦・瀧瀬芳之　1996「羽生市小松古墳群1号墳の調査」『埼玉考古』第32号　埼玉考古学会

胡摩手台16号墳【千葉】　60, 61, 62, 73, 74, 185, 219

：萩原恭一　1995『山武町胡摩手台16号墳発掘調査報告書』千葉県文化財保護協会

古山古墳【千葉】　177, 178, 179, 181

：小沢　洋　2007『向原遺跡発掘調査報告書―内裏塚古墳群　古山古墳・古山2号墳周溝調査―』富津市教育委員会

権現山2号墳【群馬】　180

：横澤克明　1981「権現山2号古墳」『群馬県史』資料編3　原始古代3

金比羅山古墳【群馬】　180

：松本浩一　1981「金毘羅山古墳」『群馬県史』資料編3　原始古代3

〔さ行〕

西戸2号墳【埼玉】　127, 136, 137

：佐藤春生ほか　1998『松の外遺跡・西戸古墳群～第2次・第3次発掘調査報告書～』毛呂山町教育委員会

境塚古墳【群馬】　91, 92, 93, 94

：小林敏夫　1993「境塚（別名八幡塚）古墳」『藤岡市史』資料編　原始・古代・中世

酒巻1号墳【埼玉】　57, 58, 66, 68, 139, 159

：埼玉県　1982『新編埼玉県史』資料編2

酒巻5号墳【埼玉】　139, 140, 235, 236

：山口平八　1963「行田市の古墳」『行田市史』上巻　行田市

酒巻21号墳【埼玉】　55, 57, 58, 62, 63, 65-70, 72, 74, 128, 139, 140, 141, 145, 236, 246

：中島洋一・門脇伸一　1994『酒巻21号墳（2次）・白山愛宕山古墳（1、2次）・白山2号墳』行田市教育委員会

埼玉将軍山古墳【埼玉】　39, 46, 47, 48, 50, 51, 52, 53, 180, 185, 186, 246

：岡本健一　1997『将軍山古墳《史跡埼玉古墳群整備事業報告書―史跡等活用特別事業―》』埼玉県教育委員会

桜土手古墳群【神奈川】　33, 199, 200, 202

：①吉田章一郎ほか　1989『神奈川県秦野市桜土手古墳群の調査』桜土手古墳群調査団

②武井　勝ほか　2000『神奈川県秦野市桜土手古墳群の調査（第二次）』桜土手古墳群第二次発掘調査団

桜山古墳群【埼玉】　136, 137, 138

：小久保徹・利根川章彦ほか　1981『日本住宅公団高坂丘陵地区埋蔵文化財発掘調査報告Ⅴ―桜山古墳群―』㈶埼玉県埋蔵文化財調査事業団

笹井1号墳【埼玉】　195

：城近憲一・三島　剛　1972「狭山市発見の一古墳」『埼玉考古』第10号　埼玉考古学会

ささら3号墳【埼玉】　144

：藤原高志・鈴木孝之ほか　1983『国道122号バイパス関係埋蔵文化財発掘調査報告Ⅰ―ささら・帆立・馬込新屋敷・馬込大原―』㈶埼玉県埋蔵文化財調査事業団

定北古墳【岡山】　250

：新納　泉・尾上元規編　1995『定北古墳』岡山大学考古学研究室

定東塚・西塚古墳【岡山】　250

：新納　泉・光本　順編　2001『定東塚・西塚古墳』岡山大学考古学研究室

三条塚古墳【千葉】　177, 178, 189

：小沢　洋　1990『三条塚古墳』富津市教育委員会

三千塚古墳群【埼玉】　45, 134

：金井塚良一　2012『三千塚古墳群―発掘調査の概要―』東松山市教育委員会

山王塚古墳【栃木】　215, 216

：小森紀男・黒田理史　1990「国分寺町山王塚古墳第三次発掘調査報告」『栃木県立しもつけ風土記の丘資料館年報』第4号　栃木県教育委員会

山王二子山古墳【群馬】→金冠塚古墳

著者紹介

草野潤平（くさの　じゅんぺい）

1979年　東京都昭島市生まれ。
2003年　明治大学文学部史学地理学科考古学専攻　卒業。
2005年　明治大学大学院文学研究科史学専攻考古学専修　博士前期課程修了。
2013年　明治大学大学院文学研究科史学専攻考古学専修　博士後期課程修了、博士（史学）。

2008・2009年　明治大学文学部専任助手を経て、
2010年より、財団法人山形県埋蔵文化財センター調査研究員。
現在、公益財団法人山形県埋蔵文化財センター主任調査研究員。

〈主要編著書・論文〉

「複室構造胴張り形切石石室の動態」『東京考古』第24号、東京考古談話会、2006年
「群馬県における截石切組積石室の再検討」『群馬考古学手帳』17、群馬土器観会、2007年
「下野における後期・終末期古墳の地域設定と動向」佐々木憲一編『関東の後期古墳群』六一書房（考古学リーダー12）、2007年
「埼玉県における切石積石室の地域相」『埼玉考古』第43号、埼玉考古学会、2008年
「千葉県竜角寺岩屋古墳の石室系譜」『地域と文化の考古学Ⅱ』六一書房、2008年
『信濃大室積石塚古墳群の研究Ⅲ』六一書房、2008年（共編著）
「山形県における中期・後期古墳群の特質」『やまがたの古墳時代』山形県立うきたむ風土記の丘考古資料館、2011年
「切石積の技術系譜」『駿台史学』第150号、駿台史学会、2014年
「陸奥・出羽の古墳編年」『地域編年から考える』東北・関東前方後円墳研究会第20回大会、2015年（共著）
「横穴式石室からみた東北・関東の交流」菊地芳朗編『阿武隈川流域における古墳時代首長層の動向把握のための基礎的研究』平成25～27年度科学研究費補助金基盤研究（c）研究成果報告書、福島大学行政政策学類、2015年

2016年2月25日 初版発行　《検印省略》

東国古墳の終焉と横穴式石室

（とうごくこふんのしゅうえんとよこあなしきせきしつ）

著　者　草野潤平
発行者　宮田哲男
発行所　株式会社 雄山閣
〒102-0071　東京都千代田区富士見2-6-9
TEL　03-3262-3231㈹／FAX 03-3262-6938
URL　http://www.yuzankaku.co.jp
e-mail　info@yuzankaku.co.jp
振替：00130-5-1685
印刷・製本　株式会社ティーケー出版印刷

ISBN978-4-639-02396-8 C3021
N.D.C.210 280p 27cm